投资防雷宝典

那些不可不知的风险

THE ART OF MANAGING
INVESTMENT RISKS

RISKS YOU CAN'T AFFORD NOT TO KNOW

邵　辉　包煜楠◎著

ZHEJIANG UNIVERSITY PRESS
浙江大学出版社
·杭州·

图书在版编目（CIP）数据

投资防雷宝典：那些不可不知的风险 / 邵辉，包煜楠著. —杭州：浙江大学出版社，2024.1
ISBN 978-7-308-23786-4

Ⅰ.①投… Ⅱ.①邵… ②包… Ⅲ.①投资—研究 Ⅳ.①F830.59

中国国家版本馆 CIP 数据核字（2023）第 085167 号

投资防雷宝典：那些不可不知的风险
TOUZI FANGLEI BAODIAN：NAXIE BUKE BUZHI DE FENGXIAN

邵　辉　包煜楠　著

策划编辑	吴伟伟
责任编辑	陈逸行
文字编辑	谢艳琴
责任校对	陈思佳
封面设计	雷建军
出版发行	浙江大学出版社
	（杭州天目山路 148 号　邮政编码 310007）
	（网址：http://www.zjupress.com）
排　　版	浙江大千时代文化传媒有限公司
印　　刷	杭州钱江彩色印务有限公司
开　　本	787mm×1092mm　1/16
印　　张	25.75
字　　数	476 千
版 印 次	2024 年 1 月第 1 版　2024 年 1 月第 1 次印刷
书　　号	ISBN 978-7-308-23786-4
定　　价	79.00 元

课题组成员
（按对本书的贡献度进行排序）

朱　赫　　李　想　　刘晓雨　　潘宜麟　　陈一枫　　傅韵霖
高牧云　　陈明月　　高昕昭　　姜锐梓　　朗　园　　李旭东
李　滢　　刘家曦　　刘晓萌　　瞿丹妮　　上官光委　沈佳岚
王韬杰　　吴林南　　谢朱斌　　许杰明　　杨　晨　　应振康
余　勤　　张瑞瑜　　张圣群　　张哲鸣　　郑曼曼　　周子越

前言一　产学研结合的行为隐含信息理论

如何把学术理论和金融业务实践相结合，以及如何汲取海外优秀金融机构的先进经验，一直是笔者笔之所触、思之所及的地方。

笔者曾经看过一个有趣的统计，2012 年 1 月 1 日以前上市且至今还没有退市的 A 股上市公司，一共有 2215 家。时至今日，这些公司股票的最高价与最低价之比高于 5 倍的上市公司，占比超过 81％；高于 10 倍的，占比超过 28％；倍数最小值是 2.45 倍，最大值达到 136.39 倍。这背后折射出，我国资本市场中个股崩盘和价值大幅度萎缩的现象频现，大部分股票的市值增长被证明波动剧烈，是阶段性增长和伪增长。这组客观的数据向我们阐释了在投资实践中个股风险研究的重要性。

因此，如何对个股进行有效的风险研究就成了一道摆在金融行业和学术圈面前的难题。从学术领域看，已经有很多学者从单指标和因子的检验层面对个股崩盘现象进行了阐述，但仅停留在理论层面，难以有效拓展。从模型方法论层面看，不管是简单的逻辑回归、打分卡模型，还是更加适用于以大数据为基础的零售金融的信贷风控领域的复杂的神经网络或者机器学习模型，对于牛顿也难以战胜的资本市场而言，其适用性存在疑问。此处，以打分卡模型为例，阐述其应用于资本市场个股风险研究的利弊。打分卡的逻辑、模型的建模过程成熟，符合人的思考模式，也具备可解释性，是其唯一的优势。但这种建模方法的弊端也很明显，存在以下三个问题：第一，打分卡模型最终通过加权得到指数的做法是非常简单粗暴的降维方法，把多个因子直接压扁成一个，信息损失率很高，所以这个指数到底有多大的预测能力以及这汇总的打分卡模型到底是在预测什么都是存疑的。第二，虽然对单指标做了有效性的检验，单个因子可能对目标函数有预测效果，但不代表加权之后的总指数有预测效果。若大家都用主成分分析来定权重，这时候就很可能出现负号权重，比如 A 和 B 两个指标都是单个检验有效的指标，但是通过主成分分析，你可能得到的是 A－B 这样的总指数。从直观上看，这个指数的意义很模糊,减掉 B 相当于说 B 的信息对预测来说是负相关的,这与假设矛盾。第三,不同环境和风格下的资本市场各有不同,我们很难用同一套标准去框定如此斑斓、各异且不断变化的上市公司群体。

从实践来看,如以打分卡模型对好未来股价崩盘之前的所有有效指标进行加权打分,不管是什么样的指标还是权重,其最终得分都会很高。而唯一可以预判好未来个股崩盘的就是部分"聪明钱"的提前离场这个强策略规则。所以,本书在研究个股风险时,引入了行为金融学的理论和研究成果,提出基于"行为隐含信息理论"的个股风险研究范式。

从理论到实践,延伸来看海外金融机构的经验。以瑞士信贷为例,海外投行普遍以客户需求为中心,尤其是以机构客户需求为中心,提供多元化的金融工具、一站式服务模式,其中,融券、传统保证金交易模式和衍生品工具交相呼应,共同满足客户需求。其近期发生的风险事件反映出其未能对资本市场、交易对手和个股进行有效的风险管理。回顾国内市场,在目前环境下,机构投资者的重要性凸显,机构业务需求和传统经纪业务需求迥异。注册制改革、公募基金崛起,私募基金策略多变,市场参与者结构的自我进化和调整,无论是机构客户的数量还是业务规模,都反映出机构化呈加速之势。服务机构业务,从整体机构业务战略层面剖析,需要提供相对于零售客户而言更多的增值性服务内容,尤其是需要金融机构加深基于资本市场和个股的风险研究、预判和防范能力。

综上所述,实事求是,从实践出发,到理论探讨,再回归实践。跟随机构化、衍生品兴起和金融机构数智化的趋势,希望基于行为隐含信息理论的个股风险研究体系能够给学界、金融行业以启示。

邵辉

2022 年 8 月 1 日

前言二　十年踪迹十年心

金融市场中,不论是非标准化债权资产、股票、债券及其衍生品的发行还是购买,无不以盈利为目的,既符合利益诉求,也符合人性。然攻守之道,攻是守之机,守是攻之策。

笔者本硕所学皆为金融,个人投资从股票投资开始入市:在 A 股,先后亲身经历 2008 年股灾,2015 年股灾,2018 年、2020 年初和 2022 年初的结构性股灾,加过很高的杠杆,探索过期权、国债期货和股指期货;在港股,既经历过港股打新的狂热风口,也体验过港股打新策略一地鸡毛后的低潮,还在 2022 年以来港股的清仓式熊市下一次次刷新认知;在美股,利用衍生品参与过对造假中概股的做空以及优质中概股困境反转的投资。在这跨越十余年的过程中,笔者赔过也赚过,虽未能熬过苦难就修炼成什么投资"大牛",却未曾一日离开,这也让笔者更贴近市场,岁月沧桑染指醉,故事难消痕迹多,可与君说一二。

笔者步入职场后,由于工作性质的原因,有幸亦是无奈地亲身经历了债券市场的巨变,2014 年信用债刚兑被打破后,一轮轮颠覆金融机构旧有投研理念、认知、风控规则的信用债个券违约事件和一波波违约潮,还亲身见证和参与了 2018年民营上市公司股票质押爆雷潮,以及股质纾困。笔者也曾年少,秉持着"好资产是建立在好价格基础上的,只要价格合适,垃圾也是好资产"的粗暴理念,主导和参与过对多个主体垃圾债的投资,艺薄人胆大,幸而苦熬两年等到紫光债兑付的好消息。此外,在券商、保险公司投资部履职期间,笔者经历过金融机构大大小小的危机,参与处理过 2016 年债市动荡后的流动性危机应对,以及资管新规后机构内部的风险化解和处理,也主导处理过各种类型的信用风险事件、市场风险和声誉风险等突发情况。

长期的从业和实践过程中,爱思考和喜欢质疑的性格总是让自己遇到麻烦事,碰到过铭刻于心的案例,也带来了无尽的反思、痛苦,然后就是不断谋求心态以及研究方法论层面的破局。人生过处唯存悔,知识增时只益疑。笔者刚从业时,就接触到了刚上市的兆易创新,因在台湾地区求学的经历,笔者对半导体行业很早就有一定的研究认知,所以在汇总个人经验和阅读大量文献后,笔者凭着年少轻狂,写报告给领导和公司强烈推荐了该公司,可最终该公司却连最低的级别也没过,甚至没有得到上会的机会。此后,笔者出于业务原因,一年里写过百篇地产和城投的报告,接触过许多地产发债主体,如恒大、绿地、富力、世茂等。当时,笔者就对合规导向性的信用研究持怀疑态度,对套模板、按图填词、批量粗暴地售卖级别符号的研究方法论和行业现状提出过疑问,并公开写过影响力较大的行业内文章,直接指出 2016 年信用研究行业存在的大量问题和可能导致的后果。几年风雨叹流年,长安回望绣成堆。此后一波波的违约潮,以及六年后的地产违约和展期潮侧面证明了笔者当时在不成熟研究体系下的直觉判断。在出现问题、风险事件和爆雷之前,方法论层面的反思,由于"集体行动困境和群体惰性趋向"以及商业机制桎梏等的存在,是不会引起重视和注意的,每一次危机虽不重复但押着相同的韵脚。记忆更为深刻的是,在 2018 年,笔者就曾经用简单的逻辑框架、扎实的案头投资研究工作和运用此前工作中梳理或积累的百余条上市公司风险判断规则体系公开撰稿,提前预测和研究上市公司(中新科技、围海股份、浙江某城商行)存在的问题,以及可能导致的上市公司危机与其背后金融机构关联业务的实质性出险,也委实感受了一把发表观点的不易。以风险为导向的有价值的研究到底如何做? 初心和发心为何? 依托怎样的方法论和框架才能把这件事情做好、做透、做一辈子,实现成人达己? 是笔者长期困惑于心的问题,且至今也没有找到完美的答案。

遇难则刚,人须在事上磨炼,下功夫,乃有益。从个人投资、兼职写作到步入职场,所遇、所见、所惑、所堵心者皆有所得,笔者躬身入局,基于自身的实践经验和平台给予的机会,在每一段经历中,多用自己的理念和认知、创新性的思维方式,以及对金融世界探索的纯粹兴趣,希望能够不断地走在探索解答方案的征程中。所有解决方案和思考背后都是有灵魂的,笔者曾从无到有地搭建过金融机构的信用风险管理体系;和浙江大学的邵辉博士一起提出行为隐含信息理论、行为分析框架下的上市公司风险研究体系、资本市场风险驾驶舱、行为情绪指标等创新性理论,并将其应用于金融实践中的风险识别、研究和预警,该理论尚有微瑕,也希望能与资本市场的同仁互相探讨;也曾从 0 到 1,融入自己的心血和才智,提出设想并做出创新性的股票风险分类监测的 SaaS(软件即服务)解决方案和产品,而本书更是笔者自参与这个金融市场以来,基于自身对金融世界的独特观察视角所得到的些许沉淀与结晶,虽不完美,但于己、于人、于市场皆有可取之处。

本书之所以仍执着于研究失败、风险、问题和各种爆雷，一是笔者多年亲身经历和实战后的触发，将自身经验积累和体验汇聚此处。孤灯暖不明，风险和爆雷痛则痛已，凡经历过者，才能体会爆雷后的心情，才能了解什么是失败和惨淡的人生，什么是人心和人性，什么是问题，什么是金融风险和真实的投资市场，并提炼出经验和规则引擎，指导人们如何防雷，如何应对、消化和处理爆雷和风险事件。二是因为只有无限接近"死"时，才能深切体会"生"的意义。人若不能欣赏悲剧的美、失败的痛、人性的苦，便无法在精神上站立起来。每个上市公司的胜败得失、荣辱悲欢都有其独特性，但这些孤岛的逻辑钩沉，又折射出商业历程中、投资世界里的历史动线和残酷现实。三是试图搭建一套从混沌到秩序的风险研究演进体系，弥补学术和实践之间的鸿沟，打通两者，实现贯通和融合。四是资本市场的庄股、雷股、财务造假与黑天鹅事件不断出现，尤其是融资融券标的证券和可充抵保证金证券范围迅速扩大。注册制改革后，上海证券交易所的科创板股票和深圳证券交易所的注册制创业板股票在上市首日就进入了融资融券标的证券名单，上市公司股票破发与波动性增大，因此业内急需创新的风险管理理念和模式。

当前，我国资本市场、上市公司、投资机构，以及中介机构仍处于"逐步市场化"的发展进程中，长期困扰资本市场、上市公司和发债企业的诸多问题依旧存在，比如：风险导致的被动退市事件；股价缩量暴跌（崩盘）风险；庄股、仙股和雷股；股票质押风险事件；债务危机或债券违约风险和估值风险；中概股危机；个股估值风险；IPO破发风险等。而解决这些问题，驾驭这些风险，也正是资本市场和上市公司、发债企业高质量发展的内在诉求。以同仁之心，远见于未萌；以数据之实，避危于无形。

见本而知末，执一而应万。本书认为资本市场、上市公司、发债企业风险事件的本源不仅涉及基本面的指标研究、技术面的波动和估值的变化，而且包含人性和各方行为主体加诸上市公司的利益纠葛。壹引其纲，万目皆张。上市公司本身是复杂利益网络的交汇点，牵连着大量的利益相关方，故而从各个行为主体角度看，对资本市场及上市公司进行风险研究符合一般逻辑，也切实可行。与上市公司有相关联利益的行为主体包括：上市公司管理层行为、上市公司买方（投资者）行为、上市公司股东行为、上市公司相关的卖方行为、上市公司相关的中介机构行为、上市公司相关的监管行为等。这些行为主体会呈现出各种风险特征，进而导致风险事件，如：上市公司管理层风险行为特征中除经营基本面能力不佳外，还会出现公司治理存疑、内控不彰、上市公司股利政策不合理等现象；上市公司股东风险行为特征有股权结构不合理与实际控制人问题、实际控制人欺诈发行和财务造假、减持和股权质押频繁；买方风险行为特征有小市值魔咒、内幕交易、市场操纵、短期逐利等现象；中介机构风险行为特征如中介机构失职、中介机构对上市公司的责任落实和持续督导与其身份权利不相称等；卖方风险行为特征如分析师行为的利益冲突等。

上市公司、发债企业利益相关联的各方行为主体在资本市场做出金融资产交易的决策时，不仅要依靠资产本身的特征值、历史信息、成交价格和成交量，还要依托自己的经验、固有思维模式和对万事万物变化之道的感悟，同时考虑人类行为、反身性和社会经济环境等因素。这种人类认知活动本身就不完备，更何况人类是只具有限理性的，这就使得这项认知活动极具挑战性。人们只能在一个不断批判的过程中接近真理，在这个过程中的一切判断都只是暂时有效的，并且是证伪的对象。从实践来看，各个行为主体很难超越市场的分析能力的前提是行为主体相比市场中的其他人没有不对称信息的优势，而这种条件很难存在于不发达或者说是非有效性的市场中。上市公司本身是复杂利益网络的交汇点，涉及大量的利益相关方，基于行为主体行为特征背后隐含的市场信息提炼出有价值风险信息，可以辅助资本市场和上市公司进行风险事件预警。典型的市场隐含信息包括机构行为、金融市场关联信息、高管行为、行业景气度、交易数据等，可以应用于股票市场、债券市场、衍生品市场等的风险预警。

随着注册制时代的到来，资本市场又出现了新的问题：市场大扩容后，上市公司、发债企业的质量表现如何；注册制对各参与方风险博弈的影响如何等。新老问题的叠加引起资本市场参与者的持续关注。本书将结合当前市场痛点，以风险为导向，从国务院、证券监督管理委员会的政策和监管视角出发，采用实证研究、文献综述、历史回顾、对比分析、数据统计、数理模型分析、案例分析等方法，评估和分析资本市场及上市公司的质量，发现和总结资本市场及上市公司的问题，以提升资本市场和上市公司的质量，把主动防范化解金融风险放在首要位置，治疾及其未笃，除患贵其未深，为建立"早识别、早预警、早发现、早处置"的风险预警和防范机制提供支持，另外，就"市场走出风险博弈困境，朝着市场生态体系帕累托改善的方向发展"提出具有可操作性的对策建议。

古旧堆，笔下录悲欢。星汉放纵灿烂，叙胜亦许败。欢迎查阅本书并关注我们的公众号（"FinanceAI实验室"），我们将在公众号上持续更新最新研究成果，为君驾驭资本市场风险。以史为鉴，以风险为导向，在这个伟大的时代，助力我国资本市场、上市公司和发债企业的帕累托改善及高质量发展。希望基于行为隐含信息理论的个股风险研究、缩量暴跌和崩盘股票预测、投资预警体系能给学界、金融行业以启示。

书中涉及的中国证券交易所简称如下:上海证券交易所,简称上交所;深圳证券交易所,简称深交所;香港交易及结算所有限公司,简称港交所;台湾证券交易所,简称台交所;北京证券交易所,简称北交所。

包煜楠

2022 年 8 月 1 日于杭州

推荐语

历史总是惊人的相似,只有站在历史的经验上才能在金融市场长立久安。投资者可以从中获知投资判断的要点,投行从业人员也不想自己保荐的企业以负面消息出名,信贷人员更是要好好学习防踩雷,更重要的是,企业家们亦可从中吸取经验教训,做好自身的投融资规划、规范经营管理。这本书值得大家好好读、好好啃。

——浙商证券信用业务部　李琛

这是一本面向大众投资者的自助防雷书,不过它并不普通,它不是那种平淡无奇的案例汇编,而是作者把多年证券投资管理实践和研究中用到的缜密分析运用于对风险案例的研判,总结出了可以解释上市公司行为特征与风险事件之间因果关系的理论,而且这本书还用了很多生动、通俗易懂的风险案例来佐证他的观点,其中包括长生生物、雏鹰农牧、凯迪生态、仁东控股、华锐风电、金盾股份、天神娱乐等公司的案例。

总之,这本书的观点和案例都非常精彩且新颖,让人忍不住一口气读完,其中的精华对于证券投资,特别是避免踩雷有极大的指导价值。相信读完这本书能让你的投资之路更加精彩!

——信用业务第一批从业人员、信用业务专家　江文书

注册制是以信息披露为核心,同时让市场在资源配置中起决定性作用,也是围绕中小投资者保护提出的新课题。保护投资者的合法权益,促进资本市场高质量发展不但需要良好的监管制度,而且需要投资者"独具慧眼",具有良好的风险识别能力。作者具有多年风险管理经验,从宏观、中观和微观的视角对股票风险预警这一主题条分缕析,读者阅读后必将受益匪浅。

——深圳证券交易所　王翔宇

投研和投资工作从事愈久,愈知其中不易,股票研究绝非模型所能预测的。早在2019年底,作者就曾因券商两融从业的经历,同我交流过股票风险分类监测和评估、风险定价的想法,从经验规则、多因子模型、打分卡模型到复杂模型等。作者的探索和成长之路,虽然遇难逢挫,但是困厄中终有所成,独自一人搭建了一套有理论、有实操、有产品、有整体解决方案和应用场景(两融担保品管理)的体系。深信这本书乃是作者呕心之作。

——浙江金投盛源股权投资有限公司副总经理 曾畅

全书结合大量的深度案例分析,将近些年资本市场的乱象由浅入深地进行了剖析和理论总结,对于在校学生、初入金融行业以及投资爱好者而言都是一本不可多得的黄金宝典。读完后会更加明白,要敬畏知识,更要敬畏市场。

——华泰资产管理有限公司固定收益投资部 朱经纬

结合资本市场大量实际案例,作者从管理层、股东角度在公司治理、业务经营方面介绍了出险上市公司的运营问题,也从投资者角度介绍了资产价格波动和产品运作间的相互影响,内容翔实、生动,值得从业者、研究人员一读。

——大型券商资管固收部 莫丽华

防范金融风险一直是资本市场的基石。在社会责任投资的大框架下,投资者不仅会关注企业的利润表,也会更加在意现金表和资产负债表所体现的企业价值和风险。近年来,在产业转型的过渡期以及破旧立新的转折期,尤其需要在防范风险上花更多的精力。在固定收益领域,包煜楠对风险防范与识别有较深刻的研究和经验,这本书用较多案例深入浅出地讲解了问题的精髓。

——国联证券策略首席 包承超

相较于美国200多年的资本市场发展史,我国资本市场虽进步迅猛却风险丛生。近年来,上市公司业绩爆雷频发,债券市场违约不断,故风险防范工作显得更为重要,而这一领域的案例梳理相对而言显得更为稀缺。历史学就是未来学,这本书结合自身实战经验,在大量案例分析的基础上,分门别类地将一线经验上升到理论高度,相信可以为投资防雷工作提供高质量的启示。

——浙商证券研究所信用研究首席 杜渐

A股是一个以融资为主导的证券市场,各类主体"重融资、轻投资回报"的特征非常明显,因此会带来市场结构性的扭曲。这中间又夹杂着人性、政策、周期、监管、利益、资金、信息等各个市场因素的交换与博弈,形成周而复始、跌宕起伏的证券市场走势。

"眼见他起高楼,眼见他宴宾客,眼见他楼塌了",成王败寇尽在一刹那间。很难说清,一家上市公司的ST退市/破产重整等情形,究竟有几分来自经营管理层/大股东的任性所为,几分来自监管/信用周期的变化,几分来自市场技术变迁/消费者习惯等客观趋势的变化。

因此,在上市公司数量日益增多、市场主体和结构日益复杂化与多元化的大背景下,投资者更需要提高甄别能力,练就一双"火眼金睛",避开各种雷,才能在市场上活得好、活得久,也才能立于不败之地。以史为鉴,可以知兴替。通过对各种差公司、烂公司的复盘与回顾,可以规避风险并降低血本无归的概率。该书正好满足了投资者的这一需求,希冀作者能写出更多更好的作品以飨读者。

——泰舜资产创始人 薛朝红

识别并防范风险,是参与资本市场的第一步。股票市场因其天然的高波动性及潜在风险所带来的问题也就更加突出。如何判断与识别股市风险,是每一个市场参与者需要深究的议题。

该书结合宏观、中观、微观的视角,分别介绍了资本市场系统性风险判断、上市公司利益相关方行为风险特征的诊断,以及基于行为隐含信息理论的股票风险诊断和预警,并记录了部分上市公司发生的风险事件。

作为固收、风控领域有多年从业经验的人员,作者在书中提供了不一样的防雷视角。无论你是专业投资者、从业者,还是仅仅对资本市场感兴趣的读者,这本书都将给你带来新的思路。

——恒泰证券私人财富总部总经理 王荞

近几年爆出的一些重大财务造假案例,再次给我们敲响警钟,当前,我国资本市场已步入高质量发展新阶段,如何防范风险对于资本市场中的每一类参与主体而言都至关重要。该书详细整理了大量财务舞弊公司案例及其舞弊手法,对于如何更好地识别和防范风险具有非常高的参考价值。

——方正证券研究所金融工程首席 曹春晓

当今世界正处于百年未有之大变局,尤其是中国资本市场正以前所未有的战略定力和执行力来践行高质量发展。资管新规发布后,整个资本市场以审慎的态势完成了从资金端到产品端再到投资端的健康重塑,并以2022年为元年进入了全新的大资管时代。长期投资、价值投资、避雷投资的理念也逐渐深入人心并获得市场对其长期有效性的证明。

百万亿大资管投资规模也正向促进了资本市场及其运行个体的坚持守正创新和维护健康新秩序。在自上而下的伟大格局和健康发展观下,资本市场成员有责任从微观自下而上地践行健康的投资实践并做好防微杜渐,以真正实现投资的价值和集体的共赢。价值创造无关高下,集体共赢尽是通途,守正创新从防雷开始。

相信该书会给正在思考如何提升投资行为价值感、投资收益获得感、投资者安全感、监管信任感的读者带来多方面的启发。

——华泰证券资管、战略研究负责人　杨天跃

遨游市场,一思进,即投资策略;一思退,即风险控制。该书通过简洁有力的框架、行之有效的方法论和丰富的案例,为市场参与者提供了极具价值的风险控制指南,也为"资本市场往何处去"给出了接地气的思索和回答。

——某头部城商行资金营运中心资深宏观研究员　袁青野

在推进高质量发展的进程中,资本市场吐故纳新的速度正在加快,扶优限劣的力度持续增强,强制退市出清,市场"雷声阵阵",如何独善其身,该书作者在总结自身多年的投资及风险管理研究经验后为我们提供了一个思路:固然事中排雷、事后除雷的能力重要,但我们更应提高事前防雷、避雷的水平。其也向我们传递了风险管理的一个重要思想:"不治已病治未病"。希望大家通过这本理论结合案例的投资防雷宝典,提升风险识别能力,及早发现苗头性、趋势性问题,防患于未然。

——浙商证券股份有限公司风险管理部副总经理　吴庆海

在资金流动性管理领域工作多年,能深刻体会流动性风险管理的不易,市场风险、信用风险、声誉风险、监管合规风险等最终都可能向流动性风险传递与演化,企业的经营危机最终以流动性风险的爆发而结束。该书用丰富的真实案例,系统梳理了我国众多上市公司如何从一家优质企业到最终破产退市的花样"作

死"之路,一方面给读者在投资决策中如何有效识别和防范风险提供了极其宝贵的经验参考与方法指导;另一方面对个人如何管控公司的流动性风险,确保公司现金流的稳健、安全提供了崭新的视角与理念,使我深受启发。

——华泰金融控股(中国香港)资金部副总经理　林成钢

具备独立思考和发散性的双重特质,从股债同源的角度去看待风险和收益,在注册制来临的大背景下,需要提高对上市公司的甄别能力,该书从宏观、中观和微观三个视角出发并结合大量案例,提炼了过往爆雷企业的共性特征,提示投资者在注重收益的同时,也要注意预防风险,相信读者能通过该书加深对企业风险的认知。

——兆天投资高级行业研究员　李旭东

成功的企业都是相似的,而爆雷的企业却各有各的不同。通过阅读该书中所整理的真实案例,相信每位读者定能练就一双能识别潜在爆雷企业的"火眼金睛"。

——《上财风险管理论坛》杂志主编　斯文

资本市场的健康发展是金融支持实体经济的重要前提,保护投资者利益、识别风险也是挖掘优质企业的先决条件。在以防守为主要出发点的债券领域,防雷方面的研究成果较多;而对于以进攻为主要目的的股票领域,防雷方面的研究成果相对较少。

作者以风控视角审视股票市场这些年发生的风险案例,进行研究并归纳总结,最终结集成册,相信该书对于股票领域的从业人员会有不一样的启发。

——YY评级创始人　姚煜

每个进入股票市场的投资人都想捕捉"最肥美的大鱼"。然而,绝大多数人要么遇到凶猛的"恶鲨",要么撞上坚硬的"礁石"。该书系统梳理了国内A股市场的诸多风险案例,希望帮助投资人规避"恶鲨"和"礁石"。值得各位船长将此书作为"捕捞"避险指南!

——久期财经创始人　李恺

资本市场服务实体经济,防范金融风险是切实推动金融高质量发展的时代要求。

作者坚守自己的初心及理念,在资本市场实践中,严守"看门人"职责,凭借其在固收行业多年积累的投资及风险防范经验,从资本市场及上市公司高质量研究的背景出发,对上市公司利益相关方行为风险特征进行诊断,提出了基于行为隐含信息理论的股票风险诊断和预警,通过大量案例分析,为投资者奉献出如此珍贵的防雷宝典,必将激励投资者踔厉奋发、勇毅前行。

——联合信用投资咨询有限公司市场推广部总经理　于洋

资本市场信息繁杂、良莠不齐,如何从众多面目模糊的公司中去粗取精,排雷是首要的一步。并且,排雷是一门需要不断实践的手艺。这本书从案例角度出发进行研究,具备很高的实用价值。

——并购优塾创始人　刘坤

利润与风险,每一个投资者都在找寻最佳的平衡点。但在很多时候我们会过于关注利润,而忽视真正重要的东西——风险。这东西无法捉摸,因为你不知道它会从何处而来,而当你知道时,风险早已扑到身边。面对困境,我们能做些什么?金融服务实体经济,当然需要更成熟的投资者。煜楠的这本《投资防雷宝典:那些不可不知的风险》出现得恰逢其时、恰到好处!

——扑克财经创始人　林辉

这是一本特别的书。它不是直接教你怎么挣钱,而是告诉你如何避免踩雷、避免亏钱。在很大程度上,不亏钱就是最大的挣钱。作者通过大量翔实的个案展示了资本市场踩雷的种种情况,既有理论基础,又有实操价值,相信可以给你提供新的投资视角。

——资深财经媒体人　杨志锦

规范上市公司的行为是推动中国资本市场走向高质量发展的重要措施。该书系统梳理了上市公司行为风险特征,列举了丰富翔实的案例,是难得一见的从风险角度审视上市公司治理与投资行为的参考书。

——至明科技市场总监　陈佳奇

很多人都问过我,学习股票知识就可以挣钱吗?我说不一定,因为懂得多不保证能挣钱,但可以让你少踩一些雷,少亏一些钱。前事不忘,后事之师,了解那些爆雷的案例,避免自己踩进同样的坑里。

——知名财经博主　李川

党的二十大的胜利召开预示着中国资本市场将要迎来崭新的阶段,即进一步打破中国股市的"堰塞湖",使大量的上市公司"能上"也"能下"。在这个阶段,好的公司仍然会受到资本的追捧,而劣质的公司的股票价值归零的概率也大大增加了。该书为读者剖析了大量风险股票案例,让读者能够洞悉上市公司的套路和把戏,可以说是这个价值投资时代最实用的工具宝典。

——DM(DealingMatrix)创始人　杨阳

目 录
Contents

第1章　基于行为隐含信息理论的投资防雷应用

一、行为隐含信息理论

行为隐含信息理论和行为分析框架下的上市公司风险研究体系如图 1-1 所示，包括三个层级。

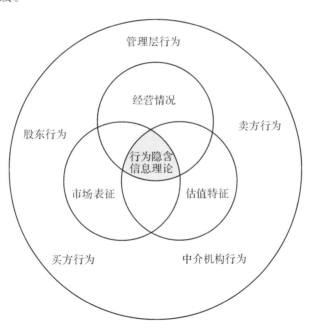

图 1-1　行为隐含信息理论和行为分析框架下的上市公司风险研究体系

一是框定资本市场的几个行为主体维度，包括卖方行为、买方行为、中介机构行为、股东行为和管理层行为，以及行为主体的三个层面（市场表征、估值特征和经营情况）。

二是研究行为主体的行为特征、风险特征,如表 1-1 所示。

表 1-1　行为主体风险特征的具体表征

维度	风险特征	风险特征的具体表征(简述)
管理层行为	公司治理存疑;内控不彰;股利政策;ESG(环境、社会和公司治理);资本运作存疑	①公司治理存疑:股权结构相关的治理问题,如控制权稳定性差、实控人缺失或公司性质存疑、大股东独大、股权结构混乱;实控人和大股东相关的治理问题,如未被制衡或缺失、民营实控人风险;董事、监事和高级管理人员相关问题,如管理层频繁变更、多职合一、独立董事缺位;重大负面事项调整,如财务舞弊相关的问题;信息披露相关的治理问题,如存疑或不透明 ②内控不彰:上市公司内控报告出具情况、内控报告结论存在缺陷;形式和内容问题 ③股利政策问题:不分配的公司多、股利政策分配缺少连续性和稳定性、部分上市公司为达到某种目的而分红、分红异象频现、高确定性和低增速个股分红率过低 ④ESG 表现不佳 ⑤资本运作频繁:市值管理市场操纵化、民营资本族系问题、区域性"卖壳"文化、商誉减值危机、产业资本减持潮问题、民营上市公司控制权变更现象激增
股东行为	股权结构、欺诈发行、减持和股权质押	①股权结构的各种问题:制衡权问题(如"一股独大"、控股股东控制权集中)、股权结构的集中度、金字塔持股结构下的两权分离(控制权和现金流权分离)、股权结构的稳定度、不同股权结构比例 ②欺诈发行和财务造假 ③主要股东减持频繁 ④主要股东股权质押频繁
卖方行为	分析行为的利益冲突、一致性预期	—
买方行为	中小市值魔咒、内幕交易、市场操纵、短期逐利、情绪、公募交易行为、杠杆行为	①中小市值魔咒 ②内幕交易 ③市场操纵:庄股 ④短期逐利 ⑤行为情绪指标 ⑥公募交易行为:基金黑幕、机构抱团、风格漂移 ⑦杠杆行为
中介机构行为	中介机构失职、媒介和舆情	①中介机构失职 ②媒介与负面舆情
利益相关方行为的二阶导	基本面趋势分析 估值面特征分析 技术面特征分析	①基本面趋势分析:行业性的特殊经营风险指标;财务风险指标 ②估值面特征分析:估值风险指标 ③技术面特征分析:技术风险指标

(1)管理层行为是指上市公司管理者的行为。作为公司战略决策的主导者,上市公司管理者是公司决策的关键决定因素,影响所在公司的投融资和市场经济。传统的企业战略理论认为企业的管理者是完全理性的"经济人",企业的一切战略决策都是管理者借助期望效用最大化原则和贝叶斯法则制定出来的,而在国内资本市场的实践中,人由于在经济活动中总是受到自身心理因素、外界环境等的干扰,故只能做到有限理性。行为金融学的出现将管理者的非理性行为纳入金融行为分析中,如上市公司管理者的心理特征、人口特征、有限理性和自利行为等。这为本书研究企业经济异象、上市公司风险事件、资本市场及上市公司高质量发展提供了重要的分析方法。上市公司管理层行为会有一些共同点:一是心理特征,如自信(过高估计、过度精确、过高定位)、管理层自利行为、风险偏好、控制欲、时间偏好;二是人口特征(性别、年龄、学历和籍贯);三是包含有限理性、自利行为等的行为特征。具体表现为伪君子类型、画大饼类型、不尊重中小投资者、自利、行为不端、违法违规。具有如上特征的管理层行为,在上市公司层面的公司治理、内控、股利政策、ESG 和资本运作等方面也会表露出一定的风险特征。

(2)股东行为。股东是上市公司的所有者,具体可以分为大股东与中小股东,其划分依据是股东的持股份额。大股东主要是法人股东和内部所有者、机构股东,中小股东主要是小股东、流动性交易者和投机者等。股东人数和股权结构等数字特征是影响上市公司价值和风险事件的重要变量。股东对于上市公司管理层的监督主要是为了遏制机会主义行为,防止代理人的经营行为偏离委托人的目标和利益,发生代理人对委托人的侵权行为。因此,监督是股东对自身利益的保护。然而,小股东却很少能够真正制约大股东的行为,这也导致上市公司的高质量发展容易出现问题。上市公司股东行为可以分为:第一,大股东行为。拖累上市公司,抢占上市公司利益,损害中小股东权益;频繁减持和股权质押;实控股东欺诈发行和财务造假。第二,中小股东行为。抱团否决管理层提案。第三,股东之间的斗争行为。第四,积极股东行为。

具有如上特征的股东行为,在上市公司层面的股权结构、欺诈发行、减持和股权质押等方面也会表露出一定的风险特征。

(3)卖方行为。券商研究所的卖方证券分析师是分析证券并提出建议的人员,连接着资产和资金两端。证券分析师是证券市场中的专业分析人员,其作用在于通过其优于一般投资者的信息收集途径和专业分析能力,向市场参与者提供能够合理反映证券内在价值的价格信息,从而减弱证券市场的价格偏离,提高市场的有效性。然而,种种因素的制约,如团队作战、以研究服务换取佣金收入,导致出现服务大于研究等现象。

卖方行为特点可以归纳为两类。第一,卖方研究的利益冲突问题。第二,卖方研究中出现的:千篇一律的"买入",寥寥无几的"卖出";盈利预测多偏高,每逢年报必下调;股票覆盖有选择,负面信息选择性忽略等。

(4)买方行为。投资者(买方)是证券市场中重要的参与者之一,是资金融通的主体,投资者的行为受到多方面因素的影响,既包括自身的情绪、性格等主观方面的影响因素,也包括外界制度、文化等客观方面的影响因素,各方面的影响因素最终会影响投资者的决策过程并干预投资者的最终选择。每个投资者决策与判断的思想活动均是建立在人的情感、需求和投资经验的基础上,并不是完全基于计算和逻辑,这是由于投资者的能力有限,包括对信息的收集、加工、分析、理解、存储及计算等能力。另外,市场上的信息不对称也是影响投资者投资决策的一大重要因素,投资者获得的市场信息可能是虚假的、不完整的或滞后的,这与投资者自身利益最大化原则间存在偏差,投资者的信息是影响最终决策的关键。国内上市公司买方行为特点包括:第一,我国投资者多为散户且年轻化,这也导致持股风格短期化。第二,机构投资者存在"抱团"投资等非理性行为,众多机构投资者存在非理性的交易行为,导致市场风险偏好趋同,跟风买入优质股票。第三,投资者具有后悔厌恶心理、从众心理、投机暴富心理和有限理性思维。第四,投资者具有羊群行为、处置效应、噪声交易等非理性行为。第五,国内投资者长期存在炒新、炒小、炒差、炒短、机构抱团、内幕交易和市场操纵等行为表征。第六,国内的股票市场被知情者操纵,导致庄股现象屡禁不绝。具有如上特征的买方行为,在资本市场上市公司层面的中小市值魔咒、内幕交易、市场操纵、短期逐利、情绪、公募交易行为、杠杆行为等方面会表露出一定的风险特征。

(5)中介机构行为。各类中介机构是资本市场投资经营活动的重要参与主体,其提供的保荐、审计、法律、评估、评级、财务顾问等专业服务共同构成了资本市场建设的重要制度支撑,中介机构归位尽责是提高资本市场信息披露质量的重要环节,是防范证券欺诈与造假行为、保护投资者合法权益的重要基础,是深化资本市场改革、促进资本市场高质量发展的必然要求。

(6)利益相关方行为的二阶导。不同上市公司的不同利益相关方之间会构建起一个极其庞大的复杂网络,在合作力的复合作用之下,上市公司会在基本面(经营情况,含业务风险指标、财务风险指标)、技术指标(市场表征)、估值面(估值特征)三个层面呈现出无数组不同类型的排列组合,这三个层面在某种意义上也可以被称为利益相关方行为的二阶导。

三是对行为主体及其二阶导中的一些行为特征基于业务实践经验、投研和风控积累,以常规数据和另类数据为基础,通过特征工程、金融工程的方式和手段,进行经验规则、数据和指标的显化工程。但由于金融资产和行为主体隐含的信息往往并不直观,故需要对各种价格、成交量、行为和其他信息进行提炼,翻译成可以理解和利用的信息,使其可视化、便捷化和傻瓜化,并转化为金融市场的实务应用。从行为主体的隐含信息中提取有效因子和信号走的是一条实证经济学而非规范经济学的路径,它本身的过程和结论不带有主观或黑箱的价值判断,整个过程和结论是在回答"是什么"这个问题,具体如图 1-2 所示。

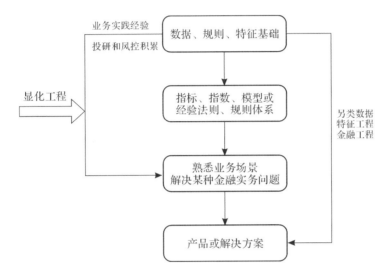

图 1-2　行为隐含信息理论的应用框架

比如,资本市场从业人员都知道卖方研究员的研究具有价值和意义,但传统的卖方研究更多的是作为一种服务,如何把所有卖方研究员的主观研究经验结果变成一个客观并且可以使用的显化的规则、模型和指标?目前市场上实务应用和学术理论研究广泛的"卖方一致性预期"就是一种行为隐含信息的显化工程,通过加工整理和标准化后的"卖方一致性预期"数据与指标就可以使我们对难以定义但价值含量极高的卖方行为进行显化定义,以便于金融市场中的实务应用。类似的指标有卖方研究员自行构建的投资组合底仓持仓清单及其实时的调仓记录。

从金融市场的哲学视角看,金融世界中,行为人在作出金融资产交易的决策时,不仅要依靠资产本身的特征值、历史信息、成交价格和成交量,还要依托自己的经验、固有思维模式和对万事万物变化之道的感悟,同时考虑人类行为、反身性和社会经济环境等因素。从全球来看,资本市场的投资决策和研究是当前金融决策中最具挑战的领域。从本质上来说,上市公司的基本面状态问题本身具备明显的反身性。在这场博弈中,所有参与者的思想和他们所参与的活动都不具有完全的独立性,二者之间不但相互作用,而且相互决定,不存在任何对称或对应。金融市场虽然也会出现一些错误,但市场本身是最好的试验场,金融市场本来就是参与者信息的集散地,而交易则是信息的综合反映。金融资产的交易中往往隐含着大量信息,不同金融资产之间具备相关性,故可以断定其也隐含着大量有效的关联信息,这些既是本书认识金融世界的一个客观维度,也是在概率基础上进行投资和风险研究的基础。但金融资产交易隐含的信息往往并不直观,需要对各种价格、成交量、机构行为和其他信息进行提炼,翻译成可以理解和利用的信息,从而为本书的资产定价、投资管理、风险管理和预警提供重要的市场参数与决策依据。

从纯理论的视角看,任何一种金融资产的定价都可以用资本资产定价模型进行概述,通过资本资产定价模型可以推导出:在完全和完美的市场中,只要已知某种资产的市场价格,就可以推知该价格所蕴含的未来信息。从金融资产交易中提炼隐含因子和信号可以借助定价模型,但任何模型都有假设前提,并且假设往往会偏离现实世界,比如经典的 Black-Scholes 期权定价公式、Value at Risk、KMV、Credit Risk+、CreditMetrics 模型等,在实际使用过程中都存在着很多的问题。

金融模型的应用在金融实务领域需要具备很强的业务可解释性。未来世界可以通过物联网传感器传递信号,并且虚拟市场将拥有海量的消息,通过技术的方式和手段以及复杂事理图谱等能够在实体经济与金融市场交易中提炼出隐含因子和信号,因此,数据较之模型的意义更大且更具实务价值。

从学术研究领域看,传统的金融领域资产定价、投资研究和风险管理往往有三种逻辑:第一种是从统计视角出发,该方法使用历史数据,寻找样本或标杆,探寻逻辑和规律去建模,然后用这个"模型"去预测未来,比如 Z-Score、Logistic 模型、Probit 财务预警模型;第二种是经验判断,依托人脑可以储存经验、处理复杂信息和关联逻辑的能力,给出经验性的逻辑推断,比如经典的"5C"标准法,以及目前卖方研究流行的估值方式和行业研究方法论;第三种是近些年新兴的技术,通过大型计算机在虚拟世界中设置的不同角色,以机器学习中的支持向量机算法、神经网络模型、基于决策树模型的随机森林算法来进行自我学习,并给出一个过程黑箱的结论判断。

对于市场隐含信息,已有不少学者做过研究。市场是信息的聚集地,也汇聚了大量投资者。异质市场假说认为,市场参与者的交易偏好和动机不同,对同一信息的解读也不相同,这种异质性驱动下的交易行为推动了市场波动率的增加。基于异质市场假说,传统观点和模型一般认为不同交易频率的交易共同形成市场的实际波动,将实际波动率拆解为一天、一周、一月三种期限的交易频率,并以上述三种频率为解释变量来构建预测未来波动率的模型,从而分辨出异质交易者的特征。刘勇和白小滢(2020)基于科里斯的模型,研究得出三条结论:一是在个人投资者主导的中国股票市场,较普遍的高频率短期交易行为占主导,对预测未来波动率贡献最大;二是期权隐含信息能够提高对股市未来波动率预测的准确性;三是投资者情绪在预测未来波动率中作用显著。郑振龙(2012)认为,金融资产价格隐含信息的本质是参与者对未来的预期,隐含信息的优势在于信息的即时性、真实性,以及信息中包含着的对未来的预期。从金融资产价格中,可以提取出违约概率、资产价格分布、市场流动性等重要信息。在隐含信息理论的运用上,杨伟(2009)的研究使用修正的 PIN 模型,发现股票信息风险(信息不对称程度)与交易活跃度(换手率)之间呈负相关关系,换手率越高的股票其信息风险越低。郑振龙等(2019)通过银行间国债交易数据,提取出真正的隐含通货膨胀率,从而对名义利率进行拆解和解读。杨旸等(2019)从股市系统外部的视角,研究股票期权市场隐含的流动性水平,并通过实证证明其在股市危机预警中具有有效性,可作为防控股市系统性风险的重要依据。

　　从金融实践和历史来看,一个人或一个机构很难超越市场分析能力的前提是这个人或机构相比市场中的其他人没有不对称信息的优势,这种条件很难存在于不发达,或者说是非有效的市场中。一旦不对称信息问题存在,握有内幕消息的人士相较于其他人而言就拥有无可比拟的优势。若市场体现的价格与实际价格相距甚远,那么在消息曝光后市场价格会剧烈变动,导致市场价格迅速向实际价格靠拢,此时,握有内幕消息的人士会在自己进行操作后再公开市场信息以赚取利润。如果在市场信息没有披露时就用市场的价值来计算违约率,那么自然不会得到合理的结果。而且,一旦有了内幕消息,就会导致公司资产的市场价值发生剧烈变化,随机过程的假设自然也就不成立。在电影《华尔街》中,主角的父亲是航空公司的员工,他得知自己的公司在之前的事故中将被法院判定为没有责任,并且除主角(和主角见到的华尔街的一个大佬)外,没有人知道这个消息,故市场所显示的股价明显是低估的,以这个价格作为基础并认定未来将是随机过程后所得出的该航空公司的违约率是被远远高估的,因为未来随着航空公司没有责任这个重大利好消息的宣布,股价会迅速上涨,上涨后的股价会随着内幕消息的消失而出现随机变化,违约率会比之前的数字要低。在现实生活中,针对某些公司,例如具有垄断性质的公司,其未来的发展可能并不会呈现出随机的状态。比如:通用汽车公司是美国重要的制造业公司,出现利好消息时,公司的股价自然会上涨,违约率较低；不利消息出现时，公司的股价会下降，违约率相对较高。2008年金融危机时，通用汽车公司陷入危机，公司股价暴跌，违约率非常高，但是美国政府考虑到通用汽车公司雇用了大量工人，让通用汽车公司倒闭会引起社会不安，于是出手救助通用汽车公司，故其实际违约率会低于之前的估计，因为人们对于美国政府救助通用汽车公司是没有预期的。在中国，这种事情也需要格外注意。

在资本市场中，利益相关方行为错综复杂，真正的赢家是在认清了社会与人类行为、人情和生活的真相后，依旧满怀对资本市场的兴趣，依然热爱生活。

二、行为隐含信息理论的应用方向

行为隐含信息理论在本书的框架中，最直接的应用就是用来分析各种上市公司风险事件和股票预警及排雷，从风险的维度看，以行为分析框架为基础，对上市公司进行风险研究，对股票进行风险分类、监测和预警。

以行为隐含信息理论为依托，具体到上市公司的风险研究领域，需要研究的风险问题如表1-2所示。

表1-2 上市公司相关的主要风险类型

序号	上市公司相关的主要风险类型	释义或案例
1	因负面因素而导致的非主动型强制退市的风险	2001年4月，PT水仙成为中国证券市场上第一家因业绩不合格而遭到清退的公司
2	个股崩盘（缩量暴跌）风险	2020年11月25日至2020年12月14日，被市场操纵的庄股——仁东控股连续14个交易日跌停，几乎没有成交量，其股价从60.17元下跌至13.76元，市值蒸发超270亿元
3	股票质押风险事件	由于质押比例较大的个股的质押规模也相对较大，在"恐慌性杀跌—杠杆爆仓—强制平仓—卖盘涌出—市场压垮"这个传导链条下，可能形成较强的负反馈效应，促使股价急剧下行
4	金融担保品的价值萎缩风险	利率债、信用债和股票在进行金融政策活动、金融活动或业务时，以自身价值对业务提供增信和风险缓释作用，而一旦其自身作为担保品时的价值出现萎缩，以致长期挂牌无法卖出，造成资金融出方资金回收困难，则会影响整个金融政策活动、金融活动或业务
5	上市公司信用债违约和估值风险	上市公司在信用债市场发行的信用债出现展期、违约或其信用债估值出现大幅度调整的风险
6	个股估值风险	由股票估值暴跌、估值泡沫以及估值波动率过高而带来的股票价格的不确定性

续　表

序号	上市公司相关的主要风险类型	释义或案例
7	海外中概股的风险事件	包括系统性的几次中概股危机、中概股被做空以及部分中概股造假的风险事件
8	港股的风险事件	包括仙股、老千股；遭到做空机构做空等风险事件
9	公募基金的净值暴跌风险	公募基金净值在短期内出现大幅度暴跌的现象，尤其是固收型的基金产品在短期内暴跌
10	沪深资本市场的 IPO 破发风险	IPO 上市首日就出现股票收益率为负

　　基于行为隐含信息理论，以及对上市公司风险案例的研究，本书创新性地提出行为分析框架，认为风险的背后不仅有基本面的数据和技术面的波动，还有人性和各方行为主体加诸上市公司的利益纠葛。上市公司风险研究和投资研究是一体两面，从方法论来说，两者都是在"求存"，而非"求真"，区别在于：求存仅仅是得出一个可用的东西，它能解决问题；而求真是指向一个必然性和正确性兼具的真理。实验科学需要满足可证伪性，而社会科学的分解、归纳和演绎则是在非实验可控的环境下进行的，且具有行为主体的反身性作用，很多的理论（认知、猜想）和观点本身就是建立在一次次颠覆和迭代基础之上的。行为分析框架下的上市公司风险研究体系及股票风险分类监测的底层逻辑如表 1-3 所示。

表 1-3　上市公司利益相关方行为各维度、行为风险特征及其风险评估模型

上市公司利益相关方	上市公司利益相关方的行为风险特征	创新性的各维度行为风险特征的风险评估体系或模型	导致或引发的上市公司风险事件
管理层行为	公司治理存疑	上市公司公司治理的六维度"听诊器"	因风险而导致的被动退市 个股崩盘（缩量暴跌）风险 庄股、仙股、雷股等 财务粉饰的上市公司 金融担保品的价值萎缩风险 股票质押风险
	内控不彰情况	公司内部控制风险指标	
	股利政策问题	股利政策的"F-S-DA-D"风险评估体系	
	ESG 表现不佳	以负面为导向的上市公司 CSR 评估体系	
	资本运作存疑	上市公司资本运作行为活动度监控	
股东行为	股权结构的各种问题	易引发上市公司问题的股权结构特征关注点风险评估体系"一结构两度三权"	
	实控股东欺诈发行和财务造假	—	
	减持频繁和股权质押频繁	上市公司减持活跃度监控 上市公司股权质押活跃度监控	

续　表

上市公司利益相关方	上市公司利益相关方的行为风险特征	创新性的各维度行为风险特征的风险评估体系或模型	导致或引发的上市公司风险事件
买方行为	资本市场中的小市值魔咒	风格分化指标(市值分化指标)	债务危机或债券违约、估值风险(折价交易) 股票估值风险 海外中概股风险事件 港股风险事件 IPO破发风险 公募基金净值暴跌风险
	内幕交易	—	
	市场操纵	"隐息"市场操纵行为识别模型	
	短期逐利现象	短期逐利现象的风险监控体系	
	情绪指标	行为情绪指标	
	公募基金交易行为	公募基金交易行为风险指标体系	
	杠杆资金交易行为	杠杆资金交易行为风险指标体系	
中介机构行为	中介机构失职	中介机构执业质量风险排名	
	媒介和负面舆情	"舆情—媒介—情绪"三重风险分析体系	
卖方行为	分析师行为的利益冲突	风险导向的卖方分析师一致性预期分析体系	
利益相关方行为的二阶导	经营情况、市场表征和估值特征	基本面趋势分析 估值面特征分析 技术面特征分析	

　　基于上市公司利益相关方行为及其二阶导的经营情况、市场表征和估值特征中所蕴含的行为隐含信息,能够深入上市公司的底层机理,为我们提供观点和胜人一筹的决策依据。该理论的创新之处在于以下几个方面。

　　第一,和一般意义上的投资研究相比,风险研究的目标函数本就不同,上市公司风险研究直接指向的是会导致资本市场和上市公司低质量发展的一些状态(如缩量暴跌、非正向性的退市、估值暴跌等)。

　　第二,基于行为隐含信息理论的上市公司风险研究、股票风险分类监测并非直接去解读信息。信息是庞杂且无序的,包括媒体报道、年报、招股书、官网、卖方研报、投顾观点、调研信息、雪球、知识星球、股吧和小道消息等,而信息本身如果不加区分,就会出现既有真伪性的问题,也有事实信息和非事实信息的区别的情况。基于行为隐含信息理论的上市公司风险研究,穿透两层:一是利益相关方行为本身的特征,如上市公司买方行为层面的长期机构投资者持仓占比较低,这就是一条基于买方行为的行为隐含信息;二是利益相关方行为的二阶导(估值特征、市场表征和经营情况),如上市公司的股票在历史上曾经屡次跌停,这就是一条基于市场表征的行为隐含信息。

第三，信息并非我们决策的依据，而"观点"才是决策的辅助。基于行为隐含信息理论的上市公司风险研究，以诊断上市公司风险为目标函数，通过结构化(筛选、分解、归纳和演绎)的方式整理与汇编行为隐含信息，得出如下观点：根据管理层行为中公司治理存在重大瑕疵、公司估值存在泡沫、股价波动率较高等情况，判断上市公司未来出现风险事件的概率高。

第四，在这里，对于股票风险(如股票风险分类)和定价(如折算率)模型，不管是用传统的金融工程方式，还是用创新的人工智能模式，在建模背后我们都会思考一些金融哲学问题，以避免在建模过程中陷入误区，反而给业务和防雷带来问题。一是局部的加总不能代表整体，反而会造成信息的损失和失真。在单因子有效性的基础上，筛选一批有效因子和指标后，再加一些权重算法(如时变性)，不代表最后能汇总成一个具有各个风险指标因子在内的模型，虽然其风险识别效率和排雷结果比之单指标是在提升，但是所有的因子打分类模型只在历史拟合后有准确率，且没办法解决模型风险。综上所述，精确的象牙塔打分卡模型，远不如模糊的单指标触发判断。例如，多空分歧剧烈的很多股票往往只在波动率层面有异常，其他指标完全正常，而采用打分卡模型的话，最后会陷入为打分而打分的误区。二是特质的另类数据是模型能突破教科书式效果的核心。比如在股票风险预测领域不能忽略的市场微观结构数据(如分秒级报单和报价的数据等)以及个股场外衍生品的隐含波动率数据。三是任何的金融模型都只能模糊地解决某类细分问题，带有人类主观能动性的优秀投资研究价值不容置疑。四是相对大而全的股票风险分类监测模型，比如利用市场微观结构对庄股进行识别，可以借助模型辅助和提升业务判断。五是金融机构业务和风险领域建模是数智化的过程，有软件系统建设、金融科技前沿技术应用，也有金融工程的工程模型化落地能力，更有人的体制和机制的建立与改善过程。

第五，基于观点的决策，是朝着可迭代决策胜率的方向前进的。研究上市公司或者股票，需要细细解读所有的细节，并把所有的可能性解出来。不论如何努力去研究，都没有人能准确预测一家公司未来的所有变化，很多客观真相也是在尘埃落定后才被知晓的。从信息到观点，再到决策，这个过程既不能让我们洞察本质和真理，也不能让我们站在未来的角度来把握当下，更不能让我们避免踩雷。那么基于观点的决策的意义何在？以行为隐含信息为基础，得出的结构化观点，以及在此基础上进行的决策，是可以在事后通过概率思维和回溯验证进行迭代的，也可以更好地应对随机性，使我们的风险研究沿着可迭代决策胜率的道路前行。

第六，行为隐含信息理论不仅是一个理念和框架，还是落在股票风险分类监测的实际，能够以模型的方式直观呈现出来，然而，不同模型各有利弊。

以指标打分模型为例，其优势在于可解释性和复合的演绎推断逻辑，缺点是因子模型最初来自量化投资，通过底层的基础指标来寻找能预测资产收益率的因子。现在大多数产品的通用做法是先通过统计检验找出有效因子，然后加权合成一个总的指数。其中就有几个问题。

一是加权得到因子总分的做法是非常简单粗暴的降维方法，把多个因子直接压扁成一个，信息损失率很高，所以这个结果到底有多大的预测能力以及这套方法论在预测时形成的目标函数都是存疑的。模型检验体系和检验指标（召回率、准确率、机会成本和有效性）容易出现仅在历史回测数据上有效，测试时参数和控制变量过度拟合，存在实际运行后年度迁移率居高不下等问题。

二是局部以一定权重加总不等于全部，启发式算法容易陷入局部最优、全局无解的尴尬境地。单个因子可能对目标函数有预测效果，但不代表加权之后的总指数有预测效果。若大家都用主成分分析来定权重，这时候就很可能出现负号权重，比如说，A 和 B 两个指标都是单个检验有效的指标，但是通过主成分分析，可能得到的是 A－B 这样的总指数，那从直观上看，这个指数的意义就很模糊，减掉 B 相当于说 B 的信息对预测而言是起反作用的，与假设矛盾。

三是在量化投资领域，目标函数非常明确，是能预测资产收益率的因子。但是在股票爆雷和上市公司风险事件中，大家要找的应该是能预测资产市值大幅度下跌的因子，而目前市面上存在的模型并没有明确这个目标函数，所以真正要做的首先应该是明确定义目标函数，然后再去找因子。

综上所述，从模型建模角度来看，综合的打分卡模型利弊皆有。相对而言，从行为隐含信息理论视角出发构建的规则引擎和规则容器，能区分出强策略规则和弱策略规则，在上市公司风险防范和股票排雷方面，落地效果更佳。其中，强策略规则有：股东行为上，若第一大股东与第二大股东持股比例差小于 5%，则能预判股权斗争问题；管理层行为上，若独立董事人数占董事会成员总人数的比例小于 33%，则能预判公司治理问题；管理层行为上，若出现多职合一（董秘兼任财务总监，或高管担任多职）的情况，则能预判公司治理问题，如金龙机电暴跌前，金绍平一身两职，既担任公司董事长，又担任总经理，未做到两职分离；基本面趋势上，若政府补贴占净利润比例超过 40%，则能预判业务模式问题；基本面趋势上，若商誉占净资产比例超过 30%，则能预判业务模式问题；估值面趋势上，若股票净资产收益率低于 5%，且近三个月股价涨幅超过 60%，则能预判基本面和估值问题；技术面的市场表征上，若近五个交易日的收益率均值为负，且收益率标准差超过 5%，则能预判流动性问题。

除了基于行为隐含信息理论提出的针对上市公司风险事件这一金融业务场景的上市公司风险研究的行为分析框架应用，行为隐含信息理论还可以丰富资本市场及上市公司的研究体系，也可以应用于债券市场、衍生品市场、基金评价、ESG 等实务领域。

在债券市场，从信用债领域来看，买方行为中的公募基金调仓行为，是机构行为中能够比较方便地进行量化、回溯并做成预警信号的一种。基金产品每季度的调仓行为在一定程度上客观地代表了"市场中聪明钱"对上市公司基本面边际变迁的观点。本书通过对 2014 年以来债券型基金公开披露的信用债持仓的详细数据研究，包括公募基金是否曾经持有过违约债券、持有的头寸规模、卖出和买入的时间点等，得出了几个重要的结论。截至 2021 年 2 月 19 日，全国共有 143 家基金公司，据统计：有 78 家基金公司曾持有历史违约信用债，占基金公司总数的 55%；有 65 家基金公司未曾持有历史违约信用债，占基金公司总数的 45%。2012 年第二季度至 2020 年第四季度，超过半数的公募基金持有过历史违约信用债，数量总计高达 104 只。在信用债违约前提前卖出，且从未踩雷违约债的基金公司有 64 家，占持有历史违约信用债基金公司数量的 82%；具有一次或多次踩雷经历的基金公司有 14 家，占持有历史违约信用债基金公司数量的 18%。持有历史违约信用债的公募基金平均提前 751 天进行减仓，且会提前 690 天卖出全部持仓，更重要的是，其会在信用债违约前两年左右有所反应，并及时进行调仓。从历史违约信用债持仓的角度来看，曾购买过历史违约信用债五次及以上的 11 家基金公司中，中小公募基金有 9 家，排名集中在第 30—99 名，而排名前十的头部基金公司中有 2 家曾购买过五次及以上的历史违约信用债。从踩雷违约信用债的角度来看，未在信用债违约前卖出的基金公司总共 12 家，其中排名前十的头部基金公司仅一家。头部基金持有债券数量多，其中也包括历史违约信用债，但大部分头部基金都能在信用债违约前及时抛售。排名在第 100—141 名的小基金持有债券数量较少，且大多选择国债、地方政府债券、央行票据等债券，较少购入信用债，在持有历史违约债券的 13 家小基金公司中，有两家未在违约前卖出信用债。作为市场中聪明的投资者，公募基金具有信用债风险识别的能力，大部分基金公司能够通过信用研究进行合理的信用判断，并提前做出反应，避免损失。就历史上是否曾购入违约债而言，头部基金与中小基金的表现无显著差异。但从买入违约债的次数、未在违约前卖出的次数来看，头部基金较中小基金更少买入违约债，且更少因信用债违约而承受损失。从提前卖出的时间来看，头部基金及中部基金较小基金而言能更早地发现信用债的违约迹象。

在股票市场，行为隐含信息理论可以应用于指数风险识别，或者行业拥挤程度和景气度研究。从个股预警领域来看，上市公司行为主体的某些隐藏的行为特征往往能够辅助我们进行公司研究和风险事件预判。上市公司及其利益相关方是一个庞杂的网络，涉及的行为主体包括管理层、股东、卖方、买方、监管和中介机构等。在资本市场的实践中，行为主体在经济活动中因受自身心理、外界环境等因素的干扰，只能做到有限理性。上市公司管理者作为公司战略决策的主导者，是公司决策的关键决定因素，能影响所在公司的投融资和市场经济。上市公司管理者的心理特征、人口特征、过度自信和自利行为都会对上市公司发展和股票价值产生影响。投资者（买方）是证券市场中的重要参与者之一，其是资金融通的主体，投资者的行为受多方面因素的影响，既包括自身的情绪、性格等主观方面的影响因素，也包括外界制度、文化等客观方面的影响因素，各方面的影响因素最终会影响投资者的决策过程并干预投资者的最终选择。每个投资者的决策与判断均是建立在人的情感、需求和投资经验的基础上的，并不是完全以计算和逻辑为基础，这是由于投资者的能力有限，包括对信息的收集、加工、分析、理解、存储及计算等能力，另外，市场上的信息不对称也是影响投资者投资决策的一大重要因素，投资者获得的市场信息可能是虚假的、不完整的或滞后的，而投资者的信息是影响最终决策的关键。行为金融学的出现将投资者的非理性行为纳入金融行为分析中，资本市场中不同类型的投资者多存在后悔厌恶心理、从众心理、投机暴富心理、羊群行为、机构抱团、处置效应和噪声交易等特征。近些年，在日常生活中，人们普遍离不开手机和网络，互联网媒体对于资本市场投资者行为的影响也日益凸显。理论上，券商研究所的卖方证券分析师是分析证券并提出建议的人员，连接着资产和资金两端。证券分析师是证券市场中的专业分析人员，其作用在于通过其优于一般投资者的信息收集途径和专业分析能力，向市场参与者提供能合理反映证券内在价值的价格信息，从而减少证券市场的价格偏离，提高市场的有效性。然而，由于种种因素的制约，如通过团队作战，以研究服务换取佣金收入，故经常出现服务大于研究等现象。各类中介机构是资本市场投资经营活动的重要参与主体，其提供的保荐、审计、法律、评估、评级、财务顾问等专业服务共同构成了资本市场建设的重要制度支撑，中介机构归位尽责是提高资本市场信息披露质量的重要环节，是防范证券欺诈行为、保护投资者合法权益的重要基础，是深化资本市场改革、促进资本市场高质量发展的必然要求。基于行为分析框架研究企业经济异象、上市公司风险事件,为实现上市公司高质量发展跨出了重要的一步。

在衍生品市场中,买方交易、撮合、挂单和报单行为中所反映的隐含波动率也具有很强的预警效果。波动率是一个统计概念,常被投资者用于衡量资产价格波动的剧烈程度,也是衡量资产风险的指标。根据波动率计算方法与应用的不同,可以分为历史波动率、隐含波动率等。其中,历史波动率也可以被称为实际波动率,度量的是已经发生的资产价格的变化。历史波动率是取一段时期内每日资产收盘价变动百分比的平均值,并将其年化。隐含波动率面向的是未来,度量的是资产未来价格的变化。隐含波动率是期权定价理论中的一个概念。由于期权定价模型给出了期权价格与五个基本参数(标的价格、执行价格、利率、到期时间和波动率)之间的定量关系,只要将其中前四个基本参数及期权的实际市场价格作为已知量代入期权定价模型,就可以从中解出唯一的未知量——波动率。因此,从理论上讲,隐含波动率是将市场上的权证交易价格代入权证理论价格模型,通过反推得出的波动率数值。隐含波动率可以理解为资产价格中所反映的对未来一段时间内的实际波动率的预期。如果市场是有效的,则隐含波动率应该是未来波动率的有效估计,可以帮助我们更好地定价、估值、进行风险管理以及期权交易。

在基金评价领域,从基金研究的角度来看,核心在于两个方面:一是基金评价与筛选,二是基金组合配置。此外,由于基金需要从投资者那里募集资金,募集资金的规模会直接影响基金的收入以及基金的业绩,故理解买方行为(投资者行为)也同样重要。已有大量研究表明,基金的业绩受规模报酬递减规律的制约。此外,由于投资者只有有限理性,且其对基金收益信号精度的估计往往是有偏差的,故最终容易出现"基金赚钱、基民不赚钱"的现象。

第 2 章　强制退市风险

一、退市风险概述

识别风险对于判断投资价值而言有重要意义。强制退市风险，一般指上市公司因业绩不佳、财务造假等情况，被动停止其股票在资本市场交易的风险。

关于强制退市公司特征，Knudsen(2011)研究认为：在美国上市的外国公司，若其母国经济国际化程度低，则被美国证券市场退市的概率会比其他公司高；而在被退市公司的规模上，相比大型公司和小型公司，中型公司被退市的概率较高。当前，国内学界对退市问题的研究主要聚焦于退市制度和退市监管，以及相关的案例分析。在退市制度上，由于全面注册制还未开放，故上市公司依然被视作"壳资源"，郑志刚等(2020)的实证研究发现，国有 * ST 公司明显存在预算软约束现象，由此产生的外部性损害了经济运行和市场效率。张跃文(2020)分析认为"退市难"现象实质上客观反映了市场各利益方的诉求，在制度改革上，还需考虑设置合理的梯度退市或转板机制。其他学者也从不同角度论证了严格退市监管对资本市场稳定和投资者保护的积极作用，如：代春霞等(2021)从企业风险承担角度进行研究，发现退市制度变革能够抑制企业冒险行为；于鹏等(2019)从审计风险角度进行研究，发现严格退市制度能够提高上市公司内部控制和治理水平；林乐和郑登津(2016)则通过实证证明强退市监管与股价崩盘风险之间存在负相关关系。以市场化、法治化、常态化为原则，我国退市改革在上市公司优胜劣汰和投资者保护间不断权衡、取舍。本节接下来将从我国退市制度发展历程入手，分析近年来我国的退市数据和特征，并比较中外退市制度，助力我国退市制度改革。

二、退市制度

上市公司是资本市场的基石,完善上市公司退出机制,一方面是充分发挥市场优胜劣汰功能的体现,另一方面也有利于提高上市公司总体质量、规范资本市场发展,对引导资本市场平稳健康发展具有积极意义。

在拥有成熟资本市场的国家和地区,由于市场化机制完善、退市制度成熟且有效,故上市公司退市是一种相当普遍和正常的市场行为。企业上市与退市都是市场化的常态,能体现市场资源的有效配置。有进有退的机制保证了上市公司整体质量。以美国为例,美股公司退市规模堪称庞大,纽约证券交易所(简称纽交所)、纳斯达克证券交易所(简称纳斯达克)、伦敦证券交易所(简称伦交所)等交易所的年均退市公司数量在 200 家左右。1980—2017 年,上市公司数量累计达到26505 家,其中,退市公司数量为14183 家,退市公司数量占全部上市公司的 54%。美股公司退市的主要原因分别是并购、财务问题和股价过低,占比依次为 56%、15% 和 9%。

反观我国,退市仍不被视为普遍和正常的现象,并购也不是退市的主要原因。我国资本市场起步于 1990 年,虽然 1993 年版的《中华人民共和国公司法》(简称《公司法》)中已明确规定了上市公司退市条件,但退市制度的发展仍经历了一个漫长的过程。1997 年 7 月,《中华人民共和国证券法》(简称《证券法》)细化了退市标准。2001 年 4 月,PT 水仙才成为中国证券市场上第一家因业绩不合格而遭到清退的公司。分阶段看,我国的退市制度大致经历了四个发展阶段(见图 2-1 和表 2-1):框架建立初期(1994—2000 年)、制度起步期(2001—2005年)、探索发展期(2006—2012 年)、完善成熟期(2012 年至今)。2020 年底,上海证券交易所发布《上海证券交易所股票上市规则》《上海证券交易所退市公司重新上市实施办法》等规定,退市新规自发布之日起实施。本次退市新规有四个方面的改革:一是完善面值退市指标,新增市值退市指标;二是完善财务类退市标准,力求出清壳公司;三是严格退市执行,压缩规避空间;四是提高退市效率,取消了暂停上市和恢复上市环节。

图 2-1 我国退市制度的发展阶段

表 2-1 退市的相关法律规定

时间	名称	大致内容
1993 年	《公司法》	规定了上市公司暂停上市和终止上市的条件
1998 年 3 月	《关于上市公司状况异常期间的股票特别处理方式的通知》	连续两年亏损或者净资产值跌至面值以下,将实施特别处理,简称 ST,同时中期报告需要审计
1999 年	《证券法》	搭建了退市制度的基本法律框架
2001 年 2 月	《亏损上市公司暂停上市和终止上市实施办法》	要求对最近三年连续亏损且向交易所申请宽限期未获批准的公司实施强制退市,标志着我国上市公司退市制度正式启动
2001 年	《亏损上市公司暂停上市和终止上市实施办法(修订)》	对上一个文件进行合理矫正与补充
2001 年	《关于对存在股票终止上市风险的公司加强风险警示等有关问题的通知》	本通知所称"退市风险警示"是在《上市规则》第九章"特别处理"中增加的一类特别处理,具体措施是在公司股票简称前冠以"＊ST"标记,以区别于其他公司股票
2004 年	《关于做好股份有限公司终止上市后续工作的指导意见》	股份有限公司终止上市后重新符合上市条件并具有持续经营能力的,可以直接向证券交易所提出其向社会公众发行的股票再次上市交易的申请
2020 年	《上海证券交易所股票上市规则》	新规更加详细地规定了退市准则,新增了规范类标准
2020 年	《上海证券交易所退市公司重新上市实施办法》	完善市场化、常态化退市机制,更好地发挥资本市场功能

三、我国退市标准和流程

（一）沪深股市的退市标准和流程

随着内地多层次资本市场体系逐渐完善，各交易所板块形成差异化退市标准，具体见表 2-2。

表 2-2　内地现行退市规则

分类	上海证券交易所主板	深圳证券交易所主板	创业板	科创板	北京证券交易所
一、财务类	①最近一个会计年度净利润为负且营业收入小于 1 亿元 ②最近一个会计年度净资产为负 ③年度财报被出具无法表示意见或否定意见的审计报告 ④证监处罚书表明最近一年年报存在虚假记载、误导性陈述或重大遗漏，触及条件一、二的				最近一个会计年度净利润为负且营收低于 5000 万元
	上海证券交易所主板连续两年触及上述情形之一，终止上市；触及上述情形之一的沪深公司，退市风险警示				
二、交易类	①成交量：连续 120 个交易日累计低于 500 万股 ②股东数：连续 20 个交易日日均股东数低于 2000 人 ③连续 20 个交易日收盘价低于一元 ④连续 20 个交易日收盘总市值低于 3 亿元	①成交量：连续 120 个交易日累计低于 200 万股 ②股东数：连续 20 个交易日日均股东数低于 400 人			①股东数：连续 60 个交易日日均股东人数低于 200 人 ②连续 60 个交易日收盘价均低于面值 ③连续 60 个交易日交易市值低于 3 亿元
	触及上述情形之一的公司，无整理期，终止上市				
三、规范类	①未在期限内披露定期报告，且停牌后两个月内仍未披露 ②一半以上董事无法保证定期报告真实、准确、完整，且停牌后两个月内仍无法保证 ③重大会计差错或者虚假记载，责令改正后两个月内仍不改 ④信息披露或规范运作等存在重大缺陷，且停牌后两个月内仍不改 ⑤公司股本总额或股权分布发生变化，不再符合上市条件 ⑥被依法强制解散或法院裁定公司破产				
	触及上述情形之一的公司，终止上市				

续 表

分类	上海证券交易所主板	深圳证券交易所主板	创业板	科创板	北京证券交易所
四、重大违法类	①涉及国家、公共、生态、生产及公众健康安全等领域的重大违法行为并被追究法律责任 ②上市公司存在欺诈发行、重大信息披露违法或者其他严重损害证券市场秩序的重大违法行为 ③涉嫌重大财务造假被强制退市的情形:营收/净利润/利润总额/资产负债表连续两年虚假记载,金额超过 5 亿元且大于合计金额的 50%			①涉及国家、公共、生态、生产及公众健康安全等领域的重大违法行为并被追究法律责任 ②上市公司首发或借壳上市的文件存在虚假记载、误导性陈述或重大遗漏,被中国证券监督管理委员会或法院处以行政处罚或有罪生效判决	
	满足文件具体的违法量刑、造假程度,终止上市				

内地股票退市过程如下。

1.股票特别处理

对财务状况异常的上市公司股票进行特别处理。上市公司出现以下情况之一的,为财务状况异常,将被特别处理。

• 最近两个会计年度审计结果显示的净利润均为负值。

• 最近一个会计年度审计结果显示其股东权益低于注册资本,即每股净资产低于股票面值。

• 注册会计师对最近一个会计年度的财务报告出具无法表示意见或否定意见的审计报告。

• 最近一个会计年度经审计的股东权益扣除注册会计师、有关部门不予确认的部分后,低于注册资本。

• 最近一份经审计的财务报告因对上年度利润进行调整,导致连续两个会计年度亏损。特别处理股票日涨跌幅限制为 5%。

2.股票终止上市风险

对存在股票终止上市风险的公司,实行"警示存在终止上市风险的特别处理",在其股票简称前冠以"*ST"字样,日涨跌幅限制为 5%。有下列情况之一的,为存在股票终止上市风险的公司。

• 最近两年连续亏损的(以最近两年年度报告中披露的当年经审计的净利润为依据)。

• 因财务会计报告存在重大会计差错或虚假记载,被中国证券监督管理委员会(简称证监会)责令改正或公司主动改正,对以前年度财务报告进行追溯调整,导致最近两年连续亏损的。

- 因财务会计报告存在重大会计差错或虚假记载,证监会责令其改正,但在规定期限内未对虚假财务会计报告进行改正的。
- 在法定期限内未依法披露年度报告或半年度报告的。
- 处于股票恢复上市交易后至其披露恢复上市后的第一个年度报告期间的。
- 交易所规定的其他情形。

3. 股票暂停上市

当上市公司出现下面四种情形时,将被暂停上市:一是上市公司股本总额、股权分布等发生变化,不再具备上市条件;二是上市公司不按规定公开其财务状况,或者对财务会计报告作虚假记载;三是上市公司有重大违法行为;四是上市公司最近三年连续亏损。其中,前三种情形由交易所根据证监会的决定暂停其股票上市,第四种情形由交易所决定暂停其股票上市。

4. 股票暂停上市后恢复上市

上述几种情形被暂停上市的股票,交易所依据证监会有关规定核准其恢复上市的决定并恢复该公司股票上市。

5. 股票终止上市

上市股票终止上市并被摘牌的标准大体可以分为四类:交易类、财务类、规范类、重大违法类。

上海证券交易所、深圳证券交易所(二者合并简称沪深交易所)和北京证券交易所(简称北交所)的退市流程分别如图 2-2 与图 2-3 所示。

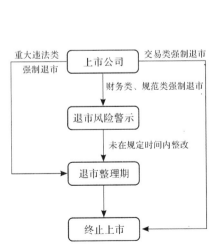

图 2-2　沪深交易所退市流程

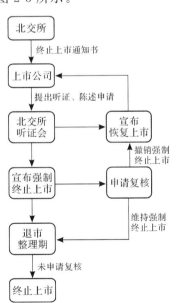

图 2-3　北京证券交易所退市流程

（二）香港地区制度宽松，强制退市比例低

香港交易及结算所有限公司（通称香港交易所，简称港交所）在退市方面的规定比较简单：量化指标上只对公众持股数量有要求，而在股价、市值、财务方面均未设定触发条件；定性指标上只要求上市公司具有正常运行所需的足够资产，因此交易所自由裁定的空间较大，具体如表 2-3 所示。宽松的退市制度使得港股中被强制退市的公司数量极少，Wind 数据显示，2002 年 1 月至 2022 年 6 月间，港股退市公司累计 514 家，其中，强制退市 175 家，剩余公司主要因转板、私有化和自愿撤回上市等从港交所退市。

表 2-3   香港交易所退市标准

类别		退市标准
强制退市	量化标准	公众人士所持有的证券数量少于已发行股份数目总额的 25%
	定性标准	①交易所认为发行人无足够业务运作或相当价值的资产，以致严重损害发行人继续经营业务的能力，无法保证继续上市 ②交易所认为发行人或其业务不再适合上市
自愿退市		①经股东大会表决，同意转往其他受认可的公开证券交易所上市
		②经过股东大会表决，同意撤回上市
		③发行人被全面要约收购或私有化

四、退市数据与分布

截至 2021 年 6 月 1 日，我国股市共计退市 160 家公司，退市原因分布及详解如图 2-4 和表 2-4 所示。

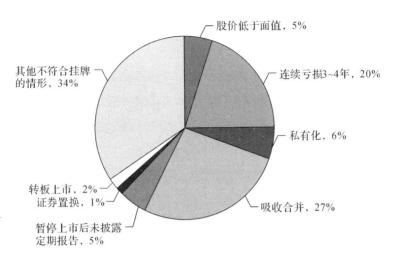

图 2-4　退市原因分布比例

表 2-4　退市原因详解

一级分类	二级分类	在全部退市原因中的占比/%
股价低于面值	公司治理问题	5
	转型失败	
	行业不景气	
	诉讼、违约、监管与失信	
	财务造假、财务粉饰	
连续 3～4 年亏损	财务造假、财务粉饰	20
	公司治理问题	
	对外投资失误	
吸收合并	收购公司转型	27
	被收购公司难以盈利	
	政策原因	
私有化	资源整合	6
	盈利能力减弱	
	行业原因	
转板上市和证券置换	—	3
暂停上市后未披露定期报告	—	5
其他不符合挂牌的情形	—	34

由如图 2-5 所示的股票退市时间分布可知,近三年退市股票的数量大幅增长。新冠疫情的强烈冲击使某些行业的主营业务收入下降,从而导致利润大幅下降、股价下跌,股票面临退市风险。

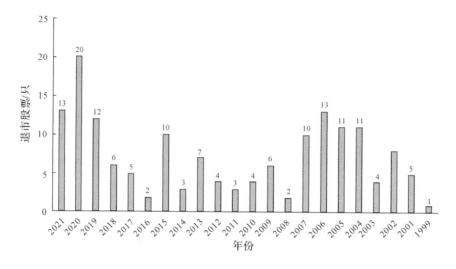

图 2-5 股票退市时间分布

根据交易所规定,股票退市原因可以归结为以下几种。

(一)连续多年亏损

原退市规则规定:连续亏损 3～4 年的公司,交易所予以退市。而 2020 年底所颁布的新规则规定:连续两年亏损且营收低于 1 亿元的公司,交易所予以退市。截至 2021 年 6 月,连续亏损 3～4 年的公司共 32 家,占退市总样本的 20%,占比较大。长时间的亏损说明公司盈利能力较差、负债规模大,入不敷出。

通过对连续亏损的 32 家公司的单独归因分析发现,其连续亏损主要是由以下几个原因造成的:一是财务造假与财务粉饰;二是公司投资层面失误;三是公司治理问题。财务造假方面,以康德退和退市秋林为例,前者以虚构销售业务方式增加营业收入,2015 年至 2018 年间每年虚增利润总额分别为 23.81 亿元、30.89 亿元、39.74 亿元、24.77 亿元,四年累计虚增利润 119.21 亿元。在被证监会立案调查后,公司被爆出巨亏,2015—2019 年净利润均为负值,2017 年净利润为 -24.58 亿元,2018 年净利润为 -23.54 亿元,2019 年共亏损 71.72 亿元(为三年以来亏损的最高值)。而后者在 2018 年亏损了 41 亿元。2018 年下半年,秋林集团黄金事业部与新客户签订了一系列大额长期合同,但审计人员在进行应收款项函证和存货实地盘查时发现存货没了,应收账款也是假的。因存在账款不实、黄金存货"丢失"等问题,公司在当年共计提了 36.95 亿元的坏账损失。这两个例子充分地说明,若财务造假信号出现,则公司可能会爆亏。据统计,连续亏损的公司中约有 60% 存在财务造假的情况。

除此之外,对外投资激进与失误造成的商誉减值,以及对子公司所做出的大额借贷担保行为,往往也是造成公司连续亏损的主要原因。以退市工新为例,该公司 2018 年净利润为 -37.34 亿元,2019 年净利润为 -38.6 亿元,2020 年净利润为 -20.24 亿元,2020 年底归属上市公司股东的净资产为 -59.77 亿元。而该公司连续亏损的主要原因是其子公司汉柏科技的营业状况不佳。

除去以上两点,在退市股票中,大部分连续亏损的公司普遍存在法律诉讼、重大违约、立案调查、人员动荡以及股权质押冻结和监管处罚等问题。比如上文提到的退市工新,截至 2021 年,涉七条违法违规,公司以及相关责任人收到黑龙江省证监局的《行政处罚决定书》及《市场禁入决定书》。而退市秋林则在 2019 年 5 月被证监会立案调查,并在同年陷入三起法律诉讼。2019 年 1 月,证监会对康德退涉嫌信息披露违法违规行为进行立案调查。

(二)股价低于面值

面值退市制度源于现行《公司法》第一百二十七条中关于股票发行价格"不得低于票面金额"的规定。2006 年 11 月,深圳证券交易所发布《中小企业板股票暂停上市、终止上市特别规定》,首次提出对连续 20 个交易日公司股价低于面值的企业实行退市风险警示,当时规定只有被警示后 90 个交易日内股价情况未改善的(需连续 20 个交易日公司股价高于面值)才会被终止上市。2012 年 4 月,深圳证券交易所率先将该制度纳入《创业板股票上市规则》,不再实行退市风险警示和补救期制度,而是将其直接作为终止上市的情形之一。此后,该规则陆续应用于所有在沪深交易所上市的股票。根据退市规定,连续 20 个交易日的每日收盘价均低于每股面值的股票应实施退市,该规定又被称为一元退市。2017 年,被动退市的上市公司共两家,无面值退市情形;2018 年,被动退市的上市公司共四家,面值退市一家;2019 年,被动退市的上市公司共 11 家,面值退市六家。

在关于一元退市的有关归因分析中,其退市的主要原因与连续亏损大多相同。相较于连续亏损的公司,因股价低于面值而退市的公司还有可能是受以下因素的影响才导致的退市:一是公司实际控制人或法定控制人、公司高层深陷诉讼纠纷及民间借贷,或被列为失信被执行人;二是公司实施大幅度转型,但转型效果不佳,造成股价暴跌;三是公司大股东大幅质押股权,部分股权被轮候冻结,导致公司资金紧张;四是公司所处行业不景气。以 *ST 舜喆 B 为例,公司创始人、代理董事长、代理总裁陈鸿成深陷民间借贷等纠纷。天眼查显示,陈鸿成的风险和预警提醒多达 110 条。2018 年初,金石同和大股东将陈鸿成等人告上法庭,原因是上述被告于 2017 年 2 月向其借款 8000 万元逾期未还,本息合计约 1.08 亿元。 *ST 舜喆 B 的主营业务由服装业变更为房地产开发,业务主要通过普宁恒大开展,但公司房地产业务发展缓慢,仅开发了广东省普宁市的"尚堤中央"项目。2015 年 5 月,公司出售普宁恒大,并控股中金一品,主营业务由房地产开发转向黄金珠宝销售,但转型期间亏损严重,收购中金一品导致商誉减值约 240 万元。转型失败的例子在退市股票中屡见不鲜, *ST 天夏也是其中之一。从其业务构成来看,在 2017 年彻底剥离了传统的化妆品业务和医药流通业务资产后,公司主营业务转型为智慧城市产业,然而此次转型也埋下了爆雷祸根。 *ST 天夏在 2018—2019 年发生了六次股权冻结,2019 年第四季度 *ST 天夏突然爆雷,当季亏损 51 亿元。2020 年虽然没有因亏损而爆雷,但陷入了业务停滞,2020 年前三季度公司营业收入不到 900 万元,亏损超过了 2000 万元。

宜华生活也是一元退市中非常鲜明的例子:2021 年初, *ST 宜生控股股东刘绍喜因涉嫌操纵证券市场,未按规定披露持股变动信息,被证监会立案调查。公司实控人刘绍喜因违反财产报告制度被法院列为失信被执行人,宜华企业(集团)有限公司被列为失信企业。公司在 2019—2020 年新增十余次被执行人信息,最终其股票在 2021 年 3 月一元退市。其余一元退市的案例还包括 *ST 雏鹰、 *ST 印纪、 *ST 长城、 *ST 艾格等。

(三)私有化

截至 2021 年 6 月 1 日,6% 的股票因私有化退市。上市公司私有化,是指由上市公司大股东作为收购建议者所发动的收购活动,目的是全数买回小股东手上的股份,买回后撤销这家公司的上市资格,变为大股东本身的私有公司,即退市。从过往私有化案例来看,大部分公司的私有化均存在较高的溢价,往往能在其中通过套利赚取高额收益。

一般而言,股价低迷、交投清淡、资源整合及大股东转卖上市公司是进行私有化的三大可能原因。以金马集团为例, *ST 金马在 2009 年和 2010 年发生亏损,被实行退市风险警示处理,2011 年公司由亏转盈,被实施退市风险警示处理的情形已消除。神华国能集团有限公司于 2013 年 6 月 19 日至 2013 年 7 月 18 日实施了对公司的全面要约收购,即对金马集团实施私有化,深圳证券交易所已决定让该公司股票自 2013 年 8 月 14 日起终止上市。

而金马集团私有化的主要原因是行业发展不景气与同业竞争。2010 年,公司经营出现亏损,主要是其控股子公司眉山启明星铝业公司大幅亏损所致。2009 年,由于受金融危机及整个电解铝行业产能过剩、需求低迷的影响,公司控股子公司眉山启明星铝业公司在 1—8 月处于停产状态,最终导致金马集团被高溢价全面要约收购。大股东神华国能拟以 13.46 元的上限价格,对公司进行全面要约收购。该方案旨在解决金马集团与中国神华的同业竞争问题。

(四)吸收合并

在退市公司总样本中,有 27% 的股票因吸收合并而退市。截至 2021 年,有 43 家公司因吸收合并退市。

根据分析,吸收合并的主要原因有三:一是中央、地方政府政策规定;二是被收购公司本身盈利能力下降或业绩亏损;三是收购公司需要转型。

以营口港为例,2019 年 1 月,招商局集团与辽宁省人民政府加强战略合作,组建成立辽宁港口集团。两年来,辽宁港口集团持续深化区域港口一体化运营,整合融合成效显著,生产经营稳步提升,成功实现扭亏为盈,但仍面临两港上市公司同业竞争亟须解决、港口业务资源布局有待优化、资产证券化水平尚需进一步提升等问题。为充分释放大连、营口两港资源的规模优势和协同效应,深化辽宁港口整合前期成果,在招商局集团支持下,辽港集团于 2020 年启动大连港股份有限公司与营口港务股份有限公司换股吸收合并项目,以打造统一的港口上市平台,推动辽宁港口集约化发展,提升资源配置效率和市场竞争力,做强做优做大国有资本。

五、境内外退市制度对比

(一)美国:差异化、多元渠道、投资者保护

总体来看,美国退市制度体现出差异化制度设计、多元化退市渠道,以及注重投资者保护的特点。

退市标准上,美国各家证券交易所的自主性较大,十余家证交所制定了差异化的退市标准和流程。以美国纳斯达克交易所为例,纳斯达克股票市场设有全球

精选市场、全球市场和资本市场三个板块，上市标准依次降低，根据不同上市标准，三个板块在股东权益和市值等定量指标方面存在差异。退市指标上，量化指标的占比较大，退市标准可操作性强。退市流程较精简，对达到退市要求的公司直接实行退市，给予公司复议权利，但不设置暂停上市和恢复上市环节。纽交所退市条件参见表2-5。

表 2-5　纽交所退市条件

分类	触发条件	退市标准
股东结构	情况之一	①股东数量小于 400 人 ②股东数量小于 1200 人，且过去 12 个月中月均成交量小于 10 万股 ③公众持股数小于 60 万股
以利润标准取得上市的企业	同时满足	①连续 30 天市值低于 5000 万美元 ②股东权益低于 5000 万美元
以市值/收入和现金流取得上市的企业	情况之一	①连续 30 天市值低于 2500 万美元，且总收入在过去 12 个月中小于 2000 万美元 ②平均市值在过去 30 天中低于 7500 万美元
以市值/收入标准获得上市的企业	情况之一	①连续 30 天市值低于 3.75 亿美元，且总收入在过去 12 个月中低于 1500 万美元 ②平均市值在过去 30 天中低于 1 亿美元
以关联公司标准获得上市的企业	情况之一	①上市公司的母公司或关联公司不再控股该公司，或者母公司或关联公司不再符合上市条件 ②平均市值在过去 30 天中低于 7500 万美元，且股东权益低于 7500 万美元

1. 纳斯达克强制退市案例：金融界网站

金融界网站创立于 1999 年，主要为个人投资者提供财经资讯服务，于 2004 年 10 月在纳斯达克主板挂牌上市，是中国首家也是唯一一家赴美上市的财经类互联网公司。具有先发优势的金融界网站，近年来在竞争中未能保持领先，且外拓业务开展不顺（2013 年推出的活期理财产品盈利宝虽其初心是想对标余额宝，但发展不尽如人意），致使公司经营状况滑坡。2020 年，金融界网站虽营收 4003 万美元，但净利润亏损 505 万美元，资产负债率达 94%。2021 年 5 月，公司被告知因不符合上市规则中股东权益方面的要求，将于 2021 年 8 月收到纳斯达克退市通知。之后，金融界网站曾积极采取行动来维持上市，但未能实现。2022 年 1 月 20 日，金融界网站宣布收到退市通知，将从第二天开市起暂停美国存托股票交易。

美国的资本市场是一个多层次资本市场，如表 2-6 所示。多层次的资本市场结构和转板机制为上市公司提供了更多元的渠道与继续交易机会。一般来说,在纳斯达克市场上市的公司若触发退市,可选择从全球精选市场或全球市场降至纳斯达克资本市场;如果不能满足资本市场板块的上市条件,公司也可以选择到场外柜台市场或粉单市场挂牌交易。粉单市场进入门槛低,无公开财务报告的要求,能为状态不佳但可继续经营的企业提供继续交易的机会。

表 2-6　美国多层次资本市场

交易所市场	全国性交易所	纽约证券交易所	主板
			高增长
			中小板
		纳斯达克证券交易所	全球精选
			全球市场
			资本市场
	地区性交易所	芝加哥证券交易所等	
场外市场	公告栏市场		
	场外市场集团	可信任市场	
		注册市场	
		粉单市场	
特殊场外市场	PORTAL 系统		

2.降级交易案例——瑞幸咖啡

以 2020 年 2 月被爆出财务造假的瑞幸咖啡为例,在 2020 年 7 月被纳斯达克交易所强制退市后,瑞幸转入粉单市场进行交易。瑞幸退市时市值仅为 3.5 亿美元,粉单市场开盘价为 0.98 美元。伴随着瑞幸咖啡经营状况改善、重组计划有序推进,以及基本面的改善,股价相比初次交易开盘价上涨超过 120%,市值达到 34 亿美元(2022 年 7 月 29 日数据)。

另外,美国设有专门的投资者保护法,主要内容是针对财务造假和欺诈退市给予中小投资者赔偿。

3.投资者保护案例:安然事件

在美国历史上最大的财务造假案——2001 年安然事件中,投资者通过集体诉讼,与多家被告方(公司、部分高管、中介机构)达成和解,获得 71.4 亿美元的赔偿。安然事件也直接加速了美国《萨班斯—奥克斯利法案》(又称《2002 年上市公司会计改革和投资者保护法案》)的出台,其在证券市场监管、公司治理、会计职业监督等方面有新的规定，上市公司信息披露由简单披露转向实质性的监管，从而达到保护投资者的目的。

(二)印度：退市成本高昂、重投资者保护

印度从 1992 年起全面推行注册制，此后的 11 年里由于缺乏清晰的退市规定，退市公司数量较少。印度证券交易委员会于 2003 年和 2009 年分别出台了《证券退市指引》与《印度证券交易委员会(股权退市)规则》，对退市程序和标准进行规定与完善。退市指引发布后，印度资本市场迎来一轮集中退市潮，2004 年退市公司数量达 851 家。

印度退市成本极高，根据印度国家证交所的退市规则文件，上市公司被强制退市后，其董事、发起人及其成立的所有公司十年内不得再次进入市场或以间接方式上市。由于退市成本高，印度上市公司主动退市意愿不强，维持上市状态仍具有吸引力。

退市标准上，兼顾量化指标和定性指标，特别强调对上市协议的遵守。根据《印度股票退市制度研究》，孟买交易所在 2001—2010 年退市的 1522 家公司中，因未遵守上市协议被强制退市的共 876 家，占全部退市公司的 57%。印度退市制度对上市协议等合规性问题的重视，在一定程度上体现了投资者保护精神。

退市流程上，印度独有一项股票回购制度安排。在强制退市情形下，独立评估团队将对被强制退市的公司进行估值，退市公司必须以估值价格向所有公众持股人回购股票(除非持股人自愿继续持有)；在主动退市情形下，股票回购价格将通过询价机制由投资者共同决定。

(三)中美退市制度对比

在投资者保护上，美国设有专门的投资者保护法，能充分发挥市场监管的作用。中国最高人民法院于 2020 年 7 月发布《关于证券纠纷代表人诉讼若干问题的规定》，标志着我国集体诉讼制度正式落地。与美国律师主导的集体诉讼不同，我国以投资者保护机构为原告代表，投保机构为公益性组织。公益性投资者保护机构的优势在于能够避免滥诉问题和资源浪费，劣势在于无经济利益驱动，可能出现原告代表人积极性不强等问题。

在程序设计上，和美国实行的直接退市不同，我国仍保留退市风险警示环节，给予上市公司缓冲时间。设置过渡期能够降低上市公司集中退市风险，减缓对市场的冲击，但需要防范上市公司财务造假等问题的出现，这就对完善投资者保护、

落实财务造假惩处提出了要求。

综合来看,我国退市制度的最新改革在退市指标和退市流程上向成熟市场国家看齐,新增了市值退市指标,精简了退市流程,规范了信息披露,更加重视公司流动性和市场影响力,并在财务造假方面进一步优化了相关规定。未来随着相关配套制度的落地以及多层次资本市场的完善,我国退市制度将更好地适配市场。

第3章　股票崩盘(缩量暴跌)风险

一、个股崩盘(缩量暴跌)的现象

股价暴跌所带来的股价崩盘风险会给投资者的财富、资本市场的平稳运行以及实体经济的健康发展带来极大的冲击和破坏,因而受到监管者和投资者的广泛关注。由于制度性安排等原因,我国资本市场存在大起大落、剧烈波动的情况。缩量下跌是指股票价格或大盘指数在下跌的同时,股票成交量相对前几个交易日明显减少。缩量暴跌是指股票价格或大盘指数在经历了连续几个跌停板后,股票成交量相对前几个交易日明显减少。资本市场的暴跌通常表现出无信息支持、不对称性及具有传染性的特征,会严重损害股东的利益,动摇投资者对资本市场的信心,不利于金融市场稳定健康发展,甚至还会造成资源错配,危及实体经济的发展。因此,学术界和业界开展了关于股价暴跌或崩盘风险的研究,并引起了市场投资者、监管部门及风险管理者的关注。

个股股价崩盘(缩量暴跌)的案例在我国资本市场上并不罕见:重庆啤酒的乙肝疫苗概念破灭,半个月内市值蒸发了四分之三;酒鬼酒塑化剂问题爆出后,仅七个交易日股价就出现了"腰斩";苏宁云商"意外"落选首批民营银行试点单位,受该消息影响,股价一路走低;"妖股"仁东控股在 2020 年曾一度暴涨近 300%,之后又经历 14 个跌停,市值蒸发超 270 亿元。

本书对 2015—2021 年资本市场所有股票的 37198 条个股暴跌交易数据进行分析,结论如下:第一,样本范围内,股票平均暴跌天数为 1.19 天;第二,平均暴跌幅度为 11.91%;第三,2015—2016 年和 2018 年股灾期间个股暴跌频繁,此外,2020 年也出现了大量个股暴跌的现象。表 3-1 和表 3-2 详细展示了下跌持续天数与所对应的下跌股票的数量及百分比,以及各年份下跌股票数量及百分比。

表 3-1　个股暴跌的天数

连续暴跌天数/天	下跌股票数量/只	占比/%
1	31891	85.73
2	4138	11.12
3	788	2.12
4	243	0.65
5	92	0.25
6	34	0.09
7	6	0.02
8	3	0.01
9~14	3	0.01
汇总	37198	100.00

表 3-2　个股暴跌的年份统计

年份	下跌股票数量/只	占比/%
2015	15744	42.33
2016	6131	16.48
2017	1803	4.85
2018	3787	10.18
2019	2404	6.46
2020	5077	13.65
2021	2252	6.05
汇总	37198	100.00

　　针对全市场的缩量暴跌个股,本书共选取了 599 个样本进行样本统计,其中 63 个样本为两融标的公司,如表 3-3 所示。

表 3-3　样本范围内个股暴跌的平均跌停天数统计

两融样本			全市场样本		
年份	样本数/个	平均跌停天数/天	年份	样本数/个	平均跌停天数/天
2017	11	2.54	2017	111	3.32
2018	26	3.34	2018	309	3.32
2019	9	2.91	2019	68	3.34
2020	10	3.33	2020	73	3.30
2021 (截至 4 月)	7	2.28	2021 (截至 4 月)	38	3.31

二、个股缩量暴跌的影响因素

学术界认为,股价暴跌风险形成原因可分为信息不对称、代理问题和避税行为。从信息不对称角度来看,股价崩盘源于上市公司与投资者之间的信息不对称。第一,信息不透明使市场投资者无法观察到企业真实业绩,或被企业虚假情况所蒙蔽,产生对股价的误判,而一旦投资者识别或获得企业的真实运营状况信息,其股价就会暴跌。第二,对于信息透明度低的公司,管理层更容易进行信息管理,投资者和股东难以及时发现净现值为负的投资项目,当亏损累积到一定程度时将引起股价暴跌。第三,在信息不对称的情况下,具有信息优势的管理层出于自身利益(包括货币薪酬、在职消费等)的考虑,往往会刻意隐藏对公司股价不利的"坏消息",而随着经营的持续,负面消息会逐渐累积,当达到一定程度并突然集中披露时将引发股价崩盘。同时,"信息隐藏假说"也指出,股价暴跌风险源于股东和管理层之间的代理问题。无论从管理层还是治理层角度来看,其均有隐藏负面消息、操控信息披露决策的动机。肖土盛等(2017)通过实证研究指出,股价崩盘风险本质上是信息释放者与接收者之间信息不对称所引发的后果,是一个信息问题。此外,作为资本市场信息中介的分析师在公司信息披露与股价崩盘风险之间发挥着中介作用,这与许年行等(2012)发现分析师乐观偏差会提高股价崩盘风险的结论类似,本书发现分析师预测越准确,股价崩盘风险越小。

目前,业界和学术界对于股价暴跌风险的研究多围绕金融市场理论和公司金融理论两个方面展开。金融市场理论研究投资者异质性、证券分析师行为、机构投资者行为、媒体报道、交易所年报问询函等公司外部因素对股价暴跌风险的影响；公司金融理论主要分析实际控制人所有权、信息透明度、高管的行为特征、以宗教为代表的非正式制度及产品竞争市场、多元化经营复杂程度、管理层机会主义、公司治理、高管特质、会计稳健性、公司避税、投资决策、企业金融资产配置、公司地理分散度等公司内部因素对股价暴跌风险的影响。学术界对个股股价崩盘现象的定义、量化研究模型主要有三类，如表 3-4 所示。

表 3-4　个股股价崩盘的定义及主要的研究模型

模型	模型和指标量化方法	
个股股价崩盘风险量化（被解释变量）	以负收益偏态系数、收益上下波动比率为崩盘风险指标	①使用个股周收益率对市场周流通市值加权平均收益率进行回归 ②负偏态收益系数 ③收益上下波动比率
	以极值分布的极值指数代表股价暴跌风险	
	股利折现模型	①运用资本资产定价模型计算股票内在价值 ②计算股票市场价格与理论价格之差，实际价格与两倍理论价格之差表示投机泡沫 ③用价格偏差率表示股票泡沫严重程度
解释变量量化	信息披露水平	①以"迪博·内部控制信息披露指数"作为内控信息披露的指标 ②以深圳证券交易所对上市公司的年度信息披露考核作为信息披露的指标
	信息透明度	①会计报表信息透明度：应计盈余管理（公司过去三年的应计利润绝对值之和） ②市场交易信息透明度：股价同步性（基于拓展的指数模型得到方程拟合优度，从而计算股价同步性） ③监管评价透明度：深圳证券交易所信息披露考评结果
	投资者情绪	市场加权股票暴跌风险
	媒体报道	①使用互联网的新闻搜索引擎对网络上的所有新闻报道进行检索，进而根据公司的新闻检索条目数来反映公司的新闻报道水平，解释变量为媒体报道数量、媒体报道水平、制度环境 ②新闻热议度（证券每日新闻热议度即证券当日关联新闻数量占当日新闻总量的百分比，将其加总得到年新闻热议度）、新闻热议天数

续　表

模型	模型和指标量化方法	
控制变量	常用	①个股月平均超额换手率 ②平均周特定收益率 ③账面市值比 ④公司规模 ⑤资产负债率 ⑥总资产收益率 ⑦周特有收益率标准差
	个别	①Fama 和 French 五因子与 Carhart 动量因子 ②本期股价的负收益偏态系数 ③固定资产净值除以期末总资产 ④月平均超额换手率 ⑤息税前利润除以期末总资产

从学术视角来看，相应文献和论文中提到的影响个股崩盘的因素主要包括公司内部特征和公司外部特征。

（一）公司内部特征

学术界对股价暴跌风险影响因素的研究主要分为公司内部特征及公司外部特征两个方面，最初的相关研究主要针对公司内部特征，如表 3-5 所示。

表 3-5　影响个股崩盘的公司内部特征

影响因素大类	影响因素小类	学术性结论
信息质量与公司经营	公司信息披露程度	信息披露质量的下降会增加股价暴跌风险，而信息披露质量的上升并不能有效降低股价暴跌风险
	公司内部分析师覆盖率	正向影响
	信息主动披露程度	正向影响
	实体企业金融化	实体企业金融化的趋势容易导致企业过度负债，影响长期经营战略，从而引发股价暴跌风险

续　表

影响因素大类	影响因素小类	学术性结论
管理层特征	管理层薪酬激励	正向影响
	高管性别	女性高管能有效降低暴跌风险
	独立董事制度	实行独立董事制度的公司股价暴跌风险更低
	管理层过度自信	正向影响
	高管持股	高管持股现象会加剧管理层信息披露操纵,从而增加股价崩盘风险;高管减持的同伴效应也会导致股价暴跌风险的增加
	企业社会责任	企业积极承担社会责任能有效降低股价暴跌风险
	董事海外留学背景	董事海外背景有助于提升企业的信息透明度,当海外背景来源地为投资者法律保护水平较高的国家或地区时,抑制作用更显著
	高管参军经历	高管的参军经历及以此形成的关系网络能在约束高管行为的同时降低股价崩盘风险
	高管学术经历	高管的学术经历能更有效地降低信息风险和代理风险,从而降低股价暴跌风险,并且这一现象在非国有企业、机构投资者比例较高的条件下更明显
股权结构	股权质押	拥有控股权的大股东的股权质押行为能有效降低股价崩盘风险
	第一大股东持股比例	第一大股东持股比例的提高能在加强股权制衡力度的基础上降低股价暴跌风险
	控制权和现金权的分离程度	大股东的控制权与现金权的分离程度与股价暴跌风险负相关
	机构投资者的抱团行为	机构投资者的抱团行为会增加股价暴跌风险

在从信息质量角度出发探究可能影响股价崩盘的因素的研究中,叶康涛等(2015)证实了内部控制信息披露水平与主动披露程度具有正向影响,也证明了公司分析师覆盖率及乐观程度具有正向影响。

从管理层特征角度出发,可能影响股价崩盘的因素包括管理层激励、管理层过度自信、宗教信仰、高管性别、管理层的薪酬激励、高管持股和企业社会责任等。李小荣等(2013)探究了高管性别对股价暴跌风险的影响,认为女性高管能有效降低暴跌风险,且得出企业积极承担社会责任能有效降低股价暴跌风险的结论;梁权熙等(2016)认为实行独立董事制度的公司,其股价暴跌风险更低;易志高等(2019)证实了高管减持的同伴效应会导致股价暴跌风险的增加。

从股权结构角度出发,叶康涛等(2015)研究得出大股东持股可以通过监督效应降低股价暴跌风险,并且谭松涛等(2014)证实了第一大股东持股比例的提高能在加强股权制衡力度的基础上降低股价暴跌风险。

(二)公司外部特征

许年行等(2012)开始从公司外部特征方面开展研究,认为公司外部分析师因存在利益冲突的特征,所以会产生分析师乐观偏差,进而对股价暴跌风险产生正向影响,并且在牛市中这一影响更为显著,同时他还发现,机构投资者存在的羊群效应在加剧信息不对称的基础上会增加股价暴跌风险;罗进辉等(2013)研究得出外界媒体对上市公司的频繁报道能够有效降低股价暴跌风险;林乐和郑登津(2016)得出退市监管在确保上市公司信息披露质量的基础上可以显著降低股价暴跌风险;史永和李思昊(2020)认为审计报告中关键审计事项披露越多,上市公司的股价暴跌风险就越小,并且这一现象在上市公司聘请高质量会计师事务所时更为明显。影响个股崩盘的公司外部特征如表3-6所示。

表3-6   影响个股崩盘的公司外部特征

影响因素小类	学术性结论
外部分析师	公司外部分析师因存在利益冲突的特征,所以会产生分析师乐观偏差,进而对股价暴跌风险产生正向影响,并且在牛市中这一影响更为显著
税收征管	税收征管在降低企业税收激进程度的基础上可以降低股价暴跌风险
投资者羊群效应	在加剧信息不对称的基础上会增加股价暴跌风险
会计政策	上市公司被强制要求采用 IFRS(国际财务报告准则)会计政策时,崩盘风险更低,且这一现象在信息环境薄弱地区更明显
外界媒体报道	外界媒体对上市公司的频繁报道能够有效降低股价暴跌风险
退市监管	退市监管在确保上市公司信息披露质量的基础上可以显著降低股价暴跌风险
关键审计事项披露	审计报告中关键审计事项披露越多,上市公司的股价暴跌风险就越小,并且这一现象在上市公司聘请高质量会计师事务所时更为明显
投资者情绪	公司层面的因素对股价暴跌风险仅存在四分之一的影响,投资者情绪形成的个股之间的联动性是导致股价暴跌的更主要的因素

三、缩量暴跌的两融案例详解

本书对63个两融标的券中缩量暴跌个股进行了系统的统计与主观归因分析研究。研究结果显示:第一,57.1%的样本在暴跌前,经营业绩出现下跌;第二,

33.3％的样本暴跌是由于特殊事件的推动,如涉嫌违法、政策影响、协议签订、项目终止等;第三,23.8％的样本在暴跌前宣布了重大资产重组失败或股权收购终止等负面消息,具体案例如表 3-7 至表 3-9 所示。

(一)公司业绩下跌导致股价缩量暴跌

表 3-7　业绩下跌导致个股崩盘的案例

序号	时间	公司简称	暴跌原因
案例一	2021 年 1 月	二三四五	受新冠疫情影响,市场环境不佳
案例二	2020 年 1 月	润和软件	子公司业务骨干人员流失、经营不善
案例三	2019 年 1 月	盾安环境	股东出现流动性危机,实施战略收缩

案例一

二三四五创立于 2005 年,是 A 股互联网上市公司,坐落于上海张江高科技园区。公司发展至今,办公面积达 1.5 万平方米,员工千余人。公司主要业务为互联网信息服务和金融科技服务。2021 年 1 月 24 日,二三四五发布公告称,2020 年公司归属母公司净利润亏损 8.06 亿元至 9.98 亿元,而上年同期净利润为 7.59 亿元,拟计提资产减值准备约 13 亿元。业绩同比下降的主要原因为:受互联网金融服务业市场整体环境变化的影响,公司于 2019 年对互联网金融服务业务进行了业务调整。再加上互联网推广活动也因疫情受到了一定的影响,最终导致 2020 年营业收入下滑,归属上市公司股东的净利润下降。2021 年 1 月 25 日开盘,二三四五一字跌停。

案例二

江苏润和软件股份有限公司(简称润和软件)成立于 2006 年,为国际、国内客户提供专业领域的软件外包服务,主要聚焦于供应链管理软件、智能终端嵌入式软件和智能电网信息化软件三个专业领域。2020 年 1 月 22 日,润和软件发布公告称,预计 2019 年净亏 17.51 亿~17.56 亿元。主要原因为:部分并购的子公司经营业绩下滑,并导致计提大额商誉减值。2019 年,计提商誉减值准备合计约为 16.66 亿元,对部分应收账款单项计提坏账准备约 1 亿元。自 2014 年布局金融科技业务以来,先后并购了北京联创智融信息技术有限公司(简称联创智融)、上海菲耐得信息科技有限公司。之后,因联创智融出现部分业务骨干人员流失,新客户开发达不到预期,对老客户严控赊销回款等问题,致使营业收入和净利润大幅下滑。2020 年 1 月 23 日开盘,润和软件一字跌停。

案例三

浙江盾安人工环境股份有限公司(简称盾安环境)是全球制冷阀件行业的龙头企业,中国第一家为核电站配套生产核级冷水机组且拥有自主知识产权的企业,国内最具影响力的节能服务品牌之一。2019 年 1 月 27 日,盾安环境发布公告称,由于资产减值、商誉减值、资产初始损失、经营业绩下滑等多方面因素的影响,预计 2018 年净亏损区间在 19.5 亿元至 22.5 亿元之间。亏损源于 2018 年 5 月控股股东盾安控股出现了流动性危机,公司实施战略收缩、聚焦主业策略,对非核心业务与资产进行有序处置和剥离,并且因公司节能业务经济绩效低于预期,拟对节能业务资产计提减值准备 13.9 亿元;此外,计提子公司商誉减值共 7514 万元,资产处置损失 2.9 亿元。2019 年 1 月 28 日开盘,盾安环境一字跌停。

(二)特殊事件推动导致股价缩量暴跌

表 3-8 特殊事件推动导致的个股崩盘案例

序号	时间	公司简称	原因
案例一	2021 年 4 月	康弘药业	康柏西普项目宣布终止
案例二	2021 年 2 月	上海机场	与日上免税行签订新协议
案例三	2020 年 10 月	安妮股份	涉嫌信息披露违法违规
案例四	2020 年 5 月	中信国安	涉嫌信息披露违法违规
案例五	2019 年 7 月	新城控股	董事长涉嫌犯罪
案例六	2018 年 12 月	长园集团	涉嫌业绩造假
案例七	2018 年 6 月	阳光电源	受到光伏新政的冲击

案例一

成都康宏药业集团有限公司(简称康弘药业)是一家位于中国四川省的上市制药公司。该公司成立于 1996 年,致力于眼科、中枢神经系统、消化系统和内分泌系统的药物研究、开发、制造和分销。2021 年 4 月 10 日,康弘药业发布公告称,其耗资逾 13 亿元、历时近三年的康柏西普临床试验项目被停止。这一情况致使公司估值逻辑生变。2021 年 4 月 12 日开盘,股价暴跌 10%,报 26.63 元/股,较 2020 年 9 月 8 日最高点 52.6 元/股腰斩,市值蒸发 238 亿元。

案例二

2021 年 1 月 29 日,上海机场发布公告称,宣布与日上免税行(上海)有限公司

(简称日上上海)签署《上海浦东国际机场免税店项目经营权转让合同之补充协议》,就日上上海在浦东机场经营免税店需要向上海机场支付的费用等相关条款进行了修订,日上上海向上海机场缴纳的租金将从月保底销售提成和月实际销售额提成两者取孰高的模式,变更为与机场国际客流量挂钩。若国际客流少、销售额低,则按照提成收取租金;若客流量高、销售额高,则上海机场最高只能收取保底提成。这份协议把保底变成了封顶,未来双方协议收入完全由国际客流量水平决定,国际客流多则保底高,国际客流少则保底也少。这份协议对上海机场的租金上限进行封顶,即当年无论上海机场国际客流恢复得多好,免税销售收入有多高,上海机场也只能获得保底收入。2021 年 2 月 1 日开盘,上海机场一字跌停,一日之内市值蒸发逾 150 亿元。

案例三

厦门安妮股份有限公司(简称安妮股份)成立于 1998 年,2008 年在深圳证券交易所挂牌上市,股票代码为 002235,是一家以互联网应用与服务业务为主要领域和方向的综合企业集团。2020 年 10 月 13 日,安妮股份发布公告称,公司收到证监会的调查通知书:"因涉嫌信息披露违法违规,根据《证券法》的有关规定,我会决定对你司进行立案调查,请予以配合。"2020 年 10 月 14 日开盘,安妮股份直线跌停。

案例四

中信国安信息产业股份有限公司(简称中信国安)是中信国安集团旗下的资讯科技业子公司,从事卫星通信、电脑网络、有线电视、移动通信等工程。2020 年 5 月 17 日,中信国安发布公告称,公司于 5 月 16 日收到证监会调查通知书,因公司涉嫌信息披露违法违规,根据《证券法》的有关规定,证监会决定对公司进行立案调查。2020 年 5 月 18 日开盘,中信国安一字跌停。

案例五

新城发展控股有限公司(简称新城发展控股或新城控股),1996 年由王振华(董事长)创立,当时名为武进市新龙房产开发有限公司,以及江苏新城控股有限公司,主要业务包括国内经营住宅地产、商业地产(包括当时在上海证券交易所上市的江苏新城地产股份有限公司)、百货等。2019 年 7 月 2 日,新城控股实际控制人、原董事长王振华因涉嫌犯罪,被上海市公安局普陀分局刑事拘留。2019 年 7 月 4 日开盘,新城控股暴跌 20%。

案例六

长园集团专业从事辐射功能材料和电网设备的研发、生产及销售,已成为国内最大的热缩材料和高分子 PTC 制造商以及优秀的电网设备供应商。2018 年 12 月 24 日,长园集团发布公告称,公司于 2016 年 6 月收购长园和鹰 80% 股权,收购价格为 18.8 亿元。自 2016 年开始,长园和鹰在原有设备销售业务的基础上,开拓智能工厂总包新业务。2016 年 6 月至 12 月间,长园和鹰分别与山东昊宝服饰有限公司、上海峰龙科技有限公司、安徽红爱实业股份有限公司(简称安徽红爱)签订建造服装生产智能工厂销售合同。然而,相关机构在走访后发现,三个智能工厂均问题重重。安徽红爱项目仅有部分设备处于运转状态,且安徽红爱单方声称其已与长园和鹰签署《补充协议》,约定已签署的《验收确认书》无效,《往来账项询证函》等文件上的公章不是安徽红爱的真实印鉴;山东昊宝、上海峰龙项目处于停工状态。相关机构发表意见称,已有理由初步判断长园和鹰原负责人存在业绩造假的嫌疑。2018 年 12 月 25 日开盘,长园集团一字跌停。

案例七

阳光电源股份有限公司(简称阳光电源)是一家专注于太阳能、风能、储能、氢能、电动汽车等新能源电源设备的研发、生产、销售和服务的国家重点高新技术企业。2018 年 6 月 1 日,国家发改委、财政部、国家能源局联合发布了《关于 2018 年光伏发电有关事项的通知》,决定根据行业发展实际,暂不安排 2018 年普通光伏电站建设规模,同时光伏发电补贴强度降低。新政策使股民对光伏产业产生悲观情绪,导致整个光伏产业链集体受挫。2018 年 6 月 4 日开盘,阳光电源一字跌停。

(三)重大资产重组失败或股权收购终止

表 3-9 重大资产重组失败导致的个股崩盘案例

序号	时间	公司简称	暴跌原因
案例一	2019 年 9 月	中国中期	终止对国际期货的股权收购
案例二	2018 年 8 月	誉衡药业	终止对天麦生物的股权收购
案例三	2018 年 6 月	鸿达兴业	终止对盐湖镁钾的股权收购
案例四	2018 年 6 月	锦富技术	终止对共和盛世的股权收购
案例五	2017 年 7 月	紫光国芯	终止对长江储存的股权收购

案例一

2019 年 9 月 25 日,中国中期发布公告称,预计不能在规定的时间内向证监会提交反馈意见的书面回复,决定申请终止收购国际期货股权。9 月 25 日晚间,中国中期发布公告称,公司于 2019 年 9 月 25 日召开第七届董事会临时会议,审议通过了《关于向中国证监会申请中止审查发行股份购买资产并募集配套资金暨关联交易事项的议案》,决定向证监会申请中止审查本次重大资产重组事项,这将是收购国际期货的第四次失败。中国中期曾先后在 2008 年、2012 年、2014 年三次发起对国际期货的收购,但最终都未能成功。2019 年 9 月 26 日开盘,中国中期一字跌停。

案例二

哈尔滨誉衡药业股份有限公司(简称誉衡药业)是深圳证券交易所的一家上市公司,主要从事药品的生产及销售,实际控制人、董事长是陕西籍商人朱吉满。2018 年 8 月 10 日,誉衡药业发布公告称,因交易双方对发行股份及支付现金的比例等核心条款未达成一致,决定中止收购合肥天麦生物科技发展有限公司。2018 年 8 月 13 日开盘,誉衡药业一字跌停。

案例三

鸿达兴业集团(简称鸿达兴业)是国内知名的大型化工资源产业集团。集团始创以来,坚持以化工资源产业为核心,形成了塑料化工生产、现代电子交易市场、现代商贸物流、资源能源开发以及下游加工五大支柱产业体系。2018 年 6 月 25 日,鸿达兴业发布公告称,公司拟发行股份购买盐湖镁钾公司 100％股权。但因有关工作尚未全部完成,加之估值等关键交易条件尚未最终确定,无法于 6 月 26 日前披露重组预案。2018 年 6 月 26 日开盘,鸿达兴业一字跌停。

案例四

苏州锦富技术股份有限公司(简称锦富技术)是内资控股的中外合资股份有限公司,是光电显示薄膜器件生产和整体解决方案提供厂商。锦富技术不仅能为客户提供优质的定制产品,还能会同下游厂商共同进行新产品的研发、设计及材料选择,从而提供全方位的综合服务解决方案。锦富技术与国内光电领域知名企业建立了业务合作关系,为其提供光电显示薄膜器件产品。2018 年 6 月 14 日,锦富技术发布公告称,拟通过发行股份及支付现金的方式,购买大数据科技公司共和盛世 100％股权。但此项重组方案最终仍因证券市场的环境发生较大变化,双方在标的公司作价时的市盈率等重要条款方面未能达成一致而终止。2018 年 6 月 15 日开盘,锦富技术一字跌停。

案例五

紫光国芯微电子股份有限公司(简称紫光国芯)是紫光集团旗下半导体行业上市公司,专注于集成电路芯片设计开发领域。2017 年 7 月 16 日,紫光国芯发布公告称,由于长江存储的存储器芯片工厂项目投资规模较大,目前尚处于建设初期,短期内无法产生销售收入,收购长江存储股权的条件还未成熟,公司与拟新增标的资产交易方的谈判目前仍没有达成最终意向,且预期难以在较短时间内形成切实可行的方案,故终止收购。2017 年 7 月 17 日开盘,紫光国芯一字跌停。

综上所述,从 63 个缩量暴跌的两融标的公司样本中可以看出,个股缩量暴跌主要发生在"黑天鹅事件"、公布业绩报告、宣布重大资产重组失败或股权收购终止之后,具体如表 3-10 所示。股价缩量暴跌的根本原因在于公司内部不对称信息的公布,长期积压的公司内部信息在披露时容易引发股价暴跌,若市场上的投资者情绪波动剧烈,还有可能导致相关联的公司股价出现大规模下跌。

表 3-10 缩量暴跌的案例及其暴跌原因分类

暴跌原因	数量/个	涉及案例及其具体原因
业绩下跌触发	36	市场低迷:二三四五 子公司经营不善:润和软件 流动性危机战略收缩:盾安环境
特殊事件推动	21	项目终止:康弘药业 协议签订:上海机场 违法违规:新城控股、安妮股份等 政策影响:阳光电源
重大资产重组失败触发	15	核心条款未达成一致:中国中期、誉衡药业等

第4章　股票质押风险事件

股票质押回购是指符合条件的资金融入方以所持有的股票或其他证券质押，向符合条件的资金融出方融入资金，并约定在未来返还现金、解除质押的交易。其本质是双方以股权为担保的一种质押式债务融资，均是质押贷款业务，既有自有资金，也有理财资金等，而其中也涉及银行与非银行金融机构之间的通道业务等。

一、议题相关的文献综述

股票质押式回购业务是2013年推出的，本质是信贷业务，但由于业务过程中过多依赖担保品，加之信用风险的难以量化，因此风险管控的难度很大，仍需要依赖证券从业者的经验判断。该业务整体经历了过山车式的发展历程，股票质押业务推出以来，起初经历了将近四年的快速发展，在2017年达到了股票质押业务规模顶点，其后爆发风险，市场又逐步"冷却"并回归理性。和融资融券业务对比，股票质押式回购业务信用减值对财务报表经营业绩端的消极影响大于融资融券业务，股票质押式回购业务从2018年开始一度有系统性风险爆发的迹象，2019年，风险仍未化解，其中高比例质押控股股东的信用风险相对突出。

2013年5月之前，股票质押式回购业务主要通过信托公司来做（银行也走信托的通道）。2013年5月24日，沪深交易所与中国证券登记结算有限责任公司联合发布了《股票质押式回购交易及登记结算业务办法（试行）》，这个办法把之前场外烦琐的股票质押整合为场内的一种标准化交易，简化了手续，规范了流程，更为难得的是，提供了直接卖股票的途径，一旦发生违约，券商就可提出申请，将违约的抵押品转到沪深交易所的处置专用账户，并将股票的质押属性从"质押不可卖出"更改为"质押可卖出"，然后流通股就能直接卖了，卖掉以后的钱再通过二级清算，按债务本金、利息、违约金数额直接划给借款账户。这是一个非常关键的变化,使得股票的市值真正和债务直接关联了,在降低处置风险的同时,还大大缩短了处置时间。

基于对股票质押式回购定义与特征的认识,股票质押式回购实际业务中的风险可以分为流动性风险、市场风险、信用风险以及合规风险,这几类风险不是相互独立的,而是相互影响、相互转化的,因此,对各类风险的识别和控制也需要从动态的角度出发,将风控贯穿于整个业务的始终,打造全面的融入方信用评价体系,并通过差异化设置预警线和平仓线来控制风险。股权质押风险从本质来看,其风险源于"对赌协议"的不确定性,其中最主要的是信用风险。股票价格的波动是难以预测的,当股权价值降低到足以危害质权人利益时,就需要更多的担保来控制风险。回顾 2018 年,信用债违约和股票质押风险之间互相引爆,信用违约风险会催化股权质押爆仓,2018 年债券集中到期引发的信用违约风险导致市场出现较大的流动性压力,避险情绪高涨,股票市场大幅走弱,在股权质押等再融资渠道收紧的作用下又进一步加大了信用风险。

部分研究基于市场实际案例,围绕上市公司行为来对股票质押风险进行讨论。高伟生和许培源(2014)认为股票质押项目风险事件中面临的最主要风险是质押集中度风险。质押集中度风险是指当质押的标的股票占总股票数量的比重较高时,股票市场由于出现系统性风险而持续下跌,质押股票面临平仓风险,这又会引发股价负反馈机制,造成股价踩踏效应。唐亚湖(2020)除了关注业务特性导致的问题,还关注质押标的自身存在的问题,如质押标的的跨界经营或频繁并购、因质押标的的业绩对赌协议未完成被缩股等。王宏宇(2021)指出了股票质押式回购业务的监管薄弱点:首先是监管理念的缺失和监管敏感性不足、监管效力不够;其次是融出资金的监管缺失,对减值损失风险和期限错配风险认识不足;最后是监管依据不明确,未能督促证券公司依据政策变化来及时调整合规风控措施的监管要求。

对于股票质押风险的量化研究,现有研究基本采用多因子指标模型来进行量化评级,比如考虑股票的价值性、成长性、流动性和波动性四方面因子的影响,并选取了具有代表性的衡量指标。在模型构建上,卢佳友等(2021)通过以关联证券分析师的盈利预测为被解释变量,股权质押比例为解释变量的方式构建多元线性回归模型,研究得出目标公司股权质押比例越高,关联证券分析师的盈利预测偏差就越大,风险也就越难控制。

二、监管政策历程

从监管政策视角来看,股票质押式回购业务经历了三个阶段,分别是初步发展期、快速发展期和规范整顿期,股票质押式回购业务的政策发展历程如表 4-1 所示。

表 4-1　股票质押式回购业务的政策发展历程

发展阶段	发布时间	政策名称	发行部门	主要内容	政策影响
初步发展期	2000 年 2 月	《证券公司股票质押贷款管理办法》	中国人民银行、中国证券监督管理委员会	结合实际情况,制定关于股票质押具体的办法措施,在切实防范金融风险的前提下,开办此项业务	首次将股票质押引入企业融资,为之后股票业务的发展奠定基础
初步发展期	2004 年 11 月	《证券公司股票质押贷款管理办法》	中国人民银行、中国银行业监督管理委员会、中国证券监督管理委员会	在扩大质押标的和商业银行承办机构的基础上,加强合规性要求并对备案场所进行了规定。正式规定证券公司可作为融入方在场外进行股票质押贷款业务,券商开始进入股票质押市场	仍处于发展初期,政策制度不完善,股票质押发展缓慢,整体规模较小,银行和信托仍为主要融出方,市场上的股票质押基本属于场外质押,股票质押相当于贷款的一种增信手段
快速发展期	2013 年 5 月	《股票质押式回购交易及登记结算业务办法(试行)》	上海证券交易所、深圳证券交易所、中国证券登记结算有限责任公司	规定股票质押式回购交易仅指场内股票质押,场外股票质押是指股票质押式回购交易之外的股票质押,包含柜台质押和私募可交换债发行中涉及的预备换股股票质押。《业务办法》从业务流程、风险管理及参与方权利义务等多方面进行了详细规定。同时交易所的参与使股票质押从非标准化产品转变为标准化产品,使其在业务上更加便利,程序上更加合规	场内股票质押业务正式开闸,标志着以证券公司为主体的股票质押回购业务正式开启。由于场内股票质押融资效率更高、流程相对简便、交易方式相对灵活,因此业务发展迅速。场内股票质押业务融出方为券商,规模拓展助力券商提升市场份额,逐渐打破此前银行、信托垄断的格局

续 表

发展阶段	发布时间	政策名称	发行部门	主要内容	政策影响
快速发展期	2014年8月	《关于调整上海市场股票质押式回购交易经手费收费标准的通知》	上海证券交易所	调整上海证券市场股票质押式回购交易经手费收费标准，由按每笔初始交易100元人民币收取，暂减为按每笔初始交易金额的0.01‰收取，起点为5元人民币，最高不超过100元人民币	降低市场交易成本，支持股票质押式回购业务的发展
	2015年4月	《证券公司股票质押式回购交易业务风险管理指引（试行）》	中国证券业协会	加强证券公司股票质押式回购交易业务的风险管理，规定了风险管理体系与内部管理、融入方准入管理、标的证券管理、业务持续管理等相关事宜	证监会开始着力整顿券商股票质押式回购业务
	2015年7月	《证券公司开展场外股权质押式回购交易业务试点办法》	中国证券业协会	规定了证券公司开展场外股权质押式回购的业务规范、质押登记、内部控制与违约处置以及自律管理条款	进一步提升报价系统等场外市场的估值水平和流动性，有效拓展中小微企业融资渠道，并助推券商融资类业务的再扩张
规范整顿期	2017年6月	《股票质押式回购交易及登记结算业务办法（试行）》（2017年修订）	深圳证券交易所、中国证券登记结算有限责任公司	配合深圳证券市场登记结算系统优化二期项目实施，对有关交易申报、质押登记模式、限售股司法冻结生效时点等条款进行了修订	进一步聚焦股票质押式回购交易服务实体经济定位，防控业务风险，规范业务运作
	2018年1月	《股票质押式回购交易及登记结算业务办法（2018年修订）》	上海证券交易所、深圳证券交易所、中国证券登记结算有限责任公司	与原《办法》相比，新《办法》修订内容主要包括三个方面：一是进一步聚焦服务实体经济定位。明确融入方不得为金融机构或其发行的产品，融入资金应当用于实体经济生产经营并专户管理，融入方首笔初始	股票质押严监管时代的开启：新《办法》在秩序与管理方面作出了更多的规定，并要求有关部门和相关的证券公司要加强对股票交易的规范以及内部结构的合理调整，进一步规范市场秩序。2018年，受股票质押新规和市场大幅

发展阶段	发布时间	政策名称	发行部门	主要内容	政策影响
规范整顿期				交易金额不得低于500万元,后续每笔交易金额不得低于50万元,不再认可基金、债券作为初始质押标的。二是进一步强化风险管理。明确股票质押率上限不得超过60%,单一证券公司、单一资管产品作为融出方接受单只A股股票质押比例分别不得超过30%、15%,单只A股股票市场整体质押比例不得超过50%。三是进一步规范业务运作。明确证券公司开展业务的资质条件,要求证券公司建立融入方信用风险持续管理及资金用途跟踪管理机制	波动等多方面的影响,积压的股票质押风险逐渐暴露,爆雷频频。为防范风险,多家券商压缩,甚至暂停了股票质押融资业务
	2018 年 1 月	《中国证券金融股份有限公司股票质押式回购交易统计监测规则》	中国证券监督管理委员会	由中国证券金融股份有限公司对证券公司参与股票质押交易实施信息统计与风险监测。一是建立完善相应统计监测制度和配套系统,要求证券公司及时、准确、全面地报送参与股票质押交易的有关数据信息。二是建立有针对性的统计监测报表体系,形成相关统计分析报告制度,定期报送证监会等相关部门,在发现重大风险隐患时要及时报告证监会。三是加强与有关单位的沟通协作,推动建立数据共享机制,共同做好有关风险监控工作	

续 表

发展阶段	发布时间	政策名称	发行部门	主要内容	政策影响
规范整顿期	2018年1月	《证券公司参与股票质押式回购交易风险管理指引(中证协)》	中国证券业协会	规定了股票质押融入方准入管理、质押股票管理、后续管理、违约处置管理相关准则	
	2018年6月	《关于证券公司办理场外股权质押交易有关事项的通知》	中国证券业协会	券商的场外股票质押业务被正式叫停,且券商不得为银行、信托等其他机构或个人通过场外市场开展上市公司股票质押融资提供盯市、平仓等第三方中介服务	券商对放款的项目采取非常谨慎的态度,规定禁止券商为场外股票质押提供第三方服务,即重要的履约盯市服务无法提供,进一步限制了场外股票质押的发展
	2019年1月	《关于股票质押式回购交易相关事项的通知》	上海证券交易所、深圳证券交易所	融入方股票质押回购违约,确需延期以纾解其信用风险的,若累计回购期限已实际满三年或者三个月内将满三年,经交易双方协商一致,延期后累计的回购期限可以超过三年,同时新增股票质押回购融入资金全部用于偿还违约合约债务的,不适用《股票质押式回购交易及登记结算业务办法(2018年修订)》的相关规定	股票质押风险防范化解各项工作有序推进,加之2019年A股市场整体运行平稳,股票质押融资爆仓风险下降。各项政策进一步防范股票质押式回购交易、约定购回式证券交易业务风险,保障市场稳健运行
	2019年7月	《关于科创板股票暂不作为股票质押回购及约定购回交易标的证券的通知》	上海证券交易所	科创板开板初期,科创板股票暂不作为股票质押回购及约定购回交易标的证券	
	2020年4月	《关于通过协议转让方式进行股票质押式回购交易违约处置相关事项的通知》	上海证券交易所、深圳证券交易所	规定了通过协议转让方式进行股票质押式回购交易违约处置的相关事宜	

发展阶段	发布时间	政策名称	发行部门	主要内容	政策影响
规范整顿期	2020 年 6 月	《关于创业板股票涉及股票质押回购及约定购回交易有关事项的通知》	深圳证券交易所	按照《创业板首次公开发行股票注册管理办法（试行）》发行上市的股票，暂不作为股票质押回购及约定购回交易标的证券。其他创业板股票可以继续作为股票质押回购及约定购回交易标的证券	
	2020 年 8 月	《关于科创板存托凭证暂不作为股票质押回购和约定购回交易标的证券的通知》	上海证券交易所	科创板存托凭证暂不作为股票质押回购和约定购回交易标的证券	
	2020 年 12 月	《上海证券交易所证券交易业务指南第 2 号——股票质押式回购交易业务》	上海证券交易所	主要整合了优先股作为股票质押回购业务标的证券的相关安排、相关信息报送事宜等	
	2021 年 3 月	《关于进一步规范人民法院冻结上市公司质押股票工作的意见》	最高人民法院、最高人民检察院、公安部、中国证券监督管理委员会	规范人民法院冻结质押股票相关工作，避免在实践中人民法院与其他冻结质押股票的有权机关产生争议	
	2021 年 10 月	《深圳证券交易所证券交易业务指南第 3 号——股票质押式回购交易》	深圳证券交易所	落实最高人民法院、最高人民检察院、公安部、证监会联合印发的《关于进一步规范人民法院冻结上市公司质押股票工作的意见》，规范业务运作	

续 表

发展阶段	发布时间	政策名称	发行部门	主要内容	政策影响
规范整顿期	2021年12月	《深圳证券交易所证券交易业务指引第1号——股票质押式回购交易风险管理》	深圳证券交易所	对券商从事股票质押式回购业务提出了更细致的管理要求,加强股票质押式回购交易的业务管理,主要是对增量规模的管理,对证券公司开展股票质押回购的增量业务提出审慎管理要求	更好地防范股票质押风险,确保增量业务规模与存量业务风险管理能力和持续合规状况相匹配,避免股票质押回购业务不规范增长

三、业务发展的历程

从业务发展历程看,股票质押分为场内与场外,2013年5月之前以场外为主(资金融出方多为银行、信托等),2013年5月24日,证监会正式推出股票质押式回购业务后(《股票质押式回购交易及登记结算业务办法(试行)》),场内股票质押业务正式登上舞台。由于券商对标准化资产处置具有明显优势,以券商为主的场内股票质押业务开始慢慢侵蚀场外市场。2013年放开场内质押后,由于券商对股票的理解相较其他金融机构而言更充分,这也有利于其对风控的把握,所以各家券商都把股票质押作为重点业务进行推进,场内规模不断提升。

2018—2019年,A股民营上市公司出现过一次股票质押危机,由于前几年上市公司股权质押的数量不断增多,全市场出现"无股不押"的现象。2018年,两市共计3433家公司的股东参与了股权质押,质押股份总市值4.4万亿元,占上市公司总市值的10%。703家公司的股票质押比例超过50%。一个突出现象是质押比例呈上升之势,控股股东股份质押比例超过80%的公司数量从2015年的364家增加到2018年的562家,三年间上涨超过50%。但是随着2018年质押新规、减持新规、资管新规等监管措施陆续实施,不仅压缩了市场的融资腾挪空间,还造成股票质押融资风险的加速暴露以及市场的持续下跌,股权质押风险俨然成了市场的一个"堰塞湖",由于质押比例较大个股的质押规模也相对较大,在平仓抛售的风险下,可能形成较强的负反馈效应,促使股价急剧下行,进一步影响了资本市场的高质量稳健发展。受此影响,金融机构出险事件频现,2018年上市券商合计计提股票质押减值高达76.4亿元,损失惨重。

　　鉴于 2018 年以来股权质押违约的民营上市公司和大股东越来越多,监管层和金融机构都提出了相应的政策方案来降低民营企业股权质押风险,缓解股票市场的大幅波动,如:支持民营企业发行债券;支持保险资管、券商资管设立专项产品;支持沪深交易所发行纾困专项债等,其中纾困基金是救市模式之一,主要包括地方政府救市基金、券商专项资管计划、保险专项资管计划、专项纾困债券四种模式,截至 2018 年 11 月底,各地政府、保险、券商成立的纾困基金或产品的规模分别达到 1700 亿元、440 亿元、780 亿元。此外,在城投转型与股权质押风波两大背景下,2019 年以来发债城投入股上市公司明显提速,如表 4-2 和图 4-1 所示,高等级城投良好的信用形象使其能够更方便地获得金融系统的资金支持,如贷款与增发纾困债等,支持民营上市企业获得融资。

表 4-2　2019 年城投公司并购上市公司案例

时间	收购方	标的上市公司	收购股权比例 /%
2019 年 1 月	开封金控投资集团有限公司	GQY 视讯	29.72
2019 年 1 月	萍乡范钛客网络科技有限公司	星星科技	14.90
2019 年 2 月	河南省豫资保障房管理运营有限公司	棕榈股份	13.10
2019 年 3 月	成都体育产业投资集团有限责任公司	莱茵体育	29.90
2019 年 4 月	浙江省建设投资集团股份有限公司	多喜爱	29.83
2019 年 4 月	佛山市建设开发投资有限公司	宁波建工	29.92
2019 年 4 月	四川发展国润环境投资有限公司	清新环境	25.31
2019 年 6 月	郑州航空港区兴慧电子科技有限公司	合众思壮	9.70
2019 年 7 月	邓州经济开发区经发建设有限公司	中新科技	28.44
2019 年 8 月	徐州市新盛投资控股集团有限公司	维维股份	17.00

　　近年来,股权质押市场的整体规模正在逐步收缩。据 Choice 数据统计,截至 2021 年 12 月 31 日,A 股市场股权质押公司数量已经下降到 2519 家,约占 A 股上市公司股票数量的 53.80%,合计质押总市值为 42035.89 亿元,约占 A 股总市值的 4.28%。其原因可以分为两个方面:一方面是政策要求严加监管,例如,当股权质押比例大于 50% 时,不得行使表决权,这一规定限制了控股股东的高比例质押;另一方面是股票质押危机使券商加大了对股权质押的风险监控力度,审查流程也变得更加严格。此外,随着疫情的逐渐好转,生产有序恢复,货币市场流动性日益提高,纾困资金的到位缓解了上市公司的资金链困难,有效控制了股权质押风险。

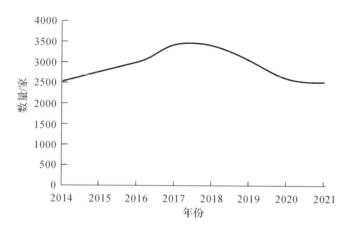

图 4-1　2014—2021 年 A 股市场质押公司数量

四、券商展业存在的问题研究

本部分将从证券公司股票质押式业务的特征,以及证券公司股票质押式业务管理两个视角展开研究。

(一)证券公司股票质押式业务的特征

证券公司股票质押式业务的特征研究主要围绕股票质押标的的质量展开,从这个层面分析,可以将股票质押业务出现的原因归纳为以下几个方面。

1. 出质人的资产与负债错配

出质人的资产负债错配是指出质人利用股票质押融资来进行短借长用,造成资产与负债的时间错配。梳理典型案例可以发现,不少大股东将股票质押融资所获得的资金用于并购扩张、定向增发、股权投资等高风险、长周期的投资操作。由于单笔质押回购期限一般不超过一年,所以大股东不得不进行"借用过桥资金解除质押,然后重新质押偿还过桥资金"的循环融资操作,而一旦金融机构信用收缩,并且其他融资渠道的信用可获得性降低,就会导致出质人在循环融资时受阻,从而出现股票质押风险。

2. 出质人自身的杠杆过高,补充质押能力不足

A 股上市公司控股股东累计质押数量占其持股比例超过 70% 的有 864 只股票。其中,有 506 只个股的控股股东累计质押数量占持股比例超过 90%,更有 123

只个股的控股股东累计质押所持股份数量占持股比例达到 100%。当股价下跌触及预警线乃至平仓线时，在仅接受股票作为合格抵押品的情况下，出质人无额外的股票补充质押，场内质押的质权人（主要为证券公司）也无法接受出质人以其他财产作为抵押品，这就在客观上迫使证券公司不得不平仓抵押品以降低自身风险，也在无形中给市场整体造成了压力。

3. 监管环境的变化

2016 年 1 月证监会的《上市公司大股东、董监高减持股份的若干规定》和 2018 年 3 月沪深交易所与中国证券登记结算有限责任公司正式实施的《股票质押式回购交易及登记结算业务办法（2018 年修订）》在降低股票质押的质押率和限制部分出质人的循环质押行为等方面产生了影响。但从更深层次来看，本书认为，股票质押标的的质量不高是形成和放大股票质押风险的关键底层因素。股票质押的标的是股票，而决定股票质量的关键在于其价值。股票的价值取决于公司的股东价值创造和资本市场的估值水平。资本市场牛熊转换，股票的估值水平自然也随之高低起伏。从长期来看，估值水平的高低取决于资本市场的基础资金成本，并不为上市公司及其大股东的主观意志所转移，公司所能够影响的只是其股东价值创造能力。因此，决定股票质押风险的关键因素是公司的股东价值创造能力。如果公司股东价值创造能力强，那么即便遭遇熊市，市场整体估值水平下降，也会因其业绩好，股价下跌幅度会相对更小，其发生股票质押风险的概率就会低很多。此外，对于股东价值创造能力强的公司而言，即使由于出质人的资产和负债时间错配使股票质押风险爆发，也会有许多资本愿意来帮忙，为其解除风险，降低股票的市场波动风险。券商股票质押式回购交易业务风控指标如表 4-3 所示。

表 4-3　券商股票质押式回购交易业务风控指标

监控项目	监控内容	异常情况描述	备注
履约保障比例监控	履约保障比例预警值下限以下	无异常	
	流通股履约保障比例 130%～150%	无异常	<150% 预警
	限售股及个人解除限售股履约保障比例 150%～170%	无异常	<170% 预警
	基金履约保障比例 130%～150%	无异常	<150% 预警
	债券履约保障比例 110%～120%	无异常	<120% 预警
	整体履约保障比例	—	

续　表

监控项目	监控内容	异常情况描述	备注
股票质押式回购交易业务监控	公司业务总规模与业务批准额度比例	—	
	单合约流通股履约保障比例监控	—	最低值
	单合约限售股履约保障比例监控	—	最低值
	单客户交易规模占在途业务规模比例	—	
	单证券交易规模占在途业务总规模比例	—	
	需补仓客户监控	无异常	
	需平仓客户监控	无异常	
	违约客户监控	无异常	
	延期回购监控	无异常	
	逾期回购监控	无异常	
	提前回购监控	无异常	
	到期回购	无异常	

(二)证券公司股票质押式业务管理

从证券公司股票质押式业务管理存在的问题视角出发展开研究,截至目前,股票质押式回购业务存在着五大问题。

1. 业务定位不清,盲目追逐利益

个别证券公司仍将场内股票质押交易当作交易性业务看待,忽视了信用风险管理,甚至将前期的股市上涨视为新一轮业务机会,抱着侥幸心理承接其他证券公司审核未予通过的项目,盲目追逐利益。个别证券公司为了最大程度地获取收益,往往采用"资金池"的模式来降低资金端成本,增加出资人数和资金规模。但这种模式还存在资管计划嵌套的情况,当投向质押业务后,容易造成相关权利与风险权责不明晰、风险难以控制等问题。

2. 风险意识不强,风控措施不足

股票质押的第一还款来源应当为融入方的业务经营现金流入,处置担保物一般是经协商无果后采取的最终手段。对于融入方而言,需要进行信用评估,考虑其资金用途的合理性和真实性、征信记录,以及是否为控股股东资金链等;对于标的物而言,也要审查其基本面价值和技术面机制;对于还款来源而言,需要考虑质押品和担保方。但个别证券公司仍简单按照一定质押率来确定融资金额,对融入

方信用评估、还款来源、资金流向等把关不严。2014—2017 年,股票质押业务发展迅猛,在这种异常快速的业务增长速度下,个别证券公司没有意识到其中隐藏的风险,错失了风险最佳监管时期,导致 2018 年违约金额增长率飙升,违约同比增长率达到 1513%,积压的股票质押风险暴露,频频爆雷。

3.审核把控不严,质押率设置不严

质押率体现了业务开展前对质押标的的风险评估结果,质押率的确定需要充分考虑质押标的的流动性、波动性、价值性等因素,并依据规范合理的模型进行量化。个别证券公司的部分项目的评审结果为"有条件同意",但后续在落实相关"条件"方面则执行不严;个别证券公司未制定质押率设置标准,质押率设置较为随意。

4.尽职调查不完备,甚至缺乏尽职调查

个别证券公司对于展期项目没有形成尽职调查报告,有的项目尽职调查缺少拍照、访谈记录等必要留痕,有的访谈笔录缺少访谈对象签字,尽职调查的有效性和真实性存疑。同时,多数尽职调查流于形式,将关注重点集中在公司公开披露的信息上,而没有触及公司内在的真实信息。上市公司为了获取股权质押资格,往往不是首先去改善经营状况,而是通过盈余管理、操纵信息披露等来粉饰业绩,以期通过利好消息抬高股票价格。在股票质押业务活动中,尽职调查不充分的监管政策处罚案例如表 4-4 所示。

表 4-4　在股票质押业务活动中,尽职调查不充分的监管政策处罚案例

序号	时间	公司名称	处分措施	涉及法规
案例一	2020 年 6 月	江海证券	暂停股票质押式回购交易业务六个月	违反了《证券公司监督管理条例》第二十七条
案例二	2019 年 9 月	南京证券	出具警示函	违反了《证券公司和证券投资基金管理公司合规管理办法》第六条
案例三	2019 年 8 月	万联证券	出具警示函	违反了《证券公司和证券投资基金管理公司合规管理办法》第六条
案例四	2019 年 8 月	西部证券	责令整改暂停股票质押式回购业务	违反了《证券公司监督管理条例》第二十七条
案例五	2018 年 8 月	中邮证券	责令改正	违反了《证券公司监督管理条例》第二十七条

5.贷后风险管理流于形式

贷后持续管理是保障股票质押业务融资安全和质押风险可控的重要环节。

有的证券公司对于资金用途的跟踪工作流于形式,对于资金从专户划出但未划入融资方名下约定账户的情况,公司未能及时发现。个别证券公司仅以电话沟通进行贷后管理,且未见沟通记录留痕,难以保证贷后管理效果。

五、股票质押式回购出险项目的研究和统计分析

针对因股权质押发生风险事件的个股,本书进行了 70 个坏样本的筛选和归因整理,研究得出,处于股票质押风险事件中的股票基本面均出现了问题,这些问题在经营活动和筹资活动上体现得极为明显:在风险事件前后,大部分坏样本股票的盈利能力均大幅下降,股权质押融资比例过高,债务规模比较大,再融资困难。公司的风险事件危机是一个动态系统,只有认真地分析企业风险事件的原因,才能更好地识别危机,并主动加以预测和控制。而公司风险事件一般是由外部环境和内部因素两个方面导致的。不可控因素多为市场环境和国内外宏观环境的运行,可控因素则是公司本身的内部因素,主要指企业盈利能力、资本结构、公司治理等问题。

(一)风险事件年份统计分析

从 70 个坏样本来看,股票质押风险事件集中的年份分布在 2018—2021 年,分别为 39 个、23 个、2 个、6 个。从 2018 年开始,公司股票质押风险事件频出:2018 年为公司质押风险事件发生数量最多的一年,达 39 家,占统计风险事件总数的一半以上;2019 年,风险事件发生数量依然居高不下,约占统计风险事件总数的三分之一;2020—2021 年,发生股票质押风险事件的公司仍然层出不穷,但数量明显下降。

2018 年中国股市经历大幅度调整,各大板块都遭遇了大幅下跌,三大股指全年跌幅均超过 20%,其中上证指数下跌 813.27 点,跌幅达 24.59%;深证成指下跌 3800.66 点,跌幅达 28.65%。2018 年 7 月,A 股股指跌破 2800 点,一度逼近 2700 点,此时,股权质押的隐患暴露无遗,出现了大面积爆仓现象。股东没有资金进行补仓,媒体报道也加大了舆论风险,进一步下拉股价。到 2018 年 10 月,A 股股指仍未停止下跌势头,跌破 2500 点大关,这导致上市公司股权质押问题被进一步放大,爆仓风险已经全面触及警戒线。2017 年底,随着质押规模的不断扩大,一些上市公司的质押已经接近上限;2018 年股市的最初下跌导致一些上市公司股权质押

爆仓,这些公司被迫质押更多的股份。与此同时,相关信息的披露带来负面情绪,进一步带动市场下跌。持续的股价下跌,迫使更多的上市公司补充质押股份,更多的公司被爆出有问题。

（二）风险事件行业统计

通过分析 70 个坏样本的风险事件可以发现,发生股票质押风险事件的公司所在的行业比较广泛,三大产业均有覆盖,但主要分布在第二和第三产业。

如图 4-2 所示,股票质押风险事件最多的公司所处行业为工业机械类,共 14家,如金龙机电、冀凯股份;其次为生物医药类,共有 8 家,如方盛制药、嘉应制药。电子产品、通信设备、信息服务、锂电池新能源以及互联网等大类行业发生风险事件的公司总共有 11 家。除此之外,文化传媒行业的质押风险事件也层出不穷。

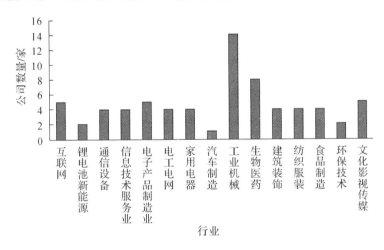

图 4-2　风险事件坏样本公司行业分布

（三）风险事件公司企业性质分析

在收集的坏样本案例中,70 家发生风险事件的公司全部是民营企业,民营上市公司出现股票质押风险的原因多种多样,其本质原因在于企业的盈利能力不足以负担其融资成本,而其融资成本高又源于民营企业一直以来面对的融资难、融资贵的问题。除此之外,通过股票质押进行融资手续简便,民营上市公司对资金需求量大但对风险认识不足,金融中介机构在开展业务时风控不严格等情况,也对风险积累起到了推波助澜的作用。

民营上市公司的大股东往往是实际控制人,在企业经营中具有很强的话语权。但从另一个角度来说,一旦出现股票质押风险,大股东将承受巨大的资金压力。民营上市公司本身就有融资难的问题,而在面对补充质押物的压力时,由于资金来源有限,更有可能编造上市公司利好消息,最终会导致上市公司在信息披露方面的违规操作。此外,大股东占用上市公司利益的违规行为也有可能增加。

融资成本增加。当股价下跌时,对于质押比例较高的个股,难以进行新的质押融资,这将导致公司面临补充质押物的压力。另外,股票质押风险也可能导致资金方遭受损失,这将使资金方风险偏好降低,在以后提供融资时会有更严格的要求和更审慎的调查。由于交易双方的信息不对称,为防范融资方的道德风险,双方的交易成本会增加,最终这些成本都会计入资金成本中,这会使融资人的融资成本和融资难度进一步增加。

失去企业实际控制权。质押比例高的民营上市公司的大股东在面对市场波动时,没有足够的股票用以补充质押物,而若无法及时补仓,就会面临平仓风险。一旦被强制平仓,则会失去对上市公司的实际控制权。2017 年,共有 125 家上市公司公告实际控制人发生变更;2018 年,有 96 家上市公司公告实际控制人发生变更。由于市场波动,部分高质押比例的公司面临平仓风险,这也使得控制权变更的情况频繁出现。而这种情况的出现加剧了市场波动,导致股价进一步下行,最终将损害上市公司的经营和中小投资人的权益。目前,股票质押的质权人大部分是银行、信托或证券公司等金融机构。这些金融机构并不具备经营企业的能力,对于企业的战略规划了解不深,不利于上市公司的未来发展;同时,这些金融机构也没有意愿去管控上市公司,因此势必会寻求股权的继续转让,这又会进一步造成上市公司管理层和股价的波动,即使公司的基本面并未改变,也会对投资人的未来预期产生负面影响,继而引发股价波动,不利于上市公司的经营发展。

六、股票质押式回购出险项目的归因分析

总体而言,根据收集到的 70 个样本案例进行分析,无论是相较于全市场,还是相较于同行业的其他上市公司,这些股票质押出险公司均呈现出基本面上股东价值创造能力较差,估值面上估值水平较高,公司治理上存在高比例质押、信息披露质量低以及董事会治理欠缺等问题的风险特征,具体如图 4-3 所示,其中,高比例质押和董事会治理欠缺是主要影响因素。

公司数量	高比例质押	资本运作	信息披露质量低	股权结构不完善	董事会治理欠佳	大股东自身财务危机
高比例质押	65	19	55	29	40	3
资本运作		23	23	17	23	7
信息披露质量低			55	35	55	7
股权结构不完善				35	35	7
董事会治理欠佳					67	7
大股东自身财务危机						7

图 4-3　坏样本归因矩阵

从图中可以直观地看到,董事会治理欠佳是发生股票质押风险事件的最普遍的单因素;从复合因素来看,"信息披露质量低＋高比例质押"和"信息披露质量低＋董事会治理欠佳"为发生股票质押风险事件的最普遍的复合因素。从上述分析可以得出结论:信息披露质量和董事会治理是最具影响力的两个风险事件因素。

(一)高杠杆化下的高比例质押

高比例质押带来更高的风险隐患,质押比例若长期居高不下,企业对股价下跌的承受力就会持续走弱,且高比例质押隐含着高负债率和严重的期限错配,一旦出现流动性不足的情况,融资人无法实现借新还旧,就会出现现金流断裂的情况。如当股价下跌超过一定幅度时,股东由于高比例质押了公司股票,且没有充足的股票来追加保证金,就会面临无仓可补的流动性危机。流动性危机将促使融出方(银行或者券商)采取二级市场卖出、司法冻结等处置手段,当这类信号传递到市场,就会使得股价进一步下跌,引起股价的踩踏效应,流动性风险被进一步放大,从而导致恶性循环。高比例质押的本质是杠杆的不断放大,其出现的主要原因有以下几种:一是企业所处的行业特性决定了其需要巨大的现金流,比如房地产行业;二是在企业对外进行杠杆收购时,一般都需要股东承担无限连带担保责任,这也使控股股东自身的负债问题传染到企业,导致企业出现现金流困难,这一情况又反过来加剧了股东的债务危机。

2018 年，我国上市公司平均资产负债率为 48.1％，综合杠杆率平均水平为 2.24。在收集的风险事件坏样本底稿中，超过四分之三的企业杠杆水平远超 10，高杠杆水平并不一定催生债务危机，但会削弱企业的财务稳定性，降低企业的抗风险能力。同时，在不断质押并进行担保增信的过程中，已质押的股权作为担保主体，其本身就具有债务性质，以债务担保债务，将导致上市公司多个债务捆绑在一起，造成风险集聚。当一个债务发生违约时，可能引发债务连环违约，造成更大的危机。

但股票质押率高也并不代表该股票必会爆雷，控股股东通过质押股票来获取现金流在 A 股市场中是常见的融资行为，普遍存在于大部分行业中，特别是中小型企业需要通过融资来扩大规模。大股东对股票进行适当的市值管理可以防止爆仓，但当质押比例显著高于正常范围时，就需要引起我们足够的警惕。

（二）质押标的多用作资本运作

在股票质押业务爆雷的上市公司的财务报表中，大部分出现了严重的商誉减值，进而导致资产大幅减值。在收集的 70 个坏样本中，完成的并购重组有 20 余起，频繁的并购重组在短期内有利于推动股价的上涨，但由于在并购中签订了对赌协议，被并购企业如果无法实现并购时承诺的业绩，就将导致并购方开展商誉减值测试，计提资产减值损失。商誉减值会导致上市公司的业绩极不稳定，进而引起股价出现大幅波动，加剧了违约风险。此外，上市公司往往通过循环质押的方式保持资金链的完整性。在一笔股票质押业务到期购回后，短时间内会再次质押出去，不断循环往复，从而得到源源不断的现金流，也能达到借新还旧的目的。与此同时，企业也通过循环质押来降低兼并收购的成本。上市公司通过融资完成并购，在并购得到目标公司股票后，再将其质押出去，用以偿还并购成本，最终利用这部分过桥资金以低成本进行了收购。因此，股票质押成为降低并购成本、便利资本运作的工具，不仅诱使大股东频繁通过股票质押进行资本运作，也增加了大股东在资本运作中掏空上市公司的可能性。同时，大股东也会通过违规担保、购买关联方私募基金、受让上市公司的业绩补偿权利等多种资本运作手段，占用上市公司的资金，导致上市公司积重难返。

（三）信息披露水平不足

根据信息不对称理论，上市公司信息公开度越小，其利用股权质押融资掏空公司的便利程度就越大。上市公司如果想要通过股票质押融资来进行隐蔽性的资本运作,就可能会降低其信息披露的及时性和完整度。根据深圳证券交易所对信息披露质量的考评结果,在 2018 年接受考评的 1634 家企业中,A(优秀)、B(良好)、C(及格)及 D(不及格)四个等级的企业占比分别为 16.40%、61.81%、16.59%及 5.20%。其中,不及格的企业数量从 2014 年开始逐年上涨,已增加了 1.85 倍。高比例股票质押往往伴随着选择性信息披露的行为,具有较强的目的性,因此容易成为杠杆化交易获利的手段,即在大量资本运作的时候,上市公司往往只对有利于股价上涨和资本运作的事件进行披露,对不利于股价和市场操作的事件不进行披露。

同时,经营机构(银行或者券商)对要求进行股权质押的上市公司的尽职调查往往只停留在表面,缺乏主动深入了解核查申请质押企业实际经营情况的积极性,这就使得尽职调查所获得的结果不能反映企业风险的实质。

(四)股权结构失衡

因股权结构失衡导致出现风险事件的案例如表 4-5 所示。从公司的股权结构来看,一方面,这些坏样本公司的股权集中度过高,绝对控股股东占股比例较高,对上市公司拥有绝对的控制权,这就导致大股东在出于自身原因或公司原因急于融资时,会选择将其股权大部分质押出去。质押股权并未受到专门委员会的风险评估,且股权质押的风险远远超过了风控的范围,导致最后出现积压风险事件;另一方面,从公司的股权构成来看,这些坏样本普遍存在"一股独大"的股权结构,不利于股权制衡。一般来说,公司应存在少数大股东及其他大股东,其他大股东也要参与公司的经营决策,他们对公司提出的更多有利的意见和建议在一定程度上能抑制少数大股东的"掏空行为"。管理层只有尽力工作并提高投资回报率,才能降低被解雇的风险,也会选择更完善的管理策略使公司价值最大化,提高经营业绩,避免公司陷入财务危机。

表 4-5　风险事件公司(部分)股权结构

风险事件公司	大股东人数/人	实际控制人	最大股东持股比例/%
中新科技	2	陈德松	51.8
方盛制药	2	张庆华	36.3
拉夏贝尔	1	邢加兴	25.9
顺威股份	1	蒋九明	19.4
长城集团	1	蔡廷祥	29.8

(五)董事会治理缺失

从董事会治理方面来看,坏样本公司的独立董事比例普遍不够高,且许多独立董事学历不高,不少为大专毕业。独立董事制度可以更好地解决内部控制问题,独立董事比例不高,就不可能更好地起到监督的作用。学历高、实践经验丰富的独立董事大都具有深厚的专业背景,能为任职企业提供多角度和专业化的建议,有利于公司的长远发展和战略规划,提高经营绩效,避免公司陷入风险事件危机。

另外,在本书收集的坏样本中,不少公司的董事长和总经理是合二为一的,并没有做到两职分离,这类公司占坏样本的比例高达 79%。董事长与总经理两职合一会破坏监督和权力制衡的体系,降低董事会监督的效率,且极有可能滋生有利于个人利益而不利于公司利益的行为;两职分离,有助于产生强有力的董事会,进而加强监督管理人员和预测公司业绩的能力,降低企业风险事件发生的概率。

(六)大股东自身的财务危机

股票质押相较于传统贷款业务有一个显著的特点,即融入方的偿债能力和质押股票的相关性高,大股东和质押标的之间往往是一荣俱荣、一损俱损。如果大股东自身财务负担过重,不仅会影响其直接还款能力,还可能因现金流困难引发交叉违约。从收集的坏样本来看,股权质押被用作融资手段,在某种程度上反映了大股东可能通过关联方交易、转移定价等手段,向上市公司进行利益输送。乐视网的第一大股东贾跃亭便是一个很好的例子,2017 年 1 月,"乐视系"供应链侧债务危机全面爆发之后,孙宏斌携融创中国 150 亿元资金驰援贾跃亭,与"乐视系"三家公司——上市公司乐视网、乐视影业和乐视致新进行了相应的股权交易。不仅贾跃亭在转让给融创中国方面 1.7 亿股乐视网股权的过程中取得 60.4 亿元的个人收益,其家族控制的乐视控股及关联公司鑫乐资产,也分别从乐视影业和乐视致新获取了 10.5 亿元与 26.5 亿元的现金收益。乐视网所持有的乐视致新的部分股权也转至融创中国名下,涉及金额 23.0 亿元,贾跃亭、贾跃芳姐弟还从上市公司乐视网得到了共计近 30 亿元的借款。而这种利益输送方式有可能会增大企业陷入财务危机的概率。股东所持股份的质押比例能反映股东自身的财务运行状况。因此,大股东所持股份的质押比例过高这种不合理的融资方式会侵害上市公司的利益,加大上市公司风险事件发生的可能性。

第 5 章　金融担保品的价值萎缩风险

一、涉及担保品的主要业务及其类型

担保品业务通常指在一系列经济活动中,借入方向借出方抵押一定的资产来保障借出方的利益,其中的担保品通常由现金、债券、股票等金融资产充当。从担保品的应用场景来看,全球涉及的担保品交易主要集中于:回购、证券借贷;充抵初始保证金,如作为衍生品交易中的履约保证金或结算备付金;以及证券市场参与方和中央对手方提交的清算备付金、保证金等业务,大概分类如表 5-1 所示。

股票由于具有价格波动幅度大的特征,在部分交易(两融业务、约定购回、股票质押业务、收益互换等衍生品业务)中也可作为担保品。如基于股票的收益互换,该业务是指券商与客户根据协议约定,在未来某一期限内针对特定股票的收益表现与固定利率进行现金流交换,是重要的权益衍生工具交易形式。该业务在 2012 年启动。在业务模式和管理上,券商定期对互换交易和担保品进行盯市,若担保金额不足,则必须按约定追加担保,可用作担保品的品种包括现金、国债、金融债、企业债、大盘蓝筹股票等。且担保品折算率不等,现金为 100%,国债在 90% 以上,股票最低的折算率仅有 20%。在券商两融业务中,证券公司在向客户融资、融券时,会向客户收取一定比例的保证金。保证金一般是在交易所上市交易的股票、证券投资基金、债券、货币市场基金、证券公司现金管理产品及交易所认可的其他证券,这些证券统称为可充抵保证金证券,又称为担保物。证券公司一般会根据公司自身风险偏好等因素,在交易所担保物范围内进行二次筛选,确定自身的担保物证券名单。对于担保物计算保证金金额的折算率,交易所根据证券品种进行了较为明确的界定,如:货币市场基金、国债等最高不超过 95%;交易型开放式基金不超过 90%;上证 180 和深证 100 成分股的折算率最高不超过 70%;其他证券不超过 65%;被实行风险警示、暂停上市、静态市盈率在 300 以上或为负数的

表 5-1　涉及担保品的主要业务及其类型

交易类型	回购交易（包含资产借贷行为）	证券借贷（包含资产借贷行为）	证券借贷（融资融券）（包含资产借贷行为）	场外衍生品交易（价值随时间累积）	股票质押式回购交易（包含资产借贷行为）
定义	证券的持有方以持有的证券作为抵押，获得一定期限的资金使用权，到期后归还本金和利息并收回证券	借出者将自身拥有的证券给借入者，借入者按照约定证券到期时间和规则归还证券及其期间同产生的经济利益的交易	简称两融，是指投资者向具有融资融券业务资格的证券公司提供担保物，借入资金买入证券或借入证券并卖出证券的行为	衍生品是一种由其他基础金融产品的价格决定的金融工具，场外衍生品指在场外交易市场进行交易的衍生品	资金融入方在将所持有股票质押给资金融出方获得资金后，再在交易结束时通过还款结束质押
交易参与者	以金融或非金融机构为主	以机构投资者为主	机构投资者、个人投资者	机构投资者、个人投资者	上市公司股东
交易特征	①利率低，担保机制较为宽松 ②质押式回购丧失担保品所有权，买断式回购未丧失所有权 ③买断式回购中丧失担保品受益权，质押式回购中保留担保品受益权 ④交易期限最短 ⑤买断式回购必须以足额的现金和证券进行交割	①交易期限较短，最长为一年 ②丧失担保品所有权 ③可以现金交割	①存在信用杠杆 ②交易成本高 ③交易期限较短，最长为180天	①对手方之间直接交易 ②个性化合约居多 ③价格透明度低 ④流动性较低 ⑤丧失担保品所有权，保留受益权 ⑥交易期限长	①交易费用较低 ②融资效率高 ③资金融入方一般为非金融企业的股东 ④交易期限最长为三年 ⑤质押率上限为60% ⑥标的股票所有权、收益权不转移
担保品种类	国库券、经中国人民银行批准发行的金融债券	现金、国债或信用证	现金、债券、股票	现金、债券、股票	A股优质股票（部分股票、基金、债券、等证券可充当补充质押标的的证券）

续　表

交易类型	回购交易（包含资产借贷行为）	证券借贷（包含资产借贷行为）	证券借贷（融资融券）（包含资产借贷行为）	场外衍生品交易（价值随时间累积）	股票质押式回购交易（包含资产借贷行为）
交易风险	①市场利率波动,交易对手方违约风险 ②债券折算率设置不合理 ③存在买空卖空、多次回购的现象	①交易方违约风险 ②担保品价值萎缩风险 ③抵押品再投资风险	①市场波动,投资者爆仓风险 ②证券公司现金流动性风险 ③证券公司强制平仓制的法律纠纷风险	①产品标准化困难 ②清算机构成竞争关系,保证金设置不规范 ③信用风险缺口	①资金融入方违约风险 ②上市公司下行恶循环 ③上市公司控制权转移风险
风险应对措施	①借款金额小于抵押品价值 ②根据市场波动动态调整证券回购利率 ③开设独立账户保管抵押证券	①完善相应的证券借贷法律框架,针对标的证券法定权利的转移以及担保品的归属问题制定明确的条约和规定 ②除参考欧美国家的监管制度并进行改革外,积极借鉴我国台湾地区采取的整体借券卖出总量控制法,对证券借贷市场的借券卖出比例进行限制	①建立有效的资质评估体系 ②加强风险监控与预警 ③完善担保品管理法律体系	①完善衍生品市场的基础设施建设 ②构建多样化的清算体系,逐步推广中央集中清算制度	①完善股票质押相关的法律法规,明确交易双方的风险规定和分担责任,合理规定质押率、平仓线等重要指标,提高股票质押门槛 ②加强上市公司市值管理 ③加强上市公司的信息披露 ④监控资金融入方的资金用途,避免出现资金再投资现象

A股股票折算率为零;等等。证券公司对担保物的选择主要考虑风险因素,各券商在操作方面会有所不同,如有的会明确要求不接受风险警示证券,而有的并不排斥该类证券。在折算率方面,有的券商会直接采用交易所折算率上限,而多数券商会根据担保物情况运用自身的评估模型和舆情信息,在交易所折算率的基础上进行重新设定。

债券由于其特性,充当担保品的应用场景会更多,具体如表5-2所示。

表 5-2 债券充当担保品的应用场景

业务类型	具体业务种类
支持货币政策	MLF(中期借贷便利)、TMLF(定向中期借贷便利)
	SLF(常备借贷便利)
	OMO(公开市场操作)的逆回购
	再贷款业务
支持财政政策	中央和地方国库现金管理
市场化业务	银行间市场质押式回购、买断式回购
	债券借贷
	债券远期
	协议存款质押
	跨境担保品
	同业授信

担保品在金融交易中能起到三重作用:一是覆盖风险敞口,防范可能发生的风险;二是最大限度降低现金占用,增加财务收益,减少财务费用;三是提高证券资产流动性和资产使用效率。

随着金融市场的不断发展,以证券等金融资产作为担保品的金融业务在资本市场上越来越活跃,例如充抵初始保证金、银行间市场质押式回购、回购业务、股票质押式回购业务、证券借贷业务、场外衍生品交易、融资融券等。回购交易、股票质押式回购业务、证券借贷交易可归类为包含资产借贷行为的交易,交易期限通常较短;场外衍生品交易则属于价值随时间累积的交易,交易期限较长。

（一）回购业务

回购业务是指证券的持有方以持有的证券作为抵押，获得一定期限的资金使用权，在期满后归还本金和利息并收回证券的交易，其本质是以有价证券为抵押品进行资金拆借的信用行为，担保品一般为国库券及经中国人民银行批准发行的金融债券。我国的国债回购业务起步于 1988 年，交易的主要目的是提高债券流动性。回购业务的主要参与者是金融或非金融机构，其交易场所主要在沪深交易所及经国务院和中国人民银行批准的全国银行间同业市场。作为市场的短期融资途径之一，回购交易具有利率低、担保机制较为宽松等特点，并且在现代金融体系中起着重要的作用，其有助于证券交易商或工商企业处理留存证券并提供短期流动资金。

就风险而言，回购交易风险包括市场风险、信用风险、操作风险及法律风险。回购交易对手方通常信用较好，交易时间短，并且担保品多为国债，担保品本身风险较低。其风险主要在于：一是当市场利率上升时，债券价格下降，若回购方没有按照约定回购债券，则逆回购方只能拥有价值下跌的债券，从而遭受损失。反之，若利率上升，逆回购方违约不允许回购方回购债券，则回购方也会遭受损失。二是债券折算率设置不合理。我国回购业务将客户拥有的债券按照标准折算率折算成标准券，交易者按照标准券的价值进行回购交易，但由于标准折算率具有滞后性，其变动并非市场自发，所以交易所对于折算率的调整容易导致市场风险。三是回购业务存在买空卖空行为，部分交易方在金融交易时并未持有相应的证券。同时由于回购业务标准券实行二级托管，标准券的持有者查询困难，故容易产生同一时间多次回购的现象。

为应对回购风险，国内外普遍采用的措施为：第一，借款金额小于抵押品价值；第二，根据市场波动动态调整证券回购利率；第三，开设独立账户保管抵押证券。

在我国国债回购业务发展的早期，由于国债回购的二级托管制度、清算制度等不健全，曾经出现过风险事件。21 世纪初期，挪用客户国债成为证券公司最突出的违规行为之一，富友证券、鞍山证券、大连证券、新华证券、佳木斯证券、珠海证券、爱建证券、闽发证券、建桥证券、汉唐证券、南方证券等多家公司相继出现由国债回购引发的巨大资金黑洞，大量券商在此类事件中倒闭。有媒体披露 2004 年年中中国证券登记结算有限责任公司内部数据显示，券商挪用客户国债现券量与回购放大到期欠库量达 1000 多亿元。2004 年 2 月 25 日，证监会决定放手让中国证券登记结算有限责任公司再次摸底券商违规国债回购，并责令某些高风险券商尽快清理违规回购资金账户、压缩回购余额、补平客户国债。当日交易所债券市场创造了 2004 年以来的最大跌幅:上证国债指数下跌了 0.33%。

(二)股票质押式回购交易

股票质押指资金融入方将自身拥有的股票向资金融出方质押以获得资金,股票质押式回购则指资金融入方在将所持股票质押给资金融出方获得资金后,再在交易结束时通过还款结束质押的行为。股票质押式回购可分为场内质押和场外质押,场内质押的交易双方通过证券公司交易系统进行交易申报,场外质押的交易双方则直接向中国证券登记结算有限责任公司申报交易。

股票质押式回购是一种服务于实体经济的融资方式,与回购业务相比有以下优点:一是交易费用较低;二是融资效率高;三是资金融入方一般为非金融企业的股东;四是其标的证券一般为 A 股优质股票,部分 A 股股票、债券、基金等证券也可充当补充质标的证券;五是此类交易的交易期限最长为三年;六是质押率上限为 60%;七是标的股票所有权不转移。

股票质押式回购在给上市公司拓宽融资渠道的同时,也隐藏着一些风险:第一,资金融入方违约风险。在质押证券价值大幅下跌时,融入方可能会放弃质押股票的回购,资金融出方若此时选择强行平仓则可能造成损失。第二,上市公司下行风险。股票市场下行时,质押股票价值下跌,资金融出方为了保障自身利益会要求融入方补仓或融出方强行平仓。强行平仓时公司股票被大量卖出,会造成投资者对该公司未来经营能力的怀疑,从而导致上市公司股价进入下跌的恶性循环。第三,上市公司控制权转移风险。

为有效应对股票质押式回购风险,给上市公司提供良好的融资环境,可以采取如下措施:第一,完善股票质押相关的法律法规,明确交易双方的风险规避和分担责任,合理规定质押率、警戒线、平仓线等重要指标,提高股票质押门槛;第二,加强上市公司市值管理,国务院于 2014 年印发的《关于进一步促进资本市场健康发展的若干意见》中首次明确提出加强上市公司市值管理制度的建立,减少股票价值大幅下跌的情形;第三,加强上市公司的信息披露,资金融出方实时监控融入方的公司经营情况;第四,监控资金融入方的资金用途,避免出现资金再投资的现象。表 5-3 展示了某券商股票质押式回购业务关注的风险控制指标。

表 5-3　股票质押式回购业务关注的风险控制指标

监控项目	监控内容	备注
履约保障比例	履约保障比例预警值下限以下	
	流通股履约保障比例 130%~150%	<150%预警
	限售股及个人解除限售股履约保障比例 150%~170%	<170%预警
	基金履约保障比例 130%~150%	<150%预警
	债券履约保障比例 110%~120%	<120%预警
	整体履约保障比例	
股票质押式回购交易业务	公司业务总规模与业务批准额度比例	
	单合约流通股履约保障比例监控	最低值
	单合约限售股履约保障比例监控	最低值
	单客户交易规模占在途业务规模比例	
	单证券交易规模占在途业务总规模比例	
	需补仓客户监控	
	需平仓客户监控	
	违约客户监控	
	延期回购监控	
	逾期回购监控	
	提前回购监控	
	到期回购	

(三)证券借贷业务

证券借贷指借出者将自身拥有的证券借给借入者,借入证券方得到证券并按照约定的时间和规则归还证券及其期间产生的经济利益的交易。证券借贷业务的授信模式存在分散式和集中式两种,自 2008 年金融危机爆发后,证券借贷业务以集中式授信模式为主,逐步建立统一的证券借贷平台。证券借贷业务的借入方同样需要提供担保品,其可以是现金、国债或信用证,参与交易的多为机构投资者。

与回购交易相比,证券借贷业务有以下不同之处:第一,就证券所有权而言,质押式回购的回购方未丧失所有权,而买断式回购和证券借贷的回购方以及借入证券方丧失所有权。第二,就证券利息所有权而言,买断式回购中证券利息归逆回购方所有，而质押式回购和证券借贷中的证券利息归回购方与借入资金方所有。第三，就交易时间而言，证券借贷业务的交易时间更长，最长期限为一年，买断式回购最长交易期限为 91 天。第四，就交割而言，证券借贷业务运行交易结束后双方可以现金交割，而买断式回购必须以足额的资金和证券进行交割。

证券借贷业务隐藏的风险包括信用风险、流动性风险、市场风险、操作风险、法律风险和托管结算风险。证券借贷业务中担保品的存在，将原本交易对手的信用风险转化成与担保品相关的风险，因此其主要风险在于：一是交易对手方违约风险。当借入证券的交易方将证券卖空，而证券价格却大幅上行时，借入证券的交易方抵押的担保品价值往往不足以重新买回证券，从而产生违约风险。二是担保品价值萎缩风险。三是抵押品再投资风险，部分交易参与者会将对手方抵押的担保品进行再投资，例如 ETF（交易型开放式指数基金）发行商，当市场上出现黑天鹅事件时，抵押品的再投资价值会大幅下跌，尽管此类风险发生的概率很低，但损失巨大。

目前，我国证券借贷业务风险防控的重点在于完善相应的证券借贷法律框架，针对标的证券法定权利的转移以及担保品的归属权问题制定明确的条约和规定。同时，我们也可以借鉴其他地区资本市场采取的整体借券卖出总量控制法，对证券借贷市场的借券卖出比例进行限制。

（四）场外衍生品交易

衍生品市场包括场内衍生品交易市场及场外衍生品交易市场，场内衍生品交易采取中央清算机制，而场外衍生品交易最初以双边净值清算方式为主，次贷危机爆发后，场外衍生品交易市场也引入了中央清算制度。中央清算机构针对会员的违约损失采用了三道防线，即客户违约保证金、清算会员的违约保证金以及清算会员的风险保证金。目前，在中央清算制度下，国际上的清算机制保证金模式有基准模式、实体隔离模式、完全法律隔离模式、有追索权的法律隔离模式和可选择模式五种。

在中央清算制度下，场外衍生品交易的风险在于：第一，产品标准化困难。中央清算的场外衍生品交易所用于清算的产品结构是标准化的，对于交易客户而言，难以在市场上找到完美的套保工具，并且复杂的非标准化场外衍生品是场外衍生品交易的主要风险来源，但其难以被中央清算制度覆盖，从而导致风险暴露。第二，保证金设置不规范。随着市场上的清算机构增多，机构之间会产生竞争关系,因此部分机构为了吸引会员会降低保证金要求,从而导致风险的产生。第三,产生信用风险缺口。中央清算制度的引入使交易参与者的对手方变成中央清算机构,降低了对于参与者信用风险的评估要求,一些信用风险较差的交易方只需缴纳保证金即可参与交易,更容易产生信用风险。

次贷危机后,世界各国开始针对场外衍生品市场制定更为细致的法规体系,我国坚持遵守 G20(二十国集团)峰会承诺,在不断完善衍生品市场基础设施建设的同时,构建多样化的清算体系以及完善的中央对手方机制,逐步推广中央集中清算制度,统一市场的清算规则和监管规则。

二、债券类担保品管理模式

由于债券具有价值稳定的天然特性,相对权益而言,更能被广泛接受并作为担保品资产。债券充当担保品的业务主要在金融机构之间开展,相对来说,其管理模式和专业性程度更高。债券担保品应用是货币政策操作的重要基础,是支持财政政策的有效实施,还能用于债券充抵期货保证金(如使用人民币债券充抵场外衍生品交易保证金)、同业授信等市场化业务。

目前,我国银行间市场已建立起中央登记托管制度,中央登记托管机构集中登记我国全部国债和地方债,其中95%以上为一级托管。中央国债登记结算有限责任公司(以下简称中央结算公司)对担保品进行管理,包括担保品范围与折扣率、估值与盯市、置换、处置和再使用等。此外,在交易所市场中,中国证券登记结算有限责任公司(以下简称中登公司)是质押式回购业务的主管机构,也是投资者从事质押式回购交易的中央对手方。中登公司历年来负责质押式回购业务规则的制订与调整。

中央结算公司方面,截至2021年底,中央结算公司担保品中心管理担保品余额达17.41万亿元,较上年同期增加14897亿元,同比上升9.36%;服务各类市场客户共计11705家,较上年同期增长27%。具体结构层面,截至2021年底,公司管理中的担保品仍以主权债与准主权债为主,地方政府债、政策性银行债券、记账式国债等债券合计16.28万亿元,占比94.11%。

中国证券登记结算方面,2021年沪深市场证券结算总额为1985.66万亿元,较上年增加23.39%;结算净额为57.41万亿元,较上年增加0.77%。

（一）债券充当担保品时的管控体系

担保品质量与业务风险息息相关，担保品管理趋向精细化。担保品管理属于预防性管理，如以识别单个风险为起点，经评估后对风险分类匹配需采取的措施，并制订合理、科学的折扣率，到后续跟踪提示和调整风险状态。

以银行间市场为例，上海清算所 2015 年 3 月发布的《债券交易净额清算业务质押式回购质押券管理规程》中的第六条规定，质押券折扣率由上海清算所根据主体评级、历史价格波动和市场流动性等综合计算，并随最新生效的合格质押券列表一同公布和生效。业务开展初期，合格质押券折扣率如下。

主体评级为 AAA 的债券，折扣率不超过 85%；主体评级为 AA＋及 AA 的债券，折扣率不超过 80%；主体评级低于 AA（不含）的债券，折扣率不超过 70%；无主体评级的债券，初始折扣率一般不超过 70%。上市流通后，上海清算所可基于该债券的市场价格信息推算其相对信用风险水平，判断其合理资信等级并确定折扣率。

以交易所市场为例，中国证券登记结算有限责任公司于 2017 年 4 月发布的《质押式回购资格准入标准及标准券折扣系数取值业务指引（2017 年修订版）》规定以下产品可作为回购质押品在相应市场开展回购业务。

一是在证券交易所上市交易的国债、地方政府债和政策性金融债。

二是中央结算公司认可的资信评级机构评定的债项和主体评级达到以下标准的信用债券（包括公司债、企业债、分离交易的可转换公司债中的公司债、可转换公司债、可交换公司债等）：2017 年 4 月 7 日（含）前已上市或是未上市但已公布募集说明书的，债项和主体评级均为 AA 级（含）以上；2017 年 4 月 7 日（不含）后公布募集说明书的，债项评级为 AAA 级、主体评级为 AA 级（含）以上。其中，主体评级为 AA 级的，其评级展望应当为正面或稳定。

三是所有标的债券均在证券交易所上市交易且持续满足回购质押品资格条件的债券型基金产品，基金管理人可向本公司申请该基金产品作为回购质押品的资格，经本公司评定为开展回购风险可测可控的债券型基金产品。

不同类别的质押券在该指引下有着不同的折扣系数。国债、地方政府债和政策性金融债的标准券折扣系数为 0.98，信用债标准券折扣系数分为六档，如表 5-4 所示。

表 5-4　信用债标准券折扣系数

档次	公司债等其他债券	可转换公司债券、可交换公司债券等	债券资质
第一档	0.9	0.67	主体和债项评级均为 AAA 级
第二档	0.8	0.6	主体评级为 AA＋级,债项评级为 AAA 级
第三档	0.75	0.53	主体评级为 AA 级,债项评级为 AAA 级
第四档	0.7	0.46	主体和债项评级均为 AA＋级
第五档	0.6	0.39	主体评级为 AA 级,债项评级为 AA＋级
第六档	0.5	0.32	主体和债项评级均为 AA 级

该指引最大的创新之处在于完善根据风险状况对质押品回购资格或折扣系数进行灵活调整的机制,包括以下几点。

第一,折扣系数取值为第一档至第五档的信用债券,若评级展望被调整至负面且仍符合回购资格的,折扣系数取值下调 0.05。

第二,增设一条规定,对于发生违约情形的,我公司有权对相关问题债券折扣系数进行下调或取消其回购资格。

第三,增设一条规定,对于信用债券信息披露存在缺陷的,我公司有权对其折扣系数进行下调或取消其回购资格。

第四,增设一条规定,针对证监会及其派出机构检查发现评级机构具体评级业务开展中存在违规情况的,我公司有权对相关问题债券折扣系数进行下调或取消其回购资格。

第五,增设一条规定,我公司有权按照内部信用评估结果对相关质押券折扣系数进行调整或取消其回购资格。

（二）债灾

债券充当担保品,本质上是加杠杆的一种模式,杠杆天然带有风险属性。场内加杠杆主要是以银行间市场为主体,交易所市场为补充,以现券作为质押物进行质押式回购融资再买入债券,反复循环,增加杠杆。而债券市场整体杠杆率过高(包括场外加杠杆的各种模式)会导致债券市场危机和风险事件,如图 5-1 所示。2013 年和 2016 年下半年,中国债券市场曾经出现过两轮小型的"债灾"。

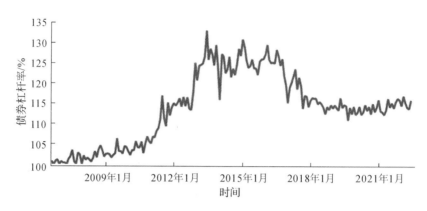

图 5-1 债券杠杆率(交易所)

2013 年 4 月,债券市场被爆出债券代持黑幕,引发监管风暴,扰动资金面。2013 年 6 月出现"钱荒",从 6 月 19 日开始,大型商业银行加入借钱大军,在银行间拆借市场连续数天飙高之后,6 月 20 日,资金市场因失控而停盘:隔夜头寸拆借利率一下子飙升 578 个基点,达到 13.44%,与此同时,各期限资金利率全线大涨,引发金融机构之间的流动性危机。2013 年"钱荒"可以说是由银行过度发展非标业务所引发的流动性收紧,是央行当时一系列偏紧的货币政策最终诱发的结果。

2016 年下半年的"债灾"是由于监管当局强化了债券市场的风险监管,通过 14 天和 28 天逆回购来降杠杆,此外,还有两方面因素的影响:一是内生性的风险事件暴露。12 月 14 日华龙证券 5 亿元债券交易违约和国海证券债券员工私刻公章代持债券亏损后失联等引起了市场一定程度的恐慌,该事件直接引爆了大量关联券商的流动性风险危机,部分中小型券商甚至被迫寻求集团和母公司短期的资金流动性支持。当日,五年期国债收益率飙升 423 个基点。二是外部性的冲击强化了内生风险。12 月 15 日,美联储加息强化了美元和美国国债的投资价值,我国国债期货市场出现多个合约迅速跌停的状况,进一步强化了债券市场的风险传递。

三、权益类担保品管理模式

(一)融资融券业务概况

2010 年,我国启动融资融券交易机制,场内证券借贷机制正式建立。融资融券(简称两融)是指投资者向具有融资融券业务资格的证券公司提供担保物,借入资金买入证券或借入证券并卖出的行为。与证券借贷业务相比,两者的不同点在于:一是两融业务是信用交易,存在杠杆,而证券借贷则不存在。二是两融交易参与方为机构投资者或中小散户,而证券借贷的参与方多为大型的机构投资者。

自两融试点起,融资交易在交易规模和活跃度方面均远远超过融券交易。图5-2 和图 5-3 展示了融资融券业务的交易金额、融资买入金额、融券卖出金额及两融担保品总额的走势,从图中可以看出这两类业务近些年在不断发展。

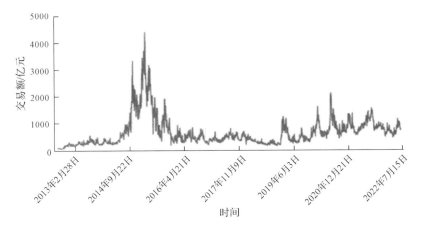

图 5-2　融资融券交易额的走势

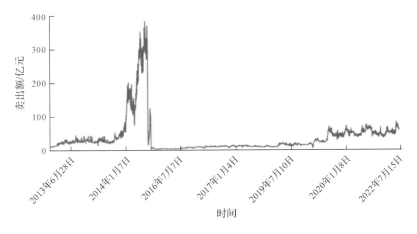

图 5-3　融券卖出额的走势

随着制度的不断完善以及运作经验的不断累积,两融标的股票从最初启动的 90 只逐渐扩张至 2160 只。从理论角度分析,两融交易机制在发挥套期保值、稳定市场、增强流动性等作用的同时,其杠杆交易的特性也会助长投机心理,放大股票暴跌风险,加剧股市波动。

(二)股票充当担保品的案例:融资融券业务风险

1. 投资者爆仓及流动性风险

我国两融业务规定,融资买入证券的保证金比例不得低于100%,融券卖出的保证金比例不得低于50%,维持担保比例为130%,当客户保证金比例低于130%时证券公司会强行平仓。

面对市场下行的特殊时期,担保比例的下降会促使投资者不断追加保证金,为避免强制平仓,投资者的投资成本将不断增加。同时,担保证券价值的波动会导致担保证券的市场价值偏离投资者预期,投资者可能会遭受巨大损失,信用账户内的所有资金甚至无法偿还证券公司的债款,从而形成"负资产"。从证券公司角度出发,两融业务本质是信用交易,以投资者按时偿还债务为前提。当市场下行,投资者面临爆仓风险时,容易趋向非理性投资,放大信用风险,可能给证券公司带来影响。2014—2015年,融资融券业务和场外配置导致的股票市场杠杆过高导致了股灾的发生,如图5-4所示,在2015年股灾期间,融资融券担保物余额处于高位。

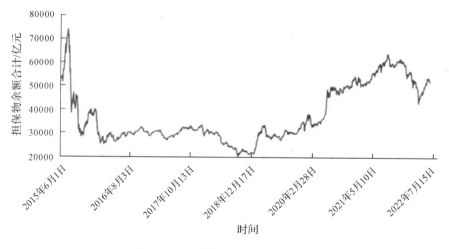

图5-4　融资融券担保物余额的走势

案例一

在2017年6月28日举行的2016年乐视股东大会上,贾跃亭宣布乐视陷入资金链危机,乐视的股价自2016年6月起便处于下跌状态,并于2017年4月17日停牌。其股价从2016年6月8日的26.37元/股下跌至2017年4月14日的15.33元/股。停牌九个多月后,乐视于2018年1月24日复牌,但复牌后便出现连续 11 个交易日的跌停,股价下降至 4.82 元/股,市值从复盘日的 612 亿元最终变成 192 亿元。2017 年 4 月 14 日,乐视的融资融券余额为 44.97 亿元,4 月 17 日为 44.73 亿元。停牌期间融资客户无法通过买卖股票偿还负债,因此只能采用现金还款方式。截至 2017 年 10 月 27 日,乐视的融资融券余额为 32.98 亿元,仍有 30 亿元的融资资金被套牢。

案例二

2020 年 11 月 25 日至 2020 年 12 月 14 日,仁东控股连续 14 个交易日跌停,其股价从 60.17 元/股下跌至 13.76 元/股,市值蒸发超 270 亿元。2020 年 12 月 8 日,仁东控股融资余额及信用账户持有的市值占其可流通市值的 25%,2020 年 12 月 9 日,其公司股票被暂停融资买入。在股价单边下跌的局面下,部分融资账户达到了平仓线却挂单无法卖出,不单是投资者,部分券商也被卷入危局。

2.法律纠纷风险

与国外两融业务相比,我国两融业务尚未完善,也未有相关的法律针对证券借贷建立系统的规则。同时,针对担保品处置、担保品价值维持、强制平仓等法律依据不足,证券公司与两融客户往往容易陷入法律纠纷。

案例三

中信建投曾因强制平仓与两融客户产生诉讼纠纷。2017 年 3 月 22 日,中信建投向客户苏某开通两融服务,至 2018 年 2 月 1 日,苏某账户的维持担保比例仅为 1.28,融资负债总额达 3335.52 万元。在中信建投催促苏某转入担保物或偿还债务时,苏某未及时追加担保物或偿还债务,导致账户穿仓并被强制平仓,剩余债务达 1061 万元。2018 年 11 月,中信建投申请仲裁,仲裁结果为苏某偿还本金及利息共 1061 万元,但苏某仍不履行裁决。2019 年 7 月,中信建投向法院申请强制执行。

3.加速股价暴跌

就股票市场暴跌风险而言,王森和王贺(2019)研究得出,融券交易能够抑制市场上的股价暴跌风险,而融资交易则增加了股价暴跌风险,但从个股层面来看,与未纳入两融标的的股票相比,纳入两融标的的股票的暴跌风险更低。通过在两融标的扩容的不同阶段的研究,他们还得出结论:两融交易对股价暴跌风险的抑制作用随着标的股票的扩容而降低,甚至有可能出现放大风险的现象。

（三）融资融券业务风险应对措施

1. 建立有效的担保品资质评估体系

两融交易中，客户的信用风险与担保品的价值萎缩风险均为证券公司在开展业务时需要重点关注的对象。就客户的信用风险而言，证券公司应该构建完善的客户信用评级体系，全面系统地评估客户的基本信息、财务情况、证券投资能力、投资风险偏好、信用状况等指标，避免出现客户负债长期不偿还的现象。

就担保品价值萎缩风险而言，在担保品价值评估时，要构建合理的价值评估体系。同时根据市场波动情况，动态评估担保品价值，降低股市异常波动对担保品价值的影响。在担保品管理体系中，除了合理评估担保品的自身价值，担保品折算率的合理设置也是在市场价格剧烈波动或流动性不足等特殊情况发生时避免担保品价值剧烈下降的关键。

2. 加强风险监控与预警

在市场出现极端情况时，固定的保证金比例往往难以有效应对和防范风险，证券公司可以根据市场的变化，构建动态的风险识别和监控体系，将保证金比例与市场风险水平进行关联，根据不同的风险水平，灵活设置保证金比例，以有效实现动态风险预警和防控，避免在客户持仓证券价值大幅下跌时出现穿仓现象。表5-5 是 A 股市场两融业务和股票质押业务的平均维持担保比例情况。

表 5-5   A 股市场的两融业务和股票质押业务平均维持担保比例情况

指标	2017 年	2018 年	2019 年	2020 年	2021 年
两融业务平均维持担保比例/%	300	248	307	305	307
股票质押业务平均维持担保比例/%	246	200	281	336	280

3. 集中度管控

两融业务损失主要是指因担保证券发生极端风险等失去流动性，证券公司无法对担保证券平仓导致产生待追收债款，且客户拒绝或无力偿还证券公司的待追收债款。若不考虑平仓线设置，则会出现收益有限、亏损无限的情况。因此，如何设置风控指标，保证业务在风险限额的基础上能够平仓出去就成了两融业务风险控制的重中之重。为达到这个目的，可以从两方面出发：一是通过授信、平仓线或安全线等指标严控杠杆，使其有一个相对安全的缓冲垫；二是通过严控集中度，使担保品具有较好的流动性。

为了有效监控信用类业务的风险,某券商针对两融业务构建了如表 5-6 所示的业务风险指标。

表 5-6　业务风险指标

指标名称	指标值	备注信息
维持担保比例	维持担保比例 130% 以下	
	维持担保比例 130%~140%	
	维持担保比例 140%~150%	
	全体客户整体维持担保比例	
集中度监控	单客户融资规模占净资本比例(5%)	不得超过净资本的 5%
	单客户融券规模占净资本比例(5%)	不得超过净资本的 5%
	单只担保证券市值占该证券总市值比例(18%)	不得超过担保证券市值的 18%
	单客户融资融券规模占净资本比例(5%)	不得超过净资本的 5%
平仓监控	强制平仓监控	
转融通保证金比例	转融通保证金现金比例	不得低于应收取保证金比例的 15%
	保证金比例	不得低于 20%

四、担保证券价值萎缩风险

纵观金融担保品业务,在提供担保品的交易对手方无法及时补充保证金或结束业务时,担保品起到了减少风险敞口的作用,资金融出方可以选择卖出担保品从而收回资金,但各业务仍或多或少地面临着担保证券的价值萎缩风险。当市场处于下行状态时,担保品的价值可能出现大幅下跌以致长期挂牌无法卖出的情况,从而造成资金融出方资金回收困难并陷入危机。当资金融出方选择以卖出担保品的方式来保障自身利益时,若卖出所得仍不足以偿还融出资金,或衍生品业务中证券公司强制平仓后客户仍欠公司大量资金,那么交易双方容易陷入法律纠纷。

2019 年 7 月,华泰期货旗下子公司场外衍生品交易客户在 PTA(对苯二甲酸)期权交易中因投资穿仓而被强制平仓,期货公司损失 4684 万元。同月,天风期货旗下子公司场外衍生品交易客户在交易中因未及时补充保证金而穿仓并被强制平仓,累计拖欠期货公司 9115 万元。衍生品业务中,因强制平仓而导致的法律纠纷焦点往往在于：一是客户风险率达到警戒指标而交易所风险率尚未达到警戒指标时是否应该强制平仓；二是期货公司强制平仓时未能及时卖出的损失由谁承担。

担保品旨在降低交易风险，维持金融体系的流动性和稳定性。为有效发挥担保品功能，减少担保品价值萎缩风险对交易双方的损失，涉及担保品的金融业务可以采取以下措施。

第一，完善交易规章制度及相应法律法规，明确交易双方的责任与风险。在达成交易时明确有关担保品所有权、收益权、处置条件等规则条例，减少交易双方的误解及事后法律纠纷。

第二，完善担保品管理制度。安全、高效的担保品管理机制（如担保品分类、科学的折算率及监控）能够有效降低金融机构的担保品风险，提高自身流动性，降低风险损失。担保品质量与业务风险息息相关，担保品管理趋向精细化。担保品管理属于预防性管理，如以识别单个风险为起点，经评估后对风险分类匹配需采取的措施，并制订合理、科学的折扣率，到后续跟踪提示和调整风险状态。

第三，严格审核交易客户资质。目前，金融担保业务快速发展，参与相关交易的客户不断增多，为降低交易中的风险，在交易前应格外注重客户的资质审核，防止出现客户拖欠款项长期不还的情况。

第6章　上市公司信用债违约和估值风险

一、从统计维度分析上市公司债券违约

（一）违约债券的时间分布

每个时间段信用债违约的特征都不相同，每个时间段信用债违约的数量统计如图 6-1 所示。

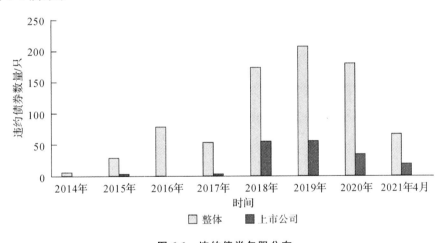

图 6-1　违约债券年限分布

2014 年是我国债券市场违约的开端。2014 年 3 月 7 日，上海超日太阳能科技股份有限公司未能按期足额偿付"11 超日债"本期利息，公司债券发生违约，成为国内首例债券违约事件。2014 年仅有四家企业发生违约，且无上市公司违约现象，发生违约的债券有 6 只，金额共计 13.4 亿元。

2015 年，我国债券违约逐渐常态化。全年发生违约的债券数量明显增多，违约债券数量达 30 只，上市公司违约债券数量由零上升至 3 只，同时出现了第一家

发生违约的国有企业——天威集团。2015 年债券违约的主要原因在于，多数行业供大于求导致价格不断下滑，公司盈利能力下降。

2016 年，我国债券违约集中爆发。受宏观经济下行、金融去杠杆和监管政策收紧等因素的影响，2016 年企业违约事件频发，单起违约事件所涉及的债券金额较以往来说有所增加，并且首次出现了地方国有企业违约与连环违约的情况。2016 年公司违约债券数量达 79 只，上市公司违约债券数量下降至零。

2017 年，我国债券违约增速减缓。随着供给侧结构性改革的不断深入，此前存在的产能过剩情形有所缓和，行业景气度呈现出缓慢恢复的趋势，企业的盈利能力有所提高，且其偿债能力也有所上升，最终表现为 2017 年债券违约的数量和所涉及的金额明显下降。2017 年公司违约债券数量下降至 53 只，但上市公司违约债券数量上升至 4 只，占总违约债券数量的比重为 7.55%。

2018 年，我国债券违约数量和规模大幅上升。2018 年以前，宏观信用政策宽松，多数企业投入了大量资金以进行多元化的扩张。然而，随着债务的到期，再加上 2018 年外部融资政策收紧，企业面临巨大的偿债压力，最终导致债券违约比例和规模大幅上升，达到了历史最高水平。2018 年公司违约债券数量大幅增加至 173 只，约为上年度的 3.26 倍，同时上市公司违约债券数量上涨至 56 只，占总违约债券数量的比重为 32.37%。

2019 年，我国债券违约类型增多，并且违约数量和规模仍在不断上升。在违约类型方面，一方面，货币资金账面价值高，而公司却因各种理由无法按时足额进行偿付；另一方面，评级为 AAA 的央企——北大方正集团发生了债务违约，成为首家发生债务违约的 AAA 央企。在数量和规模增长方面，2019 年债务违约总额达 1424.08 亿元，高于历史峰值。同时，企业总体发生违约的债券数量由 2018 年的 173 只上升至 2019 年的 208 只，而上市公司相关数据没有明显增加，保持在较为稳定的水平。2019 年公司违约债券数量持续增加至 208 只，上市公司违约债券数量为 57 只，较上年无明显变动，占总违约债券数量的比重为 27.40%。

2020 年，我国债券花式违约程度加深，违约常态化趋势持续。一方面，受疫情和各行业政策的影响，企业的盈利能力受限，因而导致其资金流动性紧张，企业将面临巨大的违约风险；另一方面，公司之前存在的扩张策略激进问题阻碍了公司内生现金流的产生，同时，财务造假等内部治理不完善问题使公司形象受损、外部融资能力下降，导致公司面临巨大的偿债压力。2020 年公司违约债券数量下降至 181 只，上市公司违约债券数量下降至 35 只，占总违约债券数量的比重为 19.34%。

　　2021年上半年,我国债券违约规模进一步扩大,国企发生违约的频率提高。2021年上半年,我国债券市场重复违约发行人21家,涉及到期违约债券51只,到期违约规模合计约519.52亿元。同时,受"海航系"破产重整影响,国有企业违约家数和涉及到期违约金额达到历史新高点,新增违约发行人中,国有企业共12家,较2020年上半年的三家有所上升;涉及到期违约金额同样也有所增加,由2020年上半年的446.12亿元增加至2021年4月底的530.20亿元。截至2021年4月底,公司违约债券数量达66只,其中,上市公司违约债券数量为20只,占总违约债券数量的比重再次回升至30.30%。

　　(二)违约债券发行人的区域分布

　　从违约债券发行人的区域分布来看,北京、辽宁以及广东、江苏、上海和浙江等沿海发达地区违约情况突出,江西和西藏暂无公司债券违约的情况出现,其他地区情况如图6-2所示。

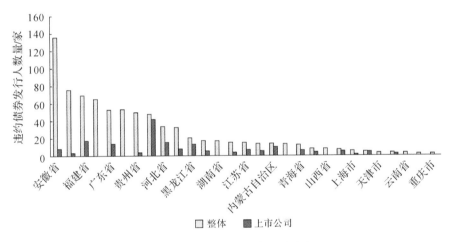

图 6-2　违约债券发行人区域分布

　　(三)违约债券发行人的行业分布

　　从违约债券发行人的行业分布来看(见图6-3),建筑装饰行业的公司违约债券数量最高,累计违约债券数量达95只,违约公司数量为22家;其次为综合行业,累计违约债券数量达79只,违约公司数量为19家。目前,涉及违约的行业已超过25个,债券违约的风险正从产业链的上游逐步向中下游转移,范围也在不断扩大。

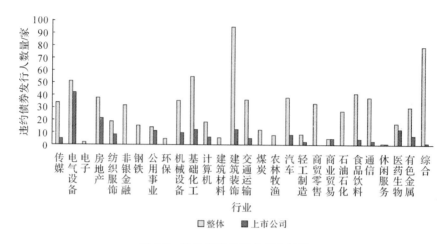

图 6-3　违约债券发行人行业统计

(四)违约债券发行人的主体初始评级分布

从违约债券主体的初始评级来看,多数发生债券违约的公司主体初始评级分布在 AA-及以上,占比达 88.55%。主体初始评级为 AA 的公司违约债券的数量最多,占比达 42.77%。在上市公司中,主体初始评级为高信用等级(AA+及以上)的公司违约债券占上市公司违约债券总数的 49.71%。

二、上市公司债务违约归因分析

(一)盈利能力的大幅下滑

2015 年及以前,公司产生债务违约的主要影响因素为盈利能力的大幅下滑。盈利能力反映的是公司通过正常的生产经营获得收入的能力,是公司获得现金流支持的最直接来源,也是其偿债能力最根本的保障。然而,公司的盈利能力易受宏观经济环境、行业景气度、公司扩展战略等多个维度的影响,为维持较高的偿债能力,公司应积极调整业务布局以适应内外部环境变化对公司盈利能力的影响。

2016 年,公司债务违约受再融资困难影响程度加深。2015 年以来,我国推行较为宽松的货币政策,央行多次降准降息以维持较低水平的利率,利率一直处于历史低位。同时,随着债券市场的不断高涨,不少券商通过代持表外债券来获取更高的杠杆,这也导致风险不断积累。2016 年上半年,金融去杠杆化开始,相关监管政策收紧,金融市场的流动性大幅受损,出现了伪造印章的违法行为。此外,由于货币资金的大规模赎回和外部融资渠道受损,公司流动性也大幅降低,造成债券违约事件频发。

(二)行业竞争加剧

2018 年,受宏观经济下行的影响,市场消费需求低迷,各行业公司之间的竞争加剧,使经营状况本就不佳的企业面临更大的危机,最终导致债务违约的发生。

(三)内部治理问题频发

当实际控制人、控股股东或管理层存在违规行为、信息披露不及时、财务数据造假、股权质押比例过高等问题时,公司的形象会严重受损,其获得再融资的能力也会减弱。

(四)投资战略激进

2019 年,公司债券违约主要受前期激进的投资策略和高比例的股权质押影响。前期激进的投资策略使公司在自身经营能力下降的情况下,只能通过不断借入外债来偿还到期的债务,并且所借债务大多为短期负债,因此公司面临着巨大的集中偿付风险。此外,实际控制人或控股股东所持股份的质押比例过高会影响投资者对公司持续经营的信心,进而导致公司获取外部融资的能力再次下降。

(五)疫情冲击

2020 年,在疫情冲击之下,公司盈利能力下降,这也给公司债券违约埋下了伏笔。2020 年制造业、批发和零售业违约债券数量和所涉及金额均占比较高。制造业出现债券违约主要是因为行业自身负债高、长期产能过剩,而批发和零售业出现债券违约则主要是因为在疫情之下,市场需求大幅下滑,导致公司经营性现金流减少,从而面临巨大的偿债压力。

三、信用利差反映的信用违约风险

近年来,我国信用债市场发展迅猛,2008 年我国非金融企业发行的国内债券规模只有 0.2 万亿美元,到 2018 年就已经增加到 3 万亿美元,债市存量规模仅次于美国,但自2014年以来,我国信用债市场违约不断。评级降级、利差调整、估值变化、展期都是上市公司信用危机的预警,反映了信用债的违约风险。

信用利差是指信用债的到期收益率高于无风险利率的部分,是用来向投资者补偿债券违约风险的利差。信用利差是信用风险的补偿,因此其与信用风险存在显著的正相关关系,是反映债券信用风险的有效指标,信用利差的扩大代表着信用债市场的信用资质整体在变差。根据美国的利差分解模型,信用利差主要来源于违约风险因素、税收因素、流动性风险因素,以及其他系统性因素等。

一般情况下,信用利差和无风险利率走势相同。牛市中无风险利率下行,信用利差会收缩;熊市中无风险利率上行,信用利差也会扩大。但信用利差的变动也会存在滞后效应,导致无风险利率与信用利差出现背离的情况。

（一）信用利差特征

1. 不同信用评级利差分化明显

根据债券主体的外部评级不同,债券的信用利差水平也各不相同。随着债券评级的下跌,信用利差水平相应提升,以2022年7月28日城投债信用利差数据为例,外评为AAA级的城投债信用利差为51.96BP,外评为AA＋的城投债信用利差为79.81BP,外评为AA级的城投债信用利差为266.39BP,三者差异明显。此外,我国债券市场信用利差水平总体呈现周期性波动,波动幅度也随着债券信用评级的增高而相应降低。

2. 不同产业信用利差分化明显

行业信用利差的变动反映了该行业风险的变化,各行业由于所处的经济周期、行业周期、行业政策等具体情况不同,相应的风险状态也不同。截至2022年7月30日,医药行业和房地产行业的信用利差分别为115.63BP和112.18BP。医药行业属于技术密集型行业,具有高投入、高风险的特点,房地产行业自2020年下半年"三线四档"政策出台以来,连续受到政策施压、监管收紧的负面影响,在发债主体融资端方面的销售表现持续走弱,造成房地产行业融资困难、信用风险暴露、违约事件频发。而电力(23.85BP)、公用事业(25.26BP)、高速公路(30.73BP)等现金流充沛的行业,信用利差水平则明显偏低。

3. 不同地区信用利差分化明显

不同地区的信用利差水平差异较大,故城投债信用利差的地区异质性尤为明显。由于城投债背靠政府信用,经济发达地区的政府财政情况较好,能够提供给投资者的隐性担保力度更大,债券违约风险较小,故城投债的信用利差水平明显偏低。截至 2022 年 7 月 30 日,城投债信用利差大于 300BP 的省市共有四个,依次是青海省(789.04BP)、贵州省(640.23BP)、辽宁省(404.29BP)、云南省(396.57BP);利差最小的三个省市则为上海市(29.34BP)、广东省(35.11BP)、北京市(39.00BP),分化情况显著。

(二)信用利差相关研究的文献综述

有关信用债信用风险的研究,影响因素分为宏观与微观两大类,其中,宏观影响因素包括无风险收益率、消费者物价指数 CPI、股价指数收益率、利率期限结构斜率、货币供给量等,微观影响因素包括公司资产规模、公司财务杠杆率、公司资产波动性、每股盈余、债券的剩余期限等。

1.宏观层面

不同经济周期的信用利差会有不同的表现:在经济上行时期,企业经营较好,债券违约概率小,投资者要求的风险补偿溢价相对较低,信用利差下降;而在经济下行时期,情况则相反,信用利差扩大,即信用利差与经济周期的关系表现为信用利差随着经济周期的扩张而缩小。经济周期是指经济活动沿着经济发展的总体趋势进行有规律的扩张和收缩,表现为宏观经济会在繁荣、衰退、萧条和复苏四个阶段出现循环波动。2012 年,由于全球欧债危机的爆发,我国经济增长速度骤降,信用利差全面收缩。2013 年,由于现金流紧张,加之对于债券市场的严格监管,信用利差开始上行。2014 年,由于经济基础薄弱,加上高确定的宽松政策,利率和信用利差开始了持续两年的债券牛市。2016 年底至 2017 年初,金融供给侧的降息使得利率与信用利差迅速上升,而低端利率的上升则更为明显。严监管和去杠杆对于债券市场收益率和利差走势的影响一直持续到 2018 年下半年才开始有所缓解。

相关宏观政策也会影响公司债的信用利差。我国信用债市场最初具有刚性兑付的特征,直到 2014 年 3 月"11 超日债"违约,才逐渐打破刚兑。随着刚兑被逐渐打破,信用溢价对信用利差的影响加强,并且这种影响在低评级信用债上体现得更加明显。

2.微观层面

近年来,在关于控股股东股权质押影响信用利差的文献中,普遍认为控股股东的股权质押会导致债券信用利差走阔。大股东进行股权质押会加大公司的债券违约风险,投资者承担的风险也会增大,因此会要求提高收益预期,从而影响信用利差。此外,股权质押比例升高会导致公司债券信用比例降低,间接提高了债券的信用利差。吴战篪等(2021)认为,管理者过度自信会通过影响公司业绩来推动公司债券信用利差显著上升。过度自信的管理者不仅会在高估项目投资收益的同时低估投资风险,导致企业过度投资,还会低估并购存在的潜在风险,并进行高频并购,既不利于企业经营业绩的提升,也增大了债券违约的可能性和债券的信用利差;过度自信的管理者还会在实际业绩无法达标时,为了掩盖自己过于激进的盈利目标,通过影响公司信息质量来影响债券信用利差。此外,笔者还发现,非国有企业管理者过度自信比国有企业管理者对公司债信用利差的影响更强;管理者权力较强的企业比管理者权力较弱的企业的管理者过度自信对公司债信用利差的影响更强。

(三)国内历次信用危机潮

1.2014--2015 年光伏违约潮

2014 年 3 月 4 日,"11 超日债"正式违约,成为国内首例债券违约事件。"超日债"的违约主要是因为光伏行业景气度下行导致信用偏弱的企业产生了违约行为。这是中国债券市场发生的第一波"违约潮",这个阶段的违约主要发生在未上市的民企中,同时也对上市公司造成了一定的影响。

2014—2015 年,信用债市场首次违约主体共 30 家,首次违约时的债务余额共 122.02 亿元,其中与光伏行业相关的违约主体共六家,分别为协鑫集成科技股份有限公司、申环电缆科技有限公司、山东嘉寓润峰新能源有限公司、保定天威集团有限公司、保定天威英利新能源有限公司和陕西国德电气制造有限公司,此六家主体首次违约时的债务余额共 32.37 亿元,占比为 26.53%。其中,保定天威集团有限公司后续还涉及除首只违约债券外的 3 只违约债券;保定天威英利新能源有限公司后续还涉及除首只违约债券外的 1 只违约债券。这一系列违约事件导致许多民企和国企相继打破刚兑,虽然出现了一连串的信用风险事件,但是违约主要是由企业内部加杠杆带来的财务问题和行业下行周期导致的,而且并未引起系统性风险,于是政府并未出手干预。

2.2016 年煤炭、钢铁违约潮

随着中国经济增速放缓,煤炭、钢铁等产能过剩行业陷入了低迷阶段。2015 年 10 月,中钢股份发行的"10 中钢债"的违约又开启了新一轮煤炭、钢铁行业的违约潮。2015—2016 年,信用债市场首次违约主体共 54 家,首次违约时的债务余额共 215.37 亿元,与煤炭、钢铁行业相关的违约主体共五家,首次违约时的债务余额共 47 亿元,占比为 21.82%。与煤炭、钢铁行业相关的违约主体分别为中国中钢股份有限公司、四川圣达集团有限公司、东北特殊钢集团股份有限公司、中煤集团

山西华昱能源有限公司和四川省煤炭产业集团有限责任公司。其中,东北特殊钢集团股份有限公司还涉及除首只违约债券外的 9 只违约债券;四川省煤炭产业集团有限责任公司还涉及除首只违约债券外的 7 只违约债券。

此次违约潮的违约集中在产能过剩行业,以煤炭、钢铁企业为主,涉及违约债券 109 只,金额达到 402 亿元。违约主体评级在 AA－ 至 AA＋ 之间均有分布,并且由于这类行业多数为国有企业经营,所以这波违约潮以国企为主。国企、央企信用破灭使得信用利差大幅走阔,且因为国企和央企的大面积违约涉及产能过剩领域,使得一级市场基本融资达到冰点,并引发了系统性风险。

引发这波违约潮的主要原因是经济基本面较差:第一,宏观经济增速下滑导致煤炭等强周期性行业受经济波动影响显著,信用风险随之上升。2015 年,我国经济处于宏观转型期,国内经济处于总体下行状态。2015 年我国 GDP 增速跌破 7％,2016 年我国 GDP 增速下降至 6.7％,处于 2010 年以来的较低水平,宏观经济的下滑导致煤炭、钢铁的需求大幅下降。第二,过度扩产导致产能严重过剩,2008 年全球金融危机之后的“经济刺激计划”以及 2010 年经济的短期反弹加速了煤炭、钢铁行业内企业产能过剩的进程。2015 年,我国煤炭行业产能利用率仅为 64.9％,钢铁行业产能利用率不足 67％,产能过剩问题非常严重。第三,行业的产能释放存在滞后效应、退出成本高。煤炭行业中,新增产能的释放相较于固定资产投资而言存在一定的滞后效应,产能过剩的势头在短期内难以遏制,此外,由于我国煤炭分布不均衡,所以国家的去产能政策要彻底贯彻实施的话需要时间。此外,钢铁行业重资产属性较强,高炉的关停成本及废弃成本均很高,退出成本也高,有时停止生产会比继续生产亏损更多,因此产能过剩情况也难以在短时间内得到有效遏制。第四,环保政策及去产能政策加大了行业的不确定性。2015 年提出的“三去一降一补”政策中提到要积极、稳妥地化解产能过剩问题,特别是钢铁、煤炭、水泥等高污染低利润行业,日趋严格的节能环保政策也加大了企业的调整成本。根据经验,行业价格在极端之时对信用利差的影响最显著,当行业价格指数下降到触及行业盈亏平衡点时,会使行业违约风险加剧,信用利差显著走阔。

3.2018—2019 年民企违约潮

2018 年之后,信用债市场上越来越多的民企连环爆雷,信用利差也开始不断走阔,如图 6-4 所示。2018—2019 年,信用债市场首次违约主体共 79 家,首次违约时的债务余额合计为 623.24 亿元,其中民营企业 61 家,首次违约时的债务余额合计为 454.07 亿元。发行时主体评级为 AAA、AA＋、AA、AA－ 的分别有 2、11、

43、5家,信用评级等级多为 AA 及 AA＋。全体产业债信用利差的中位数也从 2017 年底的 100BP 左右一路上涨到 2018 年 7 月 6 日的 148.52BP,且在 2019 年 12 月 31 日回落到 127.52BP,其中,AA 评级产业债信用利差从 2018 年初开始持续走阔,并于 2018 年 10 月 26 日达到历史顶点 326.75BP。

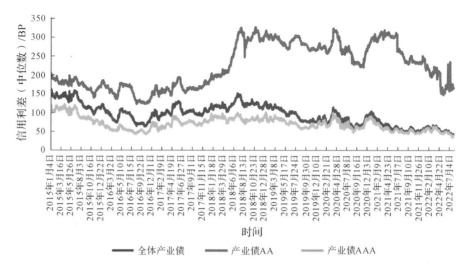

图 6-4　2015 年至 2022 年中产业债信用利差情况

此轮违约风险爆发的领域集中在民企和弱资质的国企,并逐渐蔓延到民企上市公司。上市公司现金流状况在 2018 年第一季度出现明显恶化,筹资和经营现金流相比上年同期大幅回落。此外,2015 年开始,上市公司利用股权质押来融资的规模明显上升,2018 年股权质押到期量较高,在紧信用环境下,上市公司股权质押到期兑付压力较大,信用风险上升。

发生此次民企违约风险不仅仅是由于行业处于下行周期,本质上还是因为过去几年在宽信用环境下,居民、城投和房地产领域企业盲目加杠杆。2016—2017 年,基建投资、房地产投资复苏,企业不断加杠杆,在信用环境收紧之后,出现了高杠杆引发的信用风险高峰期。具体可以分为以下几点:第一,宏观政策收紧,信用环境趋紧。从 2016 年下半年开始,我国的宏观经济政策开始收紧,金融监管也日益严格,2016 年第四季度的中国货币政策执行报告中强调要继续实施稳健的货币政策。2017 年 4 月,原银监会下发"三违反、三套利、四不当"专项治理政策,8 月,央行明确部分银行同业存单将纳入 MPA 考核,并于 11 月出台资管新规意见稿,这些均旨在加强资产端和资金端对表外融资业务的约束,严格监管整治通道业务和资管嵌套问题。自 2018 年初开始,"紧信用与中性货币政策"的组合开启,结构化去杠杆力度加强,非标融资渠道收紧。在上述一系列严监管政策的刺激作用下,企业杠杆进一步下降,民营企业杠杆率下降更多,债市信用风险也逐渐显现。第二,民企自身属性使其筹资相对困难,目前债券市场上的民企多数规模偏小,且相较于国企而言有更深层的实控人问题及公司治理风险,信用风险偏高,银行对民企的放款意愿较低。第三,偿债高峰来临,民企现金流压力进一步加大。2015—2016 年,债市整体融资成本较低,许多民营企业便在这段时间里大规模发债,这也使得后续几年的偿债压力大幅攀升,企业出现资金链紧张的情况。第四,政策的传导与落地仍需时日,信用债风险偏好分化程度加大。2018 年底,针对民企的纾困政策陆续出台,货币政策也有所放宽,但政策的落地与实施需要时间,且银行对于民企的放款会综合考虑民企的行业、规模、公司治理结构以及信用资质等多方面因素,因此,短期内信用资质差的民企并不会因为纾困政策而受益,其违约风险仍然较高,信用债风险偏好分化程度加大的情况依然存在。

4. 2020 年永煤、紫光违约后的弱资质国企违约潮

2020 年下半年,信用债市场发生多起高评级主体信用违约事件。10 月 23 日,华晨汽车集团控股有限公司未能按期足额兑付"17 华汽 05",构成实质性违约。11 月 10 日,河南省国有企业永煤集团未能按期足额兑付"20 永煤 SCP003",构成实质性违约,违约前中诚信给予该发行人的主体评级为最高的 AAA。11 月 16 日,紫光集团 2017 年发行的 13 亿元规模的私募债券构成实质性违约。永煤、紫光违约后,信用债发行数量急剧下降,数据显示,11 月 10 日至 19 日,共有 52 只债券临时取消或推迟发行,涉及发行规模达 398.8 亿元。市场对产能过剩行业信用债担忧加剧,投资者对弱资质国企信心丧失,加剧了现券的抛售,债券发行利率和收益率上行,债券市场整体风险偏好迅速下降,信用利差走阔。AAA 评级的煤炭开采业信用利差由 2020 年 10 月 30 日的 108.64BP 迅速上升至 2021 年 4 月 30 日的 148.82BP,AA+评级的煤炭开采业信用利差由 2020 年 10 月 30 日的 154.38BP 迅速走阔至 2021 年 4 月 30 日的 381.40BP。

信用风险持续一段时间后,央行从政策层面介入,债券市场逐渐回归事件发生前的走势。2020 年 11 月 30 日,公开市场 MLF 意外投放 2000 亿元,在流动性层面予以支持,利率债回归事件发生之前的走势,但信用利差仍较事件之前小幅走阔,如图 6-5 和图 6-6 所示。

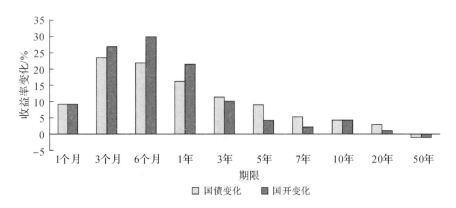

图 6-5　永煤事件期间不同期限利率债收益率的变化

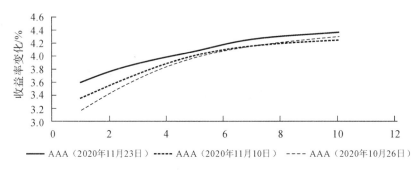

图 6-6　AAA 信用债收益率的变化

　　此次信用债违约潮的形成主要有以下原因:一是债券融资集中到期。我国企业对债券市场融资的依赖度高,且杠杆率普遍偏高,借新债还旧债现象常见,同时,受新冠疫情影响,企业盈利不足加上后续融资不畅,从而引发了信用债违约潮。二是投资者普遍存在的"国企信仰"。在过去的信用债市场中普遍存在"国企信仰",许多国企在受到投资者偏爱的同时可以以较低成本发行债券,永煤债券事件发生后,市场普遍认为其存在偿付意愿不足的问题,具有"恶意逃废债"的嫌疑。

(四)疫情以来信用利差走势

1.2020 年 2 月底至 2020 年 5 月中旬信用利差被动走阔

　　在疫情影响和对市场宽松流动性的预期下,2020 年 2 月底以来债券收益率一路下行,而信用利差持续走阔。AAA 评级城投债信用利差由 2 月 20 日 56.32BP 的最低点上升至 4 月 8 日的最高点 117.22BP,AA 评级城投债信用利差由 2 月 20 日 253.46BP 的最低点上升至 5 月 15 日的最高点 337.33BP。

出现此轮信用利差和无风险利率走势相背离的主要原因是在疫情冲击下,央行出台的定向降准、降低政策利率等宽松的货币政策为市场提供了流动性,使得利率债较信用债更容易获取资本利得,信用债需求不足。同时,由于3 月以来信用债发行利率走低,信用债供给量大幅增加。3 月,信用债总发行额为 15532 亿元,净融资额为 8842 亿元,单月净融资额创历史新高,信用债供需结构失衡导致信用债信用利差走阔。此外,疫情对实体企业的冲击使得潜在的违约风险增加,以及投资者对市场的预期、风险偏好下降,导致了信用利差的走阔。

2. 2020 年 5 月中旬至 2020 年 10 月信用利差收窄

2020 年 5 月至 7 月,由于国内疫情防控措施卓有成效,经济基本面持续向好,伴随货币政策逐渐由前期宽松到回归中性,资金价格回升,带动短期信用债收益率回升,在滞后效应的影响下,信用利差震荡收窄。

3. 2020 年 10 月至 2021 年 1 月信用利差走阔

2020 年 11 月,国企永煤集团因未能按期兑付超短期融资券"20 永煤 SCP003"到期应付本息,构成实质性违约,涉及本息金额共 10.32 亿元。作为国企 AAA 评级债券,永煤违约事件的发生引起债券市场的大幅抛售,"国企信仰"破灭,债券市场恐慌情绪蔓延,2020 年底以来一些同类行业以及一些弱资质地区的信用利差走阔,使得融资难度攀升。

4. 2021 年信用利差多数压缩

2021 年,信用债收益率整体下行,信用环境从"稳货币＋紧信用"过渡到"宽货币＋紧信用",整体信用环境偏紧但货币政策稳中偏松,债券市场收益率整体下行,信用利差多数压缩。2021 年初,央行放松流动性来对冲 2020 年 11 月的永煤违约给债券市场带来的冲击,推动收益率和信用利差同步收窄,上半年信用利差压缩幅度较大。AAA 评级产业债信用利差由 1 月 4 日的 94.42BP 下降至 6 月 30日的 67.66BP,下行 26.76BP。7 月,央行超预期实施降准,利率债收益率快速下行,带动信用利差下行。12 月,央行再度降准。12 月 31 日,AAA 评级产业债信用利差为 64.71BP,较 2021 年初下行了 29.71BP。

2021 年新增违约主体数量减少,年度违约率创 2018 年以来新低。截至 12 月31 日,2021 年新增违约主体 16 家(不含展期),涉及债券总额 1010 亿元,新增违约及展期主体家数和债券余额较 2020 年均有所下降,年度违约率降至 0.78％,表明2021 年主体信用风险未进一步暴露。

尽管与往年比较，2021年违约整体形势有所改善，新增违约情况减少，但房地产企业违约较往年明显增多，出现一波地产债违约、展期潮。2021年，房地产融资监管大幅收紧，行业景气度快速下行，在"房住不炒"的总基调下，伴随着"三道红线"、房贷集中度管控、土地集中出让、楼市价格管控、优化升级限购限贷等调控政策的出台，以及疫情的影响，房地产企业面临着来自销售端和融资端的双重挤压。在种种因素的影响之下，地产债出现评级下调、负面展望、技术性违约、商票违约、海外债延期兑付、展期等情况。截至2022年8月初，债券市场上共有155只房地产业估值严重偏离债券，涉及主体37家，从估值严重偏离债券的主体内评级别来看，主要集中于AAA的主体评级。2021年8月—2022年8月，房地产企业共有19只债券评级下调，6只债券被列入评级观察名单，有评级下调风险。

5.2022年上半年各等级债券信用利差分化明显

在近期资产荒和全面推进基础设施建设的背景下，投资者对市场的信心增强，AA级及以上各等级债券信用利差均呈收窄趋势，其中：AAA级产业债利差波动呈现微幅下降的趋势；AA＋级产业债利差波动幅度较小，有明显下降的趋势；AA级产业债利差波动幅度较大，有上行趋势，如图6-7和图6-8所示。

图6-7　2019—2022年城投债信用利差情况

图 6-8　2019—2022 年产业债信用利差情况

2022 年上半年,地产债出现新一轮"违约潮",房地产企业成违约重灾区,据 DM 数据统计,房地产企业违约规模达 513.03 亿美元,占当期全部主体违约规模的 99.46％,其余行业仅有两家主体发生违约,分别是医药生物行业的当代科技和综合行业的中泛控股,违约规模分别为 2 亿美元和 0.7644 亿美元。整体而言,2022 年上半年除房地产行业以外,总体信用风险可控,信用债违约情况有所改善,风险整体出现下降的趋势,但地产债违约却出现明显增加的情况。同时,不同评级的房地产企业信用利差分化明显,AA 评级的房地产企业信用利差在 2022 年上半年一直处于上升趋势,并快速走阔至 650BP 附近,而 AA＋评级的房地产企业信用利差则稳步下降至 450BP 附近,AAA 评级的房地产企业信用利差在 2022 年上半年一直在 100BP 附近上下波动。

2022 年上半年,国内外形势复杂多变,乌克兰和俄罗斯的地缘政治冲突叠加新冠疫情的多点散发增加了全球经济的不确定性与复杂性,我国经济发展下行压力进一步加大。在此形势下,我国宏观调控稳中有进,积极的财政政策和稳健的货币政策同时发力,市场流动性逐渐提高,信用债收益率总体呈下行趋势,带动总体信用利差收窄。2020 年开始,央行、住建部等部门相继出台"三道红线""房地产贷款集中度"和"22 城集中供地"政策,分别从融资端和投资端限制房地产行业的扩张。2021 年起,房地产融资监管大幅收紧,行业景气度不断下行,导致国内地产债频繁违约。

第7章　股票估值崩盘风险

一、股票估值的基本原理与方法

股票天然具有两种性质:第一,股票是上市公司股份所有权的凭证,是公司为了筹集资金而发行的,投资人借以取得股息和红利的有价证券;第二,股票是能够在资本市场上进行资金交换的金融资产。正是由于股票的第二种性质的存在,使得这种有价证券有了估值的属性。

股票估值,就是通过一定的金融定价方法对企业的内在价值进行合理估计,以此找出公司股票的合理价格。股票估值是证券研究中的关键环节,也是从公司研究转向股票研究的桥梁。

企业价值分为账面价值和市场价值。账面价值是指企业资产负债表上所反映的总资产、总负债、总权益的大小,体现了企业历史成本的高低;而市场价值则是企业于某一时间点在资本市场上进行交易的价值,如公司股票、兼并收购中支付的对价等,反映了买卖双方在公平博弈的情况下均能接受的价格,也能体现企业未来收益的多少。通常情况下,证券的市场价格总是围绕其实际内在价值上下波动,长期来看不会偏离其内在价值,即会发生价值回归。估值的意义就在于将企业内在价值和当前市场价值相比较,探究其中蕴含的风险与机遇。

股票估值涉及方方面面,是基于多方面的研究所形成的综合分析体系,既涉及宏观经济中的货币政策、财政政策、税收政策,也涉及被估值企业所在行业的生命周期、相关联行业的产业结构,甚至还涉及相关企业管理层的经营管理能力、发展战略管理和企业一线员工的生产效率等问题。

随着现代金融资产定价理论研究的推进,各种估值方法层出不穷,因此很难通过纯粹的理论研究确定到底哪一种估值方法是完全正确的。投资人通常会使用多种估值方法进行相互佐证,从而确定一个合理的价值区间。一般而言,股票估值方法主要有绝对估值法、相对估值法、梅特卡夫估值模型,具体如表 7-1 所示。

表 7-1　主流的估值方法论体系

估值方法	具体方法	特点
绝对估值法	现金流贴现法、股利贴现模型、经济增加值	①理论基础扎实 ②依赖于对现金流、股利和资本成本的正确估计
相对估值法	市盈率、市盈增长比率、市净率、市销率、企业价值倍数	①简单明了 ②估值效果取决于可比公司与被估值企业的相似程度
梅特卡夫估值模型	—	①以历史数据进行回归 ②适用于互联网企业

(一)绝对估值法

绝对估值法,顾名思义,就是通过一定的数学统计方法来计算股票内在价值绝对量的大小。博迪投资学指出,股票每股内在价值被定义为投资者在股票上所能得到的全部现金回报,包括红利和最终售出股票的损益,是用能正确反映风险调整的利率贴现所得的现值。虽然投资股票的初始目的有很多,但是投资的最终目的都是获得现金回报。将企业未来一段持续经营时间内归属股东的现金流量通过合理的风险报酬率进行风险折现,再将所有现金流的现值进行加总以后得到的便是该企业股东权益价值的合理价格水平。

1.现金流贴现法

现金流量估值法的流行始于会计造假的盛行。显然这种方法撇开了对损益表的数据依赖,转而注重现金流量表。美国为了抑制公司管理层的会计造假行为,于 1987 年发布现金流量表准则,而中国则是从 1998 年开始在全国范围内实施。巴菲特曾经提出"任何股票、债券或公司的价值取决于在整个剩余使用寿命期间预期能够产生的、以适当的利率贴现的现金流量"。现金流比净利润更重要,因为相较于净利润,现金流考虑了货币的时间价值,故能得到更准确的价值。此外,现金流可以在一定程度上避免不同企业由于各自使用的会计准则不同而产生的净利润差异。股东净资产的内在价值是其未来产生的现金流通过风险调整以后得到的现值之和。自由现金流可以分为公司投资人自由现金流(归属股东和债权人的现金流)和股权自由现金流(归属股东的现金流)。值得注意的是,风险调整的折现率要根据分子现金流的风险进行适当的选择,使用权益现金流贴现法进行股票估值时,贴现率的计算需要使用权益资本成本 rs。在传统的资产定价课程中，权益资本成本 rs 可以通过资本资产定价模型进行合理估计，这里不做赘述，有兴趣的读者可以查阅相关的金融教科书。

$$P = \sum_{t=1}^{n} \frac{\text{FCFE}_t}{(1+rs)^t} + \frac{TV-B}{(1+rs)^{n+1}}$$

其中，FCFE 为归属股东的现金流，rs 为权益资本成本，TV 为企业在期末的整体价值，B 为企业在期末的债务价值。公式看上去稍显复杂，但其背后的逻辑是清晰的，即公司的净利润与自由现金流存在一定的错配性，在实际运用过程中，需要适当进行一些会计科目的加减调整。现金流估值法的可取之处在于以下两点。

第一，现金流较利润而言更难被管理层操纵，也更能反映公司的实际经营情况。

第二，对于盈利质量而言，现金流比利润更加值得依赖。换句话说，有现金流支撑的利润是相对可靠的。

2. 股利折现模型

股利折现模型是另一种基本的股票内在价值评价模型，该模型不考虑企业的权益现金流量，而是使用股票每年所带来的股利收入以及期末股票售价作为其内在价值的估算指标，以此评价其真实价值。股利是发行股票的企业对净利润进行合理扣除以后发放给股东的回报，按照股东持有股票的比例进行的利润分配，每一股股票对应每一股的股利收入。假设投资人永远持有该企业的股票，那么股票给投资人带来的现金流入就是该股票在未来无限期时间内的股利，将全部股利进行折现加总以后就可以得到股票的内在价值。

$$P = \sum_{t=1}^{\infty} \frac{D_t}{(1+rs)^t}$$

假设投资人并不永远持有该股票，而是在持有一段时间后将其售出，那么股票给投资人带来的现金流入将分为两部分：持有期内股票的股利和期末股票的市场价值。

$$P = \sum_{t=1}^{n} \frac{D_t}{(1+rs)^t} + \frac{P_n}{(1+rs)^n}$$

根据股利折现模型及资本资产定价模型，投资者对上市公司的定价与其给予该公司的风险补偿负相关，而与该公司的股利增长率之间则呈正相关关系。在盈利预测稳定的基础上，如果一家上市公司的增长确定性越高，同时给予的风险补偿越低，则可以享受越高的市盈率水平；一家上市公司的增长率越高，理论上亦可以享受越高的市盈率。增长率相关联的因素包括管理层变动、重大业务突破、重大政策变化、重大资本运作等。风险补充相关联的因素包括商业模式的可预测性强、不确定性因素少,股东价值创造能力强,拥有具有良好企业家精神和执行能力的管理层,以及良好的治理架构。通过不断积累成本、渠道、技术、生态、特许经营权、规模、品牌等方面的优势,达到其他对手难以复制的程度,形成"护城河"。

3. 经济增加值估值法

企业价值为初始资本成本与未来企业经济增加值的现值之和。用公式可表示为:企业价值 $= \sum_{t=1}^{n} \frac{\text{EVA}_t}{(1+\text{wacc})^t} + T$。其中,EVA=企业税后经营利润－总资本成本额。该指标衡量了企业为股东创造价值的能力,衡量了资本的使用成本,能有效解决决策优化问题。

绝对估值法是理论上最完善的股票估值方法,这种方法主要依赖对被估值企业的现金流和发展速度的预测,以及对企业股权资本成本的假设。虽然这种方法在理论上很完美,但在现实应用中存在诸多不确定性。第一,估值结果的准确性依赖于对于资本成本的正确估计,估计结果的准确性对于估值结果而言至关重要。第二,估值结果的合理性依赖对未来现金流或股利的准确预测,但在实际应用中对现金流或股利进行数十年的预测是极其困难的事情,因为现金流容易受各种因素影响而出现频繁波动,从而导致巨大的计算误差。第三,现实生活中很难预测股票多年以后的市场价格,因此终值估计的准确性往往很低,但终值的现值却对股票当期价值有较大的影响。第四,需要耗费较长时间对公司整体运营情况和产业特性做深入了解。第五,实证发现预期增速越高的股票,其实际估值越会明显低于自由现金流理论估值,这种现象背后的原因或许是分析师预期数据过于乐观。第六,TV 的计算采用的是永续增长模型,但现实中很多公司不能做到这一点。因此,虽然从理论上来说绝对估值法无懈可击,但是在实际应用中存在诸多限制,如果假设不当或者使用不合理,就容易产生巨大的估值风险。

(二)相对估值法

相对估值法,又称可比公司估值法,是一种基于可比公司的交易和运营等相关财务数据与经营数据的历史表现来计算公司股票在资本市场上的隐含价值的方法。该方法的理论基础在于股票的内在价值难以被估计,因此只能通过将市场上已有的同类型公司作为可比对象,比较目标公司和可比公司的相关数据的差异,假设可比公司在市场上已经获得合理的估值,从而得出目标公司现有估值水平的高低。

使用相对估值法时，选择的可比公司应与目标公司有尽可能多的相同属性，其核心是寻找与目标公司具有相似未来现金流特征的可比公司。在寻找的过程中，除了考虑产品、规模、地区、盈利能力、管理水平等因素，还应考虑资本结构、信用等级、商誉、研发能力等因素，最终确定数个与目标公司可比的公司和估值指标。

1.市盈率

市盈率，又称股价收益比率，是每股市场价格除以每股收益（或是以权益总价值除以总股数）所得到的比率。市盈率是最常用的相对估值指标，其反映了以现有市场价格购入股票，在维持当前每股收益水平的情况下，需要投资多少年才能收回本金。该估值法注重损益表。若某只股票市盈率为20，则说明以当前市场公允价格买入该股票后，以企业目前现有每股收益水平，需要持续投资20年才能收回初始投入本金。市盈率是衡量公司估值水平合理程度的重要指标之一，也是具有很强参考意义的股票"称重器"。当公司股票市盈率过高时，投资回收期就会被拉长，同时风险也会提高，这往往意味着公司股票存在泡沫，内在价值被高估。在价值回归的条件下，市盈率在不久的将来会下降，其中的原因主要有两个：一是公司股价出现下跌，即分子端减小；二是公司盈利出现上涨，即分母端增加。相反，若公司股票市盈率过低，则意味着股票被低估。因此，在使用市盈率评价一家公司股票的估值水平时，必须选择同一行业中的可比公司作为参照，因为不同行业的现有收益水平往往不同，未来预期的收益水平也存在差异，参考同行业可比公司的市盈率能够为目标公司树立可比较的标杆，从而衡量其股价估值水平的高低。按照计算时使用的每股收益不同，市盈率可以分成三种类型：静态市盈率、动态市盈率、滚动市盈率。

静态市盈率，是以目前的市场价格除以最近公开的每股收益后得到的比值，它是根据企业目前已公布的财务业绩计算而得。动态市盈率是根据本年已公布的财务报表（如季度报表、半年报表）来预测本年度的每股收益，是以市场价格除以预测所得的每股收益后得到的比值。滚动市盈率以最近四个季度的财务数据作为计算的指标，是以市场价格除以最近12个月的每股收益后得到的比值，将该数值与上一个周期的数值进行对比，从而判断企业市盈率的变化趋势。在三种不同的市盈率估值策略中，以滚动市盈率最为常见。

市盈率的优点很明显：一是以一种相对简单明了的方式告诉投资者以当前价格买入，需要多少年的股票投资才能收回本金；二是计算市盈率的数据简单易得，能够综合反映风险调整系数、股票增长率、股利支付率的影响，为股票估值提供了一个定量衡量的标准。但其缺点也很明显:一是如果企业尚未实现盈利,那么使用市盈率给股票估值将失去意义。二是仅适用于持续盈利且盈利不发生重大变化的企业。对于周期性行业而言,要在高市盈率时买入,在低市盈率时卖出,因为周期股业绩波动很大,市盈率低时业绩好,是周期顶点,应该卖出,而市盈率高时业绩差,是周期低谷,也是买入的好机会。

2. 市盈增长比率

市盈增长比率是用公司市盈率除以公司未来 3~5 年的每股收益的年增长率计算而得,是彼得林奇常用的估值方法。彼得林奇认为,任何一家公司的股票如果定价合理的话,市盈率就会与收益增长率相等。同时他也认为利润增长率不能太高,否则难以持续。

单纯以市盈率估值较难准确评判成长性企业的估值水平,因为公司市盈率是一个相对静止的指标,仅包含了当期股价和过去的盈利状况,而没有包含对于企业未来增长的预测。市盈增长比率以公司市盈率除以公司盈利增长速度,能够弥补传统市盈率估值中对于企业动态成长性不足的影响。比如初创的科技型企业,他们往往盈利很少,有的甚至不盈利,但这类企业后期盈利增长速度很快,具有较强的投资价值,如果以传统市盈率指标估值,就会错误地认为该企业股票被高估,但是使用市盈增长比例估值后就能够将市盈率与公司业绩成长性对比起来看,并给予公司更合理的估值。在实务应用中通常以 1 作为分界点,公司的市盈增长比率等于 1,表明市场赋予这只股票的定价可以充分反映其未来业绩的成长性;如果市盈增长比率大于 1,则说明这只股票的市场价值被高估,价格偏高;若该数值小于 1,则说明公司股价过低,具有较高的投资价值。

市盈增长比率常用于对成长性公司进行估值,而市盈增长比率需要对公司未来 3~5 年的每股收益进行合理预测。由于该方法并非只使用过去 12 个月的盈利进行预测,同时,成长性公司的收入往往有较为强烈的波动,故大大提高了准确判断收入增长率的难度。此外,该比率假设投资价值直接与公司收入增长相关,过于强调盈利增长而忽略了驱动企业发展的真实要素是投资收益率,容易使企业因过度关注短期收入增长而失去赢得长期盈利的机会。

3. 市净率

市净率是每股市场价格除以每股净资产所得到的比率。该估值法注重资产负债表,是巴菲特老师格雷厄姆常用的估值法。这个估值法是通过将企业的账面资产价值和股票价值进行比对,寻找股票价值大大低于公司账面资产的公司进行投资。

市净率以企业净资产作为比较基准，具有较强的参考意义，可作为投资分析。每股净资产是以会计核准的账面价值为依据进行成本衡量的，而每股价格是当前时间点市场对于企业所拥有的这些资产的现值，是金融市场交易的结果。当公司市净率大于1时，证明市场预期公司现有资产的实际市场价值大于其账面价值；而当市净率小于1时，则反之。一般而言，投资人可以使用市净率作为股票估值的指标，市净率较低的股票往往具有较高的投资价值，而市净率较高的股票，投资价值较低。但在实际应用中，还需要考虑当前的市场情绪、公司所处行业现状、公司持续经营盈利能力等指标。

市净率的优点很明确：第一，指标相对稳定。企业经营好坏与自身所处经济周期有很大的关系，但经济周期等因素对于企业净资产影响相对较小，以市净率作为估值指标能有效地避免估值指标的过度波动。第二，简单明了。市净率以一种相对简单的方式揭示企业资产的溢价水平。第三，有保障。每股净资产以成本作为核准指标，客观上给予了投资人一个安全边际的测算标准。与此同时，市净率也有其内在局限性：一是不反映企业的盈利能力。市净率仅仅衡量了公司股票市场价格与其成本之间的差异，但股票投资的最终目的是赚取收益而不是衡量其成本。二是不适用于轻资产企业估值。例如互联网科技公司，这类公司的投资价值主要在于其无形资产和商誉，而这两项在计算时被排除在净资产之外，因此这类科技公司的市净率一般较高，但这并不意味着其股价过高。三是难以比较。账面价值会受会计政策选择的影响，少数企业净资产为负数，故更无法使用市净率对其进行估值。

4. 市销率

市销率，是以每股市场价格除以每股销售额所得到的比率（或是以总市值除以主营业务收入）。市销率是指每股市价与每股销售收入的比率，它的比率越低，则说明该公司股票目前投资价值越大。高科技企业或者初创公司往往因为尚未实现盈利而无法使用市盈率进行计算，这或许并不是因为企业的产品不能得到市场的认可，而是由于初创企业的产品在早期难以实现量产而无法发挥其规模优势，故难以实现盈利。如果新产品能够正确贴合用户的需求，就很有可能实现短期销量的飞速增长从而降低企业成本并实现盈利，因此，市盈率并不适用于初创企业的估值。此外，这类公司一般净资产比较少，或者净资产价值波动大，因而净资产的价值较少或不太稳定，也不太适合用市净率的方式去估值。公司收入分析是评估企业经营能力至关重要的一步，如果公司没有实现销售收入，就不可能实现净利润。对于无法使用市盈率、市净率等传统相对估值指标进行公司估值的企业而言,使用市销率估值有助于考察其收益基础的稳定性和可靠性,此外,使用市销率估值能够在企业尚未实现盈利的时候对其进行合理估值,从而发现其中的投资机会,当企业价值兑现时获得数倍乃至数十倍的投资回报。

与其他估值指标类似,投资人也需要正视市销率的缺点。一方面,市销率不能反映企业的成本端变化,企业经营的最终目的是获得稳定的现金流并实现盈利,而成本是影响企业现金流量和价值的重要因素之一;另一方面,上市公司如果通过关联交易产生较多的销售,那么将导致公司市销率下降,而该指标无法剔除关联销售的影响。

5.企业价值倍数

企业价值倍数是由公司价值除以息税折旧摊销前收益而得。该指标被广泛应用于公司估值,从全体投资人(包括股东和债权人)的角度出发,衡量企业收益与其市场价值之间的关系。由于该指标使用的是息税折旧摊销前收益,故能够基本排除不同公司、不同国家在税收、财务杠杆和会计政策等方面的差异,从而提供一种能有效反映公司价值和其产生的现金流之间关系的指标。企业价值倍数越低,意味着企业市场价值相较于其产生的现金流越小,公司更具投资价值。

由于该方法把折旧和摊销计入公司经营收入之中,所以能够最有效地衡量公司在本会计年度的实际产生现金流情况,但在实际应用中仍存在一定的不确定性。第一,该方法较为复杂烦琐,需要对债券的价值以及长期投资价值进行单独估计;第二,该方法剔除了税收对公司现金流量的影响,如果可比公司与目标公司之间的税收政策差异很大,那么有可能导致该指标的估计结果失真。

综上所述,相对估值法就是通过分析可比公司的相关财务数据、运营数据,并进行数学运算来得到一系列指标,用可比公司的估值倍数与被估值公司的营运指标进行目标公司估值。相对于绝对估值法,相对估值法更简单、直观,同时能够很好地反映市场资金的情绪,虽然该方法理论基础没有绝对估值法扎实,但更符合现实投资估值需求,因为需要进行主观假设的数据相对较少,应用更方便。但该方法也存在缺陷:第一,如果整个市场处于过热状态,那么使用相对估值法并不能很好地找到正确的估值水平,相对估值法的隐含假设就是从市场整体来看是合理的估值,不存在整体高估或者整体低估的情况;第二,该方法的隐含假设是可比公司在行业、产品、收入、发展阶段等方面均与目标公司类似,但在现实生活中很难找到或者不可能找到两家完全一样的公司,若无法对业务上的细微差别做必要的调整,则有可能得到错误的估值;第三,会计处理差别和股利发放规则都会对指标产生影响。

（三）梅特卡夫估值模型

梅特卡夫估值模型是一个引入互联网的用户数量来衡量企业价值的估值模型，其核心思想是互联网企业的价值与用户数的平方成正比，即 $V = K * N^2$。其中，V 代表企业总价值，N 代表用户的规模，K 为价值系数。

梅特卡夫估值模型中最重要的参数 K 的值是由过往历史价格回归而得。这也导致模型本身存在以下两个问题：第一，使用历史价格估计未来价值，而企业的历史表现并不能用于估计其未来价值。第二，历史价格 P 并不能明确地表示企业的历史内在价值，长期的价格偏离将导致 K 失真。第三，无法证明企业价值与用户数量之间的关系是平方正比，且平台用户并不一定都是真实用户，"僵尸用户"的存在不会给企业带来任何价值。

二、个股估值风险及其因素的相关研究

如果市场是有效的，那么股票市场价值就是股票内在价值最好的估计，一切估值模型都只是为了证明市场价值的合理性。然而，正如现实生活总是由各种不同因素相互交织而成，资本市场是由千千万万投资者汇聚起来的，具备显著的混沌效应，因此，现实世界中对于股票的估值并不像金融理论一样完美。

绝对估值法和相对估值法都存在较为完善的理论基础，但现实生活中的股票市场估值水平却常常与估值策略所能合理化的估值截然不同，这种与理论截然不同的估值结果常常使投资者陷入困境，既有可能产生估值暴涨使其错失由估值上涨"东风"所带来的投资收益，也有可能产生估值暴跌导致其损失严重。这本质上是估值策略与现实生活中的资产定价之间的差距所造成的偏差。

第一，绝对估值法因过度关注被估值股票自身产生的现金流量而忽略了市场上其他股票当前的估值水平，即该方法强调我们当前所分析的股票的独立性，而忽略了现实世界中不同股票之间的价格波动往往存在某种内在联系。第二，相对估值法则过度依赖周围环境对于目标股票的影响，目标股票的合理估值总是以可比股票作为预定的锚，只关注当前市场资金对于可比公司的估值情况，而忽略了当前公司的估值水平与自身未来现金流价值之间的密切联系。

股票估值的大小取决于未来现金流，而未来现金流的大小则源自市场预期，因此股票估值其实反映的是市场对于企业未来的预期。由于不同投资人的信息来源渠道不同，所以得到的信息残缺不全、真假难辨，倘若投资者通过已经掌握的信息进行投资活动，但其所得信息质量较差，就容易导致资本市场上买卖双方公允交易的股票市场价格并不能真实反映股票的内在价值。当投资人基于已有信息对企业未来现金流过于乐观时，就会导致股票价值被高估；而当投资人基于已有信息对企业未来现金流过于悲观时，就会导致股票估值被低估。当各种信息渠道畅通，真实、准确的信息得到广泛传播之后，投资人将根据其最新获得的信息，适度改变其对于企业经营的预期，并且会在市场上以资金交易进行实时兑现，倘若此时前后信息不一致程度较高、差距较大，就容易产生估值暴跌和估值泡沫，这些就是由于估值的高度不确定性给投资人带来的估值风险。

估值风险，即股票估值暴跌、估值泡沫以及估值波动率过高而带来的股票价格不确定性。估值风险本质上是由于股票市场价格的波动与企业经营节奏在大部分时间内并不同步，投资人根据过去企业的经营情况，使用不同的估值策略对企业股票价格进行"合理估值"，但却忽视了企业实际经营状况已经发生了根本性变化，基于历史信息做出的交易决策已经不适用于企业目前的经营状况，当市场通过公允交易给予一个公司市盈率时，实际上已经隐含了对于公司未来业绩增长的预期，而当一段时间过去以后，企业实际经营状况会真实地反映在其财务报表之中，倘若企业没有完成市场预期所要达成的目标，即预期兑现失效，市场就会根据基本面情况调整预期，通常是下调股票估值价格，从而导致大批投资者抛售股票并造成股价暴跌。

关于估值风险的研究，相关资料硕果累累。估值风险状态是一个统计分析数据，而不是绝对意义上的量化指标，同时也是市场参与者和投资者关心的用于衡量目前个股估值风险情况的指标。目前，市场一般是以 5～10 年为统计量标准，把估值风险状态分为三种方式进行研究，分别是极差分位数分析、普通分位数分析、离散度（标准差）的分析方法。

国盛证券指出，在 A 股市场中，绝对估值法存在一定的局限性，分析人员运用二阶段 DCF 模型进行实证分析时发现，预期增速越高的股票，其实际估值越会明显低于 DCF 理论估值，当预期增速达到 40%～45% 时，DCF 模型估值中枢市盈率比这些公司历史市盈率估值中枢高出 10.5 倍，81% 的公司将低于预期，其背后的原因或许是分析师预期数据过于乐观，导致假设变量与实际不相符。

海通策略指出，根据行业发展阶段可以将中国上市公司分为深度价值、价值成长、高成长三类。深度价值行业如金融、房地产等行业适合使用市净率估值；价值成长行业如消费品、制造业适合使用市盈增长比率估值；高成长行业如互联网，在这类行业中传统估值方法并不适用，因此，对于这类公司的估值需要根据其行业的不同发展阶段运用不同的方法。

估值估的是价值，而非价格。不同估值方法的适用性与行业生命周期相关，使用不当的话可能会引发估值风险。投资者在选择估值策略时必须关注行业生命周期，将错误的估值模型应用到目标行业可能会引发估值风险。

不同的估值方法适用于不同周期性的行业，使用不当的话将导致估值水平忽高忽低。企业经营逻辑会不断地把估值中的预期转化为业绩。一旦逻辑发生变化，经营态势就不能持续，随之而来的就是估值的下降，如果叠加业绩下降，就会出现戴维斯双杀。逻辑是业绩的因，业绩是逻辑的果，企业经营逻辑的具象化体现就是经营业绩。估值的影响因素包括市场指数影响、情绪、业绩预期（如经常性的超预期、高价值企业、高债务经营模式）等。此外，不同商业模式和行业适用不同的估值方式，如：市盈率适合业绩稳定的成熟型行业和现金牛企业；初创企业和科技公司等经营利润较低甚至亏损，但营收较为稳定的企业，适合用市销率估值；而银行业适合用市净率估值。

企业未来的净资产收益率水平越高，获得超额水平的时间越长，确定性越高，企业的估值也就越高。垄断能力的存在，也使我们不能根据净资产收益率来判断市盈率是否合理。对于市净率指标而言，企业市场价值超过账面价值主要有两个渠道：一是垄断利润，二是利息率、贴现率下滑。二者都来自企业的垄断能力。当存在垄断能力时，市净率的合理值是变化的。垄断能力越强，合理的市净率就越大，此时不容易根据市净率来判断股价是否合理。

通过对估值暴跌案例的归因分析和整理，可以得出估值暴跌的具体原因包括：第一，宏观经济波动带来的系统性风险；第二，业绩表现不及预期和财务风险；第三，行业经营环境发生显著变化；第四，企业持续经营商业模式受限；第五，时代主题以及产业政策边际变化；第六，企业股本和股东结构发生重大变化；第七，估值泡沫破裂；第八，企业不当经营导致违法违规；第九，4R关系（即投资者关系、分析师关系、媒体关系、监管者关系）不活跃，影响公司价值的发现；第十，其他，如控股公司出现经营问题、募投项目不及预期等。

三、资本市场个股估值风险统计分析

(一)资本市场个股估值暴跌的统计分析

本书定义的估值暴跌为滚动市盈率连续暴跌 20％ 及以上,行业分类采用申万一级行业分类,数据截至 2022 年 7 月,得到全国市场记录共 96266 条。以下为估值暴跌的统计研究和分析,分为年度估值暴跌次数统计、估值暴跌持续时间统计、估值暴跌幅度统计、估值暴跌行业统计、估值暴跌企业所在区域、估值暴跌企业性质统计六个方面。

当宏观经济出现系统性风险、结构性风险或政策风险时,估值暴跌的次数明显增多。近年来,全市场个股估值暴跌次数有逐年上升的趋势,自 2010 年以来连续 12 年维持在 2500 次以上,2022 年前七个月内估值暴跌就发生了 4466 次,具体如图 7-1 所示。

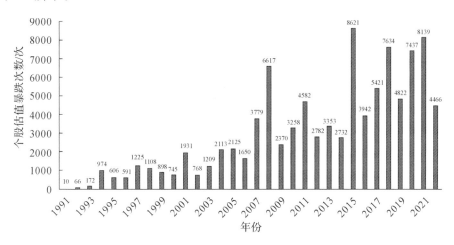

图 7-1　全市场个股估值暴跌年度次数统计

估值暴跌持续时间较短。公司股价下跌的交易持续时间在 50 个交易日以内的占比为 92.1％,其中,11～20 天的占比最多,达 31.8％,仅 0.1％ 的企业下跌时间超过 100 个交易日,如图 7-2 所示。

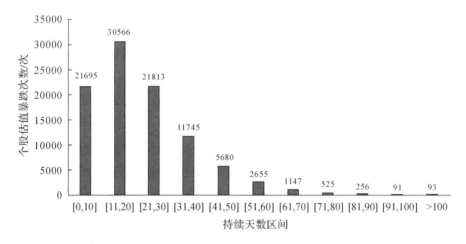

图 7-2   全市场个股估值暴跌持续时间统计

案例一:牧原股份(下跌持续时间为 100 天)

2021 年,生猪价格持续走低,牧原股份的业绩也在逐步下滑。2021 年,公司实现营收 788.9 亿元,同比增长 40.18%,净利润 69.04 亿元,同比下降 74.85%。公司年报显示,生猪仍是公司最主要的业务构成,全年实现营收 750.76 亿元,占总营收的 95.17%。超九成营收依靠生猪业务,这也使得公司业绩随着猪价周期的起伏而变动。2021 年 3 月 3 日至 2021 年 7 月 28 日间,公司股价持续下跌,共持续 100 天,下跌幅度达 59.8%。

案例二:海翔药业(下跌持续时间为 103 天)

海翔药业成立于 1966 年,业务涵盖医药、染料全产业链。新冠疫情暴发之后,中国医药股价开始迅速上升,累计两年的大幅上涨导致中国医药股票市场存在一定的泡沫化迹象。2022 年起,医药行业持续下跌,退潮回落,处于医药板块的海翔药业伴随着行业市场情绪的回落,股价一路下跌,共持续 103 天,下跌幅度达 74.76%。

86% 的股票估值暴跌幅度小于等于 60%,仅 8% 的股票估值暴跌幅度大于 100%。相比之下,较小幅度的下跌更为常见。同时,全市场平均下跌幅度为 27.2%,如图 7-3 所示。

案例一:飞力达(下跌幅度为 1499.2%)

飞力达成立于 1993 年 4 月,2011 年 7 月登陆资本市场。公司从事的主营业务为设计以及提供一体化供应链管理解决方案。从 2018 年第一季度开始,公司净利润一直处于下滑状态。2019 年半年报显示,公司实现营收 15.59 亿元,同比增长 0.85%,净利润 2368.94 万元,同比下降 38.43%。贸易执行大幅下滑是公司

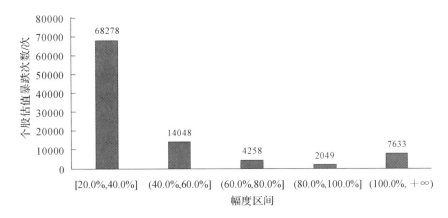

图 7-3　全市场个股估值暴跌幅度统计

净利润下降的主要原因。

案例二：华丽家族(下跌幅度为 173.6％)

2015 年 5 月,华丽家族宣布收购上海南江(集团)有限公司和西藏南江投资有限公司合计所持的北京墨烯控股集团(墨西科技母公司,简称墨烯控股)100％股份,该公司控股重庆墨西科技和宁波墨西科技,主营业务方向分别是粉体和薄膜。在随后的三年内,墨烯控股非但没有盈利,还亏损了 9565 万元,华丽家族也因此陷入困境。2019 年,华丽家族发布公告称,基于对目前应用市场规模的判断,墨西科技现有的生产线完全能满足当前及未来数年的需求,为避免产能闲置,控制投资风险,墨西科技将向慈溪市经济和信息化局递交《工业强基工程实施方案终止申请书》。因此,华丽家族股价在一个月内估值暴跌 173.6％。

机械设备、医药生物,以及化工行业由于存在以重资产模式为主、资产投入大、受政策影响大等特点,出现估值暴跌的频率较高。银行业一般采用市净率估值,业绩的波动幅度和估值空间较小,估值中枢和区间比较稳定,暴跌现象较少。具体案例将在后续样本统计中进行深入分析,如图 7-4 所示。

从估值暴跌企业的分布区域来看,从高到低前五名分别为广东、浙江、江苏、上海、北京;从 2022 年各省市上市公司分布来看,从高到低前五名分别为广东、江苏、浙江、北京、上海。除浙江外,广东、江苏、上海、北京估值暴跌企业所占比例均低于该区域上市公司数量占所有上市公司的比例,如图 7-5、图 7-6、图 7-7 所示。

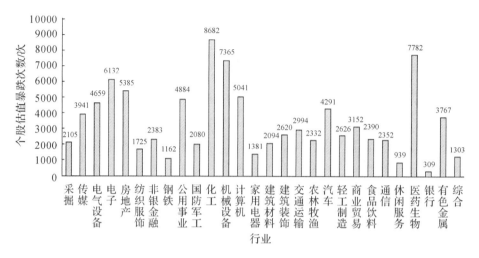

图 7-4   全市场估值暴跌行业统计

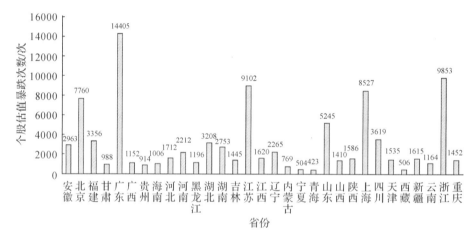

图 7-5   全市场估值暴跌企业区域分布

民营企业估值暴跌的频率明显高于其他类型的企业。可以看出,个人企业由于其生产规模小、数量多、经营方式多样、竞争力弱等特点,其估值下降的风险更高。

(二)典型估值暴跌样本的主观归因研究和分析

针对全市场的估值暴跌历史记录,本书从下跌幅度超过 30.0% 的股票中抽取了 509 个典型样本进行统计和主观的归因分析研究。

1. 估值暴跌幅度分析

在样本中,最小下跌幅度为 30.0%,最大下跌幅度为 99.0%。以 11.5% 为区

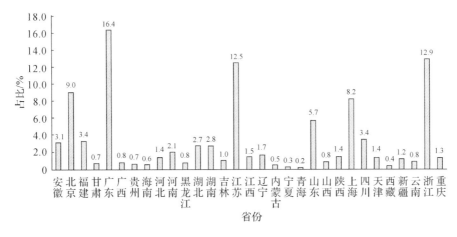

图 7-6　2022 年各省市上市公司占比

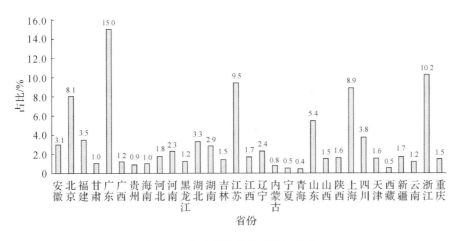

图 7-7　全市场估值暴跌区域分布

间宽度,可以得到如图 7-8 所示的典型样本估值暴跌幅度统计图。从图 7-8 中可以看出,大部分股票估值暴跌幅度小于等于 87.5%,仅 20 个样本的估值暴跌幅度大于 87.5%。

2.估值暴跌原因分析

对估值暴跌的案例进行归因分析和整理,可以得出估值暴跌的具体原因包括以下几个方面。

一是业绩表现和财务风险。主要关注营收和净利润及其增长率、净资产收益率等指标。

二是行业市场。重点关注行业增速、抗周期性、行业集中度、竞争格局等。

三是商业模式。分析公司在上下游所处的位置以及话语权、公司经营与管理

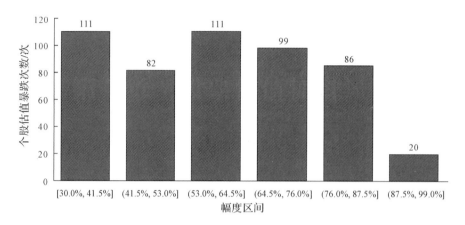

图 7-8　典型样本估值暴跌幅度统计

模式（如并购转型）、整体的扩张能力、增长期长短等。

四是主题和政策。研究强烈影响股票的主题概念和政策，如新能源补贴退坡、影响流动性的宏观经济政策等。

五是股本和股东结构。公司出现的股票质押、股东减持、股东变动等事件会对估值产生负面影响。

六是估值泡沫。公司本身的估值位于不合理区间容易导致估值暴跌，如公司股票存在估值溢价、估值泡沫等现象。

七是违法违规风险。公司信息披露是否规范，是否被相关机构采取行政监管措施或进行行政处罚等。

八是4R。4R由IR（投资者关系）、AR（分析师关系）、MR（媒体关系）、RR（监管者关系）组成，4R关系不活跃将影响公司价值的发现。

九是其他原因。如控股公司出现问题、募投项目不及预期等。

根据以上原因进行分类统计，得到了如图7-9所示的统计图，其中，业绩表现和财务风险原因出现频次的占比最高，36％的样本的估值暴跌受其经营业绩和财务风险的影响。由此可见，市场对于股票估值的预期大部分由公司的基本面决定，业绩表现和其他财务指标反映出的风险仍是影响股票估值的首要因素。同时也从侧面反映出应警惕公司通过财务粉饰和财报造假等手段使公司经营状况呈现表面上的乐观，避免出现估值虚高的情况。

此外，估值泡沫（22％）和行业市场（13％）因素占比分别居第二与第三位。由此可见：估值本身所处的区间会导致其之后的下行趋势；行业的景气度下降、增速放缓、抗周期性弱等因素也都将造成股票估值的下跌。下面将针对各个原因分别给出部分案例（见表7-2至表7-12）。

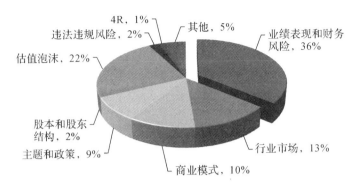

图 7-9　估值暴跌归因统计

（1）业绩表现和财务风险

表 7-2　业绩表现和财务原因导致的估值崩盘案例

序号	公司简称	市盈率下跌开始日期和下跌起始值	市盈率下跌结束日期和下跌结束值	下跌幅度/%	下跌天数/天	下跌原因
案例一	创元科技	2012 年 4 月 20 日 82.52	2012 年 8 月 3 日 57.69	30.08	105	净利润下降
案例二	恒源煤电	2008 年 1 月 25 日 58.71	2008 年 11 月 7 日 7.05	87.99	287	净利润下降；毛利率下降
案例三	宁波银行	2007 年 8 月 3 日 105.78	2008 年 11 月 4 日 10.47	90.10	459	次新股高估值发行；上市后业绩增长低于预期，成本控制能力弱
案例四	金陵饭店	2017 年 3 月 29 日 110.69	2018 年 10 月 12 日 23.29	78.96	562	净利润下降，营收同比增长率下降
案例五	陕西黑猫	2015 年 5 月 29 日 77.24	2015 年 9 月 2 日 32.29	58.19	96	基本面薄弱，公司盈利能力下降，主营业务乏力

案例一：创元科技

创元科技股份有限公司（简称创元科技）是一家投资控股型企业，成立于 1993 年，1994 年在深圳证券交易所挂牌上市。截至 2021 年底，净资产为 27.82 亿元。公司是一家以高科技洁净环保和光电测绘仪器产业为支柱，将进出口贸易和汽车销售服务相结合的工贸一体化的江苏省高新技术企业。公司公告显示：2011 年 9 月 30 日的净利润为 5491 万元；2011 年 12 月 31 日为 3726 万元，下降 32.14%；2012 年 3 月 31 日为 1054 万元，下降 71.71%。

案例二:恒源煤电

安徽恒源煤电股份有限公司(简称恒源煤电)由安徽省皖北煤电集团有限责任公司作为主发起人,于2000年12月29日发起设立,主要从事煤炭开采、洗选加工、销售等业务。

2007年,归属母公司的净利润为2.01亿元,同比减少1.1%。煤炭业务毛利率为33.50%,同比下降5.69个百分点;电力业务毛利率为17.95%。这主要是因为煤炭业务成本的同比增幅达到了16.09%,远远高于其业务收入(6.15%)的同比增长水平。2018年中报显示,毛利率为33.89%,同比下降2.4个百分点。新矿投产中职工的增加使得管理费用大幅上涨。公司卧龙湖矿和五沟矿的验收是否能如预期一样顺利完成存在一定的不确定性。2018年年报显示,由于成本上升的幅度更大,达到了59.65%,使得煤炭业务的毛利率水平较上年同期下降了1.38个百分点,为32.12%。营业外支出为754.41万元,较上年同期增长了250.03%,主要是由于公司处理固定资产损失增加。固定资产投资增速下滑,影响了对煤炭及其下游行业的需求。

案例三:宁波银行

宁波银行原称宁波市商业银行,创立于1997年,2007年改为现名。宁波银行是中国的区域性商业银行之一,总部位于宁波。

公司2007年上半年非利息收入占营业收入的比例为6.68%,较上年同期降低了1.96个百分点,这主要是因为公司的投资收益比2006年上半年下降了94.14%。另外,公司的汇兑损失继续扩大,2007年上半年亏损共计377万元,比2006年上半年增加了146%。同时,公司的投资收益比上年减少3531.92万元,减少的比例为436.41%,这主要是因为2007年债券市场的不景气带来了债券买卖损失。

案例四:金陵饭店

金陵饭店股份有限公司(简称金陵饭店)以酒店经营与管理为核心主业,涵盖酒店物资贸易、物业管理、房屋租赁、食品研发与销售、旅游资源开发等多元化协同业务。

公司于2017年3月28日公布:2016年归属母公司所有者的净利润为4162.82万元,较上年减少21.61%;营业收入为8.35亿元,较上年增加9.97%;基本每股收益为0.139元,较上年减少21.47%。金陵饭店2017年的营收同比增长率较2016年有所下滑。

案例五：陕西黑猫

陕西黑猫焦化股份有限公司(简称陕西黑猫)主营业务为煤焦化及相应化工产品的生产和销售。公司的主要产品有焦炭、焦油、甲醇、合成氨、液化天然气等。

陕西黑猫的业绩从 2014 年开始便持续下滑。2015 年中报显示,公司上半年业绩同比下滑 44%,第二季度亏损。公司上半年营业收入和净利润分别为 27.02 亿元与 0.32 亿元,同比变动-19.50%、-43.73%。同时,公司第一大主营业务——煤气实际上是亏损的,在 2014 年近 67.8 亿元的营业收入中,近 50 亿元来自焦炭主业,然而其毛利率却为-2.85%。

(2)行业市场

表 7-3　行业和市场原因导致的估值崩盘

序号	公司简称	市盈率下跌开始日期和下跌起始值	市盈率下跌结束日期和下跌结束值	下跌幅度/%	下跌天数/天	下跌原因
案例一	雪迪龙	2017 年 6 月 12 日 58.32	2019 年 1 月 30 日 17.44	70.10	597	行业竞争程度增加
案例二	益丰药房	2020 年 8 月 24 日 88.18	2021 年 6 月 25 日 49.02	44.41	305	区域集中度增加
案例三	三江购物	2011 年 3 月 4 日 62.96	2012 年 11 月 30 日 19.73	68.66	637	面临跨国公司进入市场的新竞争
案例四	养元饮品	2018 年 2 月 12 日 21.52	2019 年 3 月 20 日 9.23	57.00	765	产品架构单一,行业竞争加剧

案例一：雪迪龙

北京雪迪龙科技股份有限公司(简称雪迪龙)创立于 2001 年,坐落于北京市昌平区国际信息产业基地,是专业从事分析仪器仪表、环境检测系统、工业过程分析系统研发、生产以及运营维护服务的国家级高新技术企业。由于环境监测及工业分析系统产品竞争程度增加,公司下游客户需求萎缩。

案例二：益丰药房

中国沪市主板上市连锁药房——益丰大药房(简称益丰药房)是全国大型药品零售连锁企业,于 2001 年 6 月创立。作为国内医药零售的头部企业,益丰大药房"低获客、高转化"的经营方式提高了经营效率,此外,外部"自建＋并购＋加盟"的模式也能助推其持续扩张。

益丰药房股票之前被热捧是因为市场很大且集中度很低,又有处方药外流等逻辑。但公司目前最大的问题是,连锁药房虽全国集中度低,但区域集中度高,市场预计增速可能会越来越低,且成本提高、利润下降是当前零售药房面临的最大困境。

案例三:三江购物

三江购物俱乐部股份有限公司(简称三江购物)是中国浙江省宁波市一家本土连锁超市,创办于 1995 年,2011 年 3 月 2 日在上海证券交易所挂牌上市。

三江购物面临跨国公司进入三、四线城市开设大卖场的激烈竞争,原有网点将遭遇阶段性的客源分流。

案例四:养元饮品

河北养元智汇饮品股份有限公司(简称养元饮品)的主营业务是以核桃仁为原料的植物蛋白饮料的研发、生产和销售。公司于 1997 年 9 月 24 日成立,在衡水市市场监督管理局登记注册,总部位于河北省衡水市桃城区经济开发区。公司股票于 2018 年 2 月 12 日在上海证券交易所挂牌交易。

产品单一化是养元饮品不可忽视的短板和风险因素。公司核桃乳销量占比超过 95%,然而植物蛋白饮料的市场竞争也在不断加剧,随着行业竞争的加剧,收入增速放缓。此外,在 2018 年"3·15"晚会中,山寨杏仁露、核桃乳饮品泛滥现象被曝光,影响了消费者对品牌和产品的信任度。

(3)商业模式

表 7-4　商业模式导致的估值崩盘案例

序号	公司简称	市盈率下跌开始日期和下跌起始值	市盈率下跌结束日期和下跌结束值	下跌幅度/%	下跌天数/天	下跌原因
案例一	富森美	2016 年 11 月 25 日 69.11	2020 年 3 月 20 日 10.77	84.41	1211	经营模式受限
案例二	华立股份	2017 年 3 月 24 日 50.68	2018 年 10 月 12 日 17.59	65.30	567	受制于上下游产业

案例一:富森美

富森美始创于 2000 年,专注从事装饰建材家居流通业务,业务深耕于成都地区。

富森美家居的盈利模式主要是收租金,盈利模式单一。坐地收租的模式简单粗暴,易受物业价格高涨、行业巨头扩张及市场竞争多元化的冲击。

案例二:华立股份

华立股份成立于 1995 年,在粤港澳大湾区深耕 20 余年,并于 2017 年在上海证券交易所主板成功上市。华立股份以装饰复合材料研发设计、生产、销售为产业基石,逐步发展成包括家居材料业务、产业互联网业务、产业投资业务的综合型控股企业。

从下游的应用领域来看,装饰复合材料既广泛应用于以人造板为主要原料的各类板式家具,也大量应用于与木地板、门、窗等相配套的室内装饰领域。因此,华立股份业绩增长主要受下游板式家具和室内装饰行业的影响。

（4）主题和政策

表 7-5　主题和政策导致的估值崩盘案例

序号	公司简称	市盈率下跌开始日期和下跌起始值	市盈率下跌结束日期和下跌结束值	下跌幅度/%	下跌天数/天	下跌原因
案例一	博汇纸业	2008 年 2 月 15 日 51.75	2008 年 11 月 7 日 6.17	88.08	266	受市场指数和节能减排政策的影响

案例一：博汇纸业

山东博汇纸业股份有限公司(简称博汇纸业)成立于 1994 年,总部位于山东淄博,2004 年在上海证券交易所主板挂牌上市。2020 年 10 月以后,成为金光集团 APP(中国)旗下唯一 A 股上市平台,股权治理结构进一步优化。

随着节能减排政策的深入,公司的草浆线有被关闭的风险,这将给公司盈利造成较大影响。

（5）股本和股东结构

表 7-6　股本和股东结构导致的估值崩盘案例

序号	公司简称	市盈率下跌开始日期和下跌起始值	市盈率下跌结束日期和下跌结束值	下跌幅度/%	下跌天数/天	下跌原因
案例一	天马股份	2015 年 6 月 5 日 421.66	2016 年 3 月 4 日 145.47	65.50	273	公司治理存疑,管理层频繁减持
案例二	鱼跃医疗	2016 年 7 月 25 日 55.77	2017 年 7 月 18 日 34.45	38.23	358	主要股东减持股份
案例三	中信建投	2019 年 3 月 8 日 69.44	2021 年 5 月 7 日 22.21	68.02	791	限售股解禁

案例一：天马股份

天马股份是一家精密轴承及重型数控机床制造商,是集材料、轴承、装备三大产业链于一身的高端装备制造企业,公司生产的 TMB 牌精密轴承和"齐一"牌重型数控机床产品被广泛应用于航天航空、铁路、风电、核电,以及海洋工程等国民经济主要行业领域。2016 年底,公司控股股东变更为徐茂栋后,原主营业务被逐渐剥离,并谋求向企业云服务、大数据应用和商业人工智能等最近几年热门的战略方向转型。

2014 年 11 月 28 日,董事、高管、董秘一同减持,共减持 1550 万股;2015 年 1 月 6 日,监事减持 1406 股。

案例二:鱼跃医疗

江苏鱼跃医疗设备股份有限公司(简称鱼跃医疗)于1998年10月22日成立,2008年4月18日在深圳证券交易所上市交易,公司产品主要集中在呼吸供氧、血压血糖、消毒感控、医疗急救、手术器械、中医器械、眼科器械、康复护理、隐形眼镜等领域。遵循"创新重塑医疗器械"的战略,公司以消费者为核心,在持续发展血压监测、体温监测、中医设备、手术器械等基石业务的基础上,重点聚焦呼吸与制氧、血糖及POCT、消毒感控三大核心赛道的不断拓展,并对急救、眼科、智能康复等高潜力业务进行积极孵化。

2016年6月22日,鱼跃医疗周三盘后发布公告称,公司股东深圳前海红杉光明投资管理中心于20日通过大宗交易减持公司股份864万股,占总股本的1.29%,减持均价为29.73元/股,套现约2.57亿元。

案例三:中信建投

中信建投在香港和上海两地上市,连续多年被证监会评为行业最高级别A类AA级,多项业务指标保持行业领先。

2019年6月,中信建投33.0亿股限售股解禁,因自由流通市值较小而产生的流动性溢价将不复存在。

(6)估值泡沫影响公司价值

表7-7　估值泡沫导致的估值崩盘案例

序号	公司简称	市盈率下跌开始日期和下跌起始值	市盈率下跌结束日期和下跌结束值	下跌幅度/%	下跌天数/天	下跌原因
案例一	中国中免	2020年8月3日 204.21	2021年7月19日 53.23	73.93	350	估值偏高

案例一:中国中免

中国中免成立于1984年,聚焦"中免+日上+海免"三足鼎立的免税阵容,构建了"离岛+机场+市内"三位一体的免税体系,是中国目前唯一一家覆盖全免税销售渠道的零售运营商,涵盖口岸店、离岛店、市内店、邮轮店、机上店和外轮供应店。根据股权结构,中国旅游集团是中国中免的控股股东,持股53.3%。中国中免于2009年10月15日在上海证券交易所挂牌上市。

从2019年底开始,中国中免开启了估值迅速拉升的一年多,即使在2021年4月13日出现了闪崩跌停,其市盈率也依然高达84.86,而市净率则接近23,二者都处在历史偏高区域,公司存在明显的估值泡沫现象。

（7）违法违规风险影响公司价值

表 7-8　违法违规导致的估值崩盘案例

序号	公司简称	市盈率下跌开始日期和下跌起始值	市盈率下跌结束日期和下跌结束值	下跌幅度/%	下跌天数/天	下跌原因
案例一	陕西黑猫	2015 年 5 月 29 日77.24	2015 年 9 月 2 日32.29	58.19	96	信息披露违规

案例一：陕西黑猫

陕西黑猫焦化有限责任公司（简称陕西黑猫）成立于 2003 年 11 月，2009 年 12 月整体变更为股份有限公司，主要从事焦炭、甲醇、粗苯、焦油、硫铵、电力、蒸压粉煤灰砖和空心砌块的生产与销售。

2015 年 7 月，陕西黑猫收到证监会陕西监管局行政监管措施决定书，对其在 2014 年年报中信息披露违规问题做了通报。公告显示，陕西黑猫信息披露中存在五大问题，分别为关联方披露不完整、未披露对外担保事项、前五名供应商采购金额披露错误、少披露为子公司担保数额及关联方担保数额。其中，陕西黑猫在 2014 年年报中少披露的款项包括关联方担保数额、前五名供应商采购金额、为子公司担保实际合计额，分别少披露 4.85 亿元、8.49 亿元、5 亿元，合计金额高达 18.34 亿元。陕西黑猫缺失的披露内容还有其子公司龙门煤工涉及的 4700 万元担保事项。此外，陕西黑猫披露的关联方担保数额漏洞百出，其中 4.85 亿元关联方担保数额未予披露，为子公司担保的实际合计额亦少披露 5 亿元。

（8）4R 不活跃影响公司价值发现

表 7-9　4R 不活跃导致的估值崩盘案例

序号	公司简称	市盈率下跌开始日期和下跌起始值	市盈率下跌结束日期和下跌结束值	下跌幅度/%	下跌天数/天	下跌原因
案例一	映翰通	2020 年 2 月 14 日122.64	2021 年 4 月 30 日45.31	63.06	441	投资者和分析师关系都不活跃

案例一：映翰通

主营业务为工业物联网技术的研发和应用，为客户提供工业物联网通信产品以及物联网领域"云＋端"整体解决方案。公司控股股东、实际控制人李明和李红雨夫妻合计持有公司 37.1526％的表决权，为公司控股股东与实际控制人。公司股票以高估值发行，发行时的市盈率估值高达 58.99。

投资者关系不活跃，在主流媒体和线上财经新闻平台中的新闻曝光度非常有限，且国内的搜索引擎上很少出现该类公司新闻。除了业绩披露或阶段性公告，媒体的深度报道极少出现，且缺乏知名卖方分析师的深入分析。

(9)高估值发行和公司治理存疑影响公司长期价值

表 7-10　高估值发行和公司治理存疑导致的估值崩盘案例

序号	公司简称	市盈率下跌开始日期和下跌起始值	市盈率下跌结束日期和下跌结束值	下跌幅度/%	下跌天数/天	下跌原因
案例一	新纶新材	2011 年 8 月 5 日 72.64	2012 年 11 月 30 日 23.78	67.27	483	高估值发行,IPO 项目延期
案例二	康力电梯	2010 年 9 月 4 日 59.739	2014 年 5 月 16 日 15.395	74.23	1498	高估值发行,叠加公司治理长期存在问题

案例一:新纶新材

新纶新材以高端精密涂布技术为核心,聚焦新材料与新材料精密制造产业方向,业务涵盖电子功能材料、光电显示材料、有机硅光学材料、新能源材料、精密制造等领域,公司上市发行市盈率为 63.36。

新纶新材的公司治理存疑,大股东及管理层存在自利行为。虽然公司抛出了大手笔的投资计划,但是 IPO 募投项目的进度异常缓慢。2011 年解禁后,在不到一年的时间内,大股东减持累计达 1010 万股,套现累计 2.07 亿元。

案例二:康力电梯

作为中国电梯行业的第一家上市公司,康力电梯股票以高估值发行,发行市盈率高达 44.35。

康力电梯的公司治理存疑,公司关键岗位多为董事长的亲戚朋友,公司属于家族式民营企业。股权结构上,公司第一大股东为王友林,直接持有公司股份,而公司的第三大股东朱奎顺和第四大股东朱美娟与王友林分别是翁婿、夫妻关系,因此,王友林的实际控股比例达 50.41%,是公司实际控制人,存在股权过度集中的风险。2020 年,康力电梯被爆出自有资金投资理财出险,直接影响公司业绩。

(10)市场估值暴跌案例

市场方面,本书以泡泡玛特、美团、腾讯控股为典型案例进行适当分析,如表 7-11 所示。

表 7-11　中概股市场估值崩盘案例

序号	公司简称	市盈率下跌开始日期和下跌起始值	市盈率下跌结束日期和下跌结束值	下跌幅度/%	下跌天数/天	下跌原因
案例一(港股)	泡泡玛特	2021 年 6 月 30 日 171.38	2022 年 5 月 29 日 39.57	76.91	333	估值过高,基本面增速下滑的价值回归

续　表

序号	公司简称	市盈率下跌开始日期和下跌起始值	市盈率下跌结束日期和下跌结束值	下跌幅度/%	下跌天数/天	下跌原因
案例二（港股）	美团	2021 年 6 月 25 日 1168.97	2021 年 11 月 16 日 −362.86	131.04	144	反垄断政策出台,盈利逻辑发生变化
案例三（港股）	腾讯控股	2021 年 1 月 25 日 50.35	2022 年 4 月 25 日 11.56	77.04	90	监管收紧,业务发展和扩张将受到限制

案例一（港股）:泡泡玛特

北京泡泡玛特文化创意有限公司(简称泡泡玛特)成立于 2010 年,是中国领先的潮流文化娱乐公司。发展十余年来,围绕全球艺术家挖掘、IP 孵化运营、消费者触达、潮玩文化推广、关联产业投资整合五个领域,构建了覆盖潮流玩具全产业链的综合运营平台。

2020 年底上市以来,泡泡玛特一直保持超高估值,股价一度突破 107.6 港元,存在明显的估值泡沫现象。

案例二（港股）:美团

中国团购市场知名的本地生活消费平台——美团是北京三快在线科技有限公司于 2011 年 5 月 6 日成立的团购网站。2018 年 9 月 20 日,美团登陆港交所。

2021 年 11 月 10 日,国家市场监督管理总局发布了《关于平台经济领域的反垄断指南(征求意见稿)》。自此,行业的天花板下降,竞争格局也随之发生改变,美团的估值迅速暴跌。

案例三（港股）:腾讯控股

腾讯于 1998 年 11 月成立,是一家互联网公司,通过技术丰富互联网用户的生活,助力企业数字化升级,2004 年在香港联合交易所有限公司(简称香港联交所)主板上市。

2021 年 11 月以来,国家对于互联网企业的监管加速收紧。2022 年 1 月 5 日,市场监管总局公布 13 起未依法申报违法实施经营者集中案行政处罚决定书,其中 9 起涉及腾讯控股。政策出台对腾讯控股的主营业务产生了深远影响,导致腾讯控股估值迅速暴跌。

(11)海外市场估值泡沫案例

表 7-12　海外市场估值崩盘案例

序号	股票名称	下跌原因
案例一	花旗集团	估值过高,不切实际,影响管理层行为,进而导致风险的出现

案例一：花旗集团

哈佛商学院教授迈克尔·詹森认为，在公司股票估值过高的情况下，管理者通常会做出"至少显得能在短期内实现市场期望业绩"的决策。换言之，管理者要开始进行投资，让市场相信公司依然有创造价值的潜力，即使他们自己心里清楚投资终究是不够的。这种做法可以拖延时日，拖到他们离开这家公司，就不必承担后果。

以花旗集团为例，1994 年，花旗集团的平均市值为 105 亿美元，折算后的股东期望年回报率为 13%，公司每年需要创造 14 亿美元的价值。1994 年之后，到 2000 年 8 月互联网泡沫破裂前，公司市值为 3300 亿美元。按照这个市值水平，花旗集团每年需创造的新价值要比 1994 年高出 31 倍。股票市场泡沫破裂后，花旗股价跌到谷底，为 267.3 美元。此后，查克·普林斯接任花旗集团，为了满足市场期望，普林斯积极投资次贷和信贷衍生品市场。这个战略让花旗股价在 2006 年 12 月 27 日回升到 564.1 美元，距历史最高点仅差 4%。但这个战略也带来了巨大风险，次贷危机在 2007 年爆发，股价跌至 377.3 美元，普林斯被迫离开公司。此后，花旗股价呈自由落体式暴跌，于 2009 年 3 月 5 日跌到了最低点 10.2 美元。

四、资本市场的估值暴涨统计分析

股价暴涨直观上能带来高收益，激发市场正面情绪，但其实背后蕴含着巨大风险。估值暴涨是股价暴涨的直接体现，因为上市公司业绩情况相对比较稳定且变量频次低，估值暴涨往往带来估值泡沫，也是估值风险的一种表现形式。解释暴跌风险的信息囤积假说难以继续应用到暴涨风险上，因为公司管理层从自身利益出发，有较少的动机隐藏好消息。暴涨背后有两方面因素在助推：一是操纵股价带来的，即信息交易者为攫取利益，刻意拉抬股价，套现离场，侵害中小投资者利益。过往研究发现，缺乏基本面支撑，仅由流动性带来的短期价格极端暴涨普遍是因为部分投资者操控股价引起的，不能维系长期的股价表现。从市场操纵机理层面看，"拉高与出仓"价格操纵机制一般指当价格处于低位时，合谋的市场参与者会互相交易、抬高股价，吸引那些会对价格做出正向反馈的交易者。一旦价格上涨，前者将在泡沫破裂前退出，随后价格便会下跌。而且他们发现，被操纵的股票多呈现出规模小、换手率高、波动率大等特征。二是短期的价格泡沫产生于非理性投资者对信息的过度反应。公司管理层与交易者之间的信息不对称造成非理性投资者对或有利好信息的盲目自信，此外，过度解读私人信息，抑或是自我归因偏差现象,再加上市场本身具有的正反馈交易机制,导致出现非理性地过度购买并造成股票价格上的短期反应。

　　股价暴涨意味着市场对公司抱有不切实际的期望,以及设定了不切实际的目标,或者说是其背后存在市场操纵行为。本书定义的估值暴涨为滚动市盈率连续暴涨 30% 及以上,行业分类采用申万一级行业分类,数据截至 2022 年 7 月,得到全国市场记录共 65944 条。以下为估值暴涨的统计研究和分析,如图 7-10 和图 7-11 所示,本部分将从估值暴涨年度次数统计、估值暴涨持续时间统计、估值暴涨幅度统计、估值暴涨行业统计、估值暴涨企业所在区域、估值暴涨企业性质统计六个方面进行分析。

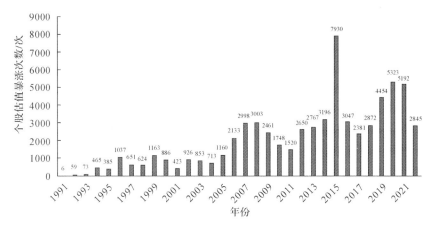

图 7-10　全市场个股估值暴涨年度次数统计

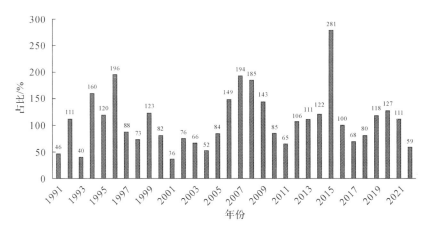

图 7-11　不同年份全市场个股估值暴涨比例

全市场个股估值暴涨比例相对平稳，近几年的估值暴涨比例较早年而言有所下降。在宏观经济发生明显变化的时期，股票暴涨的比例明显上升，如 2008 年、2015 年，这也是与估值暴跌相对应的一种现象，反映了在这些年份整体市场运行的风险较多，估值充满不确定性，如图 7-12 所示。

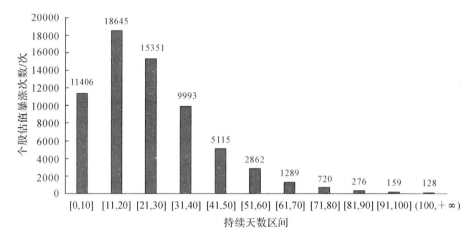

图 7-12　全市场个股估值暴涨持续时间统计

个股估值暴涨持续时间主要集中在 50 天以内，这意味着股票估值暴涨的动能普遍只能持续 50 天。1991 年以来，仅有 128 次股票估值暴涨的持续时间超过 100 天，整体比例为 0.194%，如图 7-13 所示。

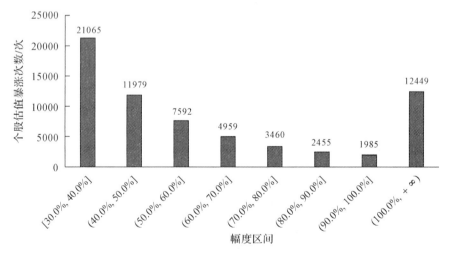

图 7-13　全市场个股估值暴涨幅度统计

估值暴涨幅度呈现"两头高，中间低"的情况。暴涨幅度为 30.0%～40.0% 的次数有 21065 次，占比为 31.9%，而暴涨幅度超过 100.0% 的有 12449 次，占比达 18.9%。

与估值暴跌相同,机械设备、医药生物,以及化工行业由于存在以重资产模式为主、资产投入大、受政策影响大、价格波动剧烈等特点,出现估值暴涨的频率最高。银行、美容护理等行业一般采用市净率估值,业绩的波动幅度和估值空间较小,估值中枢和区间比较稳定,暴涨现象较少,如图 7-14 所示。

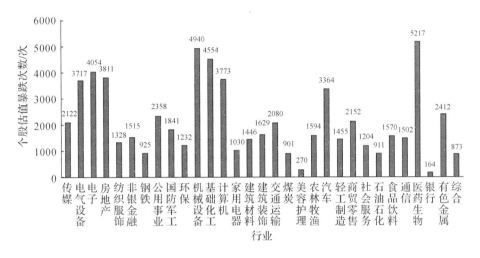

图 7-14　全市场个股估值暴涨行业统计

从估值暴涨企业的分布区域来看,从高到低前五名分别为广东、浙江、江苏、上海、北京;从 2022 年各省市上市公司分布区域来看,从高到低前五名分别为广东、浙江、江苏、北京、上海。除上海外,广东、浙江、江苏、北京的估值暴跌企业所占比例均低于该区域上市公司数量占所有上市公司的比例,如图 7-15、图 7-16 所示。

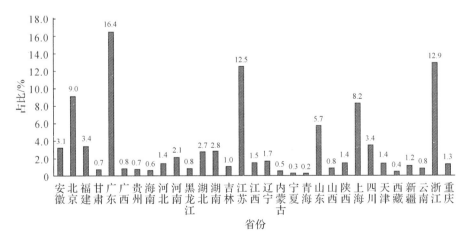

图 7-15　2022 年各省市上市公司占比

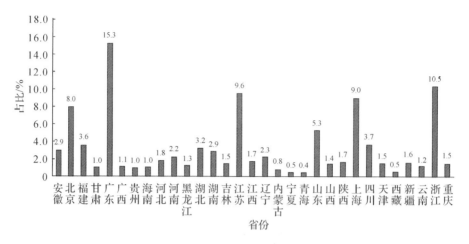

图7-16   全市场估值暴涨区域分布

个人性质的企业估值暴涨的频率明显高于其他类型的企业（见图7-17）。可以看出，个人性质的企业（民营企业）存在生产规模小、数量多、经营方式多样、竞争力变换较频繁等特点。

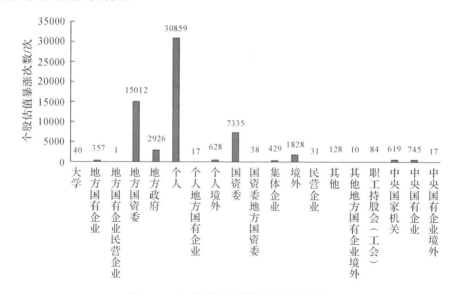

图7-17   全市场估值暴涨企业性质统计

五、如何应对估值风险

虽然个股估值风险既包括估值暴跌风险也包括估值暴涨风险,两者是估值不稳定的一体两面,但就投资者而言,如何应对估值暴跌风险才是最应当关注的问题。

投资者在使用各种估值策略(无论是绝对估值法还是相对估值法)时一定要从务实角度出发,仔细分析所研究的企业在宏观、中观、微观的边际变化,并将其作为理解市场的工具。倘若已经深陷估值风险之中,则需要冷静思考,从市场参与者对于企业估值的边际异常变化中读出市场的思考和预期,探索当中的逻辑链条,合理假设,小心求证,依据所得信息判断市场对于企业的估值变化是否存在错误定价,并从中发现投资机会。针对上述提及的估值暴跌原因,可以采取以下策略合理应对。

第一,业绩表现不及预期和财务风险。仔细分析企业不同财务报表之间的边际变化趋势,提前识别不同年份、不同季度、不同月份的财务报表当中隐含的细致差别,主要关注营收、净利润及其增长率、净资产收益率等指标。

第二,行业经营环境发生显著变化。分析企业所在行业的变化趋势,判断行业生命周期,分析行业景气度的衰退特征,区分不可逆转的行业衰退与周期性行业衰退,重点关注行业增速、抗周期性、行业集中度、竞争格局等方面。此外,行业生命周期决定行业持续高速增长的动力。当企业所在行业处于萌芽期或成长期时,行业内部竞争格局良好,竞争较为平和,企业产品在拓展使用用户方面仍有较强动力,企业往往在短短几年之内就能使其产品销售额翻倍,从而使其估值合理化,这时金融市场将给予这类企业较高的估值水平。而当行业渗透率超过 50% 以后,持续增长动力将出现明显衰竭,市场分析师开始调低企业的增长预期,从而导致企业因预期增长水平下滑而产生杀估值现象。

第三,企业持续经营商业模式受限。深入了解企业经营所在行业的商业模式,提前洞察企业发展战略和行业地位是否发生变化。分析公司在上下游所处的位置以及话语权、公司经营与管理的模式、整体的扩张能力、增长期长短等。行业经营模式转变容易引起股票估值的剧烈波动,经营模式也会影响企业的盈利模式,倘若经营模式发生不利于企业的变化,则企业盈利也会因此遭受不可逆转的打击,在资本市场上,投资者手里的资金能反映出这种变化。

第四，时代主题以及产业政策边际变化。从现实生活的各种咨询中提前识别各种行业主题概念，研究强烈影响股票估值的主题概念或政策。

第五，企业股本和股东结构发生重大变化。时刻关注公司出现的股票质押、股东减持、股东变动等事件对估值产生的负面影响。

第六，估值泡沫破裂。综合运用各种估值策略，演算出合适的股票估值报价，得到企业的内在价值，在估值泡沫产生时主动拥抱泡沫并获得泡沫条件下的资本利得收益，当市场对于企业估值泡沫容忍度发生变化时及时离场，远离泡沫。

第七，企业不当经营导致违法违规。关注公司信息披露是否规范，是否被相关机构采取行政监管措施或进行行政处罚等。

第八，4R关系不活跃影响公司价值的发现。关注企业管理层与投资者、分析师之间的关系，分析企业是否因曝光度过低造成被关注度过低。

第九，其他。综合搜集与整理各类公司公告、卖方研报、公开报道，冷静分析企业价值，构建自身的估值分析模型。

案例一：老板电器

老板电器专注于厨房电器产品的研发、生产、销售和综合服务的拓建，于2011年上市。2017年开始，老板电器收入增速放缓，主要是因为当时国家政策对于房地产市场的管控，而老板电器的主营业务厨电产品受房地产市场影响较大，新房交付减少导致老板电器的产品渗透率难以进一步提高，因此，老板电器在2018年的市盈率下跌了66%。

案例二：格力电器

2010年，中国空调销售量达5000万台，而根据当时相关分析师的测算，中国国内空调的最高销量应该为1亿台左右，因此，自2010年开始，格力电器从约21的市盈率一路下跌，到达最低点时其市盈率约为6.3。

案例三：阿里巴巴

互联网行业进入存量时代后，市场已无法支撑起该行业的高速增长，随着监管政策的收紧，相关互联网企业的经营模式发生变化，已无法维持过去资本扩张的经营模式，需要通过降低成本来增加效益。阿里巴巴2022年第三季度营业收入同比增长10%，归属普通股股东的净利润为204.29亿元，同比下降74%。经营模式转变之下，如何控制扩张成本成为企业首要考虑的问题。阿里巴巴的市盈率自2020年达到40.26后一路下跌至14.50，下跌幅度达63.98%。

第8章 海外中概股的风险事件

一、中概股的概念

中概股,即中国概念股,该概念是在中国经济贸易飞速增长时期由境外投资者提出的,泛指所有在海外资本市场上市的中国企业股票,根据企业注册地的差异可分为两类:一是在中国境内注册的企业于海外市场上市所发行的股票;二是在海外注册但其主体业务关系及盈利收入均在中国境内的企业于海外市场上市所发行的股票。常见的海外上市地包括美国的三大交易所(纽约证券交易所、纳斯达克证券交易所、美国证券交易所)、新加坡交易所、伦敦证券交易所及东京证券交易所等。从数量上分析,在美股上市的中概股在总量中占据了较大份额,这也意味着美国监管政策的变动将对中概股企业产生重要影响。

美国资本市场接受企业以直接 IPO 及反向收购两种方式上市,并认同 VIE 架构(协议控制)的合法性,对于处在初期消耗阶段,难以满足境内上市财务状况要求的互联网企业而言,具有宽松、灵活的上市制度及充足资金供给的美国资本市场表现出多重优势。从市值的角度考虑,美国市场现存的中概股公司主要集中分布于消费、信息技术、能源、金融四个行业,其中市值排名靠前的企业几乎均属于新兴的互联网行业。

二、中概股的发展历程和重要事件

在中国经济奇迹的背景加持下,20 世纪 90 年代初,以华晨汽车为代表的一小部分制造业企业先后登陆美国资本市场,并凭借其优秀的行业地位及发展前景获得境外投资者的热捧。新浪出于节税及规避国内针对外商投资的政策限制等原因,推行 VIE 模式,并成功挂牌纳斯达克,开启了互联网企业赴美上市的热潮。网易、搜狐及百度等互联网巨头陆续加入,并取得了超高估值,中概股一时风头无两。随着上市条件的进一步放宽,新东方等消费服务类机构也开始涌入美国资本市场。宽松、灵活的上市制度在提高中概股赴美上市效率的同时,也埋下了一定的安全隐患。2010—2012 年,以浑水为首的多家做空企业围绕热门中概股财务造假、关联交易、管理层隐患及合规性等问题出具做空报告,造成中概股的迅速暴跌,大量企业退市,第一次中概股危机正式爆发,结合支付宝股权事件的发生,VIE模式引起的投资者恐慌使得危机持续蔓延。2014 年,包括阿里巴巴和京东在内的 15 家企业登陆美股,为中概股复苏带来机遇,此后两年间,中概股的市场估值普遍获得了稳步上升。2020 年 2 月,浑水再次出具报告做空瑞幸咖啡,不同于此前部分做空案例中被指控其出具的报告无实质性证据,瑞幸咖啡迅速发布公告承认虚构交易高达 22 亿元人民币,也掀起了第二次中概股信任危机。同年 5 月,《外国公司问责法》正式发布,证券监管政治化意味浓厚,其中包含的多条规定与中国法律规定相冲突,中概股企业面临退市风险,部分企业启动回归 A 股或港股的相关流程,具体如表 8-1 所示。

表 8-1　海外中概股发展历程

时间	事件	具体内容
1992 年 10 月	"中概第一股"——华晨汽车	华晨汽车于 1992 年 10 月 9 日正式登陆美国纽约证券交易所,成为首支中国概念股,以每股 16 美元的价格发行,共计募得 8000 万美元资金,为中国企业海外挂牌拉开序幕,中概股发展进入摸索阶段。此后十余年间,陆续有在行业内占据领头地位的国有制造业公司加入,并凭借其良好的盈利状况与积极的发展前景获得海外投资者的关注
1997 年 7 月	中华网上市	中华网挂牌当日股价由每股 20 美元飙升到每股 67.2 美元,上涨幅度达 235%,当日市值超过 110 亿元人民币。此后,中国企业开始在华尔街掀起一波又一波的中概股热潮
2000 年 4 月	新浪挂牌纳斯达克	2000 年 4 月 13 日,新浪正式于美国纳斯达克证券交易所挂牌上市,融资 6800 万美元,成为第一支赴美上市的中国互联网企业股票,开创式地推行 VIE 模式以规避政策限制,该模式也被后续登陆的中概股企业广泛沿用。同年 6 月与 7 月,网易与搜狐同样上岸纳斯达克,掀起了互联网企业美股融资热潮
2005 年 8 月	百度刷新海外 IPO 纪录	2005 年 8 月 5 日,百度创始人在纳斯达克敲响开市钟,正式宣告百度登陆美国资本市场,发行价为 27 美元,开盘价为 66 美元,当日涨幅超过 350%,刷新海外 IPO 最高纪录

续　表

时间	事件	具体内容
2006 年 9 月	新东方赴纽交所上市	2006 年 9 月 7 日,新东方成为第一家赴美上市的教育机构,其首次公开招股发行价为 15 美元,开盘价为 22 美元,共计融资 1.125 亿美元,成为国内消费服务类型企业进入美国资本市场的标志,中概股企业类型表现出多元化的倾向,并将中概股浪潮逐步推升至顶点。2010 年,登陆美股的中概股企业便达到 63 家
2010 年 6 月	第一次中概股危机肇始	2010 年 6 月,浑水公司发布了一份长达 39 页的做空报告,直指东方纸业财务造假,包括但不限于夸大收入、虚假报告总资产净值、挪用资金等指控,直接导致东方纸业股价在报告发布后的一周内暴跌超 50%,这标志着第一轮中概股危机的正式爆发。2010—2012 年,众多做空机构开始对绿诺科技、中国高速传媒等中概股展开密集攻击,造成大量中概股企业股价一路下跌,最终摘牌退市。2011 年,退市企业数量便达到 41 家,致使美股上市的中概股企业数量锐减
2011 年 5 月	支付宝股权转移事件	雅虎在其上交给美国证券交易委员会的报告中提到,为确保获得中国境内的第三方支付牌照,支付宝的股权在 2009 年 6 月及 2010 年 8 月被分两次全部转入了马云控股的浙江阿里巴巴电子商务有限公司,而后马云单方面宣布终止 VIE 协议,将支付宝从阿里巴巴集团中整体剥离,使其脱离了雅虎及软银两大外资企业的控股。消息的发酵令雅虎股价下跌 7.3%,并引发美国资本市场对 VIE 架构安全性的顾虑。2012 年 7 月 18 日,新东方教育集团因借优化股权结构名义清除 VIE 股东受到美国证券交易委员会的调查。由于在美中概股企业(尤其是互联网企业)中大约有 80% 均以 VIE 结构控股国内运营实体,所以相关调查再次引起了投资者恐慌,中概股股价集体下跌
2011 年 6 月	盈透将中概股调出其担保证券池范围	2011 年 6 月 17 日,美国券商盈透证券宣布,由于担心一些中国公司可能存在会计违规行为,该周起已经禁止客户以保证金的方式买进部分中国公司股票。黑名单上共列出了 132 家中国公司的 159 只不同股票,其中约 90 只在美国上市。根据榜单,上榜公司大部分为在纳斯达克上市的中国中小公司和网络概念公司,麦考林、新浪、当当网、搜狐等知名企业也名列其中。2011 年 6 月,因面临巨大的不确定风险,四大会计师事务所关闭了中国公司通过反向收购登陆美国资本市场的业务
2012 年 7 月	VIE 问题导致新东方股价暴跌	2012 年 7 月 18 日,在美国上市的新东方因涉及 VIE 而遭到美国证券交易委员会的调查,受此影响,股价一夜暴跌 34%,并引发了中国概念股的集体大跌,在美国三大指数上涨的情况下,纳斯达克(微博)中国指数大跌 4.54%,百度、新浪、搜狐等中国概念龙头股携手创下 52 周的新低

续　表

时间	事件	具体内容
2012 年	私有化浪潮	2010—2011 年,共有 20 多家赴美上市中概股的创始人和股权持有人提出了私有化方案,其中,同济堂、盛大互动娱乐、乐语中国、大连傅氏、康鹏化学、泰富电气以及中消安集团等十家企业已完成私有化进程。进入 2012 年后,私有化浪潮进一步蔓延,有分众传媒、尚华医药、亚信联创、千方科技、三林环球等十多家企业宣布私有化退市,越来越多的中概股在权衡利弊后毅然加入退市队伍,其背后不乏国家政策银行和一些私募基金的大力支持
2014 年 5 月	阿里巴巴、京东登陆美股	2014 年 5 月及 9 月,京东与阿里巴巴分别于美国纳斯达克证交所和纽交所上市,在美中概股迎来短暂复苏。2015—2017 年,多家中概股股价持续上涨。2017 年 8 月,阿里巴巴市值由刚上市时的 2300 亿美元上升至 4200 亿美元
2020 年 2 月	第二次中概股危机肇始	2020 年 2 月 1 日,浑水在进行大量基层实地调研后,出具了一份 89 页的长篇报告,指控瑞幸存在销量及单价造假等商业欺诈行为,仅靠折扣券维持业绩,无稳定客户群及核心竞争力,商业模式存在重大缺陷。2020 年 4 月 2 日,瑞幸发布公告承认构造虚假交易 22 亿元人民币,引发中概股信任危机,公司股价当日暴跌超过 80%,并于同年 6 月宣布摘牌退市。此后的三个月内,香橼、"杀人鲸"、"灰熊"等做空机构持续围绕财务欺诈及公司治理问题等对康哲药业、跟谁学等八家中概股企业进行围剿,各公司股价均出现不同程度的下跌
2020 年 5 月	美国参议院通过《外国公司问责法》	法案对在美上市的外国公司的信息披露问题作出了额外要求,包括:规定在美上市的外国公司需向美国证券交易委员会证明其不是由外国政府拥有或掌控;如果公司连续三年无法提交符合美国证券交易委员会要求的审计报告,那么公司股票将会在全美的交易所禁止交易并强制退市;发行人需在美国公众公司会计监督委员会无法进行规定检查的每一年,向美国证券交易委员会披露公司的国有持股比例以及董事信息等。2021 年 12 月,《〈外国公司问责法〉实施细则》公布,部分在美中概股宣布将开启退市程序。2022 年 3 月,美国证券交易委员会根据《〈外国公司问责法〉实施细则》于官网公布"预摘牌"中概股名单,中概股再次出现集体大跌
2021 年 7 月	滴滴事件、教育"双减"新政和反垄断	2021 年接连出现的滴滴上市事件、整顿课外辅导教育及反垄断,使中概股企业总市值从顶峰时的 2.8 万亿美元跌到 2021 年 12 月初的 1.4 万亿美元
2022 年 3 月	第一批预退市名单	3 月 10 日晚间,美国证券交易委员会发布消息称,依据《外国公司问责法》认定了五家在美上市公司为有退市风险的"相关发行人"。这五家公司分别为百济神州、百胜中国、再鼎医药、盛美半导体和黄医药。若这些公司连续三年未能满足美国公众公司会计监督委员会对其审计机构工作底稿进行检查的要求,那么将面临被美国证券交易委员会勒令退市的情况

三、2010—2011 年的中概股第一次危机

2010—2011 年,中概股遭受第一次全球性危机。2011 年,美国证券市场上针对中国公司的案件就多达 44 起,占全美证券诉讼的 18%。具体来看,标准案件占 47%,并购案件占 29%,信贷危机案件占 5%,庞氏计划引发的案件占 1%。

第一次中概股危机更多地受到微观层面的影响,既包括中概股上市公司本身的公司质量问题,也包括海外的市场机制问题。从 2010—2011 年的中概股上市公司质量来看,中概股上市公司业务基础薄弱、商业模式存在漏洞、财务不健全,在国内难以获得融资,一些海外华裔投行家、金融掮客通过包装,使这些公司在上市门槛较低的境外市场上市,如先在 OTCBB(美国场外柜台交易系统)或粉单市场挂牌,再通过反向收购的方式仓促登陆纽交所或纳斯达克。反向收购上市的中概股普遍存在财务报告不能按照要求披露、财务总监辞职或被解雇、审计事务所变更频繁、内部控制失效严重、违反美国公认的会计准则等情况。此外,众多中概股上市公司普遍存在会计造假、管理失范和信息披露失真等现象。

除了公司本身的影响因素,海外市场和境内资产的市场机制不匹配也是导致中概股第一次危机爆发的原因。从股权结构来看,VIE 模式漏洞暴露出的道德风险致使中概股第一次危机愈演愈烈。VIE 模式(协议控制结构)是指离岸公司通过外商独资企业与内资公司签订一系列协议来成为内资公司业务的实际受益人和资产控制人,以规避《外商投资产业指导目录》中对于限制类和禁止类行业限制外资进入的规定。该模式由新浪首创,之后到境外上市的传媒、教育、消费、广电类企业纷纷采用这一模式。在中国互联网企业的发展过程中,VIE 模式发挥了重要作用,但随着"支付宝股权转移事件"的发生,这一模式受到了强烈的质疑。2011 年,马云以协议控制不能获取第三方支付牌照为由,单方面转让支付宝全部股权,从而终止了 VIE 结构,取消了控制协议,以期以 100% 内资身份申请支付牌照。该事件使得中国企业的契约精神与 VIE 法律漏洞成为媒体讨论的焦点,现实压力下 VIE 模式脆弱的履约保障引起了美国资本市场对中国企业诚信问题的担忧。境外投资人既害怕企业实际控制人毁约导致股东利益受损,还担忧 VIE 模式存在着被取缔的可能。2012 年初,双威教育将 VIE 控制下的国内运营实体的资产和现金转移,这使得美国资本市场闻 VIE 调整色变。此外,从监管来看,中美证券监管法律存在冲突,同时中美监管部门之间缺乏互信,跨境监管漏洞加深了美国对中概股的

误解。

第一次中概股危机直接导致的两个后果：一是新上市的中概股企业普遍破发。2010 年至 2011 年 6 月初，有 55 家中概股企业赴美 IPO，除了优酷、搜房、奇虎、高德、锐迪科、汉庭 6 只股票未跌破发行价，其余均破发。二是大量已经上市的中概股企业因市值和公司内在价值不匹配，开始私有化退市。2011 年一共有 16 家中概股私有化，2012 年这个数字扩大到 25 家，其中包括分众传媒、先声药业等知名企业。

四、2020 年底以来的中概股第二次危机

2020 年底以来，平台经济反垄断、教培行业的新政策、反不正当竞争、抑制资本无序扩张的政策逐渐成形，叠加中美之间的对弈，导致海外中概股的监管政策不确定性增加，在这些因素的综合发酵之下，投资者对于互联网行业的情绪和投资判断受到了极大的影响，同时，中概股估值也受到了极大的挑战。作为一个整体，中概股从 2020 年底到 2021 年初就已经抹去了 2020 年 2 月以后的全部涨幅。

以 Wind 中概股 30 指数为例，从 2021 年 2 月初的最高点 3229.47 点，持续下跌到 2022 年 3 月的 679.30 点，跌幅达到了 79%。

从 2021 年底到 2022 年初，核心的中概股企业都出现了大幅度的下跌。以市值排名靠前的中概股企业阿里巴巴、京东、拼多多、网易为例，这些企业均出现了剧烈调整和股价的持续下跌，其中，阿里巴巴与拼多多的跌幅均超过 70%，京东的跌幅为 46.13%，具体如表 8-2 所示。

表 8-2 海外中概股第二次危机的跌幅

公司代码	公司简称	跌幅/%
EDU. N	新东方	99.21
GOTU. N	高途集团	96.79
TAL. N	好未来	95.96
FAMI. O	农米良品	85.33
DOYU. O	斗鱼	81.01
CBAT. O	CBAK 能源科技	74.90
VIPS. N	唯品会	69.90

续　表

公司代码	公司简称	跌幅/%
BZUN.O	宝尊电商	68.65
FTFT.O	未来金融科技	56.39
CLWT.O	欧陆科仪	55.59
KNDI.O	康迪车业	52.32
DXF.A	敦信金融	51.92
LX.O	乐信	47.16
YY.O	欢聚	43.96
TIGR.O	老虎证券	43.07
CSIQ.O	阿特斯太阳能	36.05
WB.O	微博	34.42
MOMO.O	挚文集团	32.38
BIDU.O	百度	24.69

（一）国内反垄断政策及处罚事件

自 2020 年 12 月中央经济工作会议提出要以强化反垄断和防止资本无序扩张为重要工作目标后,引导互联网平台规范运营、塑造公平竞争的市场环境的政策文件陆续出台,监管体制及相关法规得到完善,对垄断行为的惩罚力度也一再加强,通过对阿里巴巴、美团、腾讯等领头企业的违规行为作出严厉处罚,实现了对行业乱象的警示效果,部分国内反垄断政策及处罚事件如表 8-3 所示。

表 8-3　部分国内反垄断政策及处罚事件

时间	政策或事件	具体描述
2020 年 12 月	中央经济工作会议提出要强化反垄断和防止资本无序扩张	中央经济工作会议将"强化反垄断和防止资本无序扩张"确定为 2021 年八项重点任务之一,并指出反垄断、反不当竞争是完善社会主义市场经济体制、推动社会高质量发展的内在要求
2021 年 2 月	国务院反垄断委员会印发关于平台经济领域的反垄断指南	《关于平台经济领域的反垄断指南》以《反垄断法》为根本依据,结合实存案例经验,对平台经济领域常见的垄断违法行为,如滥用市场支配地位,经营者集中,滥用行政权力排除、限制竞争等情景中的垄断行为进行细化列举,并对各类行为所适用的《反垄断法》条例进行明确说明,以加强对互联网平台的科学监管及积极引导

续 表

时间	政策或事件	具体描述
2021 年 4 月	阿里巴巴集团因"二选一"垄断行为被罚 182.28 亿元	2021 年 4 月，国家市场监督管理总局对阿里巴巴集团控股有限公司在中国境内网络零售平台服务市场实施"二选一"垄断行为作出行政处罚，除巨额罚款外，同时要求阿里巴巴进行全面整改。"二选一"属于滥用市场支配地位中的常见情形，即通过明示或暗示要求合作商家与其确立独家合作意向，剥夺其同时入驻其他竞争性平台的权利，以不正当的方式获取竞争优势。同年 10 月，外卖平台巨头美团同样因"二选一"垄断行为被国家市场监管总局处以 34.42 亿元罚款
2021 年 7 月	虎牙和斗鱼合并遭禁	2021 年 7 月 10 日，国家市场监管总局根据《反垄断法》第二十八条和《经营者集中审查暂行规定》第三十五条规定，叫停虎牙公司与斗鱼国际控股有限公司的合并案。调查结果指出，虎牙与斗鱼在游戏直播领域的市场份额合计超过了 70%，腾讯作为虎牙的最大股东及斗鱼的主要股东，合并将导致腾讯进一步巩固其在游戏直播市场的支配地位，使其具备对上下游市场进行闭环管理的实力及动机，不利于市场公平竞争及行业的健康发展
2021 年 8 月	中央全面深化改革委员会审议通过《关于强化反垄断深入推进公平竞争政策实施的意见》	《关于强化反垄断深入推进公平竞争政策实施的意见》实施旨在推动市场经济成熟化发展，实现公平、透明的市场竞争，提升市场效率，维护各方利益安全
2021 年 11 月	国家反垄断局正式挂牌	2021 年 11 月 18 日，国家反垄断局正式挂牌成立，国家反垄断监管体制得到进一步完善
2022 年 6 月	全国人大常委会关于修改《中华人民共和国反垄断法的决定》	2022 年 6 月 24 日，第十三届全国人民代表大会常务委员会第三十五次会议决定对《反垄断法》作出多条修改，新增第九条"经营者不得利用数据和算法、技术、资本优势以及平台规则等从事本法禁止的垄断行为"等数项条款，进一步细化明确对互联网垄断行为的严格限制，规范市场秩序

（二）中美对弈

受某些思想的指导，美国自 2019 年起以大肆散布舆论，发布投资声明报告及出台针对性监管政策等方式打击中概股企业。2019 年 10 月，美国数家主流媒体声称，白宫将对在美中概股企业设置特殊限制，造成阿里巴巴及京东等多家互联网中概股股价迅速下跌；2020 年 4 月，美国证券交易委员会发表声明称，在中国推广执行美国证券交易委员会及美国公众公司会计监督委员会统一标准的可能性非常有限，因此中概股的信息披露质量无法保证，这也使其具备更大的风险，建议美国资本市场的投资者谨慎选择中概股；2020 年 5 月，《外国公司问责法》的表决通过,几乎等于直接向中概股宣告退市威胁,持续扩大打击力度;2022 年 3 月 8 日,美国证券交易委员会于官网主动公布"预摘牌"名单,引发中概股的抛售热潮,致使中概股整体估值持续下跌至超过历史低位,相关名单仍在持续更新,截至 2022 年 5 月 13 日,共计有 140 只中概股被列入"预摘牌"名单,40 只中概股被划入"确定摘牌"名单。

面对美方监管政策的连续调整,中国政府迅速作出回应,2022 年 3 月 16 日,国务院金融稳定发展委员会专题会议表示,中美双方的监管机构正在积极沟通,并取得了一定的积极进展,致力于形成具体合作方案,明确提出中国政府将继续支持各类企业境外上市。4 月 2 日,证监会发布《关于加强企业境外发行证券和上市相关保密和档案管理工作的规定(征求意见稿)》,为深化跨境监管合作,对原《关于加强企业境外发行证券和上市相关保密和档案管理工作的规定》(以下简称《规定》)作出适应性修订,包括:将《规定》适用范围扩大至包括境外直接和间接上市企业,覆盖此前的监管盲区;删除原《规定》中提出的"现场检查应以我国监管机构为主进行,或者依赖我国监管机构的检查结果",为高效的跨境监管合作提供前提保障;对企业及相关中介服务机构向境外披露文件资料制定细化的程序规范,对涉密及敏感信息采取更为严格的划分标准,保障国家信息安全。

中美双方监管机构关于中概股企业的审计监管合作方案的沟通成果,将对中概股的最终去向产生重要影响。若最终形成一致方案,则部分中概股公司将可依据新的监管条例顺利维持其境外上市地位。反之,按照《外国公司问责法》中提出的"如果公司连续三年无法提交符合美国证券交易委员会要求的审计报告,公司股票将会在全美的交易所中被禁止交易并强制退市",2024 年 3—4 月或将出现第一批被强制退市的中概股企业,依据企业自身情况,部分企业也可提早寻求于港股的二次上市或双重主要上市。

五、中概股做空事件的详解

自 2010 年以来,海外主要的做空机构,包括浑水(Muddy Water)、香橼(Citron)、格劳克斯(Glaucus)、匿名(Anomymous)、"杀人鲸"(Blue Oraca)、"灰熊"(Grizzly Research)等或多或少都涉及做空中概股的风潮。

海外做空机构一般会通过分析、尽职调查等出具研究报告,为市场提供做空信息,从而打压股价,并通过做空获得盈利。例如:在格劳克斯发布针对丰盛控股的做空报告之前,对冲基金绿洲管理已花费 2.0 万~2.5 万美元从格劳克斯处购得做空报告,提前进场埋伏;2011 年 6 月,在浑水发布针对嘉汉林业的报告之前,绿洲管理已经购买了嘉汉林业的看跌期权;在浑水做空辉山乳业之前,卖空比例已从 20% 激增至 50%;在匿名分析做空中国宏桥前,卖空比例已从 20%~30% 激增至 50%;在浑水做空奇峰国际前,做空比例已从 10% 以下激增到 30%。

海外做空机构对于中概股的狙击,已然成为影响在美上市的中国公司乃至于中概股整体的重要变量。不论是中国上市公司完善公司治理、维持股价平稳运行,还是海外资本恶意扰动资本市场,都很难避开海外做空机构这一关。做空机构成立的初衷是通过合法合规的做空手段来促进资本市场健康发展,实现市场的合规性发展和优胜劣汰。因为有做空机构规范市场,上市公司才不敢轻易造假。但由于资本逐利,做空机构有不少单纯以获利为目的恶意做空行为,报告中出现纰漏的概率也在攀升,做空机构企图通过一些不合规的方式,配合对冲基金打压股价,进而谋取利益。此外,由于境外市场的投资者对中国资产不熟悉,同时中概股上市公司对于投资者关系没有处理到位,这种信息不对称也会给做空机构带来机会。

(一)做空事件的分析

从被做空公司的市场分布来看,中概股做空事件中,目标公司主要分布于美股与中国香港地区的资本市场。综合来看,2010—2011 年,被做空的标的数量较多,且主要集中于美国资本市场。从 2012 年起,做空标的数量整体下滑,且逐渐转向中国香港地区的资本市场。2018 年至今,被做空的中概股数量逐渐攀升,且全市场做空标的数量呈反弹趋势。

从做空案例的行业分布来看,做空机构在选择做空目标时存在一定的行业倾向性,主要集中于可选消费(服装、教育、休闲)、信息技术(软件服务、电子、通信)和日常消费(食品饮料)三个行业。其中,互联网和传媒行业被做空的比例最高。此类公司的财务状况、公司治理、商业模式、股权架构等存在特殊性。若按照轻、重资产进行行业划分,则会发现超过半数的做空目标聚集在轻资产行业。轻资产行业公司实体设备较少且规模较小,查询公司营运各个环节或过程的渠道比较少,公司披露的信息较少,因此在财务上会产生较多的操作空间。此外,相比重资产行业,轻资产行业的周期性不明显,再加上差异化商品的定价区间较广,提高了造假的可能性。综上所述,轻资产行业造假成本低且造假空间大。

从做空目标的估值或市值来看,做空机构的盈利空间和目标公司的市值呈正相关关系,同时,更大的市值也代表了更大的企业资产、更强的资金实力与更加显赫的行业地位,这三者分别决定了做空尽职调查的成本,目标公司危机公关的应对能力,以及做空机构在市场上发声的可信度。在被做空的公司中,大部分公司的市值小于 20 亿美元。

(二)做空事件的案例分类

1. 财务面:涉嫌造假

从中概股被做空的原因来看,财务造假和信息披露两块是最为常见的指控来源,如表 8-4 所示。做空机构通过实地调研或访谈经销商、供应商和行业专家来核对报表披露信息是否匹配商业模式与财务数据。在中概股做空案例中,大约有90%的公司曾被质疑涉嫌财务造假,同时也有超 50%的公司被质疑信息披露方面的真实性。财务造假又可细分为虚增收入规模、成本造假、虚增利润、串通代理商虚增业务等。此外,公司频繁更换审计机构、聘用不知名审计机构等行为也被认为是财务造假的信号。根据 2012—2020 年中概股做空事件中指控内容的频率分布,指控内容中提及"虚增"的次数最多。做空机构会从财务报表入手,关注财务指标与同业的偏离度。例如,中国高速频道和华视传媒的运营模式相近,然而前者的净资产收益率水平却远高于后者,因此嫌疑重大。东方纸业也是浑水的狙击对象。2010 年 1 月初,浑水对东方纸业进行了独立调查,在考察了厂区周边环境及厂内生产情况后,找出了公司经营上的诸多问题,发现实际经营情况与年报披露销售规模不符。随后,浑水出具了对东方纸业的看空报告,指控公司存在夸大财务数据、挪用资金、伪造资产总值,以及主要客户信息造假等行为。此外,浑水还狙击了绿诺科技,列举出一系列证据指控其存在伪造客户关系、夸大收入,以及管理层挪用上市融资购买奢华房产等行为。之后,绿诺科技被摘牌退市,浑水一战成名。同时,高速发展的互联网行业也是浑水的重点狙击对象。浑水指控 YY造假的主要依据有三条:第一,YY 直播中的付费用户有一大部分是欢聚时代内部的机器人,超过 50%的打赏礼物都是由伪装成用户的机器人送出的。第二,大多数在直播平台上打赏主播的道具其实是主播本人在不断"循环"此前收到的打赏。平台上的顶级主播虽声称年入千万元,但实际上拿的往往是不足 250 万元人民币的固定薪资。第三,质疑管理主播的公会也参与了造假。根据对比欢聚时代的财报和五大公会的企业征信报告,浑水质疑 2018 年这些公会的收入不到欢聚时代公布的 15%。

表 8-4　涉嫌财务造假的做空案例

做空时间	公司简称	指控逻辑
2011 年 2 月	中国高速频道	广告收入造假,净资产收益率过高(相比同业)
2011 年 4 月	东南融通	远高于同行的毛利率水平,2008—2010 年的毛利率分别为 61.1%、65.7%、62.5%,高于文思信息、海辉软件等在海外上市的同行,惊人的利润率水平值得怀疑
2010 年 1 月	东方纸业	物流情况或销售规模造假
2011 年 10 月	绿诺科技	收入造假,竞争力不大,毛利率却远高于同行
2016 年 12 月	辉山乳业	大量证据表明,长期以来辉山乳业从第三方手中购买了大量苜蓿,并且其价格高于所谓的自产成本
2020 年 11 月	欢聚时代	虚假运营数据

2. 公司业务:关联交易、业务外包

大股东和关联方还可以通过关联方进行利益输送,如表 8-5 所示。挖掘关联交易的相关信息也是做空机构研究的重点方向,超 50% 的做空报告关注的重点在于寻找关联方,发现问题。如中阀科技收购 Able Delight 案中就未曾披露公司董事长关联方对 Able Delight 的持股信息,隐藏了关联信息。辉山乳业曾使用上市后筹集的资金建立牧场,并转给未披露的关联方。做空机构也关注业务外包问题,比如东南融通与厦门融通人力资源公司的关系,其 70% 的雇员均来自外包劳务公司,大量外包的行为能帮助公司掩盖成本、提高利润。

表 8-5　因关联交易、业务外包导致的做空案例

做空时间	公司简称	指控逻辑
2011 年 1 月	中阀科技	隐藏关联信息,收购 Able Delight,但是没有披露董事长的外甥拥有 Able Delight 34% 的股份
2011 年 4 月	东南融通	大量外包行为,公司员工聘用模式异乎寻常,80% 的员工通过第三方人力资源企业即东南融通人力资源公司招聘,涉嫌少计员工福利从而虚增利润
2011 年 6 月	嘉汉林业	一些代理商的法人代表和董事长是来自嘉汉林业的高级管理人员,公司对此未予披露
2016 年 12 月	辉山乳业	转账未披露的关联方

3. 树大招风,商业模式被质疑

树大招风也是中概股被做空的主要原因,越是知名度高的公司被做空,能给做空机构带来的媒体和舆论关注度就越高,如分众传媒、京东、360、新东方、安踏、拼多多、阿里巴巴、蔚来等中概股都有明显被做空的经历,这些公司被做空时,做

空机构给出的理由往往是商业模式存疑。

2011 年,浑水机构就曾做空过分众传媒,主要理由如下:一是经营数据造假。浑水认为,分众传媒的终端网络 LCD 屏数量造假,并且分布区域并不全是人流量密集的商业办公楼。比如 2011 年 9 月 30 日,分众传媒称自己的终端网络共有178382 块 LCD 屏,经浑水 12 位员工约半年时间的查证,分众传媒只拥有不超过120000 块 LCD 屏,只有公布数据的 67%,因此,其广告效果要逊于宣传。二是高管自导自演虚报收购。浑水指出,分众传媒自 2005 年在美国上市之后,收购了大量的公司,但所有的收购,都是高溢价收购内部人士的公司,或是在收购目标公司时,承诺为目标公司清偿巨额负债,而债主必然是公司的某位高层。此外,还有六宗“莫须有”的收购。

2018 年,拼多多遭遇了美国做空机构“杀人鲸”的做空,报告称,拼多多夸大了公司营收和网站成交金额,并少报了人力成本及亏损额,其估值低于市场价值。“杀人鲸”指出,员工成本方面,根据拼多多官网披露的员工人数计算,估计其 2017 年的实际人力成本为 7.16 亿元,比拼多多在美国证券交易委员会财务报告中的员工成本高出 4.89 亿元。

2019 年,浑水连发五份做空报告,详细分析了安踏的种种问题,如:第一,安踏分销商的独立性问题。浑水认为,安踏的分销商不是独立的第三方,安踏集团通过股权、财务及人事控制了 27 家分销商,其中至少 25 家为一级分销商,并且有通过与关联方交易做高上市公司收入和利润的嫌疑。第二,低价转让上市公司资产。

4. 来自其他信源

做空机构有时会参考第三方信源,而部分公司也会依赖做空机构的市场影响力来达到自己的某些目的,如表 8-6 所示。为判断公司披露的信息是否准确,浑水曾参考第三方研究成果,结果发现瑞幸夸大广告支出 150%。中概股公司审计中介机构的聘用和更换也是重点关注事项之一。此前被做空的中阀科技、绿诺科技和哈尔滨泰富电气等公司,均聘用过审计公司 Frazer Frost,而这家中介机构此前曾受到美国证券交易委员会的多次惩罚,做空机构根据这点来质疑被审计的中概股公司财务数据的真实性。嘉汉林业、绿诺科技和展讯通信等均曾频繁更换过公司的审计中介机构或首席财务官,也曾遭遇做空。

表 8-6   来自其他信源的做空案例

做空时间	公司简称	指控逻辑
2020 年 1 月	瑞幸咖啡	参考第三方媒体,发现瑞幸夸大广告支出 150%。在收入端,瑞幸伪造销售单据、销售量与销售收入,并且将大量免费送出的咖啡记入了收入之中。在成本端,瑞幸夸大了 2019 年第三季度的广告支出。简单地说,瑞幸将这部分虚增的收入谎称用于广告投入,以达到收入与成本费用的平衡
2011 年	中阀科技/绿诺科技/哈尔滨泰富电气	聘用被美国证券交易委员会多次惩罚的审计公司
	嘉汉林业/绿诺科技/展讯通信	曾频繁更换审计机构或首席财务官

(三)做空带来的结果

做空报告发布后,短期的成功率较高,而长期(超过六个月)做空的成功率较低;也有公司不受做空事件影响,而剩余公司则陷入长期横盘。做空报告往往加速了目标企业风险事件的发生。在做空报告发出后的三年内,目标公司通常出现业绩下滑、人事变动等问题。在被做空的公司中,有部分从当日开始停牌直至退市。在中国香港地区的资本市场中,被做空公司股票沦为长期仙股的概率较大。在美国资本市场中,则对被做空公司股票进行强制停牌、摘牌。但近些年做空机构对中概股做空的命中率整体呈现出下降的趋势,比如中国生物制药(GMT Research 做空案例)、康哲药业("杀人鲸"做空案例)、晶科能源(博力达思做空案例)、蔚来("灰熊"做空案例)、360(浑水做空案例)、安踏(浑水做空案例)等在被做空后,股价一般会先出现短暂下跌然后迅速反弹。

从案例研究来看,做空机构也并非每次都能得手,也会受到被做空公司的反击,市场也存在反击成功的案例,比如安踏、360、新东方和蔚来等在面对做空时的反击。在做空与反做空大战中最精彩的莫过于在线教育公司跟谁学的反击防守,直面四家做空机构的 15 次做空报告。香橼称,跟谁学虚构了 70% 的应收账款以及 40% 的注册用户,但其做空报告有重大失误,没有涵盖高途课堂的业务数据,而该业务是跟谁学的核心品牌之一;浑水称,跟谁学至少有 73.2% 的用户是机器人,这一说法随后遭到跟谁学的反击"不懂大小班切换的运营模式"。在跟谁学向多家做空机构进行反击之时,跟谁学的股价一路上涨,使做空机构雪崩。随后,天蝎创投等做空机构也加入了跟谁学做空的队伍,做空机构与跟谁学之间的攻防之战愈演愈烈。2020 年 7 月 8 日,沽空机构"杀人鲸"表示它在做空中国飞鹤的股票,声称中国飞鹤净值每股 5.67 港元,并称其夸大了婴儿奶粉的收入,同时还涉及虚报数十亿美元的运营费用以及夸大数十亿美元资本支出等行为。值得一提的是,中国飞鹤上市后不久就被做空机构 GMT Research 做空,称其业绩和现金流等存在造假。不过,在中国飞鹤澄清后,股价一路上涨,最高涨幅超过一倍,市值也超过 1500 亿港元。

此外,做空机构依赖做空来谋取利益的模式也存在巨大风险,以浑水为例,其创始人布洛克在做空好未来前,演讲稿已经被泄露。当时除了浑水,传闻还有另一家机构也在做空好未来。由于担心浑水会受到后续大规模挤仓的影响,布洛克不仅改变了演讲主题,还让浑水取消了交易,然而这仍旧无法挽回既定的损失,导致做空机构在该笔交易中损失惨重。部分市场机制也会影响做空机构的运作模式,比如港交所上市公司的停牌时间可长达数年之久,投资者在停牌期间不能卖出所持股票,这对于借股票做空的机构而言成本高昂。其中,在 2014 年遭遇浑水做空后,奇峰国际便一直处于停牌状态。此外,做空也会遇到流动性问题,基本面很弱的公司,股价下跌的概率相应也较大,这些公司通常都会很快丧失流动性,表现为:投资者借不到股票,或借股票的利息很高,期权完全没有流动性,所以建不了足够的空仓,而且,越是流动性弱的公司,其股价在短时间内暴涨暴跌的概率就越大。一旦做空情绪出现逆转,就有可能触发空头大量回补,形成"空头回补—股价上涨—更多空头平仓"的循环,甚至可能出现踩踏情况,在流动性紧缺时不得不以高价平仓,继而造成高额损失,这就是所谓的"轧空"踩踏风险。

六、中概股防雷的经验规则提炼

根据做空机构对中概股做空报告的研究和分析,提及频率最高的词语分别是:虚增、夸大、虚假、关联方、关联交易、辞职等。出现这一情况的主要原因是造假和操纵背后的两大核心:一是无中生有。凭空虚增业绩(收入、利润或现金流),即此时的业绩并不存在;二是时空错配。将业绩在现在与未来之间,或不同科目类别之间(尤指现金流量表中)调配,或是为了向上(向下)调节业绩而提前确认收入(费用),或是为了向上调节经营现金流而"挪用"投资或筹资现金流,具体如表 8-7 所示。

表 8-7   中概股作假主要的操纵手段

造假逻辑	操纵手段	解释
无中生有	虚构收入	①虚增应收账款 ②外部资金以收入的名义流入,再以费用资本化的方式流出返还
	关联交易	查询交易对手详细信息和金额情况,判断是否公平交易
	虚构经营现金流	资本化流出,返还时制造投资现金流出
	关联交易	将本公司卖出的商品计入经营现金流入
时空错配	提前确认收入	将预收款提前确认为收入
	推迟确认费用	延长折旧摊销,不计提资产减值
	一次性确认大额费用	通过资产注销、资产减值、会计变更等手段一次性确认大额费用
	提前确认经营现金流	通过应收保理、折扣等增加本期现金净额
	费用资本化	将经营活动现金流出归于投资活动现金流出
	费用重分类	减少当期经营活动现金流出,偿还时归入筹资活动现金流

　　本书根据做空报告中的逻辑进行梳理,做空机构提及较多的判断依据和经验法则如表 8-8 所示。

表 8-8   中概股被做空的经验法则梳理

序号	经验规则	案例
1	毛利率不正常,高于同业;费用配比异常,不符合商业逻辑;利润高速增长却很少分红;应收账款比例偏高;资本开支巨大;大股东股权质押融资比例偏高;持股比例集中等	德尔集团、新博润、中国高速传媒、跟谁学、奇峰国际、瑞声科技、丰盛控股、汉能薄膜发电、中国宏桥、中国信贷、科通芯城、恒大地产
2	报给国内工商和税务部门的文件与报给美国证券交易委员会的文件存在不一致现象	哈尔滨电气、绿诺国际、多元水务、东方纸业
3	隐瞒关联交易的情形或收入严重依赖关联交易、大量外包、股权结构过度复杂	中国阀门、新泰辉煌、嘉汉林业、多元水务、名创优品
4	主要股东和管理层股票交易存疑,如减持或以超低价发行股票等	美国超导、新泰辉煌、东南融通
5	审计事务所存在问题、财务高管变动	中国阀门、绿诺国际、哈尔滨电气
6	管理层的诚信存疑	银泉科技、绿诺国际、新华财经、泰诺斯资源
7	更换审计事务所或首席财务官	绿诺国际、中国生物、新泰辉煌、嘉汉林业、展讯通信
8	商业模式存疑,如过度外包、销售依赖代理或收入通过中间商	多元水务、东南融通、嘉汉林业

第9章　港股的风险事件

　　港股市场对于市值在 50 亿元以下的小盘股票是极其不友好的,这背后的原因主要有两个:一是港股不太注重中小投资者的保护,香港交易所在监管上不仅对上市公司不要求季报的披露,而且对年报的披露要求也较低,这导致很多公司财报语焉不详、信息不全,不利于投资者分析股情。此外,中国香港地区的发行制度灵活,大股东配售的股票只要向香港交易所报备一下,第二个交易日就可以在市场买卖。因此,基于香港股票市场的特点,很多小盘股不是在财报中造假,就是利用灵活的融资制度频繁合股、供股来抽干投资者的资金,这种股票往往被称为老千股,小市值股票通常是老千股的高发板块。二是由于港股市场以境外投资者为主,偏好大市值股票,且其整体风格又非常老派,故往往以投资低估值的蓝筹股的价值投资理念为主,中小市值股票缺乏题材、活力和流动性。港股的小盘股市场是一个缺乏流动性的市场,只要很少的筹码,就可以引发股价的大幅波动。

　　港股中的风险事件大致可以分为三种:一是仙股/老千股风险事件;二是遭做空机构沽空;三是港股打新破发风险。

　　老千股的概念源自赌博,老千,即在赌博中擅长作弊的人。根据是否存在财务造假,港股市场上的老千股可分为两类,即财务造假老千股和非财务造假老千股。非财务造假老千股较易区分,通常表现为:炒概念、追热点,公司命名以"中国""国际""亚洲"等为开头或包含时下热门概念;资本运作上,增发、配股、拆股、合股频繁;公司经营上,几乎无主营业务,依靠转型炒作。财务造假老千股常见的行为则包括:虚增收入、虚增利润、虚构现金流、重组等。港交所上市制度是老千股产生的根源,例如,供股 50% 以下不需要股东大会审批,供股价格不作限制。该制度在一定程度上给了很多上市公司展现财技的空间,提供了资本运作的机会,提高了港股风险事件发生的可能性。

　　做空交易在港股市场中频频出现。做空交易已经成为港股市场中流动性的重要来源,据港交所披露的信息,近年来,港股每日沽空总金额占大盘成交额的比例在 15%～20%。对比其他成熟市场,港股的做空交易相对严格,对卖空范围、卖空价格、禁止"裸卖空"等作出了规定。常见的专业做空机构主要有浑水（Muddy Water）、"杀人鲸"（Blue Orca Capital）、博力达思（Bonitas Research）、"灰熊"（Grizzly Research）等。在做空对象上，机构狙击的目标一般为市值较大的知名公司，因为大型公司股票流动性较好，易建立空头头寸，并且知名公司被做空成功后能够提升自身影响力。做空交易一方面能起到提供流动性、价格发现的作用；另一方面也成为加剧市场波动的原因。

　　港股打新与A股不同，申购无市值要求、中签率高、破发概率大。Wind数据显示，截至2022年6月，港股共26只新股上市（四家介绍上市、两家SPAC上市），上市首日破发率为50%（不含介绍上市公司）。在影响破发的因素上，大盘指数、IPO首发市值和市盈率、行业为主要影响因素。港交所数据显示，截至2022年7月，有约180家公司已递交上市申请，数字处于历史高位。受中美监管博弈影响，二次上市、双重主要上市将成为在美上市的中概股企业回归港股上市的首选形式。

一、仙股/老千股风险事件

　　仙股往往是老千股的集中营，如表9-1所示。"仙"是"cent（分）"的音译，仙股指在港股交易市场中价格低于1港元乃至0.1港元的股票。894家在港上市的中小型中资企业中，股价呈现出明显的两极分化，截至2021年8月底，在这894只中资中小盘股中，股价低于1港元的仙股有494只，占比高达55%，其中股价低于0.1港元的个股有76只。这些仙股普遍换手率低、交易额小、流动性差、流通市值小，且股价走势波动幅度较大，不少个股曾出现闪崩情况，可谓是"低价股未必低风险"。虽说仙股并不等同于老千股，但在经历过股价暴跌的仙股中，有相当一部分是老千股。根据港交所前行政总裁李小加的定义，老千股主要是指大股东不以做好上市公司业务来盈利，而主要通过玩弄财技和配股、供股与合股等融资方式来损害小股东利益的股票，其主要特征为股权集中度高、盈利少、分红少、资本运作频繁（包括配股、供股等）、股价低、市值小、波动大，以及虽非国有企业但名字高大上易引起误解（企业名字中带有"中国""环球""国际"等）。一般的流程是：利用消息吸引二级市场投资者入场，等股票到了高位的时候不断抛售，当价格降到了低位的时候，便发布公告要供股，例如两股供一股，且配股价极低，小股东若不参与，大股东就可以低价补仓且成功套现。

表 9-1 中国香港地区股票交易市场的仙股/老千股风险事件

序号	时间	公司简称	风险事件原因
案例一	2011 年	威利国际	老千股
案例二	2014 年 1 月	蒙古矿业	老千股
案例三	2017 年 4 月	中国金控	老千股
案例四	2017 年 6 月	中国集成控股	拆股
案例五	2019 年 1 月	佳源国际控股	机构混淆统计主体,闹剧
案例六	2019 年 4 月	富汇国际集团控股	庄家爆量出货
案例七	2019 年 5 月	嘉艺控股	股权高度集中
案例八	2019 年 6 月	星亚控股	直播间带单,配合出货,骗局
案例九	2020 年 11 月	濠江机电	股价炒作和操纵
案例十	2022 年 8 月	中气投	保险公司卷入仙股丑闻

案例一:频繁更换股票代码和名称,多次合股、拆股

威利国际(现名民信金控),据不完全统计,2003 年以来,累计更换过 17 次股票代码并多次更改公司名称。该公司股价长期低于一元,2003 年以来,除了频繁配售,还曾 5 次大比例深折价地向现有股东供股。在大比例的供股或者配售之后,通常都会出现大幅合股(例如十合一或者五合一),这不仅可以在票面上使股价上涨,也可以在一定程度上掩盖此前的再融资行为。2011 年 4 月,该公司供股比例甚至高达 800%(即一供八),0.13 港元的供股价格相对公告日收盘价 0.73 港元的折价幅度高达 82.9%。之后,威利国际在 2011 年 10 月宣布五股合一股,票面价格从 0.036 港元攀升到 0.179 港元,但半年后再度跌到 0.08 港元。公司股价自 2007 年以来,经过重重配股、供股、合股,复权后的股价跌幅高达 99%。

案例二:蒙古矿业多次改名、频繁合股

蒙古矿业也是典型的老千股。2002 年以来,蒙古矿业多次修改股票代码,并于 2015 年 12 月更名为星凯控股。自 2001 年以来,公司累计经历了 23 次配售和供股、5 次合股。2002 年 9 月,蒙古矿业 100 股合一股,并在当天更改了股票代码。在 2014 年 1 月 21 日宣布一供五后,股价大跌 37%。之后又于 2015 年 4 月 2 日实施十股合一股,股价从 0.06 港元变为 0.6 港元。

案例三:中国金控巨额亏损、折价配售

2017年4月11日上午10点之后,中国金控股价突然跳水,主要股东质押的股份被斩仓,在20多分钟之内最大跌幅超过83%,最低时股价跌破2分钱,成为仙股。公司巨额亏损、屡次更名、折价配售,在2015—2016年至少有过4次折价配售股票,这也导致股本持续扩大,散户所持股份被稀释。2015年4月,公司股价最低为0.82港元;2015年6月,最高飙到0.84港元,狂涨超过9倍;2015年7月,最低跌到0.14港元,狂跌超过八成。

案例四:爆炒股价

中国集成控股主要从事制造及销售POE雨伞和尼龙雨伞。2015年2月13日,公司在香港联交所主板挂牌上市,发行价定为1.1港元。该公司自由流通的股数极少,控股的17名股东持有该公司超过99%的股份,这意味着交易员可以轻易地推高或压低股价。上市首日,公司股价遭到爆炒,盘中一度暴涨逾80%,即使尾盘升幅稍微收窄,但收盘价仍为1.72港元,涨幅达56%。在随后的四个月里,中国集成控股的股价一路飙涨,涨幅最高达到36倍。暴涨之后,中国集成控股的市值也从上市时的几亿港元迅速膨胀至最高近300亿港元。2015年4月下旬,公司股价达到一个小高峰,从4月8日的3.06港元(拆股前股价)上涨至4月27日的20.1港元(拆股后股价),在不到一个月的时间内涨幅达557%。但是这种疯狂猛涨的局面并没有持续太久,自公司拆股后(一拆25股),股价持续走跌。2017年6月27日,公司股价暴跌94.3%,报收0.016港元,创下上市以来的最大跌幅。

案例五:混淆名称

2019年1月17日,内地房企上市公司佳源国际控股遭遇洗仓式暴跌,一日暴跌80%。当日,股价最低跌至1.4港元/股,跌幅达到89.2%,较前日收盘市值蒸发291.3亿港元。此前,该公司的销售额高速增长,被质疑造假、包装融资。随后,佳源集团发表声明称,佳源集团与佳源国际控股主体完全不一致,机构混淆了佳源集团与佳源国际控股两个主体,闹出了"宇宙第一增速房企"的乌龙。

案例六:庄家出货,走势呈瀑布

2019年4月25日,富汇国际集团控股在当天午盘后大幅跳水,20分钟内大跌超过80%,从2.77港元下跌至0.495港元,市值蒸发36.3亿港元,仅剩不到8亿港元。该公司股票于2018年10月30日上市,在不到半年的时间内股价从发行价0.32港元一度涨至2.98港元,大涨超过800%。2019年2月22日,富汇国际集团有19名股东持3.3亿股,占总股本的20.6%,大股东持股12亿股,占总股本的75%,20名股东合持95.6%的股权。此外,在公布的相关信息中可以看到,2018

年业绩大幅下滑,年内溢利及全面收益总额同比下降 73.2％。而在暴跌前三天,该股成交量突然放大十余倍,达到千万级别,可见庄家操控的迹象明显。

案例七:股权高度集中,易暴涨暴跌,闪崩风险大

嘉艺控股为国内最大伴娘裙制造商,2019 年 2 月底在香港交易所上市,上市价格为 0.98 港元,短短三个月内最高涨到 5.28 港元/股,涨幅高达 400％。2019 年 5 月 15 日,嘉艺控股被香港证监会点名,股价出现闪崩,跌幅一度高达 80％,从 5.1 港元直线下跌,十分钟暴跌 70％,最低跌至 0.82 港元,抹去上市以来的全部涨幅,市值蒸发近 22 亿港元,令人惊叹的是该股新高与新低的出现时间只相隔一个小时。在 2019 年 3 月,香港证监会就曾指出嘉艺控股的股权高度集中,15 名股东共持有 5769.6 万股,占了发行股本的 11.1％,连同两个主要股东持有的 3.9 亿股(占比为 75.0％),还有三个基石投资者所持有的 3571.2 万股(占比为 6.9％),全部加起来相当于公司发行股本总额的 93％,仅 7％的股份由其他投资者持有,因此股价有很大可能出现大幅波动。

案例八:直播间带单,配合出货

2019 年 6 月 25 日,星亚控股暴跌,跌成仙股。当天午后,开盘股价迅速下挫,股价从 4.89 港元跌至 0.1 港元。截至收盘,跌幅达 96.5％,股价为 0.172 港元,市值蒸发近 60 亿港元,仅剩 2.15 亿港元。一面是公司通过各种渠道聚集的散户在一个名为"皓阳学院"直播间的诱导下,让投资者定时买入星亚控股,而另一面则是某神秘大股东疯狂抛售,盘面承接明显不足,因此引起一系列连锁反应。公司在股票暴跌前,曾经历过一番股东换血,交易中的主要相关人员也在星亚控股 6 月 25 日暴跌及之后的交易中出现过,并且主要当事人孙天群也有着"老赖""骗局"等标签。

案例九:杀猪盘大量出货将股票砸至仙股

濠江机电开盘闪崩 80％,一分钟沦为仙股。2020 年 11 月 26 日开盘,上市仅两个多月的濠江机电坐上"跳楼机",股价一分钟内由 3.71 港元狂泻至 0.51 港元,跌幅超 85％,因此沦为仙股,市值由 18.5 亿港元蒸发至不足 3.5 亿港元,15 亿港元瞬间灰飞烟灭。截至收盘,跌幅仍有 81.9％,股价不足 0.8 港元。当天,濠江机电刚完成了 3.97 亿港元的天量成交,换手率高达 17％。次日,濠江机电几乎全天横盘,成交多为 4.47 港元,但午后迎来放量,全天成交 8934 万股,在尾盘五分钟,濠江机电大单出货 1400 万股,尾盘集合竞价出货 170 万股,疑似庄家集中出货。据香港媒体报道,社交群近期开始推荐这只股票,有骗徒午间要求群内成员在 4.16 港元挂单,又声称下午有炒股组织可将股价托至更高位。骗徒还要求组员发出自己的挂单和持仓图,谎称要研究腰部压力可支撑的资金数量,然后以"左手放,右手抬"的方式将股价托上。

案例十:中再资产(香港)卷入仙股丑闻

据财新报道,由于涉及仙股违规行为,中再资产管理(香港)有限公司总经理于 2022 年 8 月初被免。涉及仙股名为中国气体工业投资控股有限公司(简称中气投),主营业务为管道工业企业及液化工业气体的供应,供应产品为钢铁生产的重要原材料。中气投上市获得超十倍认购,事后调查显示,彼时市场热度由中气投自身推动,疑似存在"老鼠仓"行为。上市后半个月内,中气投股价很快飙升至 4 港元/股,最低和最高股价分别为 1.45 港元、4.75 港元,涨幅逾 227%。2021 年 3 月 25 日,中气投突然宣布停牌,价格止于每股 3.82 港元,此外,公司执行董事兼董事会主席于同年 5 月暂停职务接受公司委员会调查。2022 年 3 月,曾作为中气投核数公司的普华永道发布的调查结果显示,该公司在上市前夕与多家公司之间有过短期借贷行为,同时,法务会计师发现,IPO 时国际发售部分 38 名最大投资者中,超过四分之一的投资者可能存在关联。

二、遭做空机构沽空

港股市场中出现的做空事件已经屡见不鲜,做空机构狙击股价从中获利的部分案例如表 9-2 所示。

表 9-2 做空机构沽空的案例

序号	时间	公司简称	风险事件原因
案例一	2017 年 5 月	瑞声科技	遭高谭做空,可疑关联方交易
案例二	2018 年 6 月	浩沙国际	遭博力达思做空,可疑关联方交易
案例三	2018 年 12 月	恒安国际	遭博力达思做空,捏造收入
案例四	2019 年 7 月	安踏体育	遭浑水做空,虚提利润
案例五	2022 年 7 月	名创优品	遭"杀人鲸"做空,被指伪造独立加盟门店、存在利益输送行为

案例一:瑞声科技四天蒸发 260 亿港元

自 2017 年 5 月 11 日开始,股价在四个交易日连续下滑,跌破 90 港元,报收 89.6 港元。根据高谭研究(Gotham City Research)的做空报告显示,其主要问题在于利润率存在造假:瑞声科技利用 20 多个未披露的关联方和大量可疑的财务数据,以达到夸大利润的目的。

案例二:浩沙国际被博力达思狙击

2018 年 6 月 29 日,浩沙国际股价闪崩,当天上午在 90 分钟内暴跌 86%,股价从 2.11 港元直接跌至 0.29 港元,直接导致停牌。7 月 10 日,浩沙国际公告披露,公司董事长施洪流及一致行动人此前抵押近 5.9 亿股公司股份(占股权的35.37%)融资,并且由于股价下跌,其质押的逾千万股被证券公司卖出。做空报告声称,该公司利用未披露的关联方经销商和供应商制造收入与盈利,在 2016 年及 2017 年均夸大了收入,故给出 0 元估值。

案例三:恒安国际遭狙击,被做空机构给出 0 元估值

2018 年 12 月 12 日,沽空机构博力达思发布做空报告,狙击卫生用品巨头恒安国际,称其"负债累累,自 2005 年以来已捏造了 110 亿元人民币的净收入,股票价值接近 0"。同时,还指出恒安国际与关联方虚假交易。受此消息影响,恒安国际盘中一度下跌近 9%,之后公司于上午 10 点 47 分紧急停牌,同时与该公司有关的所有结构性产品也暂时停止买卖。停牌前报 57.05 港元,当日股价下跌 5.7%,最新总市值为 688 亿港元。

案例四:安踏体育惨遭浑水沽空

2019 年 7 月 8 日,公司股价大跌 7.32%,市值蒸发 110 亿港元。这已经不是安踏体育第一次被做空:2018 年 6 月 12 日,曾遭沽空机构 GMT 狙击;2019 年 5 月 30 日,遭"杀人鲸"做空。"杀人鲸"报告公布当日,安踏体育股价断崖式下跌,收盘跌幅为 5.53%。2019 年,浑水发布做空报告,指控其秘密控制 27 家经销商,其中至少 25 家是一级经销商,利用经销商提高利润。在随后的三个多月里,浑水连发五篇做空报告,但安踏体育由于基本面不错,股价较稳定,也成了少数在闪崩后能够恢复的上市公司。

案例五:实现双重主要上市的名创优品遭"杀人鲸"做空

2022 年 7 月 26 日,"杀人鲸"发布针对名创优品的做空报告,指出其独立加盟商门店中存在伪造嫌疑,本应作为关联方披露的门店被当成独立加盟商门店核算,另外,调查以诸多证据证明上市公司对董事长存在利益输送行为,名创优品对投资者隐瞒门店真实运行成本,破坏其财报真实性。报告发布后,名创优品连跌两日,盘中最低报价 11.2 港元。截至 7 月 28 日,名创优品收盘价相较发行价下跌12.17%。

三、港股打新破发风险

(一)港股打新破发数据

在成熟市场中,港股IPO破发率处于较高水平。2021年,港交所IPO在当年破发的比例达55%,而同期的纳斯达克为42%。进一步统计分析2007年至2022年7月间1500家港股上市公司(剔除数据缺失、介绍上市的公司)首日涨跌幅表现,总体而言,港股上市公司首日破发的比例为31%。从破发的时间分布来看:2018年,港股迎来一波IPO潮,上市首日破发数量为64家,创新高;破发率自2017年起走高,截至2022年7月18日,港股IPO年内破发率达到52%,如图9-1、图9-2、图9-3所示。

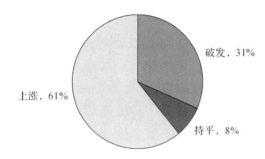

图 9-1   2007 年至 2022 年 7 月 18 日间港股上市公司首日涨跌幅分布

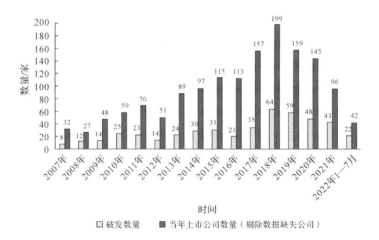

图 9-2   2007 年至 2022 年 7 月港股 IPO 及破发数量

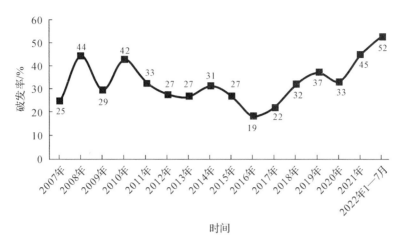

图 9-3　港股 IPO 破发率(剔除数据缺失、介绍上市口径)

分行业看,2007 年至 2022 年 7 月 18 日间,按恒生一级行业分类,473 家破发公司中,前五大行业为非必需性消费、地产建筑业、工业、医疗保健、资讯科技。其中,非必需性消费下细分的二级行业中前五大破发行业分别为旅游及休闲设施、媒体及娱乐、支援服务(教育)、纺织及服饰、专业零售。综合而言,上述一级行业受大盘和行业周期影响较大,易出现估值泡沫,上市破发的概率相对大,如图 9-4 和表 9-3所示。

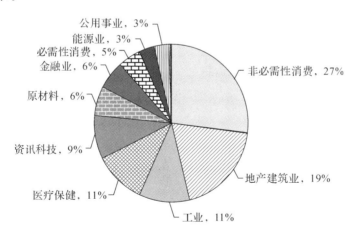

图 9-4　破发企业行业分布

表 9-3 非必需性消费子类目

二级分类	破发公司数量/家
旅游及休闲设施	27
媒体及娱乐	22
支援服务	22
纺织及服饰	20
专业零售	15
汽车	13
家庭电器及用品	9

分市值和上市首日市盈率看:处于市值分布两端(小于 10 亿元和 500 亿元以上)的公司破发概率相对小,而市值处于两者之间(10 亿~500 亿元)的公司破发概率更大;对于上市首日市盈率,市盈率小于 0 的公司破发概率明显大于其他公司,如图 9-5 和表 9-4 所示。

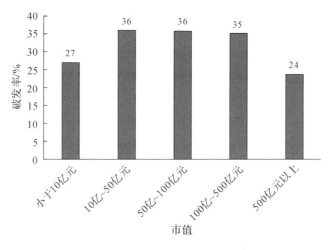

图 9-5 上市首日不同市值段破发率

表 9-4 上市首日市盈率与破发率

上市首日市盈率分段统计	破发公司数量/家	IPO 数量/家	破发率/%
市盈率≤0	55	143	38
0<市盈率<50	382	1131	34
市盈率≥50	33	221	15

（二）破发原因及启示

1. 大盘和估值

2018 年，受美联储加息、中美贸易摩擦、去杠杆等因素的影响，恒生指数一年来跌幅近 15%。尽管同年港交所进行上市制度改革，对具有未盈利、同股不同权等特征的公司放松上市限制，使 2018 年港股 IPO 募资额位居全球第一，但破发率一直居高不下。全年来看，Wind 数据显示，在 209 只新股中，148 只出现下跌，破发率达 71%。从上市估值倍数看，2018 年港交所改革吸引了一批明星公司，如小米、美团、华兴资本等，这类大型公司在上市前经过多轮融资，估值较高，实现上市后价格回归理性，存在破发的可能性。

案例：小米集团上市首日破发

2018 年 7 月 9 日，小米集团作为港交所实施"同股不同权"新规后的第一股上市，首日收盘价报 16.8 港元，相比发行价跌 1.18%，市值缩水 64 亿美元。上市开盘前，暗盘交易市场已有破发迹象，报价低于 17 港元的 IPO 定价。部分投资者认为，小米集团估值过高，而他们对高估值的质疑一部分来源于其商誉在资产中的占比较高，另一部分来自对其应收账款和未来业绩的担忧。

2. 打新主体和做空机制

与散户众多的 A 股市场相比，港股市场较为成熟，以机构投资者为主，趋于理性。港股为注册制市场，新股价格由发行人根据市场需求情况定价，上市首日不设涨跌幅限制。和 A 股"炒新"不同，港股投资者的关注点多在优质大公司，极难见到 IPO 上市炒作现象，新股上市走势相对较平淡，并且由于存在市场做空机制，新股上市当天即可做空，故破发对于投资者而言并不意味着损失。

案例：美团上市破发后一路走高

美团于 2018 年 9 月 20 日上市，发行价为 69 港元，上市首日上涨 5.29%，随后一路下跌，并于 2019 年 1 月 3 日创下最低价 40.25 港元。而在之后的交易日中，受基本面业绩支撑，美团股价一路上扬，并于 2021 年 2 月 26 日触及 460 港元的最高价。

第 10 章　上市公司风险事件与困境反转

上市公司风险事件与股票市场密切相关。霍华德·马克斯曾说过,"当股价充分反映了坏消息的时候,这种公司往往会变得安全;当好公司充分兑现了好消息的时候,这时候的股价也不安全。"股票市场是炒作预期的市场,突发性风险事件的发生会引起股票价格的剧烈波动,而当影响公司的坏消息风险得到充分释放后,股价进一步下行的压力也将得到充分释放,股票也能因此获得足够的安全边际。上市公司遭遇风险事件是其后续实现困境反转的前提,而困境反转则是上市公司成功渡过风险事件的结果。

在公司发展过程中由于不同因素的影响,往往时隔几年就会出现一次困境,这种周期也时常出现在成长股里。在公司进入困境缺乏效益时,只有少数投资者可以保持理性,股价在缺乏效益支撑的情况下大幅下降,人们不断抱怨这个公司管理层能力不足、公司经营能力低下、公司一文不值,股价开始失去理性、大幅下跌,有的跌幅甚至达到 90%。但随着行业宏观环境好转或者公司通过新产品开发、开发新的市场、不良资产剥离重组等一系列举措,使公司销售和业绩开始重新恢复增长,股价往往比公司在困境时大幅上涨很多。比一般股票涨得更多且涨幅更快的超级强势股往往来自困境反转,公司的暂时困境会导致股价出现一个令人沮丧的价格,这也就为未来的超额收益奠定了基础,如果能在公司最困难时买进并在公司走出困境时卖出,那么往往能获得非常惊人的超额收益。

困境反转型公司是指公司因暂时受到风险事件的严重打击,导致股价出现大幅度下跌,但随着困境解除和经营改善,股价的大幅回升会给投资人带来巨大的超额回报。困境反转投资策略是价值投资中比较典型的投资模型,困境反转股通常在短期内估值很低,处于历史低估区间,而一旦掌握好布局时点,就能获得估值和业绩的双提升,股价能在短时间内实现巨大涨幅。困境反转类投资有两个主要特征:一是具有不对称的风险收益比,这类公司股票由于遭受严重打击,股价向下风险整体可控,并且一旦困境解除,股价向上弹性巨大;二是投资困境反转股有较强的抵御系统性风险作用。该类公司股票经过长期、大幅超跌,股价处于底部,而公司基本面又在边际改善,因此,当大盘走势欠佳时,将抵挡不住困境反转股爆发的绝地反击,许多困境反转股不仅抗跌,还会逆势上涨,成功的困境反转类投资可以带来超额收益,但困境反转型投资本身也存在一定风险,理论上困境反转型投资面临两类主要风险:一是反转本身具有不确定性,二是反转的时间具有不确定性。

　　困境反转的情形在证券市场上是存在的。换个角度来说,这就是所谓的拐点。无论是某个具体的公司,还是一个特定的行业,或是整个大盘,在一定条件下都可能会出现否极泰来的状况,实现困境反转,迎来发展上的拐点。一般来说,如果要实现困境反转,通常需要这样一些条件:一是基本面发生根本性改善,如果没有基本面的改善,困境就不会消除,反转自然也就没有可能发生;二是相应的行业、企业在基本面改善中,与其他相关竞争企业相比是最领先的,同时也是最充分受益的,也就是具有自身的优势,这样反转的力度才会大。公司摆脱困境的方法主要分为两大类:一是主动选择摆脱困境型。削减成本、提高产品售价、积极开拓新市场,实现战略转型升级。二是被动等待摆脱困境型。政策助推行业景气回升、周期运行改变供需、事件冲击影响消退、短期刺激造成需求突增。由于被动等待摆脱困境型需要外部因素催化,这类反转相较于主动选择摆脱困境型存在更多的不确定性。

　　总之,困境反转投资是基于逆向思维的一种超前布局行为,它对布局的时机把握要求很高,难度较大。如果过早投资于陷入困境的行业或企业,则可能面临较长时间的股价下行;若等基本面反转趋势确定再去布局,则可能出现市场定价或已提前反映的情况,行情的级别和持续性均存在一定的不确定性。但该策略一旦成功,由于估值提升和业绩增长,短期的投资收益将非常可观,每年股票市场都会有这样的困境反转投资机会。

一、困境类型及原因

　　上市公司的困境主要分为四大类:一是行业处于顺境,但公司营收和利润增长不及预期,从而导致猜疑困境;二是行业整体遭遇困境,这是由各种因素长期积累所导致的困境,常表现为宏观经济周期性下行、产业政策改变、行业供需失衡所造成的行业景气下行,或是面临偶然的黑天鹅事件冲击;三是个股困境,公司主要或关键产品遭遇重创;四是集团公司影响,公司股价因投资者情绪影响而遭受抑制,如表 10-1 所示。

表 10-1   困境类型和案例

类型	公司案例汇总
业绩增长不达预期(战略和管理失效)	周黑鸭;数字政通;上海莱士;云南白药
行业遭遇整体性困境(行业风险)	伊利股份;酒鬼酒;上汽集团;南方航空;中国国航;东方航空;全聚德;新东方;牧原股份
个股困境,主要产品遭重创(市场竞争或技术颠覆)	沃华医药;康芝药业;东阿阿胶;华东医药;中兴通讯;信立泰
关联方牵连(受到集团公司影响)	紫光国微

(一)企业身处优质赛道,但业绩增长不达预期

公司所处行业市场空间巨大,持续高速增长,但是由于公司经营模式、发展战略未能及时调整或一些意外风险因素发生,营业收入增长放缓甚至不再增长,净利润增长幅度也大幅下滑,发展遭遇了瓶颈,被同行业其他企业超越,业绩增长远低于行业分析师的预期,使得分析师认为企业出现了问题,从而导致猜疑困境的出现。

周黑鸭,身处千亿规模优质赛道,休闲卤制品方兴未艾,行业增速非常可观。弗若斯特沙利文咨询公司数据显示,2019 年中国休闲食品行业市场规模达到 1.15 万亿元,2010—2019 年行业规模年均复合增速 12.5%,2020 年能达到 1.29 万亿元。2015 年中国人均休闲食品开支仅有 86.2 美元,而韩国、日本、英国、美国则分别为 228.5 美元、286.3 美元、327.5 美元、394.2 美元,相比之下,中国的休闲食品行业还有很大的发展空间。而且,休闲卤制品增速领跑休闲食品板块。2017 年以前,周黑鸭的经营模式受到了市场的认可,但随着竞争的逐步激烈化,周黑鸭注重的直营商业模式却限制了公司的进一步发展,被对手赶超。自 2017 年开始,公司门店拓展乏力,收入基本不再增长,而销售费用率持续上升,打压了利润空间,净利润持续下降。2018 年周黑鸭股价下跌 58.17%。

数字城管行业的龙头企业——数字政通,2008—2010 年的营业收入与净利润都保持 30% 以上的增长,而到了 2011 年,营业收入增幅放缓,只有 26.46%,净利润增速更是下滑到只有 3.75%,尽管公司解释称,因地方政府换届选举,所以订单暂时不如预期,可是市场却认为这个企业的成长前景到头了,估值立刻被压制到非常低,仅 2011 年,股价下跌 58.05%。而到了 2012 年,公司很快就恢复了高增长,股价又大幅反弹,上涨 31.92%。

上海莱士成立于 1988 年,主营业务在血液制品领域,之前公司一直没有太大的起色。然而,从 2013 年起,上海莱士一口气把郑州莱士、邦和生物、同路生物、英

国 BPL 以及浙江海康等多家企业收入囊中,一跃成为血液制品龙头。2015 年,上海莱士营收突破 20 亿元,归母净利达到 14.4 亿元,相比三年前增幅近十倍。同样飞涨的还有上海莱士的股价,2015 年 5 月,其市值达到 1200 亿元的高峰,三年多的时间内暴增超过 16 倍。血制品行业是个有着高增长预期的行业,然而公司管理层开始大量的股权投资,2018 年上海莱士重仓持有的万丰奥威和兴源环境大跌,导致公司炒股巨亏近 20 亿元,最终出现 15.2 亿股净亏损,是上市以来首次亏损。深陷流动性危机的上海莱士股价一路下跌,从 2019 年开始低位徘徊,并于 2022 年录得历史最低点 4.98 元,距离 2015 年的最高价 94.50 元下跌达 95%。

云南白药在 2019 年开始证券投资,其间曾获得较好的收益,然而当 2021 年云南白药继续投入超百亿元炒股时,其重仓公司股价在上年持续走低,致使云南白药证券投资直接亏损 19.81 亿元,直接导致该公司 2021 年全年净利润腰斩至 28.04 亿元。公司股价从 2021 年初的最高点 163.28 元下跌至 2021 年底的 104.65 元,下跌幅度达 36%。

对于这种困境,需要对行业的发展阶段有准确的理解与判断。若企业所处的行业仍属于成长期,且公司积极更新发展战略,一般来说,半年或一年就会实现困境反转。若企业遭遇了整个行业的阻碍,那么反转的时间可能会长达两三年。

(二)行业遭遇的整体困境或周期性困境

公司所处行业陷入系统性困境,行业危机爆发形式呈多样化,往往是受到宏观经济、产业政策、行业供需合力的影响,整体景气度减弱,又或是遭遇了偶然的黑天鹅事件和冲击性事件影响。

2008 年乳业爆出三聚氰胺事件,这次事件对于中国整个乳业来说是一次严峻的危机,不仅给三鹿集团带来致命打击,也使其他国内奶粉企业遭受重创。国内消费者对此次事件反应强烈,对于经济条件许可的消费者来说,宁可选择贵而相对安全的"洋奶粉",也不再愿意购买价格便宜但相对不安全的国产奶粉。以伊利股份为例,2008 年发生的三聚氰胺事件,伊利的业绩遭受重创,当年 10 月,伊利的股价创下最低点 6.45 元,2008 年伊利股份股价下跌 72.72%。此次事件使得消费者对国产奶粉产生了很大的不信任以及抵触情绪。从短期来看,对于整个行业是极大的利空,但从长远来看,业内一些厂家化"危"为"机",提升质量,增强核心竞争力,优胜劣汰,进行了一次外力逼迫的行业洗牌。政府大力扶持国产乳业,同时加强了监督。因此,整个乳业反转恢复较快,用时一至两年。

2013 年的白酒塑化剂事件,从酒鬼酒被曝塑化剂超标,白酒添加塑化剂的风波许久未停息,经过市场的酝酿,将酒鬼酒塑化剂事件之于中国白酒业比拟为三鹿三聚氰胺事件之于中国奶粉业,对资本市场造成极大影响。而且,在白酒业繁荣的末期,政策的调控打击了公务消费的奢侈风气。白酒行业整体进入了深度调整期。2013年上市白酒企业的净利润较2012年下滑了11.85%。以酒鬼酒为例,酒鬼酒被爆由上海天祥质量技术服务有限公司查出塑化剂超标2.6倍后,公司股价进入下行区间,自2012年11月23日起连续吃下三个跌停板,单月下跌46.89%。

2017—2019年,汽车销量持续下行,主要受消费信心下降、新能源补贴退坡、购置税优惠减半和中美贸易摩擦等因素影响。2017年以来,居民消费进入下行通道,消费者信心下降是导致汽车等耐用消费品需求下降的核心原因。此外,购置税减半和新能源车补贴退坡等政策进一步压低汽车销量。以上汽集团为例,公司股价于2018年3月上涨至阶段高点37.66元,然后进入下行轨道,到了2020年6月,公司最低价为16.93元,短短两年时间内公司股价下降55%。

2020年以来,疫情多点频发,为全面落实"外防内控"的抗疫要求,国内航班量骤减,航运、客运需求也大幅下降。此外,旅游业表现不佳,也反映了出行市场的冷清。据民航局披露的数据,2020年民航旅客运输量为4.18亿人次,同比下降36.7%,当年,航空公司股价迅速下挫。2020年上半年,中国国航股价下跌31.79%,东方航空下跌27.37%,南方航空下跌27.99%。

2020年以来,疫情导致餐饮行业举步维艰。据2020年2月12日中国烹饪协会发布的《2020年新冠肺炎疫情对中国餐饮业影响报告》显示,相比2019年春节,疫情防控期间,78%的餐饮企业营业收入损失达100%;9%的企业营收损失达到九成以上;7%的企业营收损失在七成到九成之间;营收损失在七成以下的仅为5%。疫情使得抗风险能力相对较弱的餐饮行业陷入前所未有的困境。以全聚德为例,自2019年新冠疫情暴发以来,股价下跌幅度达23.39%。

教育培训行业在"双减"政策冲击之下,行业被颠覆,教育培训机构接连关门。以新东方为例,股价自2021年2月16日达到历史最高点199.74美元后开始快速降落,2021年3月12日单日跌幅达88.96%,公司遭受毁灭性打击。

养殖行业的"猪周期"。"猪周期"是生猪生产和猪肉销售过程中的价格周期性波动现象。具体而言,猪肉价格上涨时,养殖户会扩大产能,增加能繁母猪,推动生猪存栏量上升,育肥成熟后生猪出栏量增加,猪肉供给增加,价格下降。养殖户观察到猪肉价格下降,减少产能,淘汰能繁母猪,生猪存栏量和出栏量下降,猪肉供给减少,猪肉价格重新回升,周而复始。以牧原股份为例,公司于2020年录得历史最高点

139.92 元,到了 2020 年 12 月 31 日,公司收盘价下降至 77.10 元,下跌幅度达 45%。

(三)个股困境,主要产品遭重创(市场竞争或技术颠覆)

行业市场一片红热,公司却反向而行,公司主要产品出现问题,主营业务经营困难,想通过业务转型从而实现困境反转显得举步维艰。

受大环境利好影响,医疗市场火热,但沃华医药在 2010 年前三季度营业收入同比下降 50%,报收 6042 万元,每股亏损 0.3 元。公司核心产品心脑血管药品心可舒片因毛利率过高,被其他心脑血管产品替代,从而落选《国家基本药物目录》。从 1993 年来,心可舒片便一直是公司的支柱药品,占其营业收入的 95% 左右。当 2009 年 8 月心可舒片落选后,当年沃华医药现金流净额为 -2100 万元,同比减少 66.75%。2010 年第三季度财报显示,沃华医药现金流净额为 -353 万元。自 2009 年 8 月公司主要产品落选后,公司股价迅速下跌,到了 2011 年初,已经下跌 57.43%。

康芝药业是我国最大的尼美舒利生产厂家,占医院市场份额约 70%,尼美舒利占公司收入 70% 以上。然而,有儿科学者指出,曾有尼美舒利损伤中枢神经和肝脏的案例,尼美舒利作为儿童发热用药需慎用,该论点被多家媒体关注,甚至直接把康芝药业的尼美舒利颗粒称为"夺命退烧药"。公司 2011 年营收和净利润都大幅下降,深陷经营困境,全年公司股价下跌 80.62%,直到 2013 年才慢慢摆脱该事件的困扰。

产品持续涨价导致从生产渠道到经销渠道都习惯性囤货和终端消费群体基数缩减,叠加 2018 年国家卫健委下属公益热线官微公开质疑阿胶不过"驴皮煮水"言论引发公众质疑阿胶产品功效,东阿阿胶在 2018 年后库存严重积压。2019 年,该公司业绩爆雷,巨亏 5.3 亿元,2020 年扣非归母净利润继续亏损,其股价也从 2017 年 6 月的 70 元/股一路狂跌至 2020 年 3 月的 25.5 元/股,跌幅超过 60%。

2020 年 1 月 17 日,在此轮集采中,华东医药报价 0.465 元/片、北京福元报价 0.43 元/片、绿叶制药报价 0.32 元/粒(胶囊)、拜耳报价 0.181 元/片。更没想到的是,原研药企拜耳为了留住中国市场,居然大幅降价 93%,比此前全球最低价低 60%,直接导致华东医药核心产品阿卡波糖片意外丢标。此消息一出,让投资者大跌眼镜。最终,华东医药跌停,直至 3 月 19 日见底,两个月跌了 35%,市值蒸发 150 亿元。

2018 年 4 月 16 日,美国商务部宣布,将禁止美国企业向中兴通讯出售零部件,期限为七年,原因是中兴通讯违反美国的制裁禁令。消息一出,公司遭 30 多家基金下调估值。公司股价从 4 月 16 日起连续经历暴跌,短短两个月内下跌幅度达 57.44%。

自管理层实施集采政策以来,不少药企开始出现生存困难,压力剧增。在 2018 年,信立泰是国内第一批受到集采政策负面影响的药企。当时公司的核心产品泰嘉因集采而大幅度降价,公司的营收和利润都出现了大幅度下降,股价从 2018 年 5 月 29 日开始大幅下滑,至 2019 年 1 月 2 日,公司收盘价 20.03 元,跌幅达 56.27%。

(四)受到集团公司牵连(关联方牵连)

紫光国芯微电子股份有限公司曾是紫光集团旗下的半导体上市公司,公司的前身是成立于 2001 年的晶源电子。2005 年 6 月在深圳证券交易所正式挂牌上市。紫光国微以智慧芯片为核心,推出满足不同市场需求的系列产品,已形成面向移动应用的超级 SIM 芯、面向金融应用的超级金融芯、面向物联网应用的超级 eSIM 芯和面向汽车应用的超级汽车芯等客户品牌。同时,紫光国微的汽车控制芯片研发项目顺利推进,拓展了汽车电子领域产品线。紫光国芯本身的资产质量高,发展前景可期。但在 2020 年受累于集团公司"紫光系"的一系列爆雷事件,公司估值被压制,股价走势不佳,三个月内下跌 20.81%。

二、困境反转的类型与方法

公司能否实现困境反转,最终还需落实到业绩增速的提高。按照公司不同的反转方法,可以分为两大类:一是主动摆脱困境型,二是被动摆脱困境型,如表 10-2 所示。

表 10-2   两种类型的困境反转及其案例

类型	公司案例
主动摆脱困境型	温氏股份;周黑鸭;博腾股份;李宁;人福医药;天齐锂业;中宠股份;广誉远;ST 盐湖
被动摆脱困境型	比亚迪;长城汽车;中兴通讯;克莱斯勒汽车;大北农;坚朗五金;东阿阿胶;天齐锂业;江山股份;方大碳素;万华化学;涪陵榨菜;伊利股份;酒鬼酒;东方雨虹;分众传媒

（一）主动摆脱困境型

这种类型主要是管理层采取主动积极性的应对措施让公司摆脱困境，主动摆脱困境型包括削减成本、提高产品售价、开拓新市场、调整业务战略。

1. 削减成本

公司可以通过控制员工待遇、增加自动化以减少用工数量、通过规模效应降低生产成本、减少销售和广告费用、优化原料进货渠道和通过价格协议等方式降低成本。温氏股份曾是具有大规模养殖经验及管理能力，且能很好控制成本的优秀企业。在非洲猪瘟疫情的冲击下，种猪产能被暂时破坏，生产经营恶化。随着非洲猪瘟疫情的常态化，公司已经摸索出一套行之有效的非洲猪瘟防控措施，重新步入增长轨道，自非洲猪瘟暴发以后，公司股票连续七个月上涨，上涨幅度达 72.62%。

2. 提高产品售价

提价有时可能对企业长期发展不利，但在中国特殊的消费文化下，对于一些奢侈品和附有社交效应的产品，提价是有助于企业发展的。例如高端白酒，高端白酒涨价最核心的原因就在于涨价所带来的市场利润空间是相对明确的。从消费心理上来看，高端白酒用于商务需求和礼品需求居多，此类消费者具有买涨不买跌的消费心理，这种涨价不一定是从消费供给的角度出发的，可能更多的是企业定价策略的改变。

3. 开拓新市场，升级商业模式，调整业务单位，实现战略升级

企业通过布局新兴产品市场，探索升级商业模式，实现现有资源整合，获得新一轮成长曲线。

周黑鸭发布的 2018 年业绩报告显示，2018 年实现营收 32.12 亿元，同比下降 1.14%，净利润为 5.4 亿元，同比下降 29.13%。这也是周黑鸭自上市以来首次出现营收和净利润双下滑的局面。2018 年，公司股价连续十个月出现下跌，一年内公司股价下跌 57.81%，于 2019 年创下历史最低点 3.23 元。此后，公司在原有甜辣卤鸭脖、鸭翅、鸭掌等核心单品的基础上，赋予全新口味，迎合不同口味需求的消费者，例如"不辣系列""麻辣系列"。此外，公司采用"直营＋特许经营"的新商业模式，布局线上销售，实现全渠道覆盖消费者。2020 年，电商、外卖、新零售社区团购等 O&O 业务累计收入 8.12 亿元，营收占比 37.1%，相对于 2019 年增加了 12.8%，五场公益直播累计销量超过 170 万盒。到 2021 年公司实现困境反转，股

价上涨幅度达 3.67 倍。

博腾股份曾因大客户"依赖症"所导致的需求不稳定而陷入困境，2017 年公司挺进 CRO 领域，实现战略升级，股价迅速腾飞。公司营业收入从 2018 年的 11.8 亿元增长到 2021 年的 31.1 亿元，年复合增长率为 37.9％，2022 第一季度营业收入为 14.4 亿元，同比增长 166％；公司归母净利润增速整体高于收入增速，经营效率提升，归母净利润从 2018 年的 1.2 亿元增长到 2021 年的 5.2 亿元，年复合增长率为 61.7％，2022 第一季度归母净利润 3.8 亿元，同比增长 334％。2022 第一季度收入创单季新高，主要得益于公司持续的管线拓展和前期重大订单的逐步交付。2018—2022 年，公司股价涨幅为 600.8％。

李宁品牌从初创至今走过了 30 余年的风风雨雨，从崛起到辉煌，再到遭遇困境，然后又迎来复苏，在行业增速放缓，耐克和阿迪等国际一线品牌布局中国的冲击下，公司多年习惯于批发模式，导致离自己真正的消费群体越来越远，对市场潮流、风向乃至危机产生误判，同时又较为激进地实施品牌重塑，因此业绩出现滑铁卢。2011 年营收利润出现下滑，李宁公司股价从 2010 年 4 月的 18.96 元快速下跌至 2012 年的 3.27 元，几乎跌去 83％ 的市值。后来公司开始管控财务风险，开展以消费者为核心的营销业务，逐步清理库存，使其在资本市场迅速发生大转变，股价从 2015 年最低的 1.74 元上涨到 2021 年最高的 107.7 元，仅用了六年时间就完成 62 倍的大逆转。

人福医药的公司管理层因经营不善而进行盲目并购，经过不断地收购、兼并不同领域的企业，产业涉足能源化工、环保、金融保险、房地产、教育等许多非医药领域，多元化进程看似一路高歌猛进，而光鲜的背后却早已不堪重负，截至 2018 年底，商誉虽高达 37.99 亿元，但在进行全部计提之后，仍有接近 70 亿元的商誉趴在账上，资产负债率持续攀升并且居高不下，股价也自 2016 年以来一度陷入低迷，公司股票价格从 2018 年 1 月的 18.5 元左右开始一路下跌，持续时间长达一年多，直至 2019 年 1 月 30 日见底。下跌时间之长、幅度之大是公司管理层和控股股东都没有预料到的。后来随着新任管理层上任以及加速归核化预期，股价开始启动，到了 2020 年 8 月，收盘价为 37.41 元，上涨 4.48 倍，公司实现困境反转。

2018 年 12 月，天齐锂业以约 40.7 亿美元的对价完成购买由 Nutrien 持有的 SQM 的 6256 股 A 股。同年，订立了两份融资协议，并且已经提取其下所有可使用的融资 35 亿美元为 SQM 交易对价拨款。因此，在 SQM 交易完成后，天齐锂业也背负了巨额债务。2019—2020 年，天齐锂业两年净亏损 78 亿元。背负百亿贷款,再加上主要产品碳酸锂价格持续下跌,天齐锂业资金链一度出现危机。后来公司引入战略投资者,债务危机得到缓解,公司股价从当时的 24 元左右一路上涨至最高的 143.17 元,上涨幅度达 5.97 倍。

2019 年初,随着中宠股份 2018 年底年报预计净利润下滑－17％后,股价持续调整,尤其是自 2019 年 4 月指数调整以来,中宠股份跟着持续调整,至 8 月的历史新低 16 元,距离 2018 年的阶段性新高 43.99 元,已经下滑了一半。后来,公司持续推进精细化管理,优化经营管理模式,费用控制得当,费用率得以改善,从 2019 年 8 月的 16 元涨至 2020 年 1 月 26.94 元,涨幅高达 80％。

广誉远陷入困境的核心原因是大股东能力不足导致经营管理不善,造成其多年经营性现金流告负,让其长期面临坏账爆雷的风险。2021 年 7 月 17 日,公司实控人由郭家学正式变更为山西省人民政府国有资产监督管理委员会。公司股价迅速进入上行区间,从 2021 年初的 14.65 元上升到 2021 年底的 43.06 元,上涨幅度达 193.9％。

由于近年来受经济下行压力不断加大、融资政策不断趋紧、原料成本过高、生产要素供应不足等多重内外部不利因素的影响,盐湖股份金属镁板块、化工板块出现连续亏损的局面。ST 盐湖因 2017—2019 年三个会计年度经审计的净利润连续为负值,于 2020 年 5 月 22 日起暂停上市。此后公司实施重整计划,化解了债务危机,优化了公司的资产负债结构。暂停上市一年后,ST 盐湖在 2021 年 8 月 10 日重返 A 股资本市场,当日公司股价上涨 3 倍,实现困境反转。

(二)被动摆脱困境型

这种类型的困境反转并非源自管理层主动性战略调整或管理层其他积极性举措的成功实践,而是受政策助推、行业供需关系改善、事件性冲击消退等因素的影响。

1. 政策助推

扶持政策往往在行业盈利最差的阶段出台,政策刺激之下,行业核心高频数据率先反应,行业上市公司季度盈利紧跟其后。

2020 年下半年,我国汽车市场逐步复苏,各地加快布局新能源汽车,对符合要求的车辆,2020 年补贴标准不退坡,个别地区对购买新能源汽车的消费者给予 1 万元综合型补贴,新能源汽车限购城市指标放宽,2020 年第二季度随着刺激政策的落地,车企利润开始回暖,2020 年第三季度,汽车行业逐渐转亏为盈。在 2020 年乘用车行业困境反转的市场表现中,比亚迪、长城汽车等拥有核心新技术的公司涨幅较大(比亚迪全年上涨225％,长城汽车全年上涨368％),而行业平均涨幅为103％。

2018年4月16日,美国商务部突然发布公告称,因中兴通讯公司违反与美国政府的和解协议,美国将禁止该公司购买美国生产的零部件。由于公司缺乏替代供应商,公司面临非常严重的困境,股价从2017年11月30日的最高点40.69元快速下跌至2018年6月29日的最低点11.71元,下跌幅度达71％。后来中兴通讯在强大的国家意志支撑下扭转了局面,从2018年7月到2020年3月,短短一年半的时间股价涨了2.29倍,实现困境反转。

20世纪70年代,克莱斯勒汽车遭遇财务危机,股价迅速下跌,到1980年初股价只有6美元,美国国会援助的落地和公司削减成本改善产品战略的实施,使这只股票在不到两年的时间内上涨5倍,并在五年时间内上涨15倍。

大北农实际控制人邵根伙为拓展有机奶版图,2016年进行股权质押融资,以2.2港元/股收购中国圣牧20％的股权,耗资26亿港元。2017年,中国圣牧因遭遇原料奶、终端液态奶销售价跌量减的双重挤压,亏损了10亿元,2018年更是亏损了22亿元。股价一度跌至0.2港元,该笔投资使得邵根伙损失24亿元。当时股权质押平仓线5元左右,大北农最低跌至3元,后来由于国家出台不允许证券公司平仓的政策,让邵根伙跨过风险。大北农公司股价走势背后的因素比较复杂,2018年底国家又有逐渐放开转基因的趋势,导致股价一度涨到了最高点12元,实现了困境反转。

坚朗五金是建筑五金龙头,2021年由于国内"房住不炒"政策的影响,使得国内地产行业大环境不好,同时叠加上游原材料涨价,公司股价出现大幅度回调,短短一个月内回调幅度达47％。2021年下半年至2022年,国内政策开始松绑带来了业绩回暖,股价从最低点126.30元开始启动,截至2021年最后一个交易日,股价上涨32.55％,实现困境反转。

2.行业供需关系改善

在激烈的市场竞争条件下,原本行业内的一些企业由于自身竞争力不足而退出竞争,伴随而来的是行业集中度提升和行业库存逐步出清,头部公司业绩快速反弹。此外,在经济周期性波动的影响下,行业逐步回暖,业内公司股价迅速上升。

白酒行业经过深度洗牌后,中小企业份额减少。在行业集中度上升、消费升级、需求回暖的形势下,龙头企业开始加速反弹,中高端酒企业涨幅更大。从基本面来看,2014年第一季度白酒净利润同比位于底部,2015年起扭亏为盈,2016年以来行业格局的改善驱动白酒指数大幅反弹。此外,部分公司因周期运行改变供需。例如,有色金属、煤炭、能源等行业由于经济周期好转,使这些行业的公司进入周期性困境反转。

自 2006 年起,东阿阿胶共经历了 18 次提价(阿胶块),累计提价幅度近400%。价格的快速提升导致销量受挫、渠道库存积压。2017 年 6 月,股价到达历史最高点 73.71 元,此后股价进入下行区间。2019 年,东阿阿胶执行了渠道去库存战略,因转型期阵痛出现了上市以来的首年亏损。2020 年,东阿阿胶渠道去库存进入收官阶段,又受到新冠疫情影响,业绩开局不利。两重负面因素叠加,使东阿阿胶到了至暗时刻,股价一路跌至 24.92 元,股价下跌超过 66%。后来,随着库存出清,行业供求关系改善,股价进入上行轨道,到了 2021 年底,公司收盘价为48.72 元,上涨幅度达 195%。

天齐锂业有着优质的矿产,但管理层在锂价格大涨的时候,以巨额负债收购了矿产,完成一次"蛇吞象"的收购,收购之后行业景气度开始向下,锂供大于求,锂的价格也开始下跌,这笔投资账面上自然就成了负的,也影响了上市公司业绩。但随着新能源行业景气度的回升,天齐锂业逐步走出困境,2021 年全年上涨 172.5%。

2007—2008 年,草甘膦供需两旺、量价齐升,但快速增长的盈利空间刺激了行业产能的迅速扩张。2009 年,国内草甘膦产能超过 100 万吨,而全球草甘膦需求总量仅为 80 万吨,产能过剩严重。在金融危机和产能过剩的冲击下,草甘膦价格于 2010 年 6 月下跌至 1.9 万元/吨,多数厂商难以实现盈利。江山股份从 2008 年3 月的最高点 36.85 元暴跌到 2011 年 12 月的 6.11 元,下降幅度达 83%。2013年,受国内全国性雾霾、山东潍坊地下水污染事件、行业安全事故等影响,我国草甘膦企业开工受限,不少中小企业逐步退出市场,草甘膦的供应能力有一定的缩水。行业经历两年的低迷,社会库存逐渐消耗,开启了持续两年的稳步上涨行情。受行业复苏的影响,公司股价一路上涨至 2013 年的最高点 49.09 元,涨幅达 8 倍。

2010 年后的连续几年里国际原油价格都在高位徘徊,导致航空公司成本大幅增加,南方航空股价从 2010 年 10 月的收盘价 11.79 元一路暴跌至 2014 年 6月的收盘价 2.31 元。随着全球经济复苏放缓以及页岩油放量,石油价格开始下跌,从 2014 年 10 月开始,航空板块真正开始跑赢大市,这期间在大盘加速上行的背景下,航空板块借助国际油价快速下挫之势,展开了一波的升势。公司股价从 2.31 元开始进入上行区间,到 2015 年最高涨至 16.74 元,实现 7 倍的涨幅。

2014年以来，碳素市场长期低迷，企业经营困难，一批企业半停产、停产、倒闭或转行另谋他路。很多碳素企业长期处于亏损状态，产能急剧下降，石墨电极价格一路下降。2017年，随着环保主义抬头和产能淘汰，石墨电极需求量大幅攀升，石墨电极价格开始抬头，方大炭素股价从2016年的收盘价9.26元启动，历时九个月，涨至2017年的最高点39.20元，涨幅为4倍。

2019年，涪陵榨菜由于产品经营节奏改变和去库存的影响，股价出现暴跌，从30.50元下跌至22.31元附近，跌幅达27%，经过一年时间的产品去库存后，股价从最低点21.35元上涨至56.24元，实现2.63倍的涨幅。

万华化学是周期股，业绩受聚合MDI（二苯基甲烷二异氰酸酯）价格的波动影响较大，因此万华化学股价与MDI价格有密切联系，万华化学的股价在创出阶段新高54.95元后，跟随MDI价格调整而出现股价腰斩，经过短暂调整，在行业需求回升后，MDI价格再次上涨。2020年2月，公司股价再度创出新高，三个月累计涨幅66.65%。

3.事件性冲击消退

事件影响范围和公司应对举措是反转的关键因素，短暂的事件冲击能重塑行业竞争格局，在经营方式改革和经济大背景的助推下，优秀企业能迅速摆脱黑天鹅事件冲击的影响。

2008—2009年，三聚氰胺事件给国内乳制品行业造成巨大影响，事件爆发后，2008年第四季度，乳业净利润同比跌至−776.5%，而该项数据在2009年第一季度快速转正。在消费升级的趋势下，我国对乳制品的需求十分旺盛，所以事件带来的行业冲击比较短暂，企业盈利水平快速恢复，估值和业绩同时推动股价的上行。该事件导致了行业洗牌，企业开始着重把控上游质量，资金实力较强、现金流支撑力大的龙头公司能在困境中坚持更长时间，其优势也在逐渐扩大。2009年后，国内乳品开始复苏，在潘刚等优秀管理层的带领下实施"三清三保"策略，走出了伊利困境。股价从2018年10月的最低点6.45元快速反转至2013年10月的最高点52.24元，股价上涨近8倍。

2019年12月，酒鬼酒遭实名举报，称其产品中添加甜蜜素，导致酒鬼酒股价大跌。2022年，公司继续秉承做强基地市场、打造高地市场、深度全国化的策略，迅速有效推进全国优商布局，强化和优化了圈层营销、核心店建设，提升了客户满意度、消费者认知度和品牌美誉度，超额达成1月和2月的经营目标，如今酒鬼酒已经走出"甜蜜素阴影"，业绩连创新高，股价从2019年12月的35.85元上涨到2021年9月的最高点276.89元，仅用两年时间股价就上涨了

7.72 倍。

2018 年,国家防范金融风险导致很多公司股权质押爆仓,当时东方雨虹因股权质押叠加现金流量较差,其原本的高负债、低现金流模式突然遭遇宏观去杠杆,导致市场质疑其商业模式和融资偿债能力,从而触发戴维斯双杀,从 2018 年 3 月的股价最高点 46.24 元一路下跌,直到 2018 年 10 月到达最低点 10.37 元,跌幅达 77.6%。后来公司度过危机,股价两年间从 10 元上涨到 60 元,上涨了 5 倍,实现了困境反转。

在 2020 年第一季度新冠疫情的影响下,影院关闭,企业停工,分众传媒收入受到严重的影响,股价在 2020 年 4 月创下阶段低点 3.85 元,第一季度下跌 33.33%。不过,随着企业逐步复工复产,写字楼和小区的电梯广告投放也逐渐恢复正常。自 4 月中旬以来,分众传媒的股价涨幅成功翻倍,2020 年下半年上涨 99.8%。

从案例公司统计数据来看,如图 10-1 和图 10-2 所示,上市公司遭受困境时的下跌幅度要远低于困境反转时的涨幅,我们认为这是由三个原因造成的:一是困境下跌时股票本身价格较高,因此相对下降幅度较小,而困境反转时股票价格往往已经被严重低估而处于历史低位,因此涨幅相对较大;二是困境反转型企业经历困境后开展新的业务单元,而新业务单元仍处于早期阶段,未来企业新产品渗透率增加相对容易;三是行业困境导致的企业困境将进一步出清产能,成功实现困境反转的企业在原本市场上竞争格局更好,竞争对手更少。

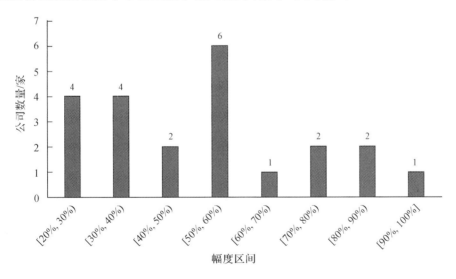

图 10-1　案例公司困境下跌幅度的分布

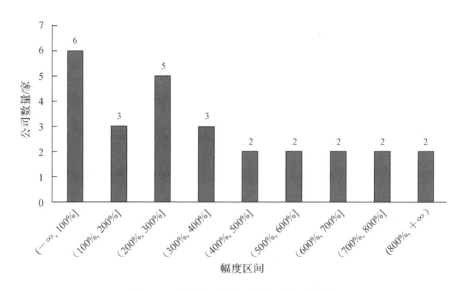

图 10-2　上市公司困境反转上涨幅度分布

三、如何投资困境反转型公司

对于困境反转型的公司，最难分析的仍是一些关键问题，如"什么因素造成了公司的困境？""困境是短期的、暂时的，还是长期的、根本性的？""竞争对手此时会采取什么措施？竞争对手的措施是否会对公司产生毁灭性影响？""人们的共识是什么，我的期望和人们的共识有多大不同，到底谁才是正确的？""地缘政治、宏观经济、投资者心理是否会导致股价长期偏离其内在价值？"这些判断完全取决于我们对公司基本面分析的能力和对行业的眼光。一般而言，投资困境反转型公司可以从以下几个方面入手。

（一）反转的可能性

反转的可能性是前期分析困境反转的重中之重，如果这个企业彻底不具备反转的可能，那么将完全失去投资价值。从历史经验来看，如果这个企业所在的行业从长期来看具备不错的成长性，那么企业出现反转的可能性就会非常大。

（二）公司内在价值的兑现是否需要经历很长时间

困境反转型公司往往长期处于低估状态，由于市场并不完全有效，很有可能造成该品种资产股价长期处于低迷状态,故该品种资产或许无法获得市场的认可。

(三)公司自身的管理经营能力是否突出或公司是否拥有坚实的护城河

在一个飞速发展的行业里,如果此时行业壁垒不是特别高,两个公司差不多同时起步进行竞争,只要其中一家效率稍高一点点,逐步积累下来就会形成巨大的优势,并在最后胜出。在公司面临行业中新竞争对手的挑战时,只有公司管理人员管理效率高、管理能力强,才能使公司从容面对挑战,从而逃离困境,实现反转。

(四)股价是否已充分反映负面信息

股票市场是一个反映预期的市场,只有在公司当前股价彻底反映其负面信息后,投资者才会得到足够的安全边际。一般来说,自负面消息首次披露以后,股价会迅速下跌,之后会经历一段较长时间的股价低迷,在这个过程中股价不断走低,负面信息不断得到消化,股价得到充分调整。

(五)公司基本面是否已经开始边际改善

公司基本面改善是股价上升的基石,若没有过硬的基本面作为支撑,股价上升往往显得并不安全。基本面边际改善往往来源于公司战略转型升级带来的新的利润增长点,只有当公司具有较强盈利能力的募投项目新产品开始投产时,才能改变公司之前过度依赖老产品的经营模式。

(六)公司股价是否再次富有吸引力

好的股票也要有好的价格,有些公司就算股价跌到低位,业绩也会出现大幅扭亏为盈,但是估值的不合理依然制约了股价的反弹空间。在很多时候,就算股票没有负面消息,所谓的"高估值"也会导致股价不断走低。

第 11 章　公募基金的净值暴跌风险

一、公募基金净值暴跌的现象

公募基金已成为普通投资者和机构投资者配置资产的主要品类与方式,但基金净值的暴跌现象屡见不鲜,成为影响资本市场高质量发展的一个大问题。根据学术上的定义,基金净值暴跌现象可以用负收益偏态系数和收益率上下波动比率两个指标来衡量基金净值暴跌风险,因为衡量股价暴跌风险的指标本质上衡量的是股票收益率的负偏分布性,即股票收益率在负方向上呈现出的厚尾分布特征。共同基金直接投资二级市场的股票,如果把基金看作是一篮子股票,则基金也会有净值暴跌的风险。

以固收类基金为例,在信用债市场环境蝶变之下,固收类基金产品的净值回撤显著:一方面是超预期信用债主体的违约,以及管理人集中度控制失效;另一方面是事件驱动和冲击导致的弱资质主体净值波动剧烈,这极大影响了大众金融消费者的用户体验,如华泰紫金丰利中短债从 2020 年 10 月 16 日开始,50 天内暴跌 17%。此外,机构占比较高的基金,大额赎回对基金净值、基金投资运作等方面也会产生较大的负面影响。2022 年初,圆信永丰兴利 C 的基金净值单日暴跌 46%,后来又将跌幅调整为 0.37%,主要是因为这只基金近日遭遇大额赎回,份额净值的小数点保留精度受到不利影响,导致基金发生暴跌。

偏股类基金的净值暴跌更多的是受指数、风格和基金经理能力的影响,但是由于权益类基金投资者对其有一定的认知水平,净值暴跌的影响相对没有固收类基金冲击大。如 2021 年初,受整体市场环境影响,A 股市场剧烈调整,权益类基金遭遇重挫。超过 1200 只基金的净值跌幅超过 20%,近 300 只基金的净值跌幅超过 25%。在基金净值持续缩水、投资收益大幅回撤之时,市场一度发生大规模赎回,引发进一步踩踏。此外,以汇安均衡优势混合基金为例,成立之后的九个交易日内,净值就下跌了 14.12％。一般来说,新基金有三个月的建仓期,为控制风险,建仓节奏大多是稳步建仓,如果市场有较大调整,则加快建仓进度,但这种情况非常少。基金经理建仓期往往考虑先增厚安全垫,宁可少赚,也不愿因冒进亏损。汇安均衡优势在短期内急跌,主要有两个原因:一是建仓相对比较快;二是布局的新能源、光伏、军工等热门赛道刚好经历了一轮暴跌。

指数型产品的净值暴跌更多的是指数导致的,但在 A 股市场上也出现过指数型基金产品脱离基准对标的指数而出现净值暴跌的现象。以西部利得中证 500 等权分级指数基金为例,在 2015 年 5 月 5 日离奇暴跌 6.29％,B 类份额(500 等权 B)净值跌幅更是达到 12.69％。然而,跟踪标的中证 500 等权重指数在 5 月 5 日的跌幅仅为 3.61％,且全日低开低走,并无冲高回落的走势。

二、公募基金净值暴跌的影响因素及其相关研究

许林等(2016)从社会网络视角解释机构投资者的行为特征,基于中国 1312 只开放式股票型基金 2010—2017 年的面板数据,从基金经理社会网络和业绩排名变化所引发的羊群效应视角出发,实证检验基金经理投资行为对基金净值暴跌风险的影响。研究结果发现,基金业绩排名对基金前十大重仓股比例的影响存在显著行情效应,业绩排名压力会迫使基金经理采取冒险行为,进而增大基金净值波动风险。此外,基金业绩排名越靠后,基金经理社会网络资源越丰富,基金净值暴跌风险就越大。侯伟相和于瑾(2018)通过基金交叉持股构造基金资产网络,研究了基金资产网络对基金投资业绩、净值暴跌风险的影响,并从投资能力(择时、择股)的视角探究其影响机制,结果表明:越处于基金网络核心位置的股票型基金,其投资业绩越好,这主要是因为其有良好的择股能力;越处于网络中介位置,即中介中心度越高的股票型基金业绩也较好,这主要是因其具有一定的择时能力;与处于中介位置的股票型基金相比,处于核心位置的股票型基金可以取得更好的投资业绩。进一步研究发现:越是位于基金网络核心位置的股票型基金,其净值暴跌风险就越小;越是位于基金网络中介位置的股票型基金,其净值暴跌风险越大。侯伟相和于瑾(2018)实证研究了股票型基金重仓本、外基金家族重仓股对其业绩和净值暴跌风险的影响,并从基金择时、择股能力的视角出发加以解释,研究发现:重仓本、外家族重仓股的基金均可获得显著的超市场收益,但重仓外家族重仓股的基金可获得显著的经多风险因子调整后的超额收益,然而这些均增加了基金净

值暴跌风险。进一步研究发现:与重仓本家族重仓股相比,重仓外家族重仓股带来的基金净值暴跌风险更大;重仓本、外家族重仓股的基金均拥有一定的择股能力和较差的择时能力,与重仓外家族重仓股的基金相比,重仓本家族重仓股的基金择时能力更差。丁春霞等(2018)研究了基金非流动性风险与基金净值暴跌风险之间的关系。其研究表明:基金非流动性风险敏感系数可较好地量化基金非流动性风险;基金非流动性风险预警指标可较好地预警基金非流动性风险;股票型基金面临的非流动性风险越大,其净值暴跌风险也越大;基金非流动性风险净暴露越大、重大预警次数越多,基金净值暴跌风险就越大。侯伟相和于瑾(2018)研究得出集中投资对其业绩有显著的正向影响,这主要因其拥有良好的择股能力以及一定的择时能力,此外,高投资集中度还显著降低了净值暴跌风险。进一步研究表明,与重仓本家族重仓股相比,重仓外家族重仓股带来的净值暴跌风险更大。本书研究发现:家族内部交叉持股可降低内部意见分歧,提高股票收益,增加持股稳定性,从而提高基金业绩并降低暴跌风险;股票型基金与其家族成员交叉持股水平对其当期业绩有显著的正向影响,对其当期净值暴跌风险有显著的负向影响。此外,还有研究发现,基金净值家族同步性越强,其业绩越差,净值暴跌风险也越大,这主要是因为其择时能力太差,且择股能力也较差;在基金家族里,净值家族同步性越强的基金,其投资能力越差。

三、公募基金净值暴跌的风险统计分析

本书以单只基金净值在数个连续的交易日内累计下跌幅度超10％为净值暴跌认定标准(暴跌时间以大幅下跌起始日期为准),对2010年至2022年第二季度国内公募基金暴跌频次进行统计,数据表明,在2019年以前的绝大部分年份中,公募基金净值暴跌时间的发生频次均维持在较低范围内,仅2015年及2018年例外,远远超出此前数年的平均水平。2015年上半年处于牛市背景之中,创业板及中小企业板块不断膨胀,投资者对新兴成长股的过高估值推动股价一路高歌猛进,出现巨大的金融泡沫,政府为稳定股价规范市场,出售清理场外配资,配置资金的大量撤出引发市场恐慌,上证指数自2015年6月12日起,由5178点高位狂跌,A股市场大幅调整,同时,公募基金市场出现数波基金净值集体暴跌,仅6月12日—7月9日内发生的股票型基金净值暴跌事件便达到220起,超过2014年的暴跌数量,在股灾影响下,2015年爆发的公募基金暴跌事件最终达到1805起,其

中股票型基金贡献 1532 起。有别于 2015 年的股灾,2018 年经历了一整年的漫长熊市,自 2018 年 2 月起,特朗普政府宣布对进口中国的铸铁污水管道配件征收 109.95％的反倾销税,中美贸易战初现端倪,至 2018 年 5 月底,娱乐圈"阴阳合同"事件的影响波及整个文化传媒板块,再到年底 12 月的"4＋7"带量采购,药品竞价结果远低于预期,医药板块闪崩,各板块轮番受到打击,股票连续跌停现象从年初持续到年底,公募基金净值暴跌频率随之上涨,当年达到 2455 起,其中,股票型基金净值暴跌便占据 2408 起。

　　近年来,随着国内公募基金市场规模的持续扩张,净值暴跌事件数量也呈现出明显上升趋势,如图 11-1 所示,暴跌事件数量自 2019 年的 853 起迅速增加至 2021 年的 3639 起,远远超过 2018 年出现的最高纪录,结合 2022 年第二季度的最新数据 4105 起来看,该状态尚未出现败退之势。

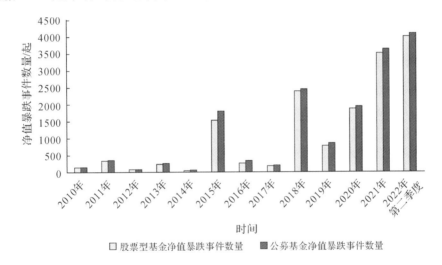

图 11-1　2010 年至 2022 年第二季度国内公募基金净值暴跌事件数量统计

　　公募基金净值暴跌事件跌幅如图 11-2 所示,2018 年以后,公募基金净值跌幅超过 30％的暴跌事件数量及比例持续增加。2018 年,一共发生了 7 起暴跌跌幅超过 30％的事件;2020 年,该数据上涨为 48 起,其中,44 起跌幅介于 30％～60％,4 起跌幅超过了 60％;2021 年,大比例跌幅的公募基金净值暴跌案例数量持续增加至 84 起,约为 2020 年的 2 倍,且其中包含 5 起跌幅超过 90％的事件,公募基金净值暴跌幅度呈现扩大化趋势。

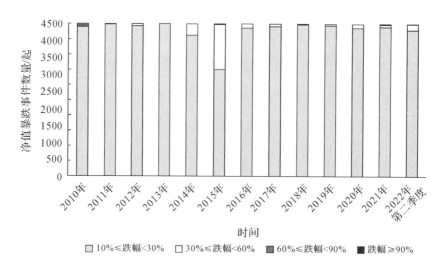

图 11-2   2010 年至 2022 年第二季度国内公募基金净值暴跌事件跌幅统计

固收型基金净值暴跌主体类型如图 11-3 所示,2010 年至 2022 年第二季度共有固收型基金净值暴跌事件 829 起,其中:335 起主体基金类型为混合债券型二级基金,150 起主体基金为混合债券型一级基金,混合债券型基金合计占比为 58.5%;265 起暴跌事件的主体基金为可转换基金,占比为 32.0%;中长期纯债型基金暴跌事件数量共计 64 起,占比为 7.7%;短期纯债型基金及被动指数型基金分别为 10 起与 3 起。

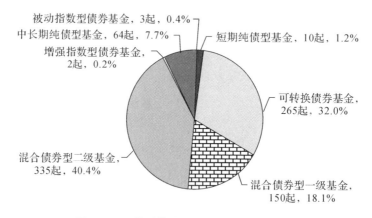

图 11-3   固收型基金净值暴跌主体类型统计

四、偏股型公募基金踩雷爆雷股票或风格突变

本书对 2000 年以来偏股混合型及普通股票型基金公开披露的股票持仓进行了详细的数据研究,如表 11-1 所示,包括公募基金是否曾经持有过出现股票质押爆雷、退市爆雷和缩量暴跌爆雷的股票,持有的头寸规模,卖出和买入的时间点等,并得出了几个重要的结论。截至 2021 年 8 月 24 日,全国共有 146 家基金公司,据统计:有 81 家基金公司曾持有出现股票质押爆雷的股票,占基金公司总数的 55%;有 65 家基金公司未曾持有出现股票质押爆雷的股票,占基金公司总数的 45%。有 77 家基金公司曾持有出现退市爆雷的股票,占基金公司总数的 53%;有 69 家基金公司未曾持有出现退市爆雷的股票,占基金公司总数的 47%。有 129 家基金公司曾持有出现缩量暴跌爆雷的股票,占基金公司总数的 88%;有 17 家基金公司未曾持有出现缩量暴跌爆雷的股票,占基金公司总数的 12%。2000 年第一季度至 2021 年第一季度,超过半数的公募基金持有过历史爆雷股票,数量总计高达 684 只。

表 11-1　公募基金未能提前出仓的爆雷股票

爆雷分类	股票名称
股票质押	网宿科技、领益智造、尔康制药、天音控股
退市	外运发展
缩量暴跌	捷顺科技、苏垦农发、ST 北文、上海机场、张家港行、三角防务、欧菲光、延安必康、万达电影、阳光电源、华星创业、省广集团、中恒电气、方大炭素、ST 中珠、现代投资、万达信息、华录百纳、麦捷科技、值得买、惠程科技、*ST 康美、城投控股、星网宇达、视觉中国、经纬纺机、中兴通讯、紫光国微、新城控股、尔康制药、恩捷股份、隆基股份、汇顶科技、益生股份、台海核电、中科金财、中文在线、英特集团、海能达、吉艾科技、*ST 节能、ST 柏龙、星云股份、领益智造、中国铝业、通威股份、金发科技、康得退、欧普康视、康泰生物、*ST 德奥、金力泰、广博股份、华海药业、国机汽车、英可瑞、*ST 环球、兴源环境、赛微电子、*ST 东网、青龙管业

在股票质押爆雷前提前卖出的基金公司有 71 家,占持有历史爆雷股票基金公司数量的 88%。在退市爆雷前提前卖出的基金公司有 75 家,占持有历史爆雷股票基金公司数量的 97%。在股票缩量暴跌爆雷前提前卖出的基金公司有 84 家,占持有历史违约信用债基金公司数量的 58%。具有一次或多次踩雷经历的基金公司有 79 家,占总基金公司数量的 54%。

作为市场中聪明的投资者,公募基金具有股票风险识别的能力,大部分基金

公司能够通过股票研究进行合理的判断,并提前做出反应,避免投资者损失。就历史上是否曾购入爆雷股票而言,头部基金与中小基金的表现无显著差异。但从买入爆雷股票的次数,未在违约前卖出的次数来看,头部基金较中小基金更少买入爆雷股票,且更少因爆雷股票而承受损失。从提前卖出的时间来看,头部基金及中部基金较小基金能更早地发现问题。

五、偏债型公募基金债券风险预警能力及踩雷概况

本书通过研究 2012 年第二季度至 2020 年第四季度公募基金信用债持仓情况,对公募基金信用债预警能力进行探究。本书将主要研究以下两个问题:一是公募基金是否具备信用债风险预警能力,即通过研究公募基金信用债调仓行为是否可以挖掘出潜在风险或高风险债券;二是债券风险预警能力与公募基金排名之间的关系,即与中小公募基金相比,头部公募基金是否具有更强的投研能力和债券风险预判能力。

(一)违约信用债公募基金持仓情况统计分析

1. 基金公司持有历史违约信用债情况

截至 2021 年 2 月 19 日,全国共有 143 家基金公司,据统计:有 78 家基金公司曾持有历史违约信用债,占基金公司总数的 55%;有 65 家基金公司未曾持有历史违约信用债,占基金公司总数的 45%。2012 年第二季度至 2020 年第四季度,超过半数的公募基金持有过历史违约信用债,数量总计高达 104 只,公募基金调仓行为为债券风险预警研究提供了数据支持,值得深入探究,如图 11-4 所示。

平均提前减仓时间/天   平均提前卖出时间/天

751   690

图 11-4 基金公司持有历史违约债券情况

2. 基金公司提前卖出违约债情况

在信用债违约前提前卖出且从未踩雷违约债的基金公司有 64 家,占持有历

史违约信用债基金公司数量的 82%;具有一次或多次踩雷经历的基金公司有 14 家,占持有历史违约信用债基金公司数量的 18%。总体来说,大多数基金公司对违约信用债能够进行提前预判,具有信用债风险预警能力,如图 11-5 所示。

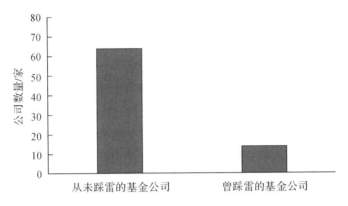

图 11-5 基金公司提前卖出违约信用债情况

3. 预警时间分析

本书对公募基金信用债持仓情况进行统计,发现持有历史违约信用债的公募基金平均提前 751 天进行减仓,提前 690 天卖出全部持仓,在信用债违约前两年左右有所反应,并及时进行调仓,有效避免了违约债带来的损失,有着较强的风险预判能力,如图 11-6 所示。

图 11-6 基金公司预警时间

4. 持仓基金公司数量变化分析

基金公司大多能够在信用债违约前做出预判,并减少持仓。数据显示,临近信用债违约日期时,其持仓基金公司的数量会减少。需要注意的是,持仓基金公司数量和距离违约期的时间长度并不一定正相关,即持仓基金公司数量并非都呈现单调递减。但在临近违约期的一段时间内,持仓基金公司数量会逐渐减少。以"11 新光债"为例,该债券于 2018 年 11 月 23 日违约,2012 年至 2015 年间,其持有基金数都有增加的情况,但从 2015 年 10 月起,持仓基金公司数量逐渐减少至 0,如表 11-2 所示。

表 11-2 公募基金的增减持情况(以新光债为例)

名称	代码	债券违约时间	报告期	持有基金数/只
11 新光债	122776.SH	2018 年 11 月 23 日	2012 年 6 月 30 日	3
11 新光债	1180170.IB	2018 年 11 月 23 日	2012 年 9 月 30 日	2
11 新光债	122776.SH	2018 年 11 月 23 日	2012 年 9 月 30 日	2
11 新光债	1180170.IB	2018 年 11 月 23 日	2012 年 10 月 1 日	1
11 新光债	122776.SH	2018 年 11 月 23 日	2012 年 12 月 31 日	4
11 新光债	122776.SH	2018 年 11 月 23 日	2013 年 1 月 1 日	2
11 新光债	1180170.IB	2018 年 11 月 23 日	2013 年 3 月 31 日	1
11 新光债	122776.SH	2018 年 11 月 23 日	2013 年 3 月 31 日	3
11 新光债	1180170.IB	2018 年 11 月 23 日	2013 年 6 月 30 日	1
11 新光债	122776.SH	2018 年 11 月 23 日	2013 年 6 月 30 日	3
11 新光债	1180170.IB	2018 年 11 月 23 日	2013 年 9 月 30 日	1
11 新光债	122776.SH	2018 年 11 月 23 日	2013 年 9 月 30 日	5
11 新光债	122776.SH	2018 年 11 月 23 日	2013 年 10 月 1 日	4
11 新光债	1180170.IB	2018 年 11 月 23 日	2013 年 12 月 31 日	1
11 新光债	122776.SH	2018 年 11 月 23 日	2013 年 12 月 31 日	2
11 新光债	1180170.IB	2018 年 11 月 23 日	2014 年 3 月 31 日	1
11 新光债	122776.SH	2018 年 11 月 23 日	2014 年 3 月 31 日	3
11 新光债	1180170.IB	2018 年 11 月 23 日	2014 年 6 月 30 日	1
11 新光债	122776.SH	2018 年 11 月 23 日	2014 年 6 月 30 日	3
11 新光债	1180170.IB	2018 年 11 月 23 日	2014 年 9 月 30 日	1
11 新光债	122776.SH	2018 年 11 月 23 日	2014 年 9 月 30 日	3
11 新光债	1180170.IB	2018 年 11 月 23 日	2014 年 12 月 31 日	1
11 新光债	1180170.IB	2018 年 11 月 23 日	2014 年 12 月 31 日	0
11 新光债	122776.SH	2018 年 11 月 23 日	2014 年 12 月 31 日	4
11 新光债	122776.SH	2018 年 11 月 23 日	2015 年 1 月 1 日	3

续　表

名称	代码	债券违约时间	报告期	持有基金数/只
11 新光债	122776.SH	2018 年 11 月 23 日	2015 年 3 月 31 日	4
11 新光债	122776.SH	2018 年 11 月 23 日	2015 年 6 月 30 日	5
11 新光债	122776.SH	2018 年 11 月 23 日	2015 年 7 月 1 日	2
11 新光债	122776.SH	2018 年 11 月 23 日	2015 年 9 月 30 日	5
11 新光债	122776.SH	2018 年 11 月 23 日	2015 年 10 月 1 日	2
11 新光债	122776.SH	2018 年 11 月 23 日	2015 年 12 月 31 日	2
11 新光债	122776.SH	2018 年 11 月 23 日	2016 年 3 月 31 日	2
11 新光债	122776.SH	2018 年 11 月 23 日	2016 年 6 月 30 日	2
11 新光债	122776.SH	2018 年 11 月 23 日	2016 年 9 月 30 日	2
11 新光债	122776.SH	2018 年 11 月 23 日	2016 年 12 月 31 日	2
11 新光债	122776.SH	2018 年 11 月 23 日	2017 年 1 月 1 日	1
11 新光债	122776.SH	2018 年 11 月 23 日	2017 年 3 月 31 日	1
11 新光债	122776.SH	2018 年 11 月 23 日	2017 年 6 月 30 日	1
11 新光债	122776.SH	2018 年 11 月 23 日	2017 年 9 月 30 日	1
11 新光债	122776.SH	2018 年 11 月 23 日	2017 年 12 月 31 日	1
11 新光债	122776.SH	2018 年 11 月 23 日	2018 年 1 月 1 日	0

此外,在信用风险防范中,除踩雷违约债券之外,信用风险的风险敞口规模管理,即集中度的管控也很重要,以某偏债券型基金为例,2018 年 5 月,该基金净值从 1.6 下跌到 1.2 不到,出现净值暴跌现象的背后除了踩雷违约债券,还有违约债券持仓规模过大的原因,表 11-3 是该基金在违约前的债券持仓结构表。

表 11-3　某基金违约前的债券持仓结构

2018 年初重仓个券			
债券名称	仓位	发行主体	最新债项评级
15 华信债	24.18%	上海华信国际集团有限公司	C
17 现牧停	8.92%	现代牧业(集团)有限公司	AA
16 航空债	8.35%	海航航空集团有限公司	AAA
15 玉皇化工 MTN001	6.53%	山东玉皇化工有限公司	AA
11 凯迪 MTN01	6.49%	凯迪生态环境科技股份有限公司	C

续　表

最新重仓个券			
债券名称	仓位	发行主体	最新债项评级
15 华信债	14.91%	上海华信国际集团有限公司	C
16 航空债	9.78%	海航航空集团有限公司	AAA
15 海航债	9.26%	海航集团有限公司	AAA
17 现牧停	8.98%	现代牧业(集团)有限公司	AA
15 步步高 MTN001	8.25%	步步高投资集团股份有限公司	AA

(二)公募基金排名与债券风险预警能力分析

1. 买入违约债情况

从历史违约信用债持仓的角度来看,曾购买过历史违约信用债五次及以上的 11 家基金公司中,中小公募基金有 9 家,排名集中在第 30—99 名,排名前十的头部基金公司有 2 家曾五次及以上购买过历史违约信用债,如图 11-7 和图 11-8 所示。

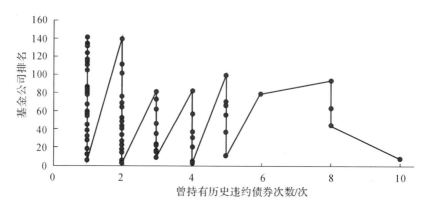

图 11-7　基金公司排名与曾持有历史违约债券次数

从踩雷违约信用债的角度来看,未在信用债违约前卖出的基金公司总共 12 家,其中排名前十的头部基金公司仅 1 家。

头部基金持有债券数量多,其中也包括历史违约信用债,但大部分头部基金都能在信用债违约前及时抛售。排名在第 100—141 名的小基金持有债券数量较少,且大多选择国债、地方政府债券、央行票据等债券,较少购入信用债,在持有历史违约债券的 13 家小基金公司中,有 2 家未在违约前卖出信用债。

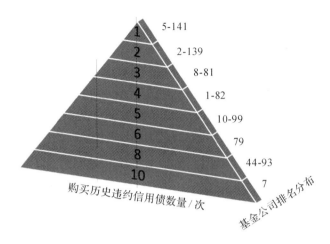

图 11-8　基金公司排名分布

2. 提前预警情况

根据统计,排名前 30 以及排名在第 51—60 名的公募基金提前预警时间最长,能够提前两年以上察觉到信号,预判能力最强。排名在第 100—141 名的小基金,平均提前 238 天卖出。与排名在第 100—141 名的小基金相比,头部及中部公募基金具有较好的预警能力,如表 11-4 所示。

表 11-4　公募基金平均提前抛售时间

基金公司排名	平均提前抛售时间/天
1—10	809
11—20	871
21—30	1034
31—40	604
41—50	724
51—60	1103
61—70	472
71—80	712
81—90	684
91—100	789
101—141	238

3.结论

总体而言，作为市场中聪明的投资者，公募基金具有信用债预警能力，大部分基金公司能够敏锐地捕捉到违约信号，并提前做出反应，避免投资者损失。临近信用债违约日期时，其持有的基金数会逐渐减少，统计并分析信用债持仓基金数量，有利于进行风险预判。

就历史上是否曾购入违约债而言，头部基金与中小基金的表现并无显著差异。但从买入违约债的次数，未在违约前卖出的次数来看，头部基金较中小基金更少买入违约债，更少因信用债违约而遭受损失。从提前卖出的时间来看，头部基金、中部基金及较小基金更能提早发现信用债的预警信号，及时调整持仓。研究公募基金信用债调仓行为可以从机构行为的角度探索风险动态变化趋势，对债券预警具有重大意义。

(三)典型的偏债型公募基金债券踩雷概况

典型的偏债型公募基金踩雷的债券及其名单如表 11-4 所示。

表 11-4　偏债型公募基金踩雷的债券及其名单

基金代码	基金名称	基金类型	基金净值大幅下跌起始日期	基金净值大幅下跌结束日期	基金净值下跌持续天数/天	基金净值下跌幅度/%	基金净值下跌原因
076315	嘉实添利专享1号	固收专户产品	2021年1月8日	2021年1月15日	7	11.00	持有"18华夏07"，华夏幸福债券违约
007821	华泰紫利丰丰中短债	短期纯债型基金	2020年10月16日	2020年12月4日	50	17.11	持有"13平煤债"，此外，第三季度报告数据显示，华泰丰利中短债及华泰紫金丰益中短债期末都重仓"13平煤债"，该债券公允价值占两只基金资产净值比例依次为6.77%、5.72%。由于永煤违约事件影响市场投资者信心，部分煤企、城投存续债的市场表现受到拖累。2020年11月11—12日，"13平煤债"出现连续大跌，两天累计跌去22.4%，并于11月13日小幅上涨3.07%。该债券的市场异动也影响了华泰上述产品的净值表现
006073	人保鑫瑞中短债	开放式基金	2020年11月9日	2020年11月11日	2	3.12	华晨、永煤事件发生后，受到短期市场冲击
161618	融通岁岁添利	一	2020年11月9日	2020年11月16日	7	6.23	第三大重仓债券"18豫能化MTN002"为河南能源化工集团有限公司旗下债券公司债之一。河南永城煤电控股集团有限公司债券违约后，其控股股东河南能源化工集团有限公司旗下债券应声下跌

第12章 沪深资本市场的IPO破发风险

全面注册制下,新股破发将成为A股常态,尤其是2021年以来,由于二级市场整体下行,部分报价机构对二级市场变化缺乏预期和调整,未及时调整报价策略等,破发案例比比皆是,这也是资本市场和上市公司迈向高质量发展的必经之路。参考美股和港股市场,近十年新股破发已是常态,在美国上市的中概股首日破发比例高达40%,2021年以来港股市场新股破发率达到四成以上。在一级半市场实行询价新规后,市场的价值发现功能将在新股定价中进一步发挥作用,网下机构"博入围、赚快钱"的策略将失效,打新基金、"固收+资管"产品和信托计划的投资策略也需要因时而变,也要求券商的ECM(股权资本市场)部门提升自身的投研和承销能力。对二级市场来说,新股定价效率的提升将为次新股的投资提供更好的机会,同时也需要投资者更为理性地参与和看待打新。

一、新股发行制度及政策的变迁

自1990年沪深交易所成立以来,以市场化改革为核心,我国IPO发审制度经历了由审批制、核准制向注册制的转变过程,定价机制逐渐市场化。当前,上海证券交易所科创板、深圳证券交易所创业板以及北京证券交易所IPO均已开启注册制试点,全面注册制改革正在有序推进中,如图12-1所示。

图 12-1　我国新股发行制度改革过程

（一）审批制（1993—2000 年）

1993 年 4 月，国务院颁发《股票发行与交易管理暂行条例》，规定由证监会统一审批新股的发行。以额度管理为起点，新股发行实行两级审批。在发行额度上，由国务院证券监管机构根据宏观情况和市场供求制定当年股票发行总规模。1993—1995 年，共确定 105 亿元的发行额度，其间共有 232 家企业上市，筹资超过 400 亿元。额度管理的弊端在于地方政府追求发行数量，有限额度被过度拆分，不利于资源有效配置。1996 年，国务院证券委员会开始实施"总量控制、限定家数"的指标管理，在确定的发行总规模内，向各省级行政区分配发行数量指标。指标管理阶段，在促进国有企业改革的背景下，上市企业为大中型国企，Wind 数据显示，1996—2000 年共上市 665 家企业，上市首日平均市值为 28 亿元，如表 12-1 所示。

表 12-1　1993—2000 年上市公司数据统计

上市年份	上市公司数量/家	平均首发市盈率（加权）	上市首日平均涨幅/%	上市首日平均市值/亿元
1993	101	12.4	327.4	29.4
1994	98	12.4	171.0	13.9
1995	19	12.9	319.6	20.5
1996	174	15.6	270.2	12.4
1997	180	14.9	251.0	26.4
1998	98	14.1	305.2	28.1
1999	86	16.9	141.2	38.4
2000	127	25.9	151.6	46.6

在审批制下，新股采用定价发行，以市盈率法计算。在配售制度上，该阶段经历了从抽签限量发售、无限量按比例配售、按银行存款比例抽签配售，到上网定价、全额预缴款等方式。定价发行对上市企业的市盈率估值通常在 15 及以下，且公司数量有限，往往供不应求，上市后首日涨幅可翻数倍。在这一阶段，上市首日破发的公司合计 41 家，上市首日平均收益率为 −52.8%。

（二）核准制（2001 年至今）

2001 年，证监会正式取消股票发行额度和指标规定，股票发行制度迈出市场化第一步。核准制下早先实行"通道制"，规定获主承销商资格的证券公司可拥有的通道数量（即能够推荐拟上市的企业数量），主承销商负责推荐企业，证监会对企业信息披露的真实、准确、完整性进行核准。该制度减少了行政干预，将发行的部分权责移至主承销商，中介机构开始发挥作用。"通道制"实质上仍然限制了上市公司数量，导致承销商更愿意推荐大型企业，上市企业以中国石化、宝钢股份等超级大盘股为代表，如表12-2所示。

表12-2   2001—2003年上市公司数据统计

上市年份	上市公司数量/家	平均首发市盈率（加权）	上市首日平均涨幅/%	上市首日平均市值/亿元
2002	67	17.6	152.9	47.0
2003	64	18.0	71.4	38.8

2004年，"保荐制"的实行使保荐机构和保荐代表人的责任得到强化，完善对IPO事前事后全程监管，有利于提高IPO质量。2013年，我国IPO制度进一步完善，在发审、定价、信息披露和法律责任等层面逐渐靠近注册制的特点：在上市审核过程中，淡化证监会对发行人盈利能力和投资价值的判断，审核注重信息披露内容的合法合规性；询价对象的范围由机构投资者扩大到个人投资者，并优化配售机制；精简IPO发行条件，提高审核的公开透明度。这一系列制度安排为后续注册制的试点落地起到铺垫作用。在这一阶段，上市首日破发的公司合计146家，上市首日平均收益率为−6.89%。

（三）注册制（2019年至今）

注册制改革以市场化为核心，主要特点有两个方面：一是证监会主要对上市文件进行形式审查，对投资价值不做判断；二是公开管理，注重信息披露和事后控制。我国科创板、创业板、北京证券交易所已先后实行注册制试点，审核权下放至交易所。注册制改革过程中，发行定价机制是关键环节。2021年9月，询价新规落地，主要针对网下投资者"抱团报价"、发行时"低发行价、低市盈率、低募资额"的"三低"现象。原询价规则下，报价不得高于四类机构（公募基金、社保基金、养老金和险资）报价中位数和加权平均数，同时剔除10%的高价。询价新规将最高报价剔除比例由"不低于10%"调整为"不超过3%"，同时"不低于1%"，使高价被剔除的可能性降低，为报价区间扩容；取消报价高于四类机构需延迟发行的要求，使整体定价中枢有所上调。询价新规的落地，一方面能够促进买卖双方均衡博弈，提高定价市场化水平；另一方面将引导定价趋于理性，打新收益率将有所下滑。同时，询价新规也会导致新股定价中枢大幅提高，在二级市场持续走弱、投资者风险偏好降低的环境下,破发风险增大。

此外,在余额包销制度下,主承销商负责包销投资者弃购的股票。在新股破发的情况下,跟投和包销新股都将给主承销商们带来浮亏。以海通证券主承销的翱捷科技－U 和迈威生物－U 为例,两家上市公司的首日跌幅约为三成,该券商通过包销和跟投合计购入上述两家公司的股数分别约为 190 万股与 360 万股,在两只新股的上市首日便分别产生浮亏超 1 亿元和超 3500 万元,损失较为严重。再比如,中信建投和国泰君安以及大和证券分别主承销了唯捷创芯－U 与普源精电－U,在两只新股上市首日,分别产生浮亏超 5000 万元和超 4000 万元。然而,在对比首发主承销商因包销和跟投而承受的浮亏与其收获的主承销保荐费用后发现,券商在首发主承销业务上获得的收益还是超过其遭受的损失,如表 12-3 和表 12-4 所示。在这一阶段,上市首日破发的公司合计 91 家,上市首日平均收益率为－13.17%。

表 12-3　询价新规实施前后科创板 IPO 数据

科创板 IPO 统计	上市公司数量/家	首日平均涨跌幅/%	首日破发公司数量/家
询价新规实行前	341	185	1
询价新规实行后	99	29	39

注:统计区间为 2019 年 7 月 22 日—2022 年 7 月 25 日,询价新规落地时间为 2021 年 9 月 18 日。

表 12-4　询价新规后的 IPO 破发名单

板块	破发名单	首日平均涨跌幅/%
主板	龙源电力	－22.87
科创板	隆达、中科蓝讯、思科瑞、观典防务、德龙激光、景业智能、禾川科技、药康生物、赛微微电、峰岹科技、经纬恒润－W、英集芯、安达智能、海创药业－U、唯捷创芯－U、普源精电－U、长光华芯、荣昌生物、仁度生物、首药控股－U、莱特光电、理工导航、格灵深瞳－U、高凌信息、思林杰、臻镭科技、迈威生物－U、翱捷科技－U、亚虹医药－U、品高股份、春立医疗、南模生物、百济神州－U、迪哲医药－U、新点软件、成大生物、新锐股份、中科微至、中自科技	－16.64
创业板	元道通信、嘉戎技术、中一科技、军信股份、冠龙节能、万凯新材、兆讯传媒、和顺科技、软通动力、大族数控、星辉环材、唯科科技、奥尼电子、争光股份、华兰股份、深城交、戎美股份、可孚医疗	－9.93

二、不同市场新股发行机制对比研究

注册制通常为境外成熟市场证券发行监管的普遍做法。中国的香港及台湾地区均实行有注册制特点的证券发行制度。根据不同国家或地区历史传统、投资者结构和司法保障等方面的情况,实施注册制的具体做法并不完全相同,如表12-5所示。

表 12-5 不同市场发行机制对比

市场		发行环节		上市环节		定价机制
		审核主体	审核形式	审核主体	审核形式	
美国资本市场		美国证监会	形式	交易所	形式	累计投标询价
中国资本市场	香港交易所	香港证监会、香港联交所	形式+实质	香港证监会、香港联交所	形式+实质	累计投标询价、固定价格发行
	台湾证券交易所	"台湾证券期货局"	形式	台湾证券交易所	实质	累计投标询价
	沪深主板	证监会实质审核				询价、直接定价
	科创板	上海证券交易所审核、证监会注册形式				询价、直接定价
	创业板	深圳证券交易所审核、证监会注册形式				询价、直接定价
	北京证券交易所	北京证券交易所审核、证监会注册形式				直接定价、竞价、询价

美国注册制以信息披露为中心,以监管制度保证市场平稳运行;在配套制度上,从定价与配售、再融资到退市等均制定完善的规章制度;中介机构权责分明,归位尽责。中国香港地区的股票发行采用核准制与注册制并行,以信息披露为主,实质判断为辅;程序上公开透明、可预期;审核发行机构具有否决权,但仅在极端情形下使用。中国台湾地区的注册制同样强调发行公司的信息披露,"台湾证券期货局"采取"负面清单"制度,台湾证券交易所对上市进行实质性审核。

从实质来看,各实行注册制的市场在审核主体方(监管机构均参与审核)、披露要求(强调准确、完整)、中介责任(承销商连带责任)等方面并无重大差别;而将核准制与注册制进行对比可以发现,二者同样注重信息披露的准确、完整、真实,也同样实行 IPO 事前事后全过程监管,且有较完善的配套制度作保障。因此,上市制度间并无优劣之分,制度改革的共同方向是市场化、制度公开透明化和法治化。

三、沪深股市新股发行相关的文献综述

IPO 询价机制是我国上市发行制度改革的关键环节,国内学界聚焦 IPO 定价效率和抑价现象,也对此做了大量讨论。在 IPO 定价效率上,初可佳和张昊宇(2019)认为定价管制的存在是产生较高 IPO 发行抑价率的重要原因,随着我国发行制度改革不断完善,定价效率逐渐提升。在注册制试点背景下,谢朝华和刘玲杉(2020)对我国不同板块市场的定价效率进行比较发现,注册制下 IPO 的定价效率明显高于其他板块。而徐学军和陈凯(2021)则认为,注册制实施后,对于具有炒作概念(低市盈率、低募资额、低中签率)的“三低”新股本身来说,反而加重了其炒作现象。董秀良等(2021)采用随机前沿模型进行研究,发现相比创业板,科创板新股定价存在更明显的高估现象,最主要的原因在于主承销商定价能力不足。同样,东北证券—复旦大学课题组等(2022)研究认为:破解 IPO 市场化改革的关键环节在于提高保荐机构和投行执业质量;在制度上,提出应当建立充分市场化的博弈均衡定价机制,强化对网下投资者的分类监管,投行业务的全链条监管等。从沪深主板新股上市首日规定角度出发,张卫东等(2018)研究发现新股上市首日的涨跌幅限制使 IPO 抑价现象更严重,且受市场情绪影响,此时公司基本面与抑价高低更不相关。

基于 IPO 破发的角度,王澍雨和杨洋(2017)认为,创业板 IPO 破发与一级市场估值偏高、二级市场悲观情绪有关,解决 IPO 破发的关键在于提高询价透明度、加强投资者教育。张玉婷(2014)通过实证发现,影响 A 股上市公司首日破发的因素中,外部因素比公司内在因素的影响力更大,外部因素主要为市场因素和发行首日二级市场估值因素。朱特红(2015)研究得出以下结论:第一,熊市行情下 A 股市场 IPO 破发程度波动范围虽大,但破发程度大体较小;第二,在此研究阶段中,IPO 破发现象具有一定的行业分布特点,样本破发股主要集中在制造业,信息传输、软件及信息技术服务业,以及批发和零售业三个行业中;第三,市场热度情况及投资者行为对我国 IPO 破发现象有着显著影响;第四,投资者在进行投资决策时往往对股票发行公司的成长性关注不够,忽视了基本面分析的重要性。

四、沪深股市 IPO 破发的统计分析和研究

从年份来看,1993 年、2010—2012 年,以及 2020 年以来,A 股 IPO 破发风险处于相对高峰期。2019 年 A 股的破发率为 1.5%,而 2020 年和 2021 年却已经达到 4.4% 和 4.2%。在注册制度实施之前的 A 股市场中,新股频频破发是市场弱到极点和融资过多的表象。1993 年,新股募资冲上 212 亿元,是以前所有年份总和的 3 倍,次年 A 股大跌 22%,并出现了新股停发和破发的情况。2010—2012 年出现破发情形主要系资本市场疲弱、高估值发行,以及新股募集高峰期叠加所致。2020 年以来,A 股 IPO 破发风险陡增,主要系新股发行制度改革和注册制推进所致,如图 12-2 所示。

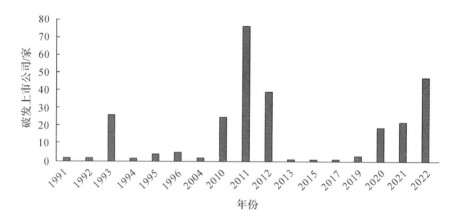

图 12-2 从年份来看 IPO 破发风险

注:时间截至 2022 年 8 月。

从行业分布来看,以申万一级行业为标准,电子、机械设备、基础化工、计算机、医药生物、电气设备 IPO 破发风险最高,主要是由于这些行业上市的初创企业较多,且行业格局多变,技术颠覆速度快,市场对公司未来发展不确定性的担忧较重。此外,科创板允许未盈利企业上市,因此,未盈利企业都集中在科创板,而科创板中的上市公司行业也主要分布在以上所述的几个行业,未盈利的公司在上市后大部分会出现破发,如图 12-3 所示。

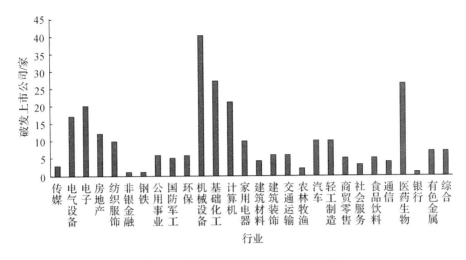

图 12-3　从行业分布来看 IPO 破发风险

从板块分布来看,科创板 IPO 破发率远高于其他板块,主要系科创板上市制度和上市公司特征所致,如图 12-4 所示。

图 12-4　从板块分布来看 IPO 破发风险

五、IPO 破发股票的案例分析

案例一:庞大集团

庞大集团有限公司(简称庞大集团)主营业务为汽车销售,收入主要来源于重型卡车、斯巴鲁汽车以及其他小型品牌汽车的销售额,在华北市场占有一定的份额。庞大集团的主承销商为瑞银证券,在为庞大集团定价时,因其所属行业为 A 股零售商,故可以国内外汽车经销商和制造商作为可比公司。在初步询价截止日

(2011 年 4 月 13 日)后,参照可比公司市盈率和 VCAM(价值创造分析模型),庞大集团上市发行价定为人民币 45 元,发行市盈率为 41.4,并获得 1.73 倍的超额认购。从庞大集团发行数据来看,其具有"三高"特征(高发行价、高市盈率、超额募股),庞大集团上市首日即破发,跌幅达 23.16%,可见破发原因和"三高"有关。对于 IPO 主承销商,承销收入与承销价格挂钩,两者的利益关系很可能使发行定价处于偏高水平。从询价机制来看,机构投资者对庞大集团估值不一,大部分出价在 35~50 元,相比之下,IPO 定价处于较高区间;从申购中签率来看,网上中签率高达 21.6%,说明投资者对该股票上市表现并不看好。综合上述分析可知,庞大集团发行定价过高是其上市首日破发的原因,而在发行定价机制上,承销商、发行人、询价机构等利益相关者受到的规章准则制约较少,使新股定价偏离合理水平,具体如表 12-6 所示。

表 12-6　庞大集团发行情况

指标	具体内容
股票种类	人民币普通股 A 股
发行股数	不超过 14000 万股(占发行后总股本的比例不超过 13.35%)
发行价格	45 元/股
发行前每股净资产	2.94 元(以 2010 年 6 月 30 日经审计的母公司的股东权益计算)
发行后市盈率	41.4(发行后总股本摊薄)
发行后每股净资产	8.88 元(按实际募集资金量全面摊薄)
发行后市净率	5.07(按发行后总股本全面摊薄)
发行方式	网下向询价对象询价配售与网上资金申购发行相结合
承销方式	余额包销
保荐人	瑞银证券
募集资金总额	6300000000 元
募集资金净额	6040006746 元

案例二:养元饮品

河北养元智汇饮品股份有限公司(简称养元饮品)主营业务为饮料、罐头生产和预包装食品的批发与零售,于 2018 年 2 月 12 日在上海证券交易所实现上市交易,所募资金将用于公司内部营销网络建设和市场项目开发,以及衡水总部年产 20 万吨营养型植物蛋白饮料项目建设。养元饮品正式上市前,在 2011—2017 年曾四次申请 IPO。养元饮品主承销商为国信证券,行业为 A 股零售商,以国内外食品饮料行业作为可比行业,根据 A 股可比公司、国内外食品饮料行业、A 股食品饮料行业、H 股可比公司的十年平均市盈率,以及 VCAM 得出的养元饮品每股股价的合理区间为 69.5~85.2 元。根据初步询价确定的发行价格为 78.73 元/股,网上最终发行数量占本次公开发行新股数量的 90%。网下投资者弃购 18639 股,网上投资者弃购 198866 股,合计 217505 股,由主承销商包销。交易首日,养元饮品上涨 44%,首日市值达 610 亿元,上市后最高价为 113.37 元,但持续时间不足一月,在第 19 个交易日便出现了从高价跌破上市价格的情况。在此次发行中,较高的发行价绝对值(78.73 元/股)、数量庞大的股本(5.38 亿股),使得养元饮品在本次发行中面临更大的市场风险,其股价需要市场更多的资金支撑,但后续市场资金表现欠佳,新股破发的概率增加,如表 12-7 所示。

表 12-7　养元饮品发行情况

指标	具体内容
保荐人	国信证券
发行股数	5380.5 万股
流通限制及期限	公司股东本次公开发售的 1075.5 万股股份未超过一年不得转让
发行价格	78.73 元/股
发行后市盈率	17.74(按发行后总股本摊薄)
发行后每股净资产	17.19 元
发行后每股收益	4.439 元
发行后市净率	4.58(按发行后总股本全面摊薄)
发行方式	网下询价配售、网上定价发行
承销方式	余额包销
募集资金总额	338932.65 万元
募集资金总额	326567.2 万元
发行费用总额	12365.45 万元(不含税)
每股新股发行费用	2.87 元

案例三:浙商银行

在初步询价阶段,浙商银行确定发行价为 4.94 元,网下和网上投资者共弃购 13417473 股,弃购金额合计达 6628 余万元。申购中签率为 0.6881%,弃购的新股由联合主承销商包销,包销比例为 0.526175%。上市首日,浙商银行开盘价为 4.95 元,但开盘仅五秒就跌到了 4.93 元,跌破发行价,随后又迅速冲高,涨幅超过

10%,触发临时停牌机制。复牌之后,股价就一直处于波动下跌之中,收盘价格为4.97元,全天涨幅为0.61%。2019年11月27日,上市第二天的开盘价为4.81元,收盘价为4.74元,较发行价下跌了0.2元,浙商银行正式破发,如表12-8所示。

表 12-8　浙商银行发行情况

指标	具体内容
保荐人	中信证券
联合主承销商	中信证券、中金公司
发行数量	255000 万股
发行价格	4.94 元/股
发行方式	网下询价配售和网上定价发行相结合
募集资金总额	1259700.00 万元
募集资金净额	1243794.31 万元
发行后每股净资产	4.93 元
发行后每股收益	0.53 元
发行后市盈率	9.39
发行后市净率	1.00(按发行后每股净资产计算)
承销方式	余额包销
每股发行费用	0.06 元

第13章 血本无归:A股退市爆雷的经典案例

识别风险对于判断投资价值有重要意义,二八定律之下,只有极少数优秀的公司可以基业长青,而绝大部分上市公司只能归于平淡,少数公司甚至会惨烈消亡、轰然倒塌。对于上市公司而言,诸多案例告诉我们,资本市场具有"两面性",一着不慎,满盘皆输。每个投资者都希望持有的是贵州茅台,但仅有极少数的事前预判和坚持是成功的,因此,我们需要时刻审慎判断上市公司的风险,尤其是会造成血本无归的强制退市风险。

强制退市风险一般指上市公司因业绩不佳、财务造假等情况,被动停止其股票在资本市场交易的风险。股票的退市在A股往往是一个缓慢的过程,强制退市风险就像是慢刀子割肉,对于投资者而言,其爆雷的影响程度虽然最为恶劣,造成的损失也最为惨重,但是有机会提前离场。

一、云大科技:校企退市第一家

- **公司概况**

云大科技有限责任公司(简称云大科技)是国有企业,实际控制人为云南大学,于1998年9月16日在云南省工商行政管理局登记注册,总部位于云南省昆明市。公司股票已于1998年9月28日在上海证券交易所挂牌交易。云大科技股份有限公司是一家长期致力于发展生物高科技的上市公司,其前身为成立于1992年的云南大学南亚生物化工厂。云大科技有限责任公司主要从事科学研究,技术开发与服务,对教学科研单位批发、零售电工器材和化学试剂,化工产品加工等业务。

云大科技的发起股东为云南大学科工贸总公司(后更名为云大投资控股有限

公司)、云南龙泰农业资源开发公司、云南省农垦供销公司、深圳市捷发信息咨询服务公司、深圳市蛇口大赢工贸有限公司、云南正通经贸有限公司等,其中,云南大学科工贸总公司持股 22.89%,为控股股东。

云大科技创立之初,凭着云南大学的专利技术"云大-120"植物生长调节剂起家。据当时的媒体报道,"云大-120"是当时最新型的广谱、高效、安全、抗逆性强的植物生长调节剂。上市后的前三年,云大科技依靠这个高科技产品取得了良好的业绩,1998—2000 年连续三年每股收益均保持在 0.30 元以上,并始终保持主营业务收入和净利润的同步快速增长。在这一阶段,公司销售利润率不断创出新高。1998 年公司主营业务收入为 9102 万元,净利润高达 4517.7 万元。1999 年,公司主营业务收入为 1.4 亿元,净利润高达 5271 万元。同年,云大科技还被评为"亚商中国最具发展潜力上市公司 50 强",其中云大科技名列第 37 位。

- 风险事件演变及时间轴

昆明市中级人民法院受理云南农垦集团有限责任公司(简称农垦公司)起诉科新公司的债权转让纠纷一案于 2006 年 11 月 20 日开庭。公司于 2006 年 12 月 21 日收到云南省昆明市中级人民法院民事裁定书。该院在审理招商银行股份有限公司昆明茭菱路支行(简称招行茭菱路支行)起诉云大科技借款合同纠纷一案中(详见 2006 年 8 月 2 日的云大科技公告),因出现应当中止诉讼的情形,2006 年 11 月 27 日,法院裁定:本案中止诉讼。鉴于云大科技股份有限公司连续四年亏损,上海证券交易所决定自 2007 年 6 月 1 日起终止公司股票上市。相关时间轴如表 13-1 所示。

表 13-1　云大科技风险事件概述

时间	事件概述
2003 年 12 月	公司为云大科技第一大股东,云大科技第三大股东云南省农垦供销公司所持云大科技 30400920 股国有法人股受云南省高级人民法院委托,已于 2003 年 11 月 17 日在上海技术产权拍卖有限公司拍卖
2004 年 5 月	公司第三大股东中国和平(北京)投资有限公司所持有的本公司 30400920 股社会法人股(占公司总股本的 8.73%)因涉诉被冻结
2006 年 6 月	公司向中国工商银行云南省分行营业室办理的 70000000.00 元三年期流动资金贷款逾期
2006 年 12 月	云大科技股份有限公司重大诉讼进展公告
2007 年 1 月	根据公司的经营情况,预计 2006 年将继续亏损

续　表

时间	事件概述
2007 年 4 月	S* ST 云大:终止上市风险提示性公告
2007 年 5 月	S* ST 云大:股票终止上市公告

- 退市风险分析

第一,从公司基本面的财务概况来看,财务风险高。公司资产结构中流动性资产占绝大部分,2007 年公司流动资产占总资产的比例高达 66.52%,而资产负债率从 2002 年起连年升高。公司负债情况严重,具体分析公司应收账款的质量,公司应收账款的前五大欠款人占比高达 52%,集中度较高,整体来看,公司应收账款坏账准备高达 23%。此外,公司盈利能力下降,2003 年以来归属母公司净利润持续亏损。

第二,从利益相关方的行为视角来看,公司治理存在重大缺陷。作为云南第一家高校上市企业,云大曾因产业基础坚实和业绩优良被寄予厚望。然而,公司上市后的前三年业绩畸高,上市三年后的业绩大幅下滑,以及公司管理层发展思路的前后不一致使得股东之间发生重大分歧。从 2003 年开始,天津经济技术开发区投资有限公司和中国和平投资公司对云大科技开始了长达三年之久的控股权之争。整个公司陷入混乱。

第三,从公司基本面的业务层面原因来看,公司业务转型发展过程不顺利。公司农化产业结构调整尚未完成,大多数自产新产品仍处于市场推广期,平均毛利率不高的状况在短期内难以改变。公司 2004 年推出的疫苗及农化产品尚处于市场推广期,新的利润增长点尚未形成规模收益;花卉产业尚处于投入期及技改建设阶段,加之控股子公司昆明国际花卉拍卖交易中心有限公司即将完成建设并投入正式运营,须一次性摊销开办费;医保产业虽稳定增长,且具有较大潜力,但部分厂房设施需经 GMP 认证;加之市场竞争激烈,公司产品获利能力下降,短期内无法形成收益。

- 经验总结和启示

校办企业兴起于 20 世纪 80 年代。随着改革开放的不断深入,为了让高校的科技成果更好地转化为市场产品,政府鼓励高校创办企业。科技成果转化和高新技术产业化被一些教育管理部门列为大学办学的重要评估指标。校办企业也因此得到了飞速发展，其中一些甚至成了行业里的佼佼者。1993年1月，以复旦大学为背景的复旦复华登陆上海证券交易所，掀起了校办企业上市的浪潮，如交大南洋、同济科技、工大高新等一批来自高校的校办企业相继上市。这些校办企业大多掌握先进技术，在资本市场上也被归类为高科技概念股，被寄予厚望。20世纪90年代后期，以清华大学和北京大学这两所头部高校为依托，一批明星校办企业陆续上市，如北大方正、清华同方、北大医药、紫光股份等，成为资本市场的宠儿。随后，清华和北大旗下的校办企业逐渐发展壮大，并占据了全国校办企业的半壁江山。在校办企业惊人的规模数字背后，也隐藏着严峻的问题。事企不分、监管缺位、法人治理结构不够完善、资本运营效率不高等问题在部分校办企业中凸显，有些知名校企也面临着负债率畸高、濒临破产重组的局面。2018年8月及2019年2月，教育部和财政部分别发布两份关于校企体制改革的文件，要求试点高校在2019年12月底之前完成体制改革任务。多家校办企业筹划或已经通过增资、股权转让等方式实现体制改革。浙大网新和众合科技控股股东解除一致行动关系，公司无实际控制人；同方股份、启迪控股、达安基因等已经签署相关协议，股权变更将导致实际控制人或控股股东变更，多数划归地方国资平台。

作为云南第一家高校上市企业，云大科技曾因产业基础坚实和业绩优良被寄予厚望。然而，上市头三年的突出业绩未能保持，两大主要股东对云大科技开始了控股权之争。自2003年出现亏损后，直到退市，云大都未能转亏为盈。这种崩塌毫无疑问是利益未得到有效协调的恶果。

第一，从公司基本面分析，公司调整产业结构及产品结构需要有充足的资金，对于资金紧张的公司，主营业务规模在短期内提升难度较大，易发生风险事件。

第二，从公司利益相关方的行为面分析，对于公司治理结构存在缺陷的企业，需特别重视上市公司缺乏主要控制人、股权结构分散且几个主要股东之间利益不一致对公司经营的影响。

第三，从公司利益相关方的行为面分析，员工人数逐年减少，反映出公司盈利能力下降，是股票风险事件的信号之一。

二、达尔曼:珠宝退市第一家

- **公司概况**

西安达尔曼实业股份有限公司(简称达尔曼)是地方国有企业,股票名称为 ST 达曼(退市),实际控制人为西安翠宝首饰集团公司,公司股票于 1996 年 12 月 30 日在上海证券交易所挂牌交易。公司主营珠宝、玉器、工艺美术品、化工产品等,同时涉及旅游度假服务、现代高科技农业等领域。上市之初,被誉为"陕西民企第一股"和"中华珠宝第一股"等。2004 年被财经媒体评选为最具价值的"黑马"、沪市第三蓝筹股等。时任公司董事长许宗林曾两度名列《福布斯》中国内地百富榜。许宗林在达尔曼上市之前就开始贿赂当地证券委员会主任杨永明。公司上市之后又分别在 1998 年和 2001 年两次实施配股,共募集到资金 5.86 亿元。公司宣称募集资金将主要用于投入珠宝生产线、珠宝一条街,以及生态农业领域和化学工业,走多元化经营路线。上市以来,达尔曼共有 15 个主要投资项目,支出总金额约 10.6 亿元,大部分的项目最终变成了转移资金的手段。

- **风险事件演变及时间轴**

公司的 2004 年半年报及第三季度报告直至 2004 年 12 月底仍无法按要求进行披露。经营活动基本停滞、公司持续经营假设不再合理。上海证券交易所自 2005 年第一个交易日起对公司股票实施停牌,并在停牌后的十个工作日内对公司股票做出暂停上市的决定。但是公司在暂停上市后两个月内未能披露定期报告,所以上海证券交易所在期满后的十个工作日内对公司股票作出了终止上市的决定。相关时间轴如表 13-2 所示。

表 13-2　达尔曼风险事件概述

时间	事件概述
2004 年 4 月	公告称,因加大资产减值准备计提力度,预计 2003 年将亏损
2004 年 4 月	股票自 2004 年 4 月 30 日停牌一天,5 月 10 日起恢复交易并对股票实行特别处理,股票名称相应变更为 ST 达曼,股票代码仍为 600788,股票日涨跌幅限制为 5%

续　表

时间	事件概述
2004 年 4 月	公司在自查过程中发现：2003 年公司存在重大违规担保事项，涉及金额 34530 万元人民币以及 133.5 万美元；2003 年公司存在质押事项，涉及金额 51843 万元人民币，共计存单 52743 万元；2003 年公司涉及有关重大诉讼事项，公司未及时履行信息披露义务
2004 年 6 月	证监会向公司下达了立案调查通知书，因公司涉嫌虚假陈述行为，决定从 2004 年 6 月 3 日开始对公司进行立案调查。经司法机关查实，1996 年至 2004 年 7 月间，许宗林利用职权，指使公司财务人员先后从控股的几家公司以货款往来款名义将资金转往疑犯李晓明控制的深圳、珠海几家公司，共计人民币 4.83 亿元，其中，3.34 亿元转回西安达尔曼实业公司，1.49 亿元转入深圳十余家公司。许宗林、李晓明将其兑换成美元，且将其中的 1000 万美元转入许宗林和其妻和立红在加拿大的私人账户。此外，2000 年 7 月，许宗林指使公司财务人员将西安达尔曼实业股份有限公司资金人民币 1990 万元分别转入华夏证券西安营业部李晓明个人账户 1020 万元、和立红个人账户 970 万元。之后，许宗林、李晓明决定将 1990 万元再转入深圳，作为注册私人公司使用。经查明，达尔曼 2002 年和 2003 年定期报告存在严重的虚假陈述行为，证监会已将该案涉嫌犯罪部分移交公安机关，并对该公司进行了处罚，对时任董事长许宗林、董事兼总经理高芳等人进行了处罚，同时将许宗林、高芳认定为永久性市场禁入者。同时，证监会还处罚了担任达尔曼审计工作的三名注册会计师，理由是注册会计师在对货币资金、存货项目的审计过程中，未能充分勤勉尽责，未能揭示 4.27 亿元大额定期存单质押情况和未能识别 1.06 亿元虚假钻石毛坯
2004 年 12 月	2004 年 12 月 30 日，达尔曼股价跌破一元，以 0.96 元收于跌停板位。上海证券交易所自 2005 年第一个交易日起对公司股票实施停牌，并在停牌后十个工作日内对公司股票做出暂停上市的决定。同时，西安市人民检察院认定许宗林涉嫌职务侵占罪和挪用资金罪，应依法逮捕
2005 年 1 月	截至 2004 年 12 月 31 日，公司没有披露 2004 年半年度报告，根据《上海证券交易所股票上市规则》(2004 年修订)第 14.1.1 条和第 14.1.7 条的规定，上海证券交易所作出了《关于对西安达尔曼实业股份有限公司股票实施暂停上市的决定》，决定公司股票自 2005 年 1 月 10 日起暂停上市
2005 年 2 月	证监会对许宗林开出罚单：给予警告和罚款 30 万元，并对其实施永久性市场禁入的处罚
2005 年 3 月	达尔曼终止上市。中国资本市场由此出现了建立 14 年来第一只真正死去的股票

• 　退市风险分析

第一，财务数据异常。公开数据显示，达尔曼上市前收入和利润水平较低，但上市后收入猛增并相对稳定，资产规模也呈现出类似态势。在 2003 年之前，公司各项财务数据均衡增长，有很强的迷惑性。1997—2003 年，达尔曼报表收入合计

18 亿元,报表利润合计 4.12 亿元,资产总额比上市时增长 8 倍,达到 22 亿元,净资产增长 6 倍,达到 12 亿元。达尔曼平均毛利率达到 45%,净利润率达到 38%,而同期上市公司新湖中宝的前身戴梦得珠宝公司的平均毛利率仅为 13%,净利润率仅为 8%。通过事后复盘可以发现,其具体手法主要有以下几个方面:编造公司经营业绩、生产记录;伪造资金转入转出痕迹;虚增资产消化账面虚增资金;虚假业绩支撑继续融资等。

第二,公司治理存在重大缺陷。公司存在重大违规担保事项,内部控制及监管力度不足;2004 年,公司总经理、副总经理及董事等四位高管离职;公司未及时履行信息披露义务。

- 经验总结和启示

对于达尔曼的退市案例,有人曾经这样归纳其特点:目的明确、策划缜密、实施精确、不惜代价、后果致命,是一项从上市开始的系统性"工程"。后来的调查表明,达尔曼的大部分收入是假的。达尔曼凭借这些假业绩在资本市场进行资本运作,从资本市场套取的资金总数高达 22 亿元,而新增资金延缓了公司造假危机的爆发,使得公司能够延续八年之久的上市。主谋许宗林出逃前,在他的操纵下,达尔曼以上市公司名义大量对外提供担保,总额达 14 亿元。达尔曼的风险处置过程也值得复盘深思。在被立案稽查前,公司直接与间接欠下的银行债务高达 23 亿元,严重资不抵债,且大量贷款逾期。达尔曼破产清算后,仍欠银行超过 10 亿元。在上市公司风险处置的过程中,地方政府为了"保壳",曾经试图让其与一家名叫戴梦得的公司商洽重组,但最终失败。

第一,从公司的利益相关方角度来看,上市公司高质量发展的环境依托的是一个完整的、健康的、激励相容和惩罚并举的环境,需要证监会、工商税务部门、银行、中介机构和股东各方的制度约束。只要上述各个环节能够协同配合,上市公司的违法违规行为就无法延续,也可以有效地杜绝上市公司的虚假陈述。达尔曼的财务状况扑朔迷离,中介机构在其中负有不可推卸的责任。在上市的几年间,许宗林通过各种名义不断更换会计师事务所,理由都是类似于达尔曼是一家珠宝类企业,行业属性较为特殊,会计师事务所对其主营业务不够熟悉等。总共有四家会计师事务所对其发表过无保留意见的审计报告。在达尔曼造假事件中,商业银行和地方政府等利益相关方也要承担部分责任。在其八年上市期间,有九家国有或国有控股银行提供贷款 20 多亿元,并允许其在不同公司之间大量调度资金,以及向国外转移资金。银行的大额放贷本身并不能说明企业的经营没有问题,银行在决定放贷的过程中,存在考虑的是政策而不是市场的问题,达尔曼作为中国珠宝第一个股,在税收和土地政策方面都受到了政府的关照,有些银行忽视了贷款无法收回的风险。在上市公司确定资不抵债的同时,地方政府会进行补贴,希望能够留住上市公司的壳。

第二,从基本面的角度来看,若公司在主营业务上经营良好,那么为何需要提出多元化的战略,进入一个个陌生的领域,例如新农业和化学工程项目,且公司在进行配股的时候为何多选择相对股价高位进行融资?按道理,若公司有持续的经营性现金流净流入,那么是能够满足所谓的一个个工程项目的需要而不是向资本市场不断圈钱的。

三、印纪传媒:明星娱乐股的没落

• 公司概况

印纪娱乐传媒股份有限公司(简称印纪传媒,核心资产印纪影视娱乐传媒注册于浙江横店)是民营企业,实际控制人为自然人肖文革。公司从事的主要业务包括娱乐影视及广告营销。娱乐影视业务分为娱乐影视内容提供与国际高概念娱乐品牌运营。广告营销涵盖策划、创制、植入、推广在内的全案专业流程。曾被誉为"A股唯一全球高概念娱乐品牌IP操盘手"。

1993年,肖文革和吴冰(全国体操冠军)、丹·密茨(美国籍)共同创办了DMG娱乐传媒集团(简称DMG)。创建之初,DMG娱乐传媒集团主要从事PR业务,帮客户拍广告、做宣传。吴冰出生于北京,20世纪80年代先后成为全国体操冠军和花样游泳冠军,后转型拍电影。另一位合伙人丹·密茨是一名美国导演。在几年时间里,公司客户从嘉陵摩托发展到宝马、奥迪、耐克、NBA、中国移动、民生银行,还在国内外广告节上屡获殊荣,包括美国Summit广告大奖、戛纳广告金奖等。

2009年,DMG娱乐集团参与投资电影《建国大业》。此后,中影将《暮光之城:破晓》(上)和《生化危机4》以"批片"的形式交给DMG引进与发行,其中《生化危机4》的票房仅次于美国和日本。随后,印纪传媒又参与投资了《影子爱人》《夏日乐悠悠》《无人区》等国产影片,还有与好莱坞影片制作公司合作的《环形使者》《钢铁侠3》等影片。此外,印纪传媒曾先后投资、制作与发行了《北平无战事》《克拉恋人》《长安十二时辰》《军师联盟》等多部电视剧作品。公司也是当时国内最早与好莱坞六大制片厂进行全产业链深度合作的公司。

业绩不断增长的印纪传媒开始谋求上市。2014 年,主营生猪屠宰的高新食品面临亏损,印纪传媒抓住机会借壳上市,置入印纪传媒资产账面价值 6.3 亿元,评估值为 60 亿元,增值率为 856%。公司上市之后,印纪传媒市值最高时达 400 多亿元,实控人肖文革问鼎"川股首富"。在胡润的"2016 年中国富豪榜"中,肖文革以 215 亿元的财富排名第 103 位。

- 风险事件演变及时间轴

印纪传媒危机导火索,首见于 2017 年 7 月 30 日晚间的一则公告。公告披露印纪传媒控股股东肖文革所持所有股份已被法院冻结,占公司总股本的 44.04%。

2018 年 9 月 10 日,公司发行的债券"17 印纪娱乐 CP001"未按时兑付本息,构成实质性违约。2019 年 3 月 11 日,公司发行的债券"17 印纪娱乐 MTN001"未按时兑付利息,构成实质性违约。

2019 年 9 月 8 日,公司退市前夕,吴冰借助媒体发声,表示自己并未跑路,不会放弃公司,并仍在带领团队寻求破产和解。深圳证券交易所则在 9 月 10 日发布关注函表示,请吴冰明确说明:一是出席与四川省证监局和深圳证券交易所谈话的时间、地点、方式及谈话具体内容;二是离境时间及原因,并结合近期履职的具体方式以及在推动公司业务发展、改善公司困境方面所采取的具体措施等说明是否已勤勉尽职。

2019 年 8 月 15 日至 2019 年 9 月 11 日间,公司股票通过深圳证券交易所交易系统连续 20 个交易日的每日收盘价均低于股票面值(一元)。上述情形属于《深圳证券交易所股票上市规则(2018 年 11 月修订)》第 14.4.1 条规定的股票终止上市情形。根据《深圳证券交易所股票上市规则(2018 年 11 月修订)》第 14.4.1 条第 18 项、第 14.4.2 条的规定,以及本所上市委员会的审核意见,2019 年 10 月 10 日,深圳证券交易所决定终止该公司股票上市,并自 2019 年 10 月 18 日起进入退市整理期。退市整理期的期限为 30 个交易日,退市整理期届满的次一交易日,将对公司股票予以摘牌。相关时间轴如表 13-3 所示。

表 13-3 印纪传媒风险事件概述

时间	事件概述
2017 年 7 月	公告披露印纪传媒控股股东肖文革所持所有股份已被法院冻结，占公司总股本的 44.04％
2018 年 9 月	截至 2018 年 9 月 11 日，公司未能按照约定将"17 印纪娱乐 CP001"兑付资金按时足额划至托管机构，已构成实质性违约
2019 年 1 月	在 2018 年第三季度报告中，公司原预计全年亏损 8 亿元至 12 亿元，现将业绩预期下调，预计亏损 21.4 亿元至 32 亿元。预亏金额增加了超 9.4 亿元（2017 年盈利 7.17 亿元）
2019 年 3 月	截至 2019 年 3 月 11 日，公司未能按照约定将"17 印纪娱乐 MTN001"兑付资金按时足额划至托管机构，已构成实质性违约
2019 年 4 月	公司公告称，公司管理层正在积极寻求一切可能的方案，但目前尚未形成实质性方案。公司将积极通过应收账款催收、存货销售及其他可行方式筹措资金，尽快扭转当前不利局面，尽量减少和化解债务违约给公司造成的负面影响
2019 年 8 月	˚ST 印纪在 8 月 30 日晚间发布中期业绩报告称，2019 年上半年净亏损 9200.46 万元，上年同期盈利 2170.43 万元；营业收入为 5980.31 万元，同比减少 84.68％；基本每股亏损 0.06 元，上年同期基本每股收益 0.01 元
2019 年 9 月	˚ST 印纪收到关注函：要求董事长吴冰说明是否已勤勉尽职
2019 年 9 月	˚ST 印纪在 9 月 10 日晚间发布公告称，公司股票已连续 19 个交易日（2019 年 8 月 15 日—2019 年 9 月 10 日）收盘价格均低于股票面值（一元），根据规定，公司股票可能将被终止上市
2019 年 10 月	˚ST 印纪发布《关于公司股票终止上市的公告》，公告称，因在 2019 年 8 月 15 日至 2019 年 9 月 11 日间，公司股票连续 20 个交易日的每日收盘价均低于股票面值（一元），2019 年 10 月 10 日，深圳证券交易所决定终止该公司股票上市，并自 2019 年 10 月 18 日起进入退市整理期。退市整理期的期限为 30 个交易日，退市整理期届满的次一交易日，深圳证券交易所将对公司股票予以摘牌

- 退市风险分析

第一，业务基础和财务结构薄弱。在主营业务方面，˚ST 印纪是以影视投资为主，但影视投资的收入波动大、不确定性强，且广告业务未能贡献业绩，导致资金链紧张，公司难以继续投资影视作品。加之 ˚ST 印纪仍有不少影视剧存货，造成公司主营业务停滞。在财务方面，公司上市以后，一直精准达标业绩承诺，直至 2018 年业绩承诺期结束后，收入、利润大幅骤减。上市以来，公司利润不断增长，而回款能力却不断下降，应收账款不断上升。2019 年公司出现危机后，流动资产占总资产的比例高达 92.25％，而资产负债率高达 52.47％，流动比率及速动比率自 2017 年起开始下降。原预计可收回的大额应收账款发生了延期，部分下游客户出现资不抵债、资金流断裂等情形,导致公司应收账款坏账准备计提金额增加较多。另外,公司盈利能力较弱,2018 年以来,归属母公司净利润连年下降,净利润从 2018 年起均为负。

第二,公司治理存在重大缺陷。公司内部管理混乱,管理层变动频繁。在两年的时间里,吴冰在印纪传媒共担任董事长、总经理、财务总监、董秘四个重要职务,这在 A 股上市公司中相当罕见。自 2015 年 11 月起,原董事长、董事、财务总监、董事会秘书相继辞去公司相关职位。因离职情形严重,相应职位空缺,新任董事长同时担任多个重要职位,对公司经营产生重大影响。

第三,行业性因素。影视娱乐圈的各种资本乱象在早期资本市场是一直都存在的,大量资本涌入影视娱乐行业,资本泡沫不仅催生了"天价片酬""阴阳合同""饭圈文化"等影视行业乱象,还导致影视行业的上市公司质量在很长一段时间内都比较薄弱。为此,2018 年 7 月,中宣部等五部委联合印发《通知》,要求加强对影视行业"天价片酬"、"阴阳合同"、偷逃税等问题的治理,控制不合理片酬,推进依法纳税,促进影视业健康发展。从早期的"限娱令""限广令""限剧令",到"限综令""限酬令"等,国家对影视行业的监管可谓是对症下药。

- **经验总结和启示**

印纪传媒风险事件背后,行业性乱象和商业模式依赖 IP 只是导火索,实际上,上市公司本身的主要股东方行为和管理层行为特征在爆雷之前已经频露风险特征,既包括大股东的减持、质押和大量资本运作,也包括管理层的公司治理和内控薄弱等。

第一,公司实际控制人频繁进行股权质押融资是预警信号。自印纪传媒股票上市以来,肖文革及其一致行动人频繁质押股权 34 次,截至 2018 年 6 月,已将持有的印纪传媒股票全部质押完毕。最早的一次质押记录为 2014 年 12 月,肖文革将 11600 万股股权质押给中信建投证券,占肖文革所持股份的 16.9%。与其相关的股权质押融资的金融机构包括中信建投证券、渤海国际信托、中融国际信托、华融证券、厦门国际信托、长江证券(上海)资产管理、上海国际信托等。根据公告,厦门国际信托和上海国际信托融出的资金高达 6 亿元。按照上市公司比较普遍的 3～5 折的质押折扣率,这部分股票质押融资资金粗略估计 58 亿～86 亿元。

第二,内控风险不容忽视。高管和董事频繁离职释放出高风险信号;高管身兼数职,多职合一,个人权力和管辖范围太大,易导致其不能完全胜任每一个职位,以及处理好每一方面的工作,而且当有效监督的架构遭到破坏时,公司经营会受到影响。

四、神州长城:首个 A 股、B 股同时退市

- 公司概况

神州长城股份有限公司(简称神州长城)是外资企业,股票名称为神城 A 退(退市),实际控制人为自然人陈略,公司股票于 1992 年 6 月 16 日在深圳证券交易所挂牌交易。神州长城的主营业务原是工程施工,但在 2016 年,公司将医疗健康产业作为另一战略发展方向,2017 年收购了医疗康复方面较为知名的阿库尔医院。根据官网,神州长城已签约的国内 PPP(政府和社会资本合作)项目超过 100亿元人民币,已签约的海外工程单超过 70 亿美元,业务范围遍布国内主要城市及东南亚、中东、南亚、非洲等多个国家和地区。2015 年,神州长城借壳深圳中冠纺织印染股份有限公司登陆 A 股资本市场,并承诺 2015—2017 年的扣非净利润分别不低于 3.46 亿元、4.39 亿元、5.38 亿元。

- 风险事件演变及时间轴

相关公告显示,2017 年的年报中,神州长城因应收账款激增、坏账损失增长等问题受到深圳证券交易所关注。深圳证券交易所在问询函中要求神州长城说明应收账款大幅上涨、周转率持续下降的原因和合理性等问题。2018 年,神州长城经营资金发生流动性困难,主要银行账户被冻结,存在大量逾期未偿债务。2019年,公司涉多笔债务违约,并遭遇股份冻结和股价暴跌,同时卷入了多起司法诉讼中。2019 年 9 月 26 日—2019 年 10 月 30 日,公司通过深圳证券交易所交易系统连续 20 个交易日的 A 股(证券简称为 *ST 神城,证券代码为 000018)、B 股(证券简称为 *ST 神城 B,证券代码为 200018)每日股票收盘价均低于股票面值(一元)。上述情形属于《深圳证券交易所股票上市规则(2018 年 11 月修订)》第 14.4.1 条规定的股票终止上市情形。根据《深圳证券交易所股票上市规则(2018 年 11 月修订)》第 14.4.1 条第 20 项、第 14.4.2 条的规定,以及深圳证券交易所上市委员会的审核意见,2019 年 11 月 15 日,深圳证券交易所决定终止该公司股票上市,公司A 股、B 股股票自 2019 年 11 月 25 日起进入退市整理期,退市整理期届满的次一

交易日,深圳证券交易所将对公司 A 股、B 股股票予以摘牌。相关时间轴如表13-4
所示。

表 13-4   神州长城风险事件概述

时间	事件概述
2018 年 4 月	神州长城拖欠上千名员工工资长达六个月以上,金额累计数千万元
2019 年 2 月	神州长城在回复深圳证券交易所关注函时自爆巨额负债,截至回函日,公司累计逾期债务本息合计金额为 24.96 亿元(其中,本金 24.12 亿元,利息 0.84 亿元),应收账款质押合计 32.69 亿元,用于公司债务提供质押或补充质押;公司及下属子公司共 39 个账户因债务问题被申请冻结,冻结资金余额为 1782.65 万元,上述查封及冻结资产对公司生产经营已产生较大影响
2019 年 5 月	神州长城实控人陈略曾引入重整投资人重庆市南部新城集团,作为重组方参与并推动公司重整,并签署《合作意向书》。但是,上述合作在 2019 年 9 月宣告终止
2019 年 7 月	公司对前期已发生的六宗重大诉讼、仲裁事项及其重大进展情况进行了披露
2019 年 9 月	关于公司股票可能将被终止上市的第一次风险提示性公告
2019 年 10 月	公司对前期已发生的 21 宗重大诉讼、仲裁事项及其重大进展情况进行了披露
2019 年 12 月	11 月 15 日晚间,深圳证券交易所发布公告称,2019 年 9 月 26 日—2019 年 10 月 30 日,神州长城通过深圳证券交易所交易系统连续 20 个交易日的 A 股 * ST 神城、B 股 * ST 神城 B 每日股票收盘价均低于股票面值(一元)。根据相关规定以及深圳证券交易所上市委员会的审核意见,2019 年 11 月 15 日,决定神州长城 A 股、B 股股票终止上市,并自 2019 年 11 月 25 日起进入退市整理期,退市整理期的期限为 30 个交易日,退市整理期届满的次一交易日,深圳证券交易所将对神州长城 A 股、B 股股票予以摘牌
2020 年 7 月	神州长城公司股份于 2020 年 7 月 13 日起在全国中小企业股份转让系统挂牌转让

- 退市风险分析

第一,业务结构和基本面薄弱。公司核心业务为工程建设及医疗产业投资与
管理,其中:工程建设主要为国际工程总承包业务、国内 PPP 业务;医疗健康产业
投资与管理主要采用收购现有医院、建设投资医院 PPP 项目等多种方式介入医疗
健康产业,进行医院医疗运营管理。PPP 项目的特性就是回款期长,应收账款较
高,会对操盘者的现金流形成很大压力,以 2017 年为例,公司经营性现金流
为—17.82亿元,相比 2015 年的—2.92 亿元,经营性现金流恶化明显,这与收入增

长完全不匹配。神州长城业务层面的商业模式本就存在问题,加之公司长期实行激进的扩张战略,而且未能实现可观盈利,同时盲目承接高风险项目,导致经营业绩亏损,此外,还由于资金风险预警意识薄弱致使资金链断裂。财务层面,2017年,神州长城应收账款增长过半,达57亿元,而其他应收账款则翻倍,上升到17亿元,两项合计高达74亿元,占总资产的比例上升到63%。与此同时,神州长城应收账款周转率近三年逐年下降,从2015年的3.41下降至2017年的1.38。随着应收账款追还的难度加大,神州长城的坏账损失日益增加。年报显示,2017年公司坏账损失3.17亿元,而2016年的坏账损失仅为1.65亿元。2018年,公司流动资产占总资产的比例高达62.58%,而资产负债率却高达398.99%。由于较多项目无法正常开展或停工,导致前期确认的应收账款回款进度滞后,应计提的坏账准备大幅增加。另外,公司盈利能力较弱,2018年以来归属母公司净利润连年下降,销售净利润从2018年起均为负。

第二,股权结构过于集中为违规行为提供条件,以及多项制度存在缺陷未能防止违规行为发生,公司治理存在重大缺陷。2018年,共六名董事会成员,包括总经理、副总经理、财务总监等高管离职;2019年,公司总经理、副总经理、财务总监等七名高管离职,公司管理层流动性较大。

第三,其他原因。因公司债务发生违约,债权人起诉并申请强制执行,公司银行账户、重要子公司股权和资产被查封冻结,新业务拓展和存量项目推进均受到较大影响;受资金流短缺影响,项目非正常停工,后续结算和款项收回存在较大的不确定性,公司对重要停工项目的应收账款和存货单项计提减值准备;部分项目停工导致保函被索偿,形成较大损失。

- 经验总结和启示

神州长城风险事件提醒我们,在资本市场中,需要重视对于上市公司商业模式的研究,尤其是工程类企业。

第一,大股东质押频繁。自2015年借壳上市以来,神州长城控股股东及实控人陈略质押股票套现便从未停止。第一笔质押发生在2015年10月15日,其将本公司首发有限售条件的流通股2850万股(占公司总股本的6.77%)质押给国开证券。半个月后又将1418万股同样质押给国开证券。在短短三年内,神州长城共发布17份控股股东及实控人的质押公告。公告显示,陈略累计质押的股份总数为5.83亿股,占其持有公司股份总数的99.9998%,占公司总股本的34.36%。

第二,公司债务违约会造成公司流动性困难,新业务拓展和存量项目推进均受到较大影响,导致公司营业收入大幅减少、毛利率下滑、诉讼费用增加、信用减值损失与资产减值损失增加,形成重大风险。

第三,对于面临诉讼纠纷较多的工程类企业,需特别重视纠纷对公司财务指标及相关项目的影响。

五、大连控股:首个因股价连续低于面值而被强制退市的公司

- **公司概况**

大连控股(股票名称为*ST 大控)是老牌国企,作为老牌的电子器件制造企业,曾有着辉煌的过去,公司始建于 1976 年,1986 年 3 月从日本东芝公司引进的黑白显像管和电子枪生产线投产,主营产品 CRT 彩电项目,1993 年改为股份制企业,1996 年上市。企业所属产品——电子枪和精密轴曾被誉为亚洲"第一枪"和"第一轴",企业被誉为辽宁省电子行业旗舰单位,也曾是大连市的纳税大户,有过辉煌的历史。自 2003 年开始,因国内部分电子行业不景气,国有企业机制僵化、企业设备未跟上升级换代等因素,企业产品结构调整不到位,企业效益每况愈下,严重困扰了企业的发展,主营业务出现亏损,企业发展陷入困境。

大显集团(现已更名为大连长富瑞华集团有限公司,持有大连控股 50.58% 的股权)自 2005 年起连续被多家银行起诉,大显集团、大连控股及大显集团控股、参股企业的全部资产被轮候查封和冻结,企业陷入债务危机。在这种情况下,2006 年,经大连市人民政府批准,大显集团改为国有控股的股权多元化企业,北京新纪元投资发展有限公司作为战略投资者进入大显集团,同时约定大连市人民政府国有资产监督管理委员会持有的大显集团 50% 国有股权在两年内退出。在 2006 年北京新纪元以战略投资者身份入股大显集团之后,大连控股曾试图打破单一业务结构,相继在金融领域投资了诚浩证券有限责任公司、吉林银行和大连创新投资中心等企业,力图将大连控股打造成金融投资平台,但收效并不明显,且对外投资额逐年递减。

2007 年,大连控股以 1.12 亿元竞得中国东方资产管理公司对沈阳市建设投资公司的 2.96 亿元债权,沈阳建投以其持有的沈阳高登酒店 51% 股权和沈阳市建业股份 85.56% 股权用于抵偿全部的 2.96 亿元债权。之后,因酒店经营不在公司经营战略之列,大连控股以 1.7 亿元将该项资产剥离。

2009 年 10 月，大显集团进一步深化股权改革，大连市人民政府国有资产监督管理委员会持有的大显集团 50％股权意向转让给北京新纪元投资发展有限公司。在北京新纪元投资发展有限公司入主后，大连控股与其大股东在解决上市公司历史包袱和企业职工安置方面所花费的资金近 20 亿元。

2014 年 6 月，公司大股东提出了战略转型发展的目标，上市公司向大股东的定向增发，使上市公司获得了 13.8 亿元的资金，这也是公司自上市以来首次在证券市场上获得融资。该募集资金不仅缓解了公司流动资金存在不足的局面，也降低了公司的融资成本，使公司在逆境中获得喘息，为后来逐步剥离原有电子行业产业资产奠定了基础。

- 风险事件演变及时间轴

2019 年 8 月 22 日—2019 年 9 月 19 日，*ST 大控股票价格连续 20 个交易日每日收盘均价低于股票面值，触及上海证券交易所《股票上市规则》第 14.3.1 条规定的第 5 项终止上市情形，应予退市。2019 年 12 月 12 日，大连控股被上海证券交易所摘牌，其 23 年的 A 股生涯宣告落幕，股价定格在 0.26 元。相关时间轴如表 13-5 所示。

表 13-5　大连控股风险事件概述

时间	事件概述
2017 年 7 月	大连控股收到证监会的《行政处罚决定书》，因多项信息披露违法违规被证监会做出行政处罚。经调查，大连控股未按规定披露对大显集团提供 1.4 亿元担保，曾开具 3 亿元转账支票作为履约保证事项，未按规定披露募集资金 4.59 亿元质押担保事项，2016 年 5 月 31 日临时公告虚假记载。针对上诉严重的违法违规行为，证监会对大连控股及时任董事长作出的均为顶格处罚，但大连控股及该董事长均未提出陈述、申辩意见，也未要求听证。而通常来讲，如果拟被处罚对象不服证监会拟作出的处罚，面对顶格处罚，都会提出听证申请。但大连控股及该董事长并没有说明二者对于证监会的处罚本身并无异议
2019 年 5 月	公司针对 110 名自然人诉本公司证券虚假陈述责任纠纷一案上诉至辽宁省高级人民法院，二审败诉。法院要求公司于判决生效之日起十日内赔偿因虚假陈述给原告 34 名自然人造成的经济损失合计 8324672.15 元及利息
2019 年 5 月	公司于 2019 年 5 月 30 日收到证监会的《调查通知书》。因公司涉嫌信息披露违规违法，决定对公司立案调查
2019 年 6 月	根据证监会《上市公司重大资产重组管理办法》等规定，上市公司在立案调查期间不能发行股票，也不能实施构成重组上市的重大资产重组

续　表

时间	事件概述
2019 年 7 月	控股股东股权转让事项终止
2019 年 7 月	7 月 26 日,上海证券交易所对*ST 大控有关责任人予以监管关注,因该责任人对公司出现违规担保事项负有责任
2019 年 8 月	公司已被列入失信被执行人名单
2019 年 9 月	公司股票已连续 20 个交易日收盘价格均低于股票面值(一元),根据有关规定,公司自 9 月 20 日起停牌,上海证券交易所在公司股票停牌起始日后的 15 个交易日内,作出是否终止公司股票上市的决定
2019 年 10 月	*ST 大控公告称,公司终止本次重大资产重组事项。而在此前拟以现金方式收购其持有的梓宁建设集团有限公司 100% 的股权
2020 年 2 月	大连控股发布《大连大福控股股份有限公司关于实际控制人收到中国证监会大连监管局〈市场禁入事先告知书〉的公告》,称实控人代威于近日收到《市场禁入事先告知书》,在披露 2017 年年度报告存在虚假记载这一事件中,资金转账为代威指派财务总监徐振东配合完成,另外,在代威的指派下,徐振东代表恒弘科技与丹东永晟型钢有限公司签署了《合作协议》,并由徐振东将 5 亿元资金转让给永晟型钢,其中,3 亿元转给瑜晓工艺品,2 亿元转给利兴服装。同日,利兴服装将收到的 2 亿元资金用于偿还银行贷款

- 退市风险分析

第一,基本面薄弱。主营业务不振,经营业绩亏损,公司治理失序,信息披露多次违规。该公司主营业务基本空心化,业绩长期微利或亏损,2018 年亏损高达 15.65 亿元,曾多次跨界收购资产,但都以终止收场。2019 年,公司流动资产占总资产的比例高达 63.88%,而资产负债率高达 470.9%,流动比率及速动比率自 2018 年起开始下降。另外,公司盈利能力较弱,2018 年以来归属母公司净利润连年下降,最近四年有三年亏损,2018 年亏损额高达 15.65 亿元。

第二,公司治理存在重大缺陷。2016 年以来,实际控制人代威通过未履行的贸易合同占用公司 17.46 亿元资金。公司还发生多起违规担保,内部控制形同虚设。在 2015 年和 2017 年因多项信息披露违法违规,公司、实际控制人等两次被证监会立案调查和行政处罚,上海证券交易所对相关方采取公开谴责等纪律处分。2019 年,退市大控(退市)共计出现八次董事、监事和高级管理人员成员变化,其中总裁、董事长及多名高管离职。此外,公司第一大股东持股比例不高,仅为 8.19%。

第三,其他原因。因宏观经济的不确定性及受中美贸易战冲击的影响,经济下行压力明显增加,错综复杂的经济环境给大宗商品贸易的发展带来了巨大的挑战。

- 经验总结和启示

大连控股上市后主营业务不佳,此后被民营金融资本介入,以上市公司为资本运作平台,频繁进行对外投资和业务转型,因此需警惕主营业务陷入困顿且股东行为主体资本运作迹象频繁的上市公司。

第一,重视财务审计报告。公司审计报告连续三年被出具非标准审计意见,分别为无法表示意见、保留意见和无法表示意见。

第二,重视企业信誉,对列入失信被执行人名单的公司给予关注。高管和董事频繁离职释放出高风险信号,应重视内控风险。

六、长生生物:首例因重大违法被强制退市案例

- 公司概况

长生生物科技股份有限公司(简称长生生物)是民营企业,股票名称为长生退(退市),实际控制人为自然人高俊芳、张洺豪、张友奎,总部位于江苏省连云港市。长生生物创立于 1992 年 8 月 18 日,前身为长春长生实业股份有限公司,是一家从事人用疫苗研发、生产、销售的企业,注册资本为 3000 万元。该企业最早由长春生物制品研究所(以下简称长春所)、长春生物高技术应用研究所、长春生物制品研究所生物技术服务中心经销部共同发起。自成立后,长生生物几度易手。2000年,高俊芳任长春高新董事、总经理,后改任该公司董事、副董事长,此时的她同时担任长生生物董事长兼总经理。此后,高俊芳一家逐步购入长生生物股份。至2010 年 8 月,高俊芳以 30％的持股比例成为长生生物最大股东。张洺豪则以25％的持股比例成为公司第二大股东,此外,张友奎亦持股 1.12％。2015 年 12月,长生生物借壳黄海机械股份有限公司,在深圳证券交易所上市。

公司主营业务为人用疫苗产品的研发、生产和销售。主要产品包括冻干水痘减毒活疫苗、冻干人用狂犬病疫苗(Vero 细胞)、冻干甲型肝炎减毒活疫苗、流行性感冒裂解疫苗、吸附无细胞百白破联合疫苗和 ACYW 135 群脑膜炎球菌多糖疫苗。长生生物集团曾占据中国疫苗行业的半壁江山,是国内最大的乙肝疫苗企业,最大的流感疫苗企业,第二大水痘疫苗企业,第四大狂犬病疫苗企业,堪称“疫

苗大王"。在疫苗造假案事发前,长生生物总市值曾逼近 300 亿元。

- 风险事件演变及时间轴

2018 年 7 月 15 日,国家药监局网站公告披露,子公司长春长生冻干人用狂犬病疫苗生产存在记录造假情况,国家药监局已收回长春长生《药品 GMP 证书》,责令其停止狂犬疫苗的生产。经过三个月的调查,10 月 16 日,因长春长生违法违规生产疫苗,国家药品监督管理部门对其作出吊销药品生产许可证的行政处罚决定,并处罚没款 91 亿元。深圳证券交易所认为,长生生物主要子公司存在涉及危害国家安全、公共安全、生态安全、生产安全和公众健康安全等领域的重大违法行为,触及重大违法强制退市情形,因此启动长生生物重大违法退市机制。相关时间轴如表 13-6 所示。

表 13-6 长生生物风险事件概述

时间	事件概述
2017 年 1 月	2017 年,长春长生被爆百白破疫苗不合格,但未引起资本市场足够的关注和重视
2018 年 7 月	7 月 5 日,一封实名举报信寄到了国家药监局。举报人是长生生物内部生产车间的一名老员工 7 月 15 日,国家药监局网站发布通告。通告显示,国家药监局对长春长生开展飞行检查,发现该企业冻干人用狂犬病疫苗生产存在记录造假等严重违反《药品生产质量管理规范》行为。受此消息影响,7 月 16 日,长生生物股价开始连续跌停。7 月 24 日,董事长高俊芳和另外 14 名公司高管因涉嫌刑事犯罪,被警方强制拘留
2018 年 8 月	原定于 2018 年 8 月 31 日披露公司 2018 年半年度报告,但长春长生因狂犬病疫苗事件被调查,致使公司半年报编制工作陷入停顿,公司无法按照预定时间披露 2018 年半年度报告
2018 年 9 月	9 月 19 日,公司发布公告称,吉林省高新技术企业认定管理工作办公室下发的《关于取消长春长生高新技术企业资格的公告》指出,根据《高新技术企业认定管理办法》第 19 条的有关规定,经吉林省高新技术企业认定管理机构研究,决定从 2017 年起取消长春长生高新技术企业资格
2018 年 10 月	*ST 长生:巨额罚款可能导致公司暂停上市或出现退市风险
2018 年 11 月	*ST 长生发布公告,自 11 月 5 日复牌之日起,深圳证券交易所对公司股票交易实行退市风险警示
2018 年 11 月	沪深交易所相继发布了《上市公司重大违法强制退市实施办法》。随后,深圳证券交易所正式启动长生生物重大违法强制退市机制,*ST 长生停牌,成为首家因重大违法而被强制退市的上市公司

续　表

时间	事件概述
2019 年 5 月	长生生物被立案调查
2019 年 11 月	2019 年 11 月 7 日，依照《企业破产法》第二条第一款、第一百零七条之规定，裁定宣告长春长生破产。11 月 27 日，长生生物股票已被深圳证券交易所予以摘牌

- 退市风险分析

第一，公司治理和内部控制存在重大缺陷，存在多职合一、家族控制的现象，且未对重要信息进行完整披露。长生生物大股东高俊芳同时兼任上市公司董事长、总经理、财务总监三职，且其子任副董事长、副总经理，其丈夫任副总经理兼销售总监，存在多职合一、家族控制的现象。此外，长生生物的一系列行为都违反了GMP 的规定。公司存在未按规定披露相关产品抽验不合格、全面停产及召回的信息，以及相关产品有关情况的公告存在误导性陈述及重大遗漏的问题。

第二，违法违规。公司的违法违规行为触及了《深圳证券交易所上市公司重大违法强制退市实施办法》第二条第二项，上市公司存在涉及危害国家安全、公共安全、生态安全、生产安全和公众健康安全等领域的违法行为，情节恶劣，严重损害了国家利益、社会公共利益，其股票满足终止上市的情形以及第五条规定的重大违法强制退市情形。

- 经验总结和启示

2018 年，长生生物公司疫苗造假事件引发社会的广泛关注，造成了严重行业伤害、社会伤害，以及社会舆论的恶劣影响。作为我国疫苗行业内较有影响力的企业，其社会责任履行存在的问题也具有一定的代表性和普遍性。医药生物企业履行社会责任的范畴相较于其他行业企业而言比较特殊。这是由于医药生物产品关系人民身体健康与生命安全这一核心权利，其研发、生产、销售与法律和伦理道德有着更密切的联系。目前，在国外的相关研究中，将医药企业的社会责任划分为必须做、能做和可以做三个维度，并强调医药企业应承担保证人类健康权利的责任。长生生物疫苗事件已经远远超出了单纯企业产品质量事故的范畴，其根源就在于医药生物企业在履行对消费者责任方面具有远高于其他行业的标准与社会关注度等原因。此外，从我国应对此次新冠疫情暴发的过程来看，在公共卫生安全体系中，医药生物企业也因其扮演的关键角色而承担着相应的社会责任。在医药企业的公司治理方面，尽管针对性的研究与论著并不多，但根据医药生物产业特征,基本形成了一个基础——其公司治理结构、内涵中的核心标准、切入点,与其技术创新能力和投入,乃至技术发展阶段等密不可分。对于医药企业来说,良好的公司治理与优秀的治理机制的目标永远是形成以可持续性发展技术创新能力为内核的全球市场竞争力。

第一,关注上市公司的企业社会责任的诺与行。关系社会公众健康安全的医药生产企业本应严格把关产品质量,而公司未能严格执行生产规范,导致主要产品接连出现质量问题,引发社会公共安全危机,最终导致公司发生巨大的经营风险,并使投资者遭受巨大损失。长生生物事件发生后,国家修订了疫苗流通条例,疫苗的流通格局发生剧变。

第二,从财务层面去理解业务的逻辑。医药企业不重视研发反而重视销售的模式存在问题,长春长生丰富的产品组合令其在疫苗市场上拥有难以复制的竞争优势,然而其对研发投入并不慷慨,其在研发上的投入远不及销售费用。2017 年,长春长生的研发投入为 1.22 亿元,占营业收入的比例为 7.87%。此外,当年新增的研发人员仅三人。

七、雏鹰农牧:养猪第一股的退市

● 公司概况

雏鹰农牧集团股份有限公司(简称雏鹰农牧)是民营企业,股票名称为雏鹰退(退市),实际控制人为自然人侯建芳,总部位于河南省新郑市。成立于 1988 年的雏鹰农牧集团股份有限公司的初始主营业务为养鸡,2004 年开始肉猪养殖,凭借首创的"公司＋基地＋农户"养殖模式,公司规模得以迅速扩张。公司股票已于 2010 年 9 月 15 日在深圳证券交易所挂牌交易。公司主要业务为生猪养殖,公司生猪养殖板块的主要产品为生猪产品(包括商品肉猪、商品仔猪、二元种猪)。

雏鹰农牧股票有着"养猪第一股"的称号,是曾风头无两的养殖企业。公司在养猪上以"利益共享、风险共担"的雏鹰模式而闻名,上市后融入的资金主要放在扩大生猪业务规模上。此外,公司上市后,雏鹰农牧通过成立新融农牧电商平台、在金融领域布局产业基金、参与银行股份改制来构建全产业链布局,并称之为产融结合。

在此期间,雏鹰农牧曾投入大量资金尝试收购多家公司。自 2012 年以来,雏鹰农牧共进行了 16 次并购,包括泰元担保、杰夫电商、郑州蔬菜、东元食品、噢麦嘎(上海)网络科技有限公司(雏鹰农牧董事长侯建芳的儿子侯阁亭为实际控制人)等公司标的,涉及的行业有多元金融服务、区域银行、调查和咨询服务、经销商和特殊金融服务等,共计 65.8 亿元,其中有完成的并购也有进行中的交易。公司最终在 2018 年被爆出存在债务逾期、巨额亏损等问题,出现了被强制退市的局面。

- 风险事件演变及时间轴

2019 年 7 月 5 日—2019 年 8 月 1 日,公司股票已经连续 20 个交易日收盘价格均低于股票面值(一元),根据《深圳证券交易所股票上市规则》的有关规定,深圳证券交易所于 2019 年 8 月 19 日决定终止该公司股票上市,公司股票于 2019 年 10 月 16 日被深圳证券交易所摘牌。相关时间轴如表 13-7 所示。

表 13-7　雏鹰农牧风险事件概述

时间	事件概述
2018 年 6 月	一篇媒体万字檄文《独家重磅万字长文强烈质疑雏鹰农牧涉嫌严重财务舞弊》质疑雏鹰农牧投资收益的真实性成整个事件的导火索,包括公司可供出售金融资产及对应的投资收益、非流动资产涉及的会计科目等年报披露数据的真实性,并质疑公司投资收益的合理性及真实性
2018 年 7 月	实际控制人侯建芳持有的雏鹰农牧 12.6 亿股股票(占总股本的 40.20%)已被司法冻结并发生轮候冻结情形,这意味着部分金融机构已就债务违约采取了诉前保全措施。这样的公告也将导致未到期的金融借贷类合同提前到期。7 月 30 日,联合资信将公司评级从 AA 降为 AA—。信用评级的下调将导致两个直接后果:一是无法继续发债和借新还旧;二是触发了公司金融类合同的债务加速到期的条款
2018 年 9 月	2018 年 9 月 19 日,因侯建芳未及时补充信用增强资金,"骏惠 5 号"持有的全部雏鹰农牧股票被强制平仓,金额合计 5460 万元
2018 年 11 月	受非洲猪瘟禁运影响,生猪等资产难以在短时间内变现,调整债务支付方式为:本金延期支付,利息以公司火腿和生态肉礼盒等产品支付,"以肉偿债"的新闻再次把公司推向舆论的风口浪尖
2019 年 3 月	公司于 2019 年 3 月 18 日收到证监会的《调查通知书》,因公司涉嫌违法违规,证监会决定对公司立案调查,同时公司也收到了深圳证券交易所的关注函
2019 年 6 月	公司收到公司独立董事王爱国先生和刘江涛先生的书面辞职报告
2019 年 6 月	侯建芳所持有的公司部分股份被动减持,原因为孙威威与公司、侯建芳、李俊英借款担保合同一案,申请执行侯建芳所持公司的无限售流通股 1400 万股

续　表

时间	事件概述
2019 年 6 月	公司因重大事项存在不确定性,为保证公平信息披露,保护广大投资者的利益,根据《深圳证券交易所债券上市规则》相关规定,经向深圳证券交易所申请,公司债券(债券简称:14 雏鹰债,债券代码:112209)于 2019 年 6 月 24 日开市起停牌
2019 年 7 月	2019 年 7 月 9 日,公司公布多起新增诉讼及债务逾期事项
2019 年 7 月	公司监事会收到公司监事李学政先生的书面辞职申请,其辞职后不再担任公司任何职务
2019 年 7 月	2019 年 7 月 13 日,公司公布的 2019 年半年度业绩预告显示,2019 年上半年亏损 148000 万~162000 万元
2019 年 7 月	截至 7 月 16 日,侯建芳持有公司股份 1246341671 股,占公司总股本的 39.75%,累计被冻结的股份为 1246341671 股,占公司总股本的 39.75%
2019 年 8 月	公司于 2019 年 8 月 19 日收到深圳证券交易所《关于雏鹰农牧集团股份有限公司股票终止上市的决定》,公司股票终止上市
2019 年 9 月	董事会收到公司总兽医师邱骏先生递交的书面辞职申请

- 退市风险分析

第一,基本面薄弱。业务模式存在问题,作为农牧业中的养殖业,行业本身增长较慢,且竞争较为激烈,公司的资源和能力也相对易于模仿,"公司＋基地＋农户"的商业模式没有太高的进入壁垒,所以在最初使用外延式扩张的逻辑是可以理解的,即通过上下游产业链扩张对抗周期性风险也是有一定作用的。但自 2018 年 6 月开始,由于先前借助财务杠杆开展大规模投资、产业链上下游延伸扩张速度过快、行业不景气导致现金流不足等多因素的影响,雏鹰农牧集团股份有限公司财务状况持续恶化,资金与信任危机开始接连爆发。在财务层面,2011—2014 年,公司营收分别为 13 亿元、15.8 亿元、18.7 亿元、17.6 亿元,归属于上市公司股东净利润分别为 4.29 亿元、3.03 亿元、7562 万元、-1.89 亿元。其中,2014 年公司净利润同比大幅下滑了 350.54%。2014 年,国内生猪养殖迎来历史低点,打破 2006 年的亏损纪录。生猪行情的持续低迷导致公司盈利下降。同年,公司却在逆势扩张,根据整体战略规划,公司开始逐步推进养殖建设,2014 年累计投入 7 亿元,建设猪舍 296 栋。2014 年,公司在建工程金额达 14.99 亿元,占总资产的 20.70%;固定资产达 26.74 亿元,占总资产的 36.93%。这一比例远远高于行业内的其他企业。公司前几年投资规模较大,导致负债率过高,在行业不景气(2018 年出现境内首次生猪行业疫情)的背景下,公司资金链出现了严重问题。多处资产已经被债权人申请保全,偿债存在较大风险。

第二,公司治理存在重大缺陷,未对重要信息进行完整披露。侯建芳作为公司董事兼高级管理人员,通过"骏惠5号集合资金信托计划"(简称"骏惠5号")持有雏鹰农牧股份 28165968 股,占雏鹰农牧总股本比例的 0.90%。2018 年 9 月 19日,因侯建芳未及时补充信用增强资金,"骏惠 5 号"持有的全部雏鹰农牧股票被强制平仓,金额合计 54641977.92 元。侯建芳未预先披露减持计划。鉴于 2018 年4 月 21 日在《关于控股股东、部分董事、监事、高级管理人员、证券事务代表及其他部分核心管理人员增持公司股票计划的公告》中,侯建芳承诺在增持实施期间、法定期限内及增持计划完成后六个月内不减持所持有的雏鹰农牧股票,但侯建芳因上述平仓减持事项违反了不减持雏鹰农牧股票的承诺。

第三,其他原因。受猪周期以及非洲猪瘟带来的行业动荡的影响,公司涉及诉讼事项较多。

- 经验总结和启示

警惕民营上市公司公司治理层面的家族式管理(从高管名单中可以看到,侯姓屡屡出现,除了雏鹰农牧董事长侯建芳,副董事长侯五群、董事侯斌、第五大股东侯杰、股东侯建业等人均为侯建芳的亲戚)。

警惕民营上市公司上市后业务战略层面的多元化发展,虽然符合商业发展的逻辑,但容易导致资金链出现短缺。从战略上看,企业经营的背后有市场环境的依托。不过,多元化战略前期投入特别大,每一个环节都须重金布设,一旦资金流动性跟不上,就容易半途而废。而雏鹰农牧的侯建芳以打通产业上下游为荣,他在接受凤凰网采访时称,"雏鹰农牧从生猪的原料采购,到原料运输,到饲料加工,到养殖繁育,到屠宰加工,到冷链运输,最后到消费者的餐桌,整个环节都是本公司自己在做,没有依托任何第三方平台,这是本公司打造的全产业链,本公司在用实际行动验证如何才能做到食品安全,让国人吃到放心肉是本公司的责任"。在这种经营战略之下,雏鹰农牧的盲目投资及扩张易导致债务危机。雏鹰农牧斥资1.35 亿元收购沙县小吃,希望打造雏鹰农牧品牌和用户口碑;通过电商平台开展互联网金融,为整个养猪业提供技术、金融等服务;还斥资 5 亿元投资电竞行业,但最后以亏损超 3000 万元而告终。盲目投资导致雏鹰农牧的账面流动性不足。

八、银山化工:20 世纪 90 年代国企上市公司的体制机制问题

- **公司概况**

四川银山化工(集团)股份有限公司(简称银山化工)是地方国有企业,股票名称为 ST 银山,实际控制人为内江市人民政府国有资产监督管理委员会,总部位于四川省内江市。公司股票已于 1996 年 12 月 26 日在深圳证券交易所挂牌交易。公司主营业务范围为制造、加工和销售磷酸一铵、过磷酸钙、硫酸、液氨、碳酸氢铵、液(固)亚硫酸铵、水泥等产品。

1999 年以前,银山化工保持了 37 年无亏损的记录,奠定了曾经在四川工业行业中的地位。但在 1999 年,旗舰衰落,银山化工亏损 4709 万元。这一年,全国化肥行业极不景气,内需不足、农副产品价格低、农民缺乏种粮积极性等问题致使化肥的购买力下降,银山化工主导产品磷酸一铵的价格从年初的 1710 元/吨下降到年底的 1200 元/吨。到 1999 年底,银山化工负债合计高达 5.42 亿元,其中仅需偿还的工行资中县支行的长期借款就高达 1.66 亿元。财务危机在接下来的两年里并没有缓解,亏损进一步扩大,2000 年亏损 5964 万元,2001 年亏损 1.5 亿元。由亏损引发财务危机,而财务危机又会影响原材料的供应及技改工程的完成,还会直接影响公司的生产经营,容易造成恶性循环。从 2002 年下半年开始,该公司将全部生产经营设施分别出租给乐至兴乐化工有限公司、威远石牛化工(集团)有限公司及四川山山药业(集团)有限公司等单位进行租赁经营,因此公司后期无主营业务收入。

- **风险事件演变及时间轴**

2001 年,由于公司资金严重短缺,以及对农资市场估算不足,忽视了企业内部系统的启动和管理,公司 2001 年再度出现巨额亏损。截至 2002 年 4 月 27 日,公司已连续亏损三年,因此暂停上市。2002 年 7 月 30 日,公司公布的 2002 年半年度报告显示,公司上半年亏损 3781 万元,不符合证监会规定的股票恢复上市的条件。根据证监会的规定,该公司股票自 2002 年 8 月 20 日起终止上市。相关时间轴如表 13-8 所示。

表 13-8　银山化工风险事件概述

时间	事件概述
1997 年 12 月	银山化工期望通过配股募集部分资金,解决公司的资金紧张问题。但公司业绩不过关,配股计划未获批准
1999 年 12 月	当年出现经营历史上首次亏损,主要是全国化肥行业极度不景气所导致的
2000 年 7 月	山西汇科数码有限公司受让内江市人民政府国有资产监督管理委员会持有的银山化工 29.77% 的股权,成为银山化工的第一大股东
2001 年 10 月	银山化工以实物出资,四川内江银山化工连锁销售有限公司以现金出资,拟成立七家子公司,以此剥离银山化工的不良资产并承担其巨额债务
2001 年 12 月	2000 年亏损 5964 万元
2002 年 3 月	出售公司资产
2002 年 4 月	公布债务重组进展
2002 年 4 月	股票暂停上市公告
2002 年 7 月	2002 年中期预亏及风险提示公告
2002 年 8 月	被终止上市

- 退市风险分析

第一,基本面薄弱。虽然 2001 年主营业务收入同比增长 2.5%,但仍然出现了巨额亏损,每股收益为 -1.31 元,同比下降 142.59%。公司已连续三年亏损,潜在大股东山西汇科的努力也未能使其避免暂停上市的风险。公司资金严重短缺,负债高达近 6 亿元,各种应收账款总计近 9000 万元,生产所需原材料无法到位,生产开工严重不足,产量减少,出现了有市场无产品的现象。2002 年上半年,公司依旧亏损 3781 万元。

第二,重组受挫。在 1999 年发生首次亏损之后,公司就开始寻求资产重组。一方面,公司由于债务沉重,债权人众多,而在重组的过程中只要有一个债权人不同意债务重组方案,公司的重组就难以进行;另一方面,内江市人民政府既想依靠证券市场来解决上市公司的债务问题,又想把上市公司的壳留在当地,以帮助原来的化肥企业解困,如此一来就把众多的买壳者(中经开、山东鲁北化工、上海交大产业集团及三九药业等当时的知名企业)当成洪水猛兽一般拒之门外了,重组因此一拖再拖,再加上遇到了会计准则的重大变革,使得重组举步维艰。

- 经验总结和启示

早期资本市场中的国有上市公司背负了过重的历史问题且关联了过多的地方政府利益。以银山化工为例,在深陷亏损漩涡之时,它身上却仍然背着一个巨大的包袱——内江富鑫天泉有限公司。这是银山化工在 1993 年进行股份制改造时,由非生产经营性资产剥离出去而成立的一家公司,隶属内江市人民政府国有资产监督管理委员会,但其运作费用仍然长期由银山化工垫付。在银山化工自身资金紧张的情况下,其为富鑫天泉公司垫付的款项仍高达 2000 多万元——这也在一定程度上加速了银山化工的衰落。

九、创智科技:大小股东博弈后双输的案例

- 公司概况

天珑科技集团股份有限公司,曾用名创智信息科技股份有限公司(简称创智科技),股票名称为*ST 创智,是外资企业,实际控制人为林文鸿,公司前身为湖南五一文实业股份有限公司,成立于 1993 年 5 月 22 日,注册地为湖南省长沙市。2000 年 2 月 29 日股东大会决议将注册地迁移至广东省深圳市,2001 年 3 月 20 日更名为创智信息科技股份有限公司,总部位于广东省深圳市。公司股票于 1997 年 6 月 26 日在深圳证券交易所挂牌交易。

公司从事无线通信产品的设计与开发,进出口业务,研发和生产经营 GSM 手机、3G 手机、4G 手机。经营项目包含无线通信产品、数码电子产品、计算机硬件的设计和开发,提供相关产品的技术服务,手机及原材料的研发、销售、批发、研制、开发、销售计算机软件及配套系统,提供软件制作及软件售后服务,自营进出口业务;许可经营项目包含手机及原材料的生产,生产计算机软件及配套系统,提供软件制作及软件售后服务。

创智科技的退市源于大股东与中小股东间的巨大分歧。2011 年 3 月,创智科技成为首家破产重整草案增加了股东网络投票渠道的上市公司,由于对让渡股份的安排不满,通过网络集结的中小股东合力反对,一举否决了破产重整草案,被视为“网络时代股民的胜利”。两个月之后,重整方案下调了中小股东的股份让渡比

例,才最终得以通过。此后,2011 年 12 月,原控股股东大地集团谋求将旗下关联资产注入创智科技,因遭到中小股东的强烈反对而未能推行。这一场以中小股东维权胜利为开端的博弈,最终走向了双输的境地。

2012 年 12 月 24 日,深圳证券交易所以上市公司无业务收入、无持续经营能力为由,否决了 * ST 创智的恢复上市申请,进入股转系统的 * ST 创智变身"创智5"。2016 年,创智科技曾经申请回 A 股,但之后公司又向深圳证券交易所提交了重新上市申请的中止审核申请。

- 风险事件演变及时间轴

2007 年 3 月 9 日,* ST 创智因 2004—2005 年连续两年亏损,已被深圳证券交易所处以"* ST"退市风险警示。2007 年 5 月 23 日,因 * ST 创智在 2004—2006 年连续三年亏损,根据有关规定,公司股票自 2007 年 5 月 24 日起暂停上市。公司于2012 年 12 月 31 日收到深圳证券交易所通知决定终止上市。相关时间轴如表13-9所示。

表 13-9　创智科技风险事件概述

时间	事件概述
1997 年 6 月	深圳证券交易所上市
2004—2006 年	* ST 创智因大股东占款、上市公司违规担保导致出现连续亏损而被暂停上市
2006 年 12 月	公司引入战略投资者新宇集团,但因为潜在负担过大,新宇集团于 2007 年 4 月退出
2007 年 5 月	2007 年,公司通过处置资产和债务豁免,产生了 4000 多万元的净利润。同时,大地集团经拍卖受让了原大股东的股权,并试图通过破产重整解决潜在担保、债务和资不抵债的问题,同时发行股份购买资产注入新业务。发布公司股票暂停上市的公告
2007 年 8 月	公司资产遭受重大损失
2008 年 1 月	重大诉讼进展
2008 年 1 月	2007 年年度业绩预盈约 800 万元
2009 年 1 月	出售资产公告
2009 年 6 月	诉讼进展情况的公告

续　表

时　间	事件概述
2010 年 2 月	证监会对创智科技违反证券法律法规案做出行政处罚决定。调查发现:第一,创智科技在 2004 年、2005 年、2006 年年报中,未如实披露股东湖南华创实业有限公司和大股东湖南创智集团有限公司(简称创智集团)实际为一致行动人的关系。第二,创智集团及其关联方通过第三方付款等多种方式占用上市公司资金,2004 年、2005 年、2006 年底占用余额分别为2.11 亿元、4.67 亿元和 1173 万元,对于上述情况上市公司未按规定披露。第三,为掩盖资金占用情况,创智科技通过账务处理,将被占用资金部分列为资产及主营业务收入。第四,创智科技及其子公司在 2004 年与2005 年对外担保总额分别为 3.27 亿元和 5.58 亿元,并且未按规定披露。证监会认定,创智科技的上述行为违反了原《证券法》第五十九条、第六十一条、第六十二条和现《证券法》第六十三条、第六十六条的规定,应按照原《证券法》第一百七十七条和现《证券法》第一百九十三条的规定予以处罚。证监会决定对创智科技给予警告,并处以 40 万元的罚款;对时任董事长、董事、总经理丁亮等十名责任人员分别给予警告,并处以 3 万至 30 万元不等的罚款
2011 年 4 月	破产重整进展情况
2013 年 2 月	股票终止上市公告

- 退市风险分析

第一,基本面薄弱。2007 年,公司营业收入较上年同期减少 92.8%,主要原因是电信、国际等业务转让及创智软件园有限公司等子公司被司法拍卖或转让后,公司的主营业务范围缩小。公司已连续三年亏损,涉及多项未决诉讼及媒体负面报道,使现有业务市场拓展受限,也导致主营业务收入大幅减少。2008 年,公司营业利润为一1300 万元。自 2009 年开始,公司业务全面停顿。

第二,重组困难不断。公司恢复上市之路停滞,重组被否。2007 年 12 月 12日,大地集团斥资 1 亿元,通过拍卖受让创智集团所持的 * ST 创智 4462.52 万股,占总股本的 11.79%,每股作价 2.26 元,并承诺向 * ST 创智注入核心地产业务。拍卖前,大地集团得到保证,两宗涉及金额 3 亿余元的案件会胜诉,进入后只需要抓紧时间推动重组即可,但股权拍卖后不久,上述两宗案件全部败诉,随后大地集团不得不开始了漫长的保壳之旅。创智集团前期众多遗留问题和不规范的运营,让证监会的稽查直至 2009 年才结束,重组工作举步维艰,白白蹉跎了四年。

第三,虚假陈述索赔。2006 年 8 月 30 日,公司发布公告称,因涉嫌大股东违规占用上市公司资金、违规提供担保、虚假信息披露等行为,湖南省证监局通知对其立案调查。随后,该股股价最低跌至 2.65 元/股,众多股民损失惨重。满足条件的投资者可以申诉。

- **经验总结和启示**

以中小股东维权胜利为开端的博弈,最终走向双输的境地,成了上市公司股权结构问题的一个经典案例。这个案例告诉我们,要让大股东和中小股东的利益趋同,就既要防止大股东侵占中小股东的利益,也要防止中小股东的"搭便车"现象。

十、炎黄在线:多职合一所致的爆雷

- **公司概况**

江苏高能时代在线股份有限公司(股票名称为 *ST 炎黄)是民营企业,公司股票于 1998 年 5 月 29 日在深圳证券交易所挂牌交易。*ST 炎黄前身是金狮股份,2000 年"托普系"入主后逐渐向 IT 领域转型,并更名为炎黄在线,成为国内第一家以网站命名的上市公司。

公司原主营业务为仓储,国内贸易,计算机应用服务,计算机网络系统工程和硬件的开发、生产、安装及系统集成,电子产品及通信设备、新型材料的开发等。

*ST 炎黄于 2006 年 5 月起暂停上市,停牌前收报 1.88 元人民币。2006 年 9 月,北京中企华盛投资有限公司通过拍卖取得公司股份,入主 *ST 炎黄并成为第一大股东。此后,*ST 炎黄开始了漫长的重组之路。然而,历次重组均无疾而终。最早一次是 2009 年 8 月,*ST 炎黄第一次披露资产重组方案,计划以每股 2.7 元的价格向润丰集团等定向发行 1.91 亿股,购买其合计持有的北京润丰房地产开发公司 100% 股权。但由于房地产调控政策逐步加码,*ST 炎黄的第一次重组无奈终止。2011 年 4 月 26 日,*ST 炎黄披露控股股东中企华盛拟筹划与南方报业的重大资产重组事宜,称南方报业拟将其经营性核心资产注入。但是,在当年 7 月,*ST 炎黄称因南方报业未能在 2011 年 7 月 27 日之前取得其主管部门的批文,因此暂停与其筹划的重大资产重组相关事宜。2012 年 7 月,*ST 炎黄与鲁地控股重组也被中止。

*ST 炎黄于 2013 年 1 月 31 日迎来"末日审判"。经公司 2013 年第一次临时股东大会投票表决,*ST 炎黄《终止重大资产重组事项且股票进入退市整理期交易的议案》未获通过,公司将直接退市,而且不再进入退市整理期。

- 风险事件演变及时间轴

2006 年 5 月 10 日,*ST 炎黄收到深圳证券交易所《关于江苏炎黄在线物流股份有限公司股票暂停上市的决定》,因公司 2003—2005 年连续三年亏损。根据有关规定,决定公司股票自 2006 年 5 月 15 日起暂停上市。公司股票摘牌日期为 2013 年 3 月 27 日。相关时间轴如表 13-10 所示。

表 13-10　*ST 炎黄风险事件概述

时间	事件概述
2004 年 3 月	"托普系"的实际控制人宋如华以 2 元的股价出让托普软件股权,抽身飞赴美国。炎黄在线因违规担保导致的巨额亏损等问题也集中显现,2003—2005 年连续三年亏损,2006 年 5 月暂停上市
2005 年 5 月	股权继续冻结的公告
2005 年 9 月	被证监会立案调查
2005 年 9 月	重大会计差错更正公告
2005 年 12 月	股票交易异常波动公告及风险警示公告
2006 年 5 月	股票暂停上市公告
2006 年 7 月	大股东清偿占用上市公司资金
2006 年 8 月	业绩预亏
2007 年 3 月	大股东正式易主
2009 年 3 月	*ST 炎黄发布公告称,因涉嫌违反证券法律法规被江苏省证监局立案调查
2013 年 3 月	发布股票终止上市公告

- 退市风险分析

第一,公司经营效益下滑明显。公司基本面较差,曾连续两年营业零收入,多年净利润亏损。公司客户集中度过高。主营业务过于依赖托普集团,而托普集团掌门人骗贷前往美国。2003 年,实现主营业务收入 9402 万元,同比下降 39.5%;净利润 74.8 万元,同比下降 93.9%;每股收益由 0.21 元下降到 0.01 元。由于公司的客户集中度高,2003 年,前五名客户的主营业务收入额占全部主营业务收入总额的 47.90%。与托普集团成员企业的业务形成毛利 833.9 万元,占合并会计报表毛利总额的 52.2%。截至 2003 年 12 月 31 日,托普集团成员企业占用公司资金净额 4945 万元,占合并会计报表净资产的 48.1%。可供经营支配的货币资金日益短缺,导致公司持续经营存在不确定性。2003—2005 年连续三年亏损。2009 年上半年,公司营业收入为零,归属上市公司股东的净利润为一788 万元,每股收益为一0.12 元。

第二,公司治理存在重大缺陷。"托普系"掌门人宋如华利用旗下公司从银行骗贷近 100 亿元后,本人悄然逃往美国。其后,"托普系"旗下的托普科技、托普软件先后被宣布摘牌。"托普系"仅存的炎黄在线虽然没有被摘牌,但也披星戴帽变身为*ST 炎黄,并被暂停上市。2009 年 3 月 27 日,公司发布公告:董秘卢珊兼任董事长、总裁和董秘三职。2009 年 10 月 22 日,卢珊突然因个人原因辞职,由李世界接任。然而,卢珊并没有因此从公司消失。一年多之后,卢珊再次被任命为董事长、总裁和董秘(多职合一现象),李世界被聘为常务副总裁兼财务负责人。突如其来的高升、辞职和复职,令市场反应不及。

第三,其他事项。在其历年审计报表中,均存在误差,甚至有些前后反差极大,出现业绩从盈利到亏损的大起伏,并且事后出具了会计差错更正事项。

- **经验总结和启示**

尤其需要关注民营上市公司的公司治理问题,对于公司治理形同虚设且存在多职合一现象的公司需要格外警惕。作为民营资本族系公司,在实际控制人出逃后,该公司高管层存在一人身兼多职的情况,卢珊的高升、辞职和复职等一系列行为主体的风险特征无不预示了公司的危机与问题。

十一、广汽长丰:多方博弈下的退市

- **公司概况**

广汽长丰汽车有限公司(简称广汽长丰)是地方国有企业。实际控制人为广州市人民政府国有资产监督管理委员会,总部位于湖南省长沙市。公司股票于 2004 年 6 月 14 日在上海证券交易所挂牌交易。

广汽集团与长丰集团的姻缘结于 2009 年 5 月,广汽集团斥资 10 亿元自长丰集团手中收购了长丰汽车 29％的股权。广汽集团因此取代长丰集团成为上市公司的第一大股东,长丰汽车随之更名为广汽长丰。

2011 年 3 月,广汽长丰发布消息称,广汽将吸收换股广汽长丰,进而与三菱筹建 50％的合资子公司。广汽与三菱的合作是广汽集团借助广汽长丰的平台取得的第二个合资项目。

公司业务范围涵盖了整车及相关零部件的研发、制造、销售与服务。公司引进了日本三菱汽车 PAJERO 轻型越野车生产技术,公司主导产品猎豹越野车已形成三大系列 48 个品种,曾占据国内轻型越野车市场份额的 45％,成为国内轻型越野汽车行业的领头羊。

2012 年 3 月,按照广汽集团与长丰集团、三菱汽车最终达成的协议,分列广汽长丰第二、第三大股东的长丰集团与三菱汽车均不参与广汽集团的吸收换股,而是以 12.65 元/股的价格向广汽集团行使现金选择权。由于二者分别持有 1.14 亿股与 7599.79 万股广汽长丰的股权,故广汽集团分别要向长丰集团与三菱汽车支付 14.48 亿元、9.61 亿元的对价。广汽长丰退市,而广汽集团则需为整体上市垫付高达 24.48 亿元的成本。

- 风险事件演变及时间轴

公司于 2011 年 6 月 27 日召开临时股东大会,审议通过了《关于广州汽车集团股份有限公司换股吸收合并广汽长丰汽车股份有限公司的议案》。广汽集团换股吸收合并该公司于 2012 年 1 月 31 日获得证监会核准,交易所决定自 2012 年 3 月 20 日起终止公司股票上市交易。相关时间轴如表 13-11 所示。

表 13-11　广汽长丰风险事件概述

时间	事件概述
2007 年 12 月	公布重大事项公告,部分车辆召回
2009 年 5 月	广汽集团宣布以 10 亿元收购长丰汽车 29％的股份,并成为其第一大股东,抢到新规出台后的"头啖汤",率先重组长丰汽车。之后,长丰汽车更名为广汽长丰。广汽集团董事长张房友亲自担任广汽长丰董事长。按当时广汽集团和长丰汽车的重组协议,双方约定五年内在湖南投资约 100 亿元,使合作项目形成年产约 50 万辆的产能规模
2010 年 1 月	公布 2009 年年度业绩预减公告
2010 年 4 月	关于前期会计差错更正的公告
2010 年 6 月	关于湖南省证监局现场检查意见的整改报告

续　表

时间	事件概述
2010 年 11 月	上市公司公告《合作备忘录》,根据其内容,广汽集团拟通过吸收合并、要约收购或其他中国法律法规允许且三菱汽车同意的合适方式使广汽长丰从上海证券交易所退市,并通过后续重组使广汽长丰成为或以广汽长丰资产设立广汽集团和三菱汽车分别持有 50% 股份的合资公司
2011 年 5 月	公布民事诉讼进展公告
2011 年 7 月	2011 年半年度业绩预亏公告
2012 年 3 月	关于股票终止上市的公告

- 退市风险分析

第一,基本面薄弱。营业收入增长缓慢,2009 年,公司共销售整车 34279 台,比上年同期增长 27.83%,实现营业收入 487949.24 万元,比上年同期增长 3.62%。公司产品结构老化趋势仍在继续。公司主要的 SUV 产品有猎豹和帕杰罗两个子系列,其中帕杰罗品牌的价格要远高于猎豹。利润也下滑严重,2009 年,公司实现归属母公司所有者的净利润 2817 万元,比上年同期减少 79.9%。2011 年,公司实现归属上市公司股东的净利润为负值。

第二,公司治理不规范。公司违规修改了 2005 年 1 月 7 日风顺车桥与长丰集团签订的《土地使用权租赁合同》。监事会流于形式,没有针对审议事项进行讨论。董事会提名委员会、战略决策委员会、薪酬与考核委员会没有召开例会,也没有根据其职责要求对相关事项进行审议,没有会议记录。

第三,信息披露欠规范。未准确披露长丰汽车永州分公司租赁长丰集团土地使用权情况。

第四,关联交易履行不到位。2009 年,长丰汽车日常关联交易预计中未包含向湖南长丰汽车零部件有限责任公司销售油泵支架等内容,而实际发生上述关联交易金额 692 万元;2009 年,公司预计向湖南长丰汽车沙发有限责任公司销售沙发导轨调角器等材料不超过 800 万元,而实际发生上述关联交易金额 2052 万元。

第五,诉讼赔偿。公司涉及证券虚假陈述赔偿纠纷被起诉,向 17 人赔偿其投资差额损失、投资差额部分的佣金和印花税损失及利息损失合计人民币 332 万元。

第六,合并吸收。公司近年来产销规模徘徊不前,效益状况不佳,需要借助外部力量来扭转不利局面。而广汽集团的主要业务和利润来源于合资企业广州本田与广州丰田,该集团缺乏 SUV 产品,同时也在积极谋划发展自主品牌轿车。双方业务具有一定的互补性是它们最终走到一起的重要原因。

● 经验总结和启示

在广汽长丰的案例中，既能看到国外产业资本和国内产业资本的耦合，也能看到地方政府之间的竞争与合作。在国内汽车产业中，大量的兼并重组是由政府推动的，如一汽与夏利、上汽与南汽、长安与昌河、东风与福汽等。长丰集团原本是湖南省人民政府国有资产监督管理委员会的上市公司壳资源，也是湖南省自有的汽车品牌。在广汽长丰退市、广汽与菲亚特合资、广汽与三菱合资等问题上，湖南省人民政府都起到了重要的协调与黏合作用。

对于三菱汽车而言，借助一系列资本腾挪，终于和广汽集团深度绑定，为其扩大在中国市场的影响力埋下伏笔。

对于长丰集团而言，长丰集团董事长李建新曾表示："如果仅作为长丰集团曾经的第一大股东，我们的选择将会是'反对'。"一方面，在吸收换股方案通过之后，长丰猎豹将失去上市公司融资平台；另一方面，星沙工厂也将成为广汽三菱的基地。然而长丰集团毕竟是湖南省属国有企业。2011 年 3 月，广汽集团抛出的通过吸收换股合并广汽长丰的方案，将吸收换股现金选择权的提供方圈定为广汽集团和国机集团。但在 2011 年 6 月 10 日，广汽忽然接到来自长丰集团的通知——长丰集团决定对其所持有的广汽长丰全部 114469321 股（合计 14.48 亿元）股权行使现金选择权，而不参与广汽集团的换股，这使得广汽集团拉来同属广东省人民政府国有资产监督管理委员会的粤财控股提供资金支持。

对于湖南省而言，在拿到了更具分量的汽车工业基地的筹码——长丰集团退出广汽长丰后，将重点发展广汽集团在湖南的整车厂配套相关的零配件业务，广汽菲亚特零部件配套园已经在长沙开发区破土动工，再加上湘潭地区的汽车工业园区，长株潭地区的汽车生产能力将进一步得到加强。

十二、东北高速：国资公司治理问题的典型案例

● 公司概况

东北高速公路股份有限公司（股票名称为 ST 东北高，简称东北高速）是地方国有企业，总部位于吉林省长春市。公司股票于 1999 年 8 月 10 日在上海证券交易所挂牌交易。东北高速的三大股东分别是黑龙江省高速公路公司（以下简称黑

龙江高速）、吉林省高速公路集团有限公司（以下简称吉林高速）和华建经济开发中心（以下简称华建中心），三家公司都是国有股东，共持有东北高速 75.27％的股权。除去上述三家国有股东，东北高速的其余股东都是流通股股东，而正是这三大国有股东和公司管理层的严重不和，让公司被交易所实施了特别处理，成为中国资本市场中第一家非亏损的特别处理股票。在特别处理后，东北高速的股票便以连续跌停报收。

公司主营业务为高等级公路的投资、开发、建设和经营管理，是国内道路交通行业仅有的两家跨省区强强联合企业之一。公司拥有哈大高速公路、长平高速公路、哈尚高速公路、长春西绕城高速公路等一系列经济效益良好的经营性公路资产。上市后，公司进行了大量对外投资，其中：12 亿元 IPO 募集资金投入的高速公路项目仅得到 1 亿元左右的收入；大量非募集资金项目也多数绩效不佳，除了东高油脂，还有一些非主营项目血本无归。

东北高速的三大股东背后是黑龙江、吉林两省的交通厅和华建中心，而三大股东的矛盾也由来已久。分散的股权限制了一股独大，但也频频表现出在重大决策中的相互掣肘，股东利益、地方利益、管理层利益相互纠缠。上市后，公司不仅出现过违规炒大豆期货事件，也因卷入"中行高山案"至今仍有几亿元资金不知去向，原董事长张晓光也因涉嫌贪污被捕。但矛盾、纷争并没有随着张晓光被捕而有所缓解，反倒是愈演愈烈。

- 风险事件演变及时间轴

公司于 2010 年 2 月 23 日收到上海证券交易所有关文件，因公司分立实施后，公司法人资格将被注销，根据相关规定，同意公司人民币普通股股票自 2010 年 2 月 26 日起终止上市。公司拟分立重组上市：黑龙江交通发展股份有限公司（简称黑龙江交通）和吉林高速将按照分立重组上市方案的约定依法承继原东北高速的资产、负债、权益、业务和人员，原东北高速在 2010 年 2 月 26 日分立完成后依法注销，黑龙江交通和吉林高速的股票经核准后上市。相关时间轴如表 13-12 所示。

表 13-12　东北高速风险事件概述

时间	事件概述
2003 年 7 月	2002 年大幅亏损，2003 年继续增资
2005 年 10 月	公布 2005 年年度业绩扭亏提示性公告

续　表

时间	事件概述
2007 年 5 月	5 月 23 日，在东北高速的股东大会上，东北高速的三大国有股东（也是仅有的参会股东）全票否决了公司的《2006 年年度报告及摘要》《2006 年年度财务决算报告》和《2007 年年度财务预算报告》等议案，同时，还投票通过了《东北高速提前偿还股东 9 亿元贷款》和《对吉林东高油脂有限公司实施撤销清算》两项临时提案。东北高速必须在 13 个月内归还大股东 9 亿元，还得计提东高油脂的 1.6 亿元债务。东北高速的经营状况面临重大财务风险
2008 年 12 月	诉讼事项进展情况公告
2009 年 3 月	股票交易异常波动公告：触及跌幅限制
2009 年 4 月	股票继续停牌公告
2010 年 2 月	公布关于股票终止上市公告
2010 年 3 月	关于吉林高速公路股份有限公司股票上市获得上海证券交易所核准的公告
2010 年 3 月	关于黑龙江交通发展股份有限公司股票上市获得上海证券交易所核准的公告

- 退市风险分析

第一，基本面薄弱。2006 年，公司实现主营业务利润 374829607.52 元，比上年同期减少了 1.75%。实现净利润 118364951.76 元，比上年同期减少了 30%。此前，为了达到上市要求而再三设计的 9 亿元债务（9 亿元债务源自公司上市时的主要资产"两路一桥"，即黑龙江高速将投建的哈大路和松花江大桥的部分股权，以及吉林高速将投建的长平路分别作为出资注入上市公司，由于注入的部分资产涉及相关银行贷款的分配问题，其中大量的银行贷款转为向大股东的欠款），除了产生财务隐患，还直接改变了东北高速的股权结构。2007 年，公司被特别处理之后，股东与管理层矛盾公开爆发，大股东集体决议要求东北高速偿还 9 亿元欠款及利息，给公司造成了巨大的财务压力，业绩自然也大受影响。

第二，公司治理存在严重问题。公司是由两家分属不同地区（吉林和黑龙江）的企业共享上市指标而形成的一家上市公司，但跨地区、跨部门的利益在公司成立后根本无法协调。双方相互对立，关系恶化，争夺董事席位、争夺经营权、占领办公场所、驱赶经营班子、抢夺公章、动用公权力整人，甚至连董事长都不能正常换届。2007 年 12 月 31 日，出席会议的吉林方股东代表被打伤。之后，第三大股东也加入了争斗，最终第三大股东的董事举报公司财务造假。

第三，其他原因。2003 年，公司在已经投资 1 亿元的基础上，又增持二十一世纪科技投资有限责任公司 1.2 亿股股权，而后者在 2002 年亏掉了注册资本金的三分之一。

第四，分立重组。公司分立重组上市的方案是利好消息，黑龙江和吉林两方都可以充分利用上市平台去发展相应的产业，而不会把精力用在无休止的内耗上；监管机构不用再为企业因争夺控制权而导致的公司治理问题烦恼；股民们也有希望看到两家专注业务发展的公司。

- 经验总结和启示

东北高速在上市公司治理层面，是一家"躺着都能管好"的上市公司，却命途多舛，堪称最具借鉴意义的国企样本。1999 年成立的东北高速，最初曾设想以三方股东均匀的股权结构打造上市公司的经典制衡模式。股东们确实也曾团结一心，但这家"闭着眼睛收'买路钱'就可以盈利的公司"最终沦为一个矛盾重重的"战场"。

部分大股东人权、事权分离，造成高管人员失控，出现分公司巨额资金坐庄炒期货，数亿资金在银行账户"蒸发"等超常规事件。2007 年，管理层交出一份很不理想的年报，三方大股东暂时性"同仇敌忾"，合力反击经营层，进而爆出公司 9 亿元欠款以及 2.95 亿元财务造假等事件；2008 年，大股东的结盟破裂，二股东举报公司 23 亿元资金违规。看上去，每一方大股东都试图保障公司利益，可事实上东北高速的利益却在不知不觉中流失。

十三、天夏智慧(索芙特)：几经挣扎最终退市

- 公司概况

1996 年，广西康达上市，主营业务为进出口贸易等。1999 年，索芙特实际控制人梁国坚部分购入了广西康达股票，成为小股东。两年后，梁国坚走上入主广西康达之路。2001 年 7 月，梁国坚以高出净资产近十倍的价格收购了广西康达的所有法人股。随后，梁国坚把索芙特保健品公司 75％ 的股权植入广西康达，后者更名为广西红日股份有限公司，股票名称由 ST 康达变更为 ST 红日。

2002 年 4 月 1 日,在索芙特优质的日化资产助力下,ST 红日成功实现摘帽,且股票名称变更为广西红日。由于程序问题,索芙特直至 2003 年才彻底完成从 2001 年就开始的股权收购,成为广西红日真正的控股股东。2004 年 11 月,广西红日改名为索芙特股份有限公司(简称索芙特股份),主营业务由精细化工变更为日用化工。

在资本的助力下,2006 年,索芙特股份到达 12.57 亿元的业绩巅峰,市值一度超过 28 亿元。但好景不长,2008 年后,中国化妆品市场竞争越发激烈,索芙特品牌的"概念营销"似乎已不再奏效。公开资料显示,2008 年,索芙特股份净利润大幅下滑 90.25%,仅为 757 万元。2009 年,净利润进一步下滑至 293 万元,毛利率由 60% 下降至 40%。2010 年上半年又爆出"营业利润为负,净利润大幅减少 57%"的业绩。2012 年 4 月,索芙特股份更因连续两年亏损而接到退市警告。不过,索芙特股份通过转让广西松本清化妆品连锁有限公司股权获益 1.57 亿元,最终退市风险警示得以撤销。

随着上市公司业绩遭遇滑铁卢,"一入资本市场深似海,从此品牌是路人"的警世危言开始在索芙特股份身上得到验证。此后,索芙特股份开始频繁重组,心思逐渐远离日化行业。2015 年,索芙特股份定增 41 亿元收购了杭州天夏科技集团有限公司 100% 股权,谋求向智慧城市领域转型。次年,上市公司索芙特股份改名为天夏智慧。索芙特股份在 2015 年年报中指出,2016 年公司的总体目标是依托子公司天夏科技建立智慧城市领域的业务布局,同时逐步把现有的化妆品业务和医药流通业务置换出去。

剥离日化业务且已改名的索芙特股份,仅过了两年好日子。据公开财报显示,在 2016 年和 2017 年,天夏智慧分别实现营收 12.77 亿元、16.66 亿元,净利润分别为 3.31 亿元、5.74 亿元。但据公开财报显示,2019 年天夏智慧净亏损达 50.73 亿元。进入 2020 年后更是一蹶不振,直至退市。公司股票于 2021 年 2 月 26 日进入退市整理期,4 月 12 日被正式摘牌。

- 风险事件演变及时间轴

2020 年 6 月 30 日,公司发布关于公司股票实施退市风险警示暨停牌的公告。2020 年 7 月 1 日实施退市风险警示后,股票价格的日涨跌幅限制为 5%。2021 年 4 月 12 日,公司股票已被深圳证券交易所决定终止上市,并被深圳证券交易所摘牌。相关时间轴如表 13-13 所示。

表 13-13　天夏智慧(索芙特)风险事件概述

时间	事件概述
2010 年 12 月	2010 年,索芙特股份销售费用为 1.17 亿元,同比增长 110.21%,主要用于重新启动产品销售进入大型超市、国际大卖场等,以及为稳定销售网络加大对经销商销售费用的扶持力度、增加广告投入等
2011 年 12 月	亏损 1.93 亿元
2012 年 4 月	索芙特股份因连续两年亏损而遭遇退市警告
2017 年 12 月	索芙特品牌对应的日化业务实质上已经脱离了上市公司体系。天夏智慧 2017 年年报指出,随着最后一家日化类子公司天吻娇颜完成转让,公司彻底剥离了传统的化妆品业务和医药流通业务资产。只不过彼时天夏智慧年报披露的实控人仍为梁国坚夫妇
2018 年 12 月	天夏智慧业绩开始下滑,2019 年出现亏损状态。财报数据显示,2019 年天夏智慧净亏损达 50.73 亿元
2019 年 5 月	7000 万股股份被冻结,涉及股东:锦州恒越投资公司
2019 年 6 月	2.4 亿股股份被冻结,涉及股东:安徽京马投资公司、锦州恒越投资公司
2019 年 6 月	1.8 亿股股份被冻结,涉及股东:锦州恒越投资公司
2019 年 6 月	1.1 亿股股份被冻结,涉及股东:锦州恒越投资公司
2019 年 9 月	1.7 亿股股份被冻结,涉及股东:西藏朝阳投资公司
2019 年 11 月	财务总监离任
2019 年 12 月	实际控制人发生变更,变更前无实际控制人,变更后为梁国坚
2020 年 6 月	股票将于 2020 年 6 月 30 日开市起停牌一天
2020 年 12 月	2020 年 12 月,公司发布公告称,第一大股东股份被拍卖,系锦州恒越投资公司所持的公司 31882452 股股份,占其所持公司全部股份的 17.78%,占公司总股本的 2.92%

- 退市风险分析

第一,盈利能力下降。2018 年公司盈利能力开始减弱,营收和净利均出现较大幅度下降。2019 年发生亏损,净利润为 −51 亿元。2020 年一季报披露,营业总收入 108 万元,同比减少 99.45%,净利润为 −7627 万元,同比下降 229.9%,基本每股收益为 −0.07 元,平均净资产收益率为 −6.79%。2020 年中报显示发生亏损,净利润为 −1600 万元。2020 年半年报显示,天夏智慧经营业务已基本停滞,尚未恢复正常生产经营秩序,持续经营能力存在重大不确定性。

第二,公司治理存疑。一是通过虚构智慧城市建设项目完成情况的方式虚增收入和利润,天夏智慧的财务造假主要发生在 2016 年 4 月至 2019 年 6 月间。在这期间,天夏智慧隐瞒其全资子公司杭州天夏科技集团有限公司(简称杭州天夏)所承接的安顺市西秀区智慧城市、重庆市永川区智慧商圈等智慧城市建设项目的实际建设情况。在上述项目尚未实际建设或仅部分建设,不满足收入确认条件的情况下,通过虚构项目建设完成进度的方式虚假确认或者提前确认收入,并在相关定期报告中虚增上述项目的收入和利润,合计虚增收入不少于 30.86 亿元,虚增利润不少于 11.48 亿元。二是虚假披露公司实际控制人。在 2016 年 4 月 6 日天夏智慧非公开发行股票完成后,锦州恒越投资有限公司、西藏朝阳投资有限公司、安徽京马投资有限公司、北京浩泽嘉业投资有限公司分别持有天夏智慧16.41%、15.8%、7.5%、3.34%的股份,上述公司均实际由夏建统控制。2016 年 4月 6 日后,夏建统实际支配天夏智慧有表决权的股份超过 30%,并负责上市公司主要经营业务,是天夏智慧的实际控制人。天夏智慧在 2016—2018 年半年报和年报,以及 2019 年半年报中均披露公司实际控制人为梁国坚、张桂珍夫妇。天夏智慧前述定期报告关于公司实际控制人的披露不真实,构成虚假记载。三是未完整披露对外负债。2017 年和 2018 年,天夏智慧在杭州银行北京朝阳支行分别开具1.2 亿元和 4.45 亿元商业承兑汇票但并未入账。截至 2018 年底,共有 5.65 亿元应付商业承兑汇票未入账,占当期披露的母公司报表负债总额的 80.67%,占合并报表负债总额的 39.07%。天夏智慧未在 2017 年和 2018 年年报中披露上述负债情况,前述定期报告所披露的债务情况存在重大遗漏。未按规定披露为关联方提供财务资助的关联交易。2016 年至 2018 年间,天夏智慧的子公司杭州天夏为关联方提供财务资助合计 16.6 亿元。其中,2016 年 4—12 月、2017 年和 2018 年分别向夏建统实际控制的福建平潭嘉业久安投资管理中心合伙企业(有限合伙)提供财务资助 7.48 亿元、5.22 亿元与 3 亿元;2016 年 4 月向西藏朝阳投资有限公司提供财务资助 0.9 亿元。2016 年、2017 年和 2018 年向关联方提供财务资助金额分别占上一年度经审计净资产的 146.95%、10.42%和 5.38%。对于上述为关联方提供财务资助的关联交易,天夏智慧均未履行董事会、股东大会审议程序,也未按规定及时披露,并且未在 2016 年、2017 年和 2018 年年报中披露。四是未按规定披露对外担保事项。2017 年至 2018 年间,天夏智慧及子公司多次违规对外提供担保,合计金额 9.18 亿元。其中,2017 年先后为浙江睿康投资有限公司、上海昌聚实业有限公司等夏建统实际控制的企业提供担保合计 6.16 亿元,占上一年度经审计净资产的 12.28%;2018 年,其子公司北京天夏科技有限公司为上海一江经贸有限公司提供担保 3.02 亿元,占上一年度经审计净资产的 5.42%。上述对外担保事项,天夏智慧均未履行董事会、股东大会审议程序,也未按规定及时披露,并且未在 2017 年和 2018 年年报中披露。五是未按规定披露重大诉讼事项。2018 年 8 月,因借款、担保、票据追索、合同纠纷等,天夏智慧及其子公司陆续被起诉至法院。其中,天夏智慧应当不晚于 2019 年 4 月 11 日知悉国厚金融资产管理股份有限公司、中信银行合肥分行向安徽省高级人民法院提起的要求天夏智慧承担担保责任诉讼事项。天夏智慧直至 2019 年 4 月 30 日才在 2018 年年报中披露了部分诉讼事项。天夏智慧在 2019 年 8 月 30 日披露的 2019 年半年报中仍未完整披露上述诉讼事项。此时,公司应披露而未披露的涉诉案件不少于 32 起,金额不低于 11.12 亿元,占 2018 年经审计净资产的比例超过 17%。

- 经验总结和启示

不断损失市场的索芙特股份决定剥离主业,欲通过更换名称来实现业绩扭亏,而这也为后期走向退市埋下了隐患。在 2017 年彻底剥离传统的化妆品业务和医药流通业务资产后,公司主营业务转型至智慧城市产业,然而转型智慧科技的同时也埋下了爆雷祸根。日化是其发展了数十年的主行业,在其发生亏损后不仅没有想办法扭亏为盈,还直接抛弃自己的主行业并转向自己不熟悉的智慧城市行业,这实非明智之举。在没有相关经验也没有一定发展优势的情况下,天夏智慧的亏损甚至退市只是时间问题。

十四、洪湖生态:震惊市场的造假案例"蓝田事件"

- 公司概况

湖北洪湖生态农业股份有限公司(原名沈阳蓝田股份有限公司、湖北蓝田股份有限公司、湖北江湖生态农业股份有限公司,简称洪湖生态),总部位于湖北省洪湖市,实际控制人为李武。公司是以农业为主的综合性经营企业,经营范围包括农副水产品种养、加工销售,制药及卫生保健品制造,餐饮住宿,房屋开发等,主营业务收入的 98% 来自农副水产品和饮料。农副水产品主要指的是鳜鱼、鲤鱼、草鱼等淡水鱼类,中华鳖,青虾,以及莲子、莲藕、菱角、茭白、莼菜等水生植物。

1996 年 6 月 18 日,公司股票在上海证券交易所上市。2003 年 5 月 23 日,公司股票终止上市。1996 年股本为 9696 万股,2000 年底扩张到 4.46 亿股,扩张了360%;主营业务收入从 4.68 亿元大幅增长到 18.4 亿元,净利润从 0.593 亿元快速增长到令人难以置信的 4.32 亿元。

　　蓝田曾是湖北农业产业化的"一面旗帜",而蓝田事件是中国证券市场一系列欺诈案中的重要案例之一,被称为"老牌绩优"的蓝田巨大泡沫的破碎,是继银广夏之后,中国资本市场上演的又一出丑剧,成为 2002 年中国经济界的一个重大事件。与银广夏相同的是,蓝田股份玩的也是编造业绩神话的伎俩。

- 风险事件演变及时间轴

　　公司在 2002 年半年度报告披露后和 2002 年年度报告披露后的法定规定时间内,向上海证券交易所提交了恢复上市的申请书,同时也向上海证券交易所发去了《关于公司股票恢复上市的请求函》。但是,由于会计师对公司 2002 年半年度报告与年度报告分别出具了否定意见的报告和拒绝表示意见的报告,所以,公司聘请的证券公司未能出具推荐公司股票恢复上市意见书。2003 年 5 月 22 日,公司收到上海证券交易所《关于决定湖北江湖生态农业股份有限公司股票终止上市的通知》,公司股票自 2003 年 5 月 23 日起终止上市。2009 年 9 月,公司因不能清偿到期债务,申请破产重整。2010 年 12 月,湖北省荆州市中级人民法院受理湖北江湖生态农业股份有限公司提出的破产重组申请,2013 年 9 月重组工作结束。相关时间轴如表 13-14 所示。

表 13-14　洪湖生态风险事件概述

时间	事件概述
2001 年 10 月	《应立即停止对蓝田股份发放贷款》一文对蓝田的资产结构、现金流向情况和偿债能力作了详尽分析,得出的结论是蓝田业绩有虚假成分,而业绩神话完全依靠银行贷款,对于 20 亿元贷款蓝田根本无力偿还
2001 年 12 月	蓝田股份有限公司起诉《应立即停止对蓝田股份发放贷款》的作者,称该文所述事实完全失实,属捏造事实,请求湖北省洪湖市人民法院判令该文作者公开赔礼道歉、恢复名誉、消除影响、赔偿经济损失 50 万元,并承担全部诉讼费用。与此同时,蓝田集团总裁瞿兆玉、副总裁陈行亮两个首脑人物对其"登门造访",且恐吓电话和电子信件接连不断
2001 年 12 月	公司名称由湖北蓝田股份有限公司变更为湖北生态农业股份有限公司
2002 年 1 月	根据蓝田股份 2000 年会计报表附注"(八)关联方关系及交易",中国蓝田总公司与蓝田股份不存在控制关系,二者之间的关系是公司高级管理人员兼职。蓝田股份委托中国蓝田总公司为代销商,2000 年中国蓝田总公司代销额占当期蓝田股份销售额的 1.9%。中国蓝田总公司长期为蓝田股份的产品进行广告宣传

续　表

时间	事件概述
2002 年 1 月	因涉嫌提供虚假财务信息,董事长保田等十名中高层管理人员被拘传接受调查;同年 3 月,公司被实行特别处理,股票变更为 ST 生态
2002 年 4 月	因工作原因,免去黎洪福先生总会计师职务,聘任马祥勋先生为公司总会计师
2003 年 2 月	被暂停上市的 19975 万股可流通股份已获准交易。根据证监会有关终止上市的规定,若公司 2002 年年度报告出现亏损,公司股票将被终止上市
2003 年 3 月	公司原聘的湖北众环会计师事务所提出不再接受公司的续聘,公司董事会决定委任深圳鹏程会计师事务所为公司财务审计机构(此项议案须经股东大会确认)
2003 年 3 月	决定免去瞿兆辉公司总经理职务,免去王意玲公司董事会秘书职务;同意聘任卢天举为公司总经理,聘任李晋为公司董事会秘书
2003 年 4 月	公司股票已连续三个交易日跌停
2003 年 4 月	因工商银行北京朝阳支行起诉中国蓝田总公司、洪湖蓝田经济技术开发有限公司一案的民事裁定书已发生法律效力,北京市第二中级人民法院《协助执行通知书》已在中国证券登记结算有限责任公司办理了股权冻结登记手续,冻结被执行人洪湖蓝田经济技术开发有限公司所持有的公司发起人法人股 5000 万股(该 5000 万股法人股原已质押给中国工商银行北京朝阳支行),冻结期限为 2003 年 4 月 9 日至 2004 年 4 月 8 日

- 退市风险分析

第一,基本面薄弱。2000 年,蓝田股份的流动比率是 0.77,这说明蓝田股份短期可转换成现金的流动资产不足以偿还到期流动负债,偿还短期债务能力弱;速动比率是 0.35,这说明在扣除存货后,蓝田股份的流动资产只能偿还 35％的到期流动负债;净营运资金是－1.3 亿元,这说明蓝田股份将不能按时偿还 1.3 亿元的到期流动负债;从 1997 年至 2000 年,蓝田股份的固定资产周转率和流动比率逐年下降,到 2000 年时,二者均小于 1。这说明蓝田股份的偿还短期债务能力越来越弱。

第二,财务造假。2002 年 1 月 23 日公告显示,因涉嫌提供虚假财务信息,包括公司董事长保田、董事总会计师黎洪福、董事会秘书王意玲三名高管人员和七名中层管理人员被公安机关拘传接受调查。

- 经验总结和启示

蓝田造假丑闻曝光之前,曾经是中国资本市场中的白马股,但令人惋惜的是,蓝田所谓的高业绩均来自种种虚幻神话和财务包装。蓝田的失败主要是因管理层行为存疑、公司管理高层的法治观念极其淡薄导致经营管理存在诸多问题,他们在公司业绩不佳的困难时期,不是从强化公司管理的角度来着手想办法、求对策,而是视国家法规为儿戏,公然造假,知法犯法,炮制了所谓的"金鸭子""野莲汁、野藕汁""无氧鱼"等动人故事,期望靠骗取贷款来过日子。事后发现,蓝田高层与地方政府存在密切关系。正是由于地方政府过分袒护公司,政企严重不分,蓝田的管理高层才敢知法犯法,有恃无恐。一方面,公司董事长一言九鼎,擅自将蓝田交给了一个不懂业务和素质不高的人掌管;另一方面,公司在缺乏明确投资战略的情形下盲目扩张。由于蓝田的公司治理机制失灵,出现盲目投资、管理不善等情况,致使其主业萎缩,误入歧途。最后,蓝田的真实业绩水平不断下滑,只能靠造假来维持生计。

十五、琼民源:从 20 世纪 90 年代的黑马股到爆雷退市

● 公司概况

海南民源现代农业发展股份有限公司(股票名称为琼民源)是国有相对控股企业,公司总部位于海南省海口市。1993 年 4 月 30 日,以琼民源 A 股的名义在深圳证券交易所上市,成为当时在深圳上市的五家异地企业之一。公司于 1999 年 7 月 12 日起股票终止上市。琼民源主营业务为热带种植业、养殖业、农副产品加工业、自然资源综合开发、科技研究、房地产开发经营、交通运输。

1993 年上市时,琼民源被视为绩优股,当年其每股收益达 0.68 元,净资产收益率为 35%。但 1994 年业绩却陡降为每股收益 0.17 元,到了 1995 年更是一落千丈,公司已到了亏损的边缘,每股收益仅有 0.009 元。经过不断地送股和配股,加之资本市场日趋低迷和自身业绩下滑,琼民源股价跌至 2 元多,由绩优股变成一只不折不扣的垃圾股。1996 年初,资本市场还熊途未尽,投资者损失惨重,深成指一度被打到 1000 点之下,就在大家极度悲观失望时,4 月,深市开始悄悄转强了。恰在此时,资本市场兴起了价值发现的热潮,琼民源终于被发现了,从此一发不可收,成为中国资本市场 1996 年最大的黑马,股价当年暴涨 1059%,创造了资本市场的神话:在 1996 年 4 月 30 日琼民源公布 1995 年年报时,股价还只有 3.65 元;6 月 18 日,股东大会批准十送一转二的分红方案,此时股价已涨至 4.75 元;7 月 23 日分红除权时,股价复权计算为 7.97 元;8 月 24 日公布中报,每股收益为

0.227 元,实现净利润 9785.63 万元,比上年同期增长 837 倍。一连串的惊人之举后,琼民源的炒作随年报出台而达到高峰。1997 年 1 月 22 日,琼民源率先公布 1996 年年报:每股收益为 0.867 元,净利润同比增长 1290.68 倍,分红方案为每 10 股送 9.8 股。此年报一出,整个资本市场为之震惊,股价当即创出 26.40 元的历史最高。

- 风险事件演变及时间轴

1999 年第二次临时股东大会审议通过,并经证监会批准,公司社会公众股股东以其持有的股份 18742.347 万股与北京住宅开发建设集团总公司持有的北京中关村科技发展股份有限公司股份 18742.347 万股按 1：1 比例等量置换。公司已于 1999 年 6 月 19 日刊登了换股公告。截至 1999 年 6 月 28 日,公司的社会公众股(共计 18742 万股)已全部置换为中关村科技的股份。经证监会批准,自 1999 年 7 月 12 日起,本公司股票终止上市。相关时间轴如表 13-15 所示。

表 13-15　琼民源风险事件概述

时间	事件概述
1997 年 2 月	停牌
1997 年 3 月	年报由于涉嫌违反会计制度,有关部门对其进行调查核实
1998 年 3 月	证监会召开关于琼民源问题的听证会
1998 年 11 月	11 月 12 日,北京市中院做出判决:董事长马玉和被判处有期徒刑三年
1999 年 6 月	1999 年第二次临时股东大会与北京中关村科技发展股份有限公司第一次股东大会分别审议批准,并经证监会批准,琼民源 18742 万社会公众股与北京住宅开发建设集团总公司所持有的中关村科技 18742 万股股份进行等量置换
1999 年 7 月	终止上市

- 退市风险分析

第一,股票异常。1993 年 4 月,琼民源在深圳证券交易所上市,到 1995 年,琼民源每股收益不足 1 厘钱,净资产收益率仅为 0.03％,股价在每股 2～3 元。但 1996 年牛市来临,琼民源从 1996 年 4 月的 2 元/股涨到 1997 年 1 月的 26.18 元/股,加上十送三的除权效应,在不到一年的时间里升幅高达 16 倍。

第二,关于操纵市场。据证监会调查,琼民源的控股股东民源海南公司曾与深圳有色金属财务公司联手,于琼民源公布 1996 年中期报告利好消息之前,大量买进琼民源股票,并于 1997 年 3 月前大量抛售,获取暴利。

第三,财务造假。调查发现,琼民源 1996 年年报中所称的 5.71 亿元利润中,有 5.66 亿元是虚构的,并虚增了 6.57 亿元资本公积金。鉴于原董事长兼总经理马玉和等人制造虚假财务数据的行为涉嫌犯罪,证监会随即将有关材料移交司法机关。一是虚报利润。公诉人认定,琼民源在未取得土地使用权的情况下,通过与关联公司及他人签订的未经国家有关部门批准的合作建房、权益转让等无效合同,编造了 5.66 亿元的虚假收入,这些虚假收入均来自北京民源大厦。民源大厦是琼民源与北京制药厂、香港冠联置业公司、京工房地产公司、北京富群新技术开发公司等四方合作开发的房地产项目。其中,北京制药厂提供地皮,香港冠联置业公司作为出资合作的一方,另一合作方富群公司则是琼民源的第二大股东。民源大厦项目现已停工。也就是这个未完成的项目在 1996 年底给琼民源带来疑点重重的三笔总计 5.66 亿元的收入。二是虚增资本公积金。琼民源在 1996 年年报中宣称,其资本公积金增长的 6.57 亿元主要来自对部分土地的重新评估。公诉人认为,所谓的 6.57 亿元资本公积金是琼民源在未取得土地使用权且未经国家有关部门批准立项和确认的情况下编造的对四个投资项目的资产评估,违反了有关法规,构成了严重虚假陈述行为。

第四,公司治理存在问题。1997 年 3 月,在讨论利润分配的股东大会上,全部董事集体辞职,导致无人申请复牌。

- 经验总结和启示

琼民源曾被称作 1996 年中国资本市场的"大黑马",全年涨幅高达 1059%。而在 1997 年 2 月 28 日,它又因世人知与不知的原因遭到停牌,由此结束了一场不可思议的神话。琼民源从"资本市场黑马"现形为最大骗局,琼民源董事长马玉和被判处有期徒刑三年。证监会在公布的琼民源案调查结果中共提出三项重大违规问题:虚报利润、虚增资本公积金、操纵市场。

十六、长航油运:首家退市后又成功重新上市

- 公司概况

中国长江航运集团南京油运股份有限公司(简称长航油运)前身为南京水运实业股份有限公司,于 1993 年成立,1997 年在上海证券交易所上市,是中央国有企业。

公司位于江苏省南京市,实际控制人为国务院国有资产监督管理委员会。长航油运是招商局集团旗下从事油轮运输的专业平台,立足于液货运输主业,专注国内外中小型油轮和化工气体等领域。在液货运输主业方面,国际成品油运输是市场拓展的重点,内外贸原油运输是经营效益的基础,化工及气体运输是公司的特色和优势业务。

运力供给严重过剩,市场竞争不断加剧,市场运价持续低迷,公司面临极其困难的外部环境,并在 2010—2012 年连续三年亏损,公司股票自 2013 年 5 月 14 日起停牌,被暂停上市。2013 年,长航油运的运力规模达到 86 艘、789 万载重吨。而在 2008 年初登陆资本市场时,长航油运的运力规模为 58 艘、182 万载重吨。也就是说,五年间,在油运市场江河日下的大背景下,长航油运的运力增加了近四倍。运力扩张,负债造船,使得银行借贷过大,负债率过高成了亏损主因。2019 年 1 月 8 日重新上市交易,成为首家退市后又成功重新上市的企业。

- 风险事件演变及时间轴

因公司 2010—2012 年连续三年亏损,公司股票于 2014 年 6 月 5 日摘牌退市。相关时间轴如表 13－16 所示。

表 13-16　长航油运风险事件概述

时间	事件概述
2012 年 4 月	鉴于公司售后回租账务处理和燃料费成本及跨期收入存在差错,公司对 2010 年财务会计报告进行追溯重述,导致 2010—2011 年连续两年亏损,上海证券交易所对公司股票实行"退市风险警示"特别处理
2012 年 4 月	鉴于公司对 2010 年财务会计报告进行追溯重述,导致 2010—2011 年连续两年亏损。公司"04 长航债"自 2012 年 4 月 12 日起开始停牌
2013 年 3 月	公司已于 2012 年 1 月 30 日披露了《*ST 长油 2012 年年度业绩预亏暨股票暂停上市风险提示公告》
2013 年 4 月	公司股票于披露 2012 年年度报告之日(2013 年 4 月 20 日)起停牌,上海证券交易所在停牌后 15 个交易日内作出是否暂停公司股票上市的决定
2013 年 5 月	因公司 2010—2012 年连续三年亏损,公司股票被暂停上市
2014 年 4 月	由于国际油运市场持续低迷,公司严重亏损,资金极度紧张,公司到期的贷款本金、利息及融资租赁租金未能如期偿付。截至 2014 年 4 月 23 日,公司逾期的贷款本息和融资租赁租金合计约 11.64 亿元
2014 年 5 月	5 月 28 日,公司公告显示,长航油运控股所持有的 54.92% 股份被司法冻结。依国家开发银行申请,超过 5 亿元的财产被司法冻结

- 退市风险分析

第一,基本面薄弱。2008 年,公司已经预计到市场的走低和运力可能过剩,但上市公司管理层没有充分考虑到航运业的生命周期,做出风险应对的准备,导致公司在进入危机和行业市场低迷的情况下仍旧做出了逆周期扩张的决策。此外,疏于风险管理导致海外投资失败。最终体现在业绩上,2010—2012 年,长航油运分别亏损 2460 万元、7.5 亿元、12.4 亿元,于 2013 年 4 月 21 日被暂停交易,随后因 2013 年继续亏损 59.2 亿元,触发连续四年亏损的退市红线,于 2014 年 6 月 5 日被退市。

第二,据《财新新世纪》周刊报道,2005—2008 年,长航油运总共签订了 20 条新造游轮的合同,长航油运为此向国内外 19 家银行组成的银团贷款 12.8 亿美元(约 80 亿元人民币)。这部分负债从未纳入公司资产负债表,实际本息合计超过 100 亿元人民币。

- 经验总结和启示

公司成为央企第一个退市案例,退市原因主要包括"国油国运"政策的影响、油运行业供需失衡、公司经营决策失误等。

十七、水仙电器:第一家因连年亏损而依法退市

- 公司概况

上海水仙电器股份有限公司(简称水仙电器)的前身为上海洗衣机总厂,创立于 1980 年,是国家定点的家用洗衣机和燃气热水器专业生产厂,实际控制人为上海市国有资产监督管理委员会,主营业务为生产洗衣机、热水器、干衣机、分马力电机、燃气具、厨房吸油机及配套设备、其他家用电器,销售自产产品并提供技术咨询和服务。

1993 年 1 月 6 日,水仙电器在上海 A 股资本市场上市。1994 年 11 月 10 日,水仙电器又在上海 B 股资本市场上市。水仙电器曾是上海电器业的骄傲。早在 1992 年,前身为上海洗衣机总厂的水仙电器改制为股份有限公司,公司 A 股与 B 股分别在 1993 年和 1994 年挂牌上市,从证券市场募集到 1.57 亿元人民币和 2504 万美元。进入 20 世纪 90 年代,中国家电行业竞争日趋激烈,海尔、小天鹅、

荣事达纷纷崛起，水仙电器在家电行业日趋激烈的竞争中，开局良好，逐步扩大了市场优势，并有望成为中国洗衣机行业的领头羊。

然而好景不长，1995 年水仙电器效益开始大幅滑坡，以后更是每况愈下，1997年终于首度出现亏损，且亏损额高达 6000 多万元。重大投资上的失误、新产品开发的滞后导致出现产品单一等问题，使得该公司亏损额逐年加大。由于四年连续亏损，根据证监会规定，公司于 2001 年 4 月 23 日退市。2001 年 12 月 10 日，公司在申银万国证券公司开始其 A 股和 B 股股份的转让。

- 风险事件演变及时间轴

1999 年，水仙电器因连续两年亏损而被特别处理，次年又被特别转让。证监会对 PT 水仙作出决定：自 2001 年 4 月 23 日起终止上市。这是中国证券市场上的首例退市案。PT 水仙已经连续四年亏损，并未能就近期扭亏为盈做出具体安排并提出有效措施，其宽限申请未获上海证券交易所批准。由于将欠银行的 2 亿元债务转移给第一大股东的计划未能成功实施，PT 水仙的资产重组不得不宣告流产。据 PT 水仙发布的董事会公告，该公司第一、第二大股东分别与上海同步电子有限公司签署的《股权转让协议》已自动终止。这也是《亏损上市公司暂停上市和终止上市实施办法》颁布后第一家宣告重组失败的特别转让公司。相关时间轴如表 13-17 所示。

表 13-17　水仙电器风险事件概述

时间	事件概述
1999 年 12 月	子公司上海水仙进出口公司净利润亏损 197 万元
2000 年 6 月	以 657 万美元向合作方日本能率株式会社出让上海水仙能率 45％股权，以 73 万美元向上海轻工控股（集团）公司出让上海水仙能率 5％股权，此后公司将不再持有其股权
2001 年 4 月	4 月 17 日，向上海证券交易所提交《关于申请延长暂停交易期限的报告》 4 月 21 日，宣布未获得宽限期批准
2001 年 4 月	4 月 18 日，2000 年年报发表，连续四年亏损
2001 年 4 月	自 4 月 23 日起终止上市

- 退市风险分析

第一，公司经营管理严重失误。PT 水仙衰落的原因是公司新产品和市场开拓能力不如竞争对手。此外，公司在重大对外投资项目上均告失败，上海水仙惠而浦公司是水仙电器和美国惠而浦的合资公司,但是公司成立后,美方希望利用水仙销售渠道销售自己的产品,组建自己的销售队伍和渠道,导致水仙惠而浦的经营成本上升,进而导致连年亏损,最终为了自保,水仙电器出让水仙惠而浦的股份,这笔投资造成上亿元的亏损。而水仙电器和日本能率合资的水仙能率也出现投资失误与亏损。

第二,周转资金极度匮乏。债务负担沉重,应收账款数额亏损巨大是公司崩盘的直接原因。2000 年,水仙的坏账准备高达 1.91 亿元,应收账款净额 1.37 亿元。同时,销售部门克扣修理费、私设小金库等行为导致销售部门账目管理混乱。

第三,上海家电行业下坡路。20 世纪 80 年代,家电是上海国有企业的天下,知名品牌包括水仙电器、金星彩电、双鹿冰箱等,但是行政命令将上海几个大企业合并成集团,希望能形成规模优势,最终走向世界,而这样的做法违背了市场规律,同时,企业管理层的频繁更换,也使得企业管理混乱。

- 经验总结和启示

水仙电器的退市受到了两方面的影响:一是大环境的影响。20 世纪 90 年代,由于国家鼓励和外方成立合资公司,大量国有企业让渡市场份额以换取外方的技术,但对于合资公司的掌控权却很弱,也没有建立互信的基础。二是在国资管理上,用行政命令直接进行管理的模式也导致了企业危机。从企业自身来说,管理层在企业本身的经营上能力偏弱。

十八、二重重装:首家主动退市的中央国企

- 公司概况

国机重型装备集团股份有限公司(简称二重重装,股票名称为 * ST 二重)是中央国企,成立于 2004 年 8 月。公司总部位于四川省德阳市,实际控制人为国务院国有资产监督管理委员会辖下的中国机械工业集团有限公司。公司主要服务于国内外重大技术装备及重大工程建设等领域,主要业务包括大型铸锻件、大型冶金成套装备、重型石化容器、能源发电设备等重大技术装备的研发、设计与制造,国内外冶金、矿山、港口、交通基础设施、能源、水务、环保等工程的设计和总承包,以及带资运营、进出口贸易、工程服务等业务。

2010年2月,公司股票在上海证券交易所上市。从2011年开始,公司的业绩开始大变脸,2011—2012年连续两年亏损让公司戴上了"*ST"的帽子。从披露的文件来看,宏观环境困难重重、下游行业普遍低迷、成本费用压力增大,以及公司应对不力是其亏损的主要原因。但二重重装怎么就突然亏了呢?刨根问底,它在上市前寻求产品结构转型的多笔投资都不太成功,直接导致了它的危机:2009年,公司在江苏镇江建立生产基地,计划全部用于生产核电设备,但2011年日本发生地震,福岛核电站严重受损并出现核泄漏,因此国务院紧急暂停了核电项目审批,此举导致公司在手订单由2009年的149.7亿元急速缩水至2013年的50.8亿元;同样是在2009年,二重重装跟随行业热潮投资国产大飞机项目,但该项目前期就是纯投入,不能迅速进入产出阶段,因而就相当于一个无底洞;之后为了产品结构转型,二重重装又进军了清洁能源发电设备行业,但前期投入也没有带来短期内的收益。2008年后,冶金行业整体"感冒",产品转型的不成功使原本比较依赖冶金行业的二重重装逐步陷入困境。

2015年2月16日晚间,公司发布公告称,中国机械工业集团有限公司拟以全面要约的方式收购*ST二重发行在外的全部股权,以达到终止二重重装的上市地位、实现主动退市的目的。二重重装于2015年4月8日主动退市。

- 风险事件演变及时间轴

2010年2月2日,二重重装在上海证券交易所上市。然而,上市第二年便出现14亿元的亏损,且在随后几年亏损愈发严重,2012年亏损28.9亿元,2013年亏损32.1亿元,2014年亏损达78亿元。*ST二重在被暂停上市情况下,不得不顺应新规,走上主动退市之路。相关时间轴如表13-18所示。

表13-18　二重重装风险事件概述

时间	事件概述
2011年12月	亏损14亿元
2012年12月	亏损28.9亿元
2013年12月	亏损32.1亿元
2014年12月	亏损78亿元
2015年2月	实际控制人国机集团宣布以2.59元/股的价格对上市公司全体股东进行要约收购,收购期限为2月26日至4月3日
2015年4月	要约收购宣告失败之后,于4月7日通过了《关于以股东大会方式主动终止公司股票上市事项的议案》,并于4月8日启动全新的主动退市方案

- 退市风险分析

重资产模式下，战略转型失败。由于公司主营的重机件产品体积庞大，而公司位于四川德阳，交通运输成本较高一直是制约发展的重要因素。2009 年 3 月，二重重装决议在江苏镇江投建重大技术装备出海口基地，以实现公司产品的生产和海运能力。当时镇江项目计划总投资约 57.3 亿元：一期总投资约 35.3 亿元，主要用于建设大型核电及重大件江海联运重型专用码头；二期总投资约 22 亿元，全部用于生产核电相关设备。

当时公司下游的钢铁市场产能加速扩张，但市场开始高位滑落，对装备的需求也并不旺盛，二重重装押注转型核电领域，从那时看应该是对的。出乎意料的是，还没等镇江项目一期投产，2011 年 3 月日本就发生九级地震，导致福岛核电站严重受损，并引发核泄漏事故。受此影响，当月国务院召开专门会议，要求暂停审批核电项目，二重重装的镇江基地建设也就此搁置。砸下重金谋求产品转型受阻，二重重装只能"吃老本"，但重机械行业本身的快速下滑，以及订单的减少让公司经营受到挑战。公司签到的产品订单由 2009 年的 149.7 亿元急速缩水至 2013 年的 50.8 亿元。

由于项目投资不能按期开工和接订单，就无法产生收益，先前的银行贷款也就还不上，再加上原本的行业下滑，导致公司经营压力巨大。从 2011 年开始，二重重装出现了业绩亏损的状况。从 2014 年年中起，公司持续被爆出巨额的银行贷款逾期。公司累计的逾期债务从最初的 2 亿元开始一路上升。

2013 年，二重重装曾推出一份资产兜售方案，拟将旗下的子公司和风电业务出售给大股东二重集团，金额达到 36.8 亿元，意在实现盈利，谋求保壳。但最后，该方案被当年新入驻的控股股东国机集团否决。保壳无望，等待二重重装的只有退市一条路。

- 经验总结和启示

由于 2014 年新规的出台，对于连续亏损三年的公司来说，退市成了必然，二重重装成为首家主动退市的中央国企。在新规之下，其退市方式、退市过程等对未来特别处理股票的主动退市具有借鉴意义，其退市动因对于投资者未来类似的投资决策也有参考价值，案例中体现的问题也对我国 A 股主板市场的制度建设有一定的参考价值。

十九、华信:民营石化大亨的终局

• 公司概况

安徽华信国际控股股份有限公司是民营企业,法定代表人是李勇,实际控制人为苏卫忠和郑雄斌。安徽华星化工集团(简称华星化工)2004年7月在深圳证券交易所挂牌的上市公司,现控股股东为上海华信石油集团。华星化工位于安徽省精细化工基地——马鞍山市马和汽渡口,与南京市接壤、马钢公司隔江相望。公司以精细化工产品研发、生产、销售为主体,兼营化工材料,下辖安徽星诺化工有限公司、安徽华建化工有限公司、安徽年年富现代农业有限公司、美国艾格瑞国际公司、安徽华星化工股份有限公司、华信天然气(上海)有限公司等六家子公司,是“华信系”核心企业之一。

2012年7月,上海华信国际集团有限公司(简称上海华信)斥资19.71亿元认购华星化工60%的股权。2014年11月,公司名称变更为安徽华信国际控股股份有限公司,简称华信国际。上海华信在取得公司控制权之后,就开始了一系列让人眼花缭乱的资产重组和并购。2013年8月,上海华信将所持有的华信天然气100%股权赠予上市公司,随后引入华信能源和中安联合能源,将华信石油注册资本增加至75亿元。当年12月,又准备定增募资22亿元向华信天然气增资,后因故终止。2015年5月以来,华信国际转型步伐提速,收购了哈萨克斯坦DGT公司的40%合伙人份额及50%投票权项目、华油天然气19.67%的项目,全面进入天然气领域。华信国际设立上海华信国际石油开发有限公司,实施对华信福建100%的股权收购,涉足成品油贸易业务。此外,公司还启动并实施收购关联方四家金融企业:上海华信集团商业保理有限公司、洋浦国际能源交易中心有限责任公司、大势融资租赁(上海)有限公司及上海华信国际金融控股(海南)有限公司股权项目,构建以能源业务为核心,以金融服务平台和“互联网＋”平台为两翼的产业格局。彼时,华信国际在A股资本市场上风光无限,一度成为资本追捧对象。在2015年6月12日,*ST华信盘中最高价达到23.17元/股。

2015年年中,市场就持续出现非理性下跌。华信国际接连吃了六个跌停板。此后,公司股价直至2017年底一直维持在6元/股以上。进入2018年,华信国际股价下跌通道被再次开启。这一跌便一发而不可收拾,直接将华信国际送至“一元股"行列。2018 年 4 月,华信国际刚刚披露完 2017 年年报,但被上会会计师事务所出具了无法表示意见的审计报告,外部审计机构针对公司的关联方及关联交易没有形成明确的审计结论,公司的内部控制有效性方面可能存在不足,存在虚假记载、误导性陈述或者重大遗漏。

2018 年 8 月,*ST 华信因 2017 年年报涉嫌虚假记载被证监会立案调查。公司股票于 2019 年 9 月 12 日进入退市整理期,2009 年 11 月 1 日被摘牌退市。

- 风险事件演变及时间轴

2019 年 9 月 4 日,公司收到深圳证券交易所《关于安徽华信国际控股股份有限公司股票终止上市的决定》,深圳证券交易所决定公司股票终止上市。根据《深圳证券交易所股票上市规则(2018 年修订)》的相关规定,公司股票将于 2019 年 9 月 12 日进入退市整理期。相关时间轴如表 13-19 所示。

表 13-19　华信风险事件概述

时间	事件概述
2017 年 12 月	2017 年净利润为−34.2 亿元
2018 年 8 月	因信息披露虚假及严重误导性陈述遭到处罚
2019 年 7 月	895.4 万股股份被轮候冻结,涉及股东:上海华信国际集团有限公司
2019 年 7 月	98547.5 万股股份被轮候冻结,涉及股东:上海华信国际集团有限公司
2019 年 7 月	72047.5 万股股份被轮候冻结,涉及股东:上海华信国际集团有限公司
2019 年 8 月	98547.5 万股股份被轮候冻结,涉及股东:上海华信国际集团有限公司
2019 年 8 月	3215 万股股份被轮候冻结,涉及股东:上海华信国际集团有限公司
2019 年 8 月	98547.5 万股股份被轮候冻结,涉及股东:上海华信国际集团有限公司
2019 年 9 月	重大事项,自 2019 年 8 月 19 日起停牌
2019 年 9 月	公司新增一条失信被执行人信息,执行法院为浙江省高级人民法院
2019 年 9 月	公司股票将于 2019 年 9 月 12 日进入退市整理期,股票名称由*ST 华信变更为华信退

- 退市风险分析

第一,盈利能力下降。从 2017 年开始,公司盈利能力开始减弱,营业收入同比直线下降,从 2016 年的 113.4 亿元降至 2019 年的 1.2 亿元。2019 年中报显示:华信国际营业收入约为 7364.08 万元,比上年同期下滑 91.09%;归属上市公司股东的净利润约为−4907.56 万元,比上年同期下滑 87.97%;归属上市公司股东的扣除非经常性损益的净利润约为－4920.63万元,比上年同期下滑87.85%;资产负债率从去年同期的35.4%一路飙升至256.03%。根据财报数据显示,公司的流动负债高达17.03亿元,占比达到99.08%。据统计,华信国际在一年内的短期借款数额高达4.337亿元,应付账款8.026亿元,仅应付利息一项就高达6605万元,比去年同期几乎翻了六倍。

第二,公司治理存疑。公司自2018年起,屡次出现财务会计报告违规,未及时披露公司重大事件,业绩预测结果不准确或不及时,违规提供担保及财务资助,重大事项未履行审议程序等情形。2020年安徽省证监局发布的《行政处罚决定书》显示:经查明,华信国际未按规定披露关联交易事项,未披露的关联交易累计金额超100亿元,导致2015—2017年年度报告存在重大遗漏;华信国际虚增2016—2017年营业收入和利润,仅虚构的原油转口贸易业务在两年内就虚增收入超143亿元,虚增利润达3.3亿元。安徽省证监局认为,华信国际作为上市公司,未按规定披露关联交易和对外担保事项,虚构保理和原油转口贸易业务,披露的2015—2017年年度报告存在虚假记载、重大遗漏等行为,违反了《证券法》的相关规定。上海华信作为华信国际的控股股东,指挥、安排、参与华信国际虚构原油转口贸易业务,导致华信国际2016年和2017年年度报告存在虚假记载的情形。

- 经验总结和启示

中国华信,2002年由25岁的福建商人叶简明创立,2006年涉足石油化工贸易,依靠与国企的关系倒卖石油,帮国企做大流水。2015年从贸易商转型为储备商,打造能源、金融帝国,收购境内外油气资源,2017年以轰动一时的俄罗斯国家石油收购案进入公众视野,连续四年入选世界500强,叶简明也被财富杂志评选为世界500强中国公司最年轻掌门人。2018年,因叶简明接受调查,"华信系"被卷入了债务违约、股权冻结、诉讼等一系列事件,并最终在2020年宣布破产。

民营资本族系背后需要关注实际控制人关联风险。在我国资本市场发展的早期,民营资本族系往往与过度融资、恶意圈钱、市场操纵、损害中小投资者利益等问题紧密联系。民营资本族系集团成员企业因经营和治理问题而陷入困境甚至破产的案例时有发生,部分企业的连锁式崩溃也对资本市场造成了严重的负面影响。针对民营资本族系的上市公司,可以重点关注以下几个方面:一是实际控制人利用非公平关联交易掏空上市公司,二是操纵股价,三是资金链断裂风险。

二十、宜华生活:潮汕资本教父的落幕

- **公司概况**

宜华生活科技股份有限公司(简称宜华生活)原为澄海市泛海木业有限公司,是于 1996 年 12 月 4 日由宜华企业(集团)有限公司与澳门羊城发展有限公司共同投资设立的中外合资企业,并于 2001 年 4 月 27 日重组设立广东省宜华木业股份有限公司(简称宜华木业),2002 年 11 月 26 日在广东省工商行政管理局办理变更登记。公司主要从事实木家具、木地板等产品的生产和销售,主要产品是实木家具、实木地板和实木复合地板。实际控制人为自然人刘绍喜,曾被称为"中国木业大王"和"潮汕资本教父"。总部位于广东省汕头市。"宜华系"旗下的上市公司包括 2004 年上市的宜华生活和 2007 年借壳上市的宜华健康。公司股票于 2021 年 3 月 22 日终止上市。

- **风险事件演变及时间轴**

2020 年 5 月 6 日,公司实施风险警示,股票名称由宜华生活变成 *ST 宜生。2021 年 3 月 15 日,*ST 宜生发布公告称,根据《上海证券交易所股票上市规则(2020 年修订)》的规定及上海证券交易所的安排,上海证券交易所将在 2021 年 3 月 22 日对公司股票予以摘牌,公司股票终止上市。终止上市后公司股票将转入全国中小企业股份转让系统挂牌转让。相关时间轴如表 13-20 所示。

表 13-20　宜华生活风险事件概述

时间	事件概述
2019 年 1 月	公司发行的债券"15 宜华 02"暴跌 20.64%;"15 宜华 01"盘中也大跌超过 20%,被上海证券交易所临时停牌
2019 年 4 月	公司收到上海证券交易所对 2018 年年报的事后审核问询函,该函针对业绩大幅下滑、资产收益率明显偏低、账面价值公允性、可能存在资金压力等问题连发 19 问
2019 年 10 月	公司发行的债券"16 宜华 01"到期回售,但该期债券在回售日并未能按时兑付回售本金
2020 年 4 月	公告披露,因涉嫌信息披露违法违规,公司收到证监会立案调查通知书,显示公司虚报 80 亿元存款,四年造假保壳,公司市值蒸发百亿元。公司股票将面临重大违法强制退市的风险

续　表

时间	事件概述
2020 年 4 月	公司发布股票被实施退市风险警示暨停牌的公告;公司股票于 2020 年 4 月 30 日停牌一天
2020 年 5 月	公司实施风险警示,股票名称由宜华生活变成*ST 宜生,股票代码仍为 600978,股票交易日涨跌幅限制为 5%
2020 年 9 月	公司被列为被执行人,执行标的约为 196.85 万元
2021 年 1 月	证监会调查显示,公司 2016—2019 年定期报告存在严重虚假记载:一是通过虚构销售业务、虚增销售额等方式虚增利润 20 多亿元;二是通过伪造银行单据等方式虚增银行存款 80 多亿元;三是未按规定披露与关联方的资金往来 300 多亿元
2021 年 2 月	公司实际控制人刘绍喜因涉嫌操纵证券市场,未按规定披露持股变动信息,董事刘伟宏因涉嫌操纵证券市场,二人均被证监会立案调查
2021 年 3 月	公告称,由于公司连续 20 个交易日的每日收盘价均低于一元,上海证券交易所决定对公司股票予以终止上市,摘牌日期为 3 月 22 日

● 退市风险分析

第一,基本面薄弱。2008—2009 年,宜华生活以出口木地板为主营业务,公司出口业务占比超过 98%,出口美国的业务占比超七成。2010 年开始,美国成屋销售数据出现逐步下滑趋势,公司开始进行战略转型。宜华生活制定了从主要依赖国外市场到国内外市场联动发展,从制造型企业向品牌运营型企业转变,从传统制造企业向科技服务型企业转型的转型决策。为拓展国内市场,公司在汕头及全国建设家居体验馆并拓展加盟经销商。不过,国内业务的增长并不明显。公司的地板业务主要用于内销,在国内地板市场竞争白热化的环境下,地板业务销售收入难以令人满意,2011 年同比下降 32.19%。内销市场没有明显起色。2014 年开始,公司又将目标瞄准泛家居生态圈的搭建,规划打通全产业链,打造宜华"Y+"生态圈。同样是在 2014 年,互联网风口正盛。宜华生活与成立于 2008 年的家具电子商务销售公司美乐乐签署《战略合作框架协议》,向市场释放宜华生活推进家居电商 O2O 的战略信号。宜华生活是讲故事的一把好手,公司打通产业链,构建家居生态圈,转型互联网 O2O,响应"一带一路"构建全球化布局,如此看来,无论从行业热点、时代趋势还是上层政策各个方面,宜华似乎踩准了每一个风口。2016 年 5 月,宜华木业正式变更为宜华生活科技股份有限公司。按照公司的说法,宜华生活成功地实现了从传统的家居制造企业向住居生活一体化服务商的转型升级。而事实是企业营收于 2017 年见顶,然后逐年下滑。从产业层面来看,宜华生活当年在家居生态、互联网 O2O 模式以及出口内销并重的全球化策略等方面的投资与布局均未实现，转型差强人意。在家居行业后起之秀的激烈竞争下，宜华生活营收与净利润双双下滑。最终公司财务层面盈利能力薄弱。2019 年中报披露，营业总收入 27.5 亿元，同比减少 22.8%，净利润为 1.31 亿元，同比下降 65.3%。2019 年年报显示，当期发生亏损，净利润为 −1.9 亿元。2020 年一季报显示，当期发生亏损，净利润为 −2.7 亿元。其筹资活动具有高风险特征，28500.9 万股股份于 2019 年 7 月 15 日被轮候冻结。

第二，公司治理存在重大缺陷。2021 年 1 月 29 日证监会发文披露调查进展，"现初步查实，宜华生活 2016—2019 年定期报告存在严重虚假记载。一是通过虚构销售业务、虚增销售额等方式虚增利润 20 余亿元；二是通过伪造银行单据等方式虚增银行存款 80 余亿元；三是未按规定披露与关联方的资金往来 300 余亿元"。2 月 23 日，宜华生活实际控制人刘绍喜因涉嫌操纵证券市场被证监会立案调查。同时被立案调查的还有宜华生活的董事刘伟宏。

第三，其他原因。截至停牌前，股价报 0.52 元/股，市值也仅剩 7.7 亿元，累计跌幅超 90%。此外，公司自 2019 年起受到多次监管处罚和警示。公司共 15 次被列为失信被执行人，被执行总金额超过 1000 万元人民币，限制高消费信息一条。公司实际控制人刘绍喜因违反财产报告制度被法院列为失信被执行人，宜华企业（集团）有限公司被列为失信企业。

• 经验总结和启示

第一，缺乏核心竞争力、盈利能力弱且客户结构单一、应收账款高的公司，在连续亏损、大量举债、再融资难度增大的环境下，易被实施风险警示，最终导致退市。

第二，公司应注重信息披露质量，杜绝财务造假、财务虚报等情况，及时披露重要信息，如持股变动等。同时，对于实际持股人的投资行为予以关注，关注大股东质押率及大股东资金流状况（控股股东宜华集团所持股票高比例质押）。

第三，对于债务负担大的公司，应合理评估其债务结构及还债能力，警惕公司出现存款和贷款双高，应收款和预付款双升等财务异常现象，判断潜在风险。

二十一、粤金曼:国企改制背景下的历史遗留问题

- 公司概况

广东金曼集团股份有限公司(简称粤金曼)于 1992 年 10 月 1 日在潮州市工商行政管理局注册登记,实际控制人为珠海横琴致诚投资管理有限公司,总部位于广东省佛山市。1992 年以定向募集的方式成立了广东金曼集团股份有限公司,1996 年初发行 2300 万股社会公众股并成为 A 股上市公司,曾经被称为"世界鳗王"。公司于 2001 年 6 月 16 日终止上市。

公司经营范围为经营食品、粮油等商品的出口,机械设备、化工类商品的进口,开展转口贸易、保税仓业务,动物饲养、肉制品加工,兼营水产品、土产品、鱼需品、食品、饮料、化工产品、建筑材料、房地产开发等。

- 风险事件演变及时间轴

1998 年,公司出现 2.15 亿元的亏损。1999 年和 2000 年又持续亏损,分别为2.2 亿元和 4.36 亿元。由于连续三年亏损,2001 年 6 月 15 日发布公告称,公司接到证监会《关于决定广东金曼集团股份有限公司终止上市的通知》,公司股票自2001 年 6 月 15 日起退市,成为深圳证券交易所首家被退市的上市公司。相关时间轴如表 13-21 所示。

表 13-21　粤金曼风险事件概述

时间	事件概述
1999 年 5 月	因 1998 年亏损 2.15 亿元,股票被特别处理,简称 PT 粤金曼
2000 年 3 月	公司同意杨仲、郑更生峰因工作变动辞去监事职务,张旭强辞去公司总经理职务,林益权、杨敬好辞去公司副总经理职务,黄奕鹏辞去公司财务总监职务
2000 年 3 月	潮州市人民政府国有资产管理办公室将持有公司的 3935 万股国有股转让给福建世纪星实业有限公司,本次转让后,福建世纪星实业有限公司持有公司股份为 3935 万股,占总股本的 29.3%,成为公司第一大股东
2000 年 4 月	中国信达信托投资公司起诉公司,要求其归还借款本金 180 万美元及利息 31.5 万美元
2000 年 7 月	中国经济开发信托投资公司起诉公司,要求其归还借款本金 200 万美元和利息

续　表

时间	事件概述
2000 年 7 月	中国银行潮州分行起诉第一被告潮州市通宝饲料有限公司和第二被告借款抵押担保人公司,要求潮州市中级人民法院判令第一被告潮州市通宝饲料有限公司归还借款本金 755275.95 美元及利息、罚息 216148.91 美元,判令第二被告对该借款承担连带清偿责任
2000 年 8 月	中国银行湘桥支行起诉公司,要求其归还借款本金人民币 135 万元及相应的利息
2000 年 9 月	潮州市新潮城市信用合作社起诉公司,要求其归还借款本金人民币 1950 万元及利息人民币 2741544 元
2000 年 12 月	潮州市新潮信用合作社起诉公司,要求其归还借款本金人民币 5000 万元及利息 7804389 元
2000 年 12 月	广东华侨信托投资潮州办事处起诉公司,要求其归还借款本金人民币 1565 万元及利息 5154953.50 元
2000 年 12 月	潮州市新潮信用合作社起诉公司,要求其归还借款本金人民币 4868 万元及利息 7846080 元
2001 年 2 月	公司多项对外担保贷款都已逾期,且贷款方没有能力偿还,公司被要求履行连带清偿责任,给公司带来严重影响
2001 年 4 月	公司股票暂停上市

- 退市风险分析

第一,基本面薄弱。公司主营业务不断恶化,盈利能力持续下降。1997 年各项业绩指标均出现严重下滑,其中,主营业务收入下降为 5697.7 万元,净利润下降为 586.8 万元,每股净资产下降为 4.85 元,净资产收益率下降为 0.6%。1998 年,中国坏账计提会计准则进行了重大修改,公司以往仅对应收账款按 3‰ 提取准备,而在会计新规施行后,其对应收账款和其他应收款提取了巨额的坏账准备并需要进行追溯调整,导致其管理费用急剧增长。1998 年,公司净利润首次出现负值,全年亏损额为 21514 万元,每股净资产下降至每股 3.30 元。1999 年,公司对粤金曼集团和潮州金南食品公司(关系企业)的其他应收款余额高达 11.7 亿元,计提坏账准备 7.05 亿元。对于该公司的巨额关联应收款项,审计师在 1998—1999 年连续两年出具了无法发表意见的审计报告。2000 年 4 月 13 日,1999 年年报显示其每股净资产为 −4.69 元,创下沪深资本市场新纪录,其资产负债率高达 169.34%,成为时年沪深两市资不抵债最为严重的公司。2000 年,全年亏损额上升为 43632 万元,资产负债率高达 286.12%,公司出现严重的资不抵债。2001 年 1—3 月,公司进一步亏损,由此陷入严重的财务困境。

第二,公司治理机制不健全,投资战略失败导致资金亏空。粤金曼自设立以来，虽然名义上的第一大股东为国有资产监督管理办公室，但实际上政府已授权粤金曼集团经营粤金曼国家股权，粤金曼与粤金曼集团之间实行"两块牌子一套人马"。办公室都在同一个地址，上市公司领导就是集团领导。粤金曼又是由潮州市水产发展总公司改制而来，公司上市后才有粤金曼集团，潮州市水产发展总公司已改制成上市公司，但是水产发展总公司不但没有被注销，反而成为粤金曼的下属企业。这样粤金曼、粤金曼集团和水产发展总公司变成了"三块牌子一套人马"。上市后，由于缺乏健全有效的公司治理机制，粤金曼集团随意挪用资金，加之投资战略失败，导致其业绩持续下滑，最终陷入负债累累的艰难境地。上市以来，粤金曼集团就被授权经营上市公司国家股权。粤金曼集团严重违反国家有关规定和公司章程，将上市公司的资金随意用于投资与上市公司无关的新项目，造成上市公司的资金长期无法收回。截至 1998 年底，粤金曼集团占用上市公司的资金就高达 7.1 亿元，而当年上市公司的净资产仅 4.5 亿元。1999 年，集团对上市公司的资金占用额进一步上升。同年，上市公司将 9.5 亿元的应收账款，按异乎其常的 50% 比例计提了 4.98 亿元的坏账准备，导致其利润出现巨额亏空，被特别转让处理。在上市公司面临退市危机时，由于大额债权无处追回，粤金曼重组的机会丧失。

第三，其他原因。市场竞争压力不断增加，公司产品和营销模式单一。一方面，养鳗业的暴利和低门槛刺激了国内一大批企业纷纷上马，抬高了鳗苗成本，每条鳗苗的成本由几毛钱涨到 12 元；另一方面，鳗鱼的售价却不断走低，从顶峰时期的每吨 18 万美元降到了每吨不到 1 万美元。由于市场剧烈波动且出口退税率降低，产品单一、市场单一的公司遭受了极大的打击，出口十分困难。雪上加霜的是 1997 年亚洲金融危机爆发，由于缺少健全有效的风险预警机制，以及没有适时进行套期保值，日元贬值也使公司蒙受巨大损失。公司在国内外市场出现鳗鱼产品供大于求的行情后，没有及时进行产品换代，加之营销模式过于单一，造成大量商品滞销、资金回笼困难。

- 经验总结和启示

粤金曼的退市，从股东行为视角分析，除了市场环境的变化，最致命的还是公司的改制不彻底，与大股东联体运作，上市公司缺乏健全的法人治理结构，公司治理缺乏独立性，信息披露质量差。此外，该案例有着深刻的时代背景，20 世纪 90 年代国企改制潮中，因改制不彻底导致出现一系列问题的上市公司退市案例虽有，但这更多的是资本市场发展过程中一个阶段性的特殊事项。

闽越花雕是福建省第一家上市公司，也是一家经历过国企改制的上市公司，不良资产占总资产的比例将近 60%，在上市的时候也没有进行剥离，虽然上市融得了资金，但是机制转换并没有到位，企业经营一直没有出色的业绩。此外，公司主业不清晰，业务繁多但协同效应差。公司在纺织方向有优星纺织厂，从酒业上来说，有福建老酒，饮料行业还有绿得饮料。公司还有意进行地产投资、房产开发、贸易等。

科利华是中国第一家借壳上市的民营企业，借壳国企黑龙江省阿城钢铁股份有限公司（简称阿城钢铁），也是 21 世纪初期中国教育信息化领域的黑马和领头羊企业。但在借壳上市之前，该公司没有发现阿城钢铁存在 7 亿元的财务黑洞等历史遗留问题，且由于科利华占有的股份是在当时不能上市流通的国有股份，而阿城钢铁和科利华的经营状况都达不到证券管理部门规定的配发新股的要求，当初配发新股筹集资金的愿望也变成了空谈，最终公司资金链断裂。

此外，还有中国历史上第一家百货公司哈尔滨秋林集团股份有限公司（简称秋林集团）的退市案例。2004 年，哈尔滨市人民政府决定为带上"ST"帽子的秋林集团引入温州财团——黑龙江奔马实业投资有限公司（简称奔马集团），自此，秋林集团进入"国企改制时期"，民营资本入场。秋林集团在完全由国营改为民营之后，经营和公司治理情况依旧没有得到改善，反而走向了深渊。2010 年，奔马集团因未能改变秋林集团多年"ST"戴帽的局面，逐渐萌生退意。一年后，颐和黄金正式入主秋林集团并开启多元化拓展之路，秋林集团的命运再生转折，也是从这笔交易开始，秋林集团开始不断爆发内控问题，导致最终退市。

二十二、国光瓷业：被"鸿仪系"崩盘所波及

• 公司概况

湖南国光瓷业集团股份有限公司（简称国光瓷业）是民营企业，实际控制人为自然人刘三明、方芳，于 1993 年 6 月 23 日在株洲市市场监督管理局登记注册，总部位于湖南省株洲市。公司股票于 1999 年 12 月 9 日在上海证券交易所挂牌交易。2002 年 9 月，经过两年的努力，株洲市人民政府国有资产监督管理委员会向上海鸿仪投资转让国光瓷业国有股终于获得财政部批准，上海鸿仪投资正式成为控股股东，当日股价微跌。2002 年 10 月底，上海鸿仪投资刚成为国光瓷业控股股

东不久，就将刚获得的 3240 万股质押给华夏银行上海分行，当日股价微跌。此后，公司收购了湖南一系列药品生产经营企业，如湖南宏生堂、郎力夫、景达生物、长沙三九医药等药品生产经营企业，新设立了国光宏生堂、九汇现代中药和国光宏生堂医药研究院等医药投资、研究企业。国光瓷业被"鸿仪系"打造成了一个包括瓷业和生物医药的共同资本平台。公司股票自 2007 年 5 月 31 日起终止上市。

主营业务范围包括：物联网、智能建筑、智慧园区、智慧城市等项目的信息技术服务及工程设计服务；智慧工厂与智能生产装备的软硬件开发、安装、销售；陶瓷制品的开发、销售。

- 风险事件演变及时间轴

2007 年 5 月 28 日，上海证券交易所发布公告称，因公司 2003—2005 年连续三年经审计的净利润为负数，且未按期披露 2006 年年度报告，决定自 2007 年 5 月 31 日起终止其股票上市。相关时间轴如表 13-22 所示。

表 13-22　国光瓷业风险事件概述

时间	事件概述
2004 年 7 月	2004 年上半年业绩预亏。公司于 2004 年 7 月 23 日收到湖南省株洲市中级人民法院民事裁定书，裁决内容如下：公司于 2003 年 9 月 24 日、10 月 15 日、10 月 16 日分别向中国工商银行醴陵市支行贷款 200 万元、500 万元、1300 万元，上述三笔贷款由岳阳恒立冷气设备股份有限公司提供连带保证责任。由于公司未按约定期限偿还贷款利息，中国工商银行醴陵市支行向湖南省株洲市中级人民法院提出诉讼保全申请，要求对国光瓷业和岳阳恒立冷气设备股份有限公司采取财产保全。截至 2004 年 7 月，公司对外担保累计额为 9000 万元，逾期担保累计额为 3000 万元
2004 年 9 月	媒体称"鸿仪系"资金崩盘
2006 年 1 月	发布关于股票存在暂停上市风险的提示性公告称，因公司 2003—2004 年已连续两年亏损，预计公司 2005 年将继续亏损，公司股票将自 2005 年年度报告披露之日起停牌，如果公司 2006 年年度报告仍然亏损，公司股票将被终止上市
2006 年 4 月	发布 2005 年年度报告称，净利润为 -5.71 亿元，扣除非经常性损益后的净利润 -1.26 亿元
2006 年 5 月	自 2006 年 5 月 18 日起暂停上市
2006 年 8 月	发布 2006 年中期报告称，报告期内净利润为 -4.13 亿元，扣除非经常性损益后的净利润为 -4.04 亿元

续　表

时间	事件概述
2007 年 5 月	关于公司股票终止上市风险提示公告称，由于公司不能在规定的时间内披露经审计的 2006 年年度报告，根据《上海证券交易所股票上市规则》的规定，公司股票将被终止上市

- 退市风险分析

第一，基本面薄弱。2005 年，净利润为 -5.71 亿元，扣除非经常性损益后的净利润为 -1.26 亿元。2006 年上半年，净利润为 -4.13 亿元，扣除非经常性损益后的净利润为 -4.04 亿元。2006 年，亏损 8.88 亿元。

第二，公司治理存在缺陷。证监会发布公告称，截至 2004 年底，国光瓷业大股东及其关联方占资 3.7 亿元；公司为大股东及其关联方提供担保 7.29 亿元，占公司 3 月 31 日净资产的 4860%，涉诉金额为 6 亿元。2007 年 5 月，证监会发布行政处罚书称，存在未按期披露 2006 年年度报告的违法行为，未按时履行信息披露义务。

第三，现金流短缺。2007 年 5 月，公司因现金流严重短缺，无力支付审计费用，致使公司无法按期披露 2006 年年报。

- 经验总结和启示

2002—2004 年正是经济体制改革过程中"国退民进"的尝试阶段，湖南是一个积极的试验者。国光瓷业背后，在湖南省上市公司扎根的鄢彩宏掌控的"鸿仪系"，首次亮相资本市场是在 2000 年 7 月凌云 B 股成功在上海证券交易所上市发行。在"鸿仪系"涉足的五家上市公司中，有三家是通过上海鸿仪投资运作完成的，借壳张家界、入主国光瓷业、拿下湘酒鬼股权。大致形成以张家界为旅游的运作平台，以国光瓷业为医药的运作平台，以安塑股份为建材的运作平台，以大有期货为金融的旗舰。2004 年 11 月，湖南省成立处理鸿仪问题的协调小组，该小组的成立旨在协调处理"鸿仪系"面临的债务诉讼危机和摸清"鸿仪系"真实的财务状况。至 2005 年 4 月，"鸿仪系"企业共有近 30 亿元的巨额担保，其中涉诉金额超过16 亿元。由于互保，国光瓷业一出现问题，就迅速将"鸿仪系"内其他公司深深卷入债务漩涡之中，最终"鸿仪系"出现崩盘，也导致了国光瓷业的退市。

二十三、猴王股份：大股东侵占上市公司利益

• **公司概况**

猴王股份有限公司（简称猴王股份）是民营企业，法人代表与实际控制人为黄纪云，在辽宁省本溪市登记注册，总部位于广东省深圳市。

猴王股份于 1992 年成立，次年底在深圳证券交易所上市，曾是国内焊材行业最大的生产厂家之一和深市成分股，在焊接行业创造了多项全国第一，具有行业优势地位。1994 年，即上市第二年，公司主营业务收入达到了历史的最高峰 3.5亿元，一度成为证券市场的佼佼者。然而，良好的业绩不过持续了短短的两年，在这之后，公司主营业务收入节节下滑。

猴王股份的衰败调查显示，截至 2000 年底，资产总额才 3.7 亿元的猴王集团贷款本息已经高达 14.18 亿元。猴王集团利用与上市公司的"三不分"，通过合伙炒股、资产套现、往来挂账、借款担保乃至直接盗用上市公司名义向银行借款等手段，累计从猴王股份手中套走约 10 亿元的巨资。

• **风险事件演变及时间轴**

因 2002—2004 年连续三年亏损，深圳证券交易所作出了《关于猴王股份有限公司股票暂停上市的决定》，公司股票自 2005 年 5 月 18 日起暂停上市。公司未经审计的 2005 年半年度报告显示，2005 年上半年继续亏损，9 月 19 日深圳证券交易所作出了《关于猴王股份有限公司股票终止上市的决定》，决定公司股票自 2005年 9 月 21 日起终止上市。相关时间轴如表 13-23 所示。

表 13-23　猴王股份风险事件概述

时间	事件概述
2001 年 2 月	湖北省宜昌市中级人民法院出具民事裁定书，公司的第一大股东猴王集团因严重资不抵债而宣告破产
2001 年 3 月	公司被深圳证券交易所实施了特别处理，成为"ST"类公司
2001 年 12 月	公司已有九家非流通股东与重组方签订了股权转让协议，合计转让股份5031 万股，占总股本的 16.62%

续　表

时间	事件概述
2001 年 12 月	已正式与公司签订债务和解协议有 17 家,涉及债务总额 8.55 亿元,豁免债务 6.25 亿元,对于余下六家债权人(涉及金额约 8000 万元)目前已达成口头意向,将在近期全部完成债务重组工作。经与公司所有已签订债务和解协议的债权人协商,公司已书面通知债权人协议生效,债权人也口头承诺该协议生效
2002 年 1 月	公司经历数日停牌后,发布公告称,公司资产重组已取得重大进展。公司债务重组方案得到债权人的认同
2005 年 4 月	公司收到股票将被暂停上市的风险提示
2005 年 5 月	被暂停上市
2005 年 7 月	发布出售资产公告
2005 年 8 月	截至 2005 年 8 月,由于资产重组工作未取得新的实质性进展。经公司财务部初步测算,公司 2005 年上半年预计亏损。公司股票交易已于 2005 年 5 月被深圳证券交易所实施暂停上市。根据有关规定,在披露 2005 年半年度报告后,或未能在法定期限内披露暂停上市后首个半年度报告,公司股票将被终止上市
2005 年 8 月	公司披露中报,每股收益为 -0.1 元,每股净资产为 -2.23 元

- 退市风险分析

第一,基本面薄弱。公司 2002—2005 年持续亏损。截至 2000 年底,资产总额仅为 3.7 亿元,而贷款本息却高达 14.2 亿元。第一股东猴王集团利用与上市公司的"三不分",通过合伙炒股、资产套现、往来挂账、借款担保乃至直接盗用上市公司名义向银行借款等手段,累计从上市公司手中套走约 10 亿元资金。2000 年年报显示,净利润由上一个会计年度的亏损 9523 万元,扩大到亏损 6.8 亿元,每股收益也由 -0.31 元恶化到 -2.28 元。

第二,大股东破产。1993—1997 年,猴王股份的第一大股东名义上是宜昌市人民政府国有资产监督管理委员会,但实际上已被猴王集团控制,猴王集团大量占用、拖欠上市公司资金,虚构股份公司利润。1997 年 4 月,宜昌市人民政府国有资产监督管理委员会仍以授权经营国家股的名义向猴王集团签发《关于持有经营猴王有限公司国家股的批复》,使猴王集团正式取得上市公司的国家股股权。至此,猴王集团出现在猴王股份的大股东名单上。2000 年 2 月 27 日,湖北省宜昌市中级人民法院发布民事裁定书,猴王集团因严重资不抵债而宣告破产。猴王集团持有的国家股先后被法院裁定用于抵偿相关债务。2000 年底,猴王集团仅剩的 2400 万股国家股由宜昌市人民政府国有资产监督管理委员会另行授权给宜昌市夷陵国资公司持有和经营。2000年3月1日，猴王股份发布公告，称由于猴王集团的破产，公司对其高达5.9亿元的债权已存在严重的不确定性风险，直接导致了公司的财务状况异常。

第三，其他原因。2001年，公司在政府的帮助下分别与18家公司债权人签订了《债务和解协议》，豁免债务及担保6.25亿元，协议虽然在当时取得了一定的效果，但并没有持续执行下去。作为重组方，上海国策投资管理有限公司（简称上海国策）提出了自己的重组方案。在公司债务重组方面，债权人只能将债务按30%保留，70%予以豁免。自2002年5月上海国策正式入主公司以来，四年过去了，然而上海国策仍未有过多举动。实际上，上海国策与债权人已经进行过数次谈判，但由于分歧太大均未谈妥，其原因也在于历史遗留的巨额债务无法妥善解决。

- 经验总结和启示

支撑行为与隧道行为是大股东为获得自身利益最大化而采取的方向不同的利益转移行为，支撑行为的目的在于提高上市公司的业绩指标，而隧道行为的目标是实际资源向大股东转移，通常不影响当期业绩，但会对公司价值和小股东利益造成长期损害。

从股东行为视角研究，在我国资本市场的发展过程中，大股东有机会利用其自身的控制权优势谋取私人利益，侵占上市公司和中小股东利益的现象较为普遍，一般方式包括：无偿占用上市公司资金，利用关联购销转移上市公司资产，以上市公司名义借款或进行信用担保，利用重组进行掏空，操纵上市公司业绩获得再融资资格从而进行掏空。猴王股份原第一大股东为宜昌市人民政府国有资产监督管理委员会，1995年湖北省人民政府批准猴王集团公司为国有资产授权投资主体，1997年猴王集团公司接替宜昌市人民政府国有资产监督管理委员会持有的猴王股份10400万股国有股股权。但自猴王股份上市到2000年，与控股股东猴王集团一直没有在人员、资产和财务上分开，猴王股份的前后两任董事长均身兼猴王集团总裁和猴王股份总经理，猴王集团长期从上市公司直接提取资金，假借上市公司名义从银行贷款，以及擅自以公司名义为自己担保三种方式，侵占上市公司巨额资金。

二十四、金荔科技:夫妻店模式的桎梏

- **公司概况**

衡阳市金荔科技农业股份有限公司(简称金荔科技),前身为衡阳市飞龙实业股份有限公司,于 1989 年 5 月 12 日在湖南省工商行政管理局登记成立,实际控制人为东方物产(集团)有限公司。1996 年 10 月 25 日,公司股票在上海证券交易所上市。1999 年 9 月 9 日,广东金荔投资有限责任公司受让公司原先三大股东衡阳市供销合作社、中经资管理有限公司、北京涌金财经顾问有限公司所持股份,经证监会同意豁免要约收购飞龙实业股票义务,成为公司第一大股东。公司自 2007 年 11 月 20 日起终止上市。

主营业务为农业高科技产品开发与培育,水泥生产与销售,炼钢轧材,政策允许的废旧物资回收、加工、串换,利用及生产企业超储积压清仓物资的调剂、串换,经销五金、交电、建筑材料及政策允许的金属材料、矿产品,房地产投资,计算机网络技术开发及成果转让。2007 年 4 月,主营业务转为铁矿石的采、选、冶炼、加工及销售。

- **风险事件演变及时间轴**

公司因 2003—2005 年连续三年经审计的净利润为负数,自 2006 年 7 月 24 日起暂停上市。公司在规定期限内披露了 2006 年年度报告,并提交了恢复上市申请,但上述恢复上市申请未获上市委员会的同意。根据《上海证券交易所股票上市规则》第 14.3.1 条、第 14.3.7 条和 14.3.12 条的规定,自 2007 年 11 月 20 日起终止该公司股票上市。相关时间轴如表 13-24 所示。

表 13-24　金荔科技风险事件概述

时间	事件概述
2004 年 5 月	因与农业银行广州市白云支行的借款合同纠纷,广州市中级人民法院将该部分股权(4771 万股,占公司总股本的 45.16%)予以司法质押续冻
2004 年 7 月	截至 2004 年 6 月 30 日,公司共有 20956 万元银行借款已逾期
2005 年 1 月	因违反信息披露规定,公司和公司董事长、三位董事、两位原董事受到上海证券交易所公开谴责

续 表

时间	事件概述
2005 年 1 月	证监会公布公司连续两年做假账,虚增利润 1.55 亿元的消息
2005 年 3 月	公司董事、常务副总经理欧阳述安因涉嫌挪用资金被衡阳市公安机关予以刑事拘留
2005 年 10 月	公司股票交易已连续三个交易日达到跌幅限制
2006 年 1 月	公司提示性公告:2003—2004 年已连续两年亏损,预计公司 2005 年将继续亏损,存在暂停上市风险
2006 年 7 月	因 2005 年年报显示公司最近三年连续亏损,公司股票被暂停上市
2006 年 12 月	公司非流通股股东提出了公司股权分置改革
2007 年 5 月	永晟集团和粤财投资以 80 万元的价格竞拍得到公司原大股东广东金荔投资有限责任公司持有的 4771 万股,占总股本的 45.16%。
2007 年 11 月	上海证券交易所决定终止公司股票上市

- 退市风险分析

第一,基本面薄弱。公司盈利能力薄弱。公司 2004 年与 2005 年的净利润分别为－7458 万元和－14230 万元,归属母公司股东的净利润分别为－7133 万元和－11092万元,归属母公司股东的净利润同比分别下降了 779.64% 和 55.51%,每股收益分别为－0.68 元和－1.05 元。同时,公司的负债较高。2004 年与 2005 年的流动资产分别为 12715 万元和 14290 万元,而流动负债则分别为 51141 万元和 59333 万元。

第二,公司治理存在严重问题。大股东及关联方还通过占用公司资金、违规对外担保等方式侵占公司利益,合计多达 1.1 亿元。2007 年 6 月,大股东易主为广东永昇集团,但资产重组并未在短期内扭转亏损状态。作为夫妻店模式的上市公司,在公司治理结构上存在严重缺陷,这也成为其走向退市的根本原因。

第三,其他原因。公司信息披露存在严重问题。经证监会调查,公司 2003—2004 年存在虚增收入、虚增利润的行为。公司 2003 年虚增收入 13207 万元,虚转成本 5028 万元,虚增利润 8179 万元。在对以前年度虚增收入、虚增利润的情况进行追溯调整后,2003 年业绩出现亏损。自 2003 年开始,公司主业几近停顿,主营业务收入几乎为零。2003 年年报显示,公司在安徽省内实现主营业务收入5219.47 万元,实际上此收入来自假并购。2004 年 8 月 31 日,公司宣布,因该笔投资款没有到位,此次并购失败。同时,在 2004 年第三季度业绩中虚增收入约 1.10 亿元。

- 经验总结和启示

夫妻店模式的上市公司,尤其要重视其公司治理问题。从公司实际控制人刘作超、何雪梅夫妇分别担任董事长、总经理的蜜月期到两人在公司经营上产生重大分歧以至于反目离婚,不过短短三四年,其间何雪梅还因刘作超举报涉嫌诈骗罪而身陷囹圄,后来法院以票据诈骗罪判处她一年半的有期徒刑。在 2004 年 9 月重获自由时,何雪梅发现自己在公司持有的 2975 万股(占总股本的 35%),已经以刘作超代何签名并伪造金荔公司股东大会决议的方式转让一空。2005 年 3 月,何雪梅诉请法院确认刘作超将她的股权进行转卖的行为无效。在诉讼过程中,刘作超再次举报何雪梅。随后,何雪梅因涉嫌提供虚假财务报告罪再次被刑事拘留,并被法院判处两年有期徒刑。何雪梅在狱中继续同刘作超打官司,并最终胜诉,广州中院判决刘作超转卖股权行为无效。刘作超与何雪梅两人共同投资的其他公司如"金荔投资""金荔集团"等也同样陷入股权纷争的泥潭。最终由于夫妻之间的争斗,上市公司经营也陷入困境。

二十五、凯迪生态:生物质发电明星股的败亡

- 公司概况

凯迪生态环境科技股份有限公司(简称凯迪生态)是民营企业,无实际控制人。该公司于 1993 年 2 月 26 日在武汉东湖新技术开发区登记成立,总部位于湖北省武汉市。公司已于 1999 年在深圳证券交易所上市,被称为"生物质发电第一股"。于 1999 年在深圳证券交易所挂牌上市,起初以脱硫工程、火力发电等业务为主。

上市后,公司从电力行业开始涉足轻资产、煤矿,最终全面向生物质发电领域转型,旗下业务包括原煤开采与销售、环保发电、生物质发电、风力发电和水力发电,其中生物质发电营收占比最大,超过 50%。2009 年,凯迪电力从控股股东阳光凯迪处收购九家生物质电厂,正式切入生物质发电行业。2010 年,凯迪电力以对价 2.96 亿元收购武汉凯迪旗下的三家电厂,并以 5402.1 万元的价格收购了武汉凯迪持股的 11 个下属生物质能电厂子公司股权;2012 年,凯迪电力以 9618 万元收购阳光凯迪旗下两个电厂各 51% 股权。风头正盛的凯迪电力步子越迈越大。

2015 年,凯迪电力完成公司成立以来最大规模资产重组,通过发行股份及支付现金的方式,以对价 68.5 亿元收购了包括阳光凯迪在内的 15 名交易方持有的 87 家生物质电厂、58 家林业公司及数家风电、水电公司。同年,公司股票名称由凯迪电力变更为凯迪生态。在扩张期间,公司前董事长陈义龙更是放出豪言称,“到 2020 年,公司规模将达到 3000 亿元;到 2030 年,公司的规模可能做到 10000 亿元”“公司到 2020 年将走进世界 500 强企业的行列”。大规模地“跑马圈地”给凯迪生态埋下了隐患。2018 年,公司“11 凯迪 MTN1”中期票据因无法按时兑付本息发生违约,凯迪生态债务危机正式爆发,随之而来的是公司银行账户被冻结,诉讼、监管函和关注函也接踵而至。此后,凯迪生态试图通过股权重组、资产处置、债务重构等方式开展自救,可终究是无力回天。

2020 年 10 月 28 日晚间,凯迪生态发布《关于公司股票终止上市的公告》称,深圳证券交易所已于 10 月 28 日对公司股票作出终止上市的决定,公司股票自 11 月 5 日起进入退市整理期,退市整理期届满的次一交易日,深圳证券交易所将对公司股票予以摘牌。

- 风险事件演变及时间轴

公司股票自 2020 年 11 月 5 日起进入退市整理期,退市整理期为 30 个交易日,最后交易日为 2020 年 12 月 16 日。早在 2020 年 10 月 28 日,凯迪生态便收到深圳证券交易所《终止上市的决定》,深圳证券交易所对该公司股票予以摘牌。相关时间轴如表 13-25 所示。

表 13-25　凯迪生态风险事件概述

时间	事件概述
2016 年 12 月	凯迪生态总裁陈义生因涉嫌职务侵占罪被武汉市公安局刑事拘留
2017 年 4 月	凯迪生态发布 2016 年年报,2016 年公司净利润为 3.34 亿元,同比下降 12.73%
2018 年 1 月	生物质能源产业高度契合了生态文明建设和国家精准扶贫战略,迎来了国家能源战略转型发展利好时机。然而凯迪生态未能分享到政策红利,反而出现了巨幅亏损、债务违约。在 2016 年盈利 3.3 亿元的情况下,凯迪生态于 2017 年亏损 23.8 亿元
2018 年 3 月	公司陆续有董事长、总裁、董事、独立董事、董秘、监事、证券事务代表等人员离职

时间	事件概述
2018 年 8 月	8 月 8 日,凯迪生态发布选举董事长兼总裁的公告,公告称,1959 年出生的陈义龙将接替唐宏明出任凯迪生态的董事长兼总裁。这位被认为是终极 BOSS 的人物从幕后走到了台前,也终于可以"名正言顺"地为上市公司出谋划策了 8 月 14 日,凯迪生态发布公告称,凯迪生态收到大股东阳光凯迪的通知,阳光凯迪于前一日收到证监会调查通知书,阳光凯迪因涉嫌信息披露违规被立案调查
2019 年 8 月	逾期债务共计 161 亿元,占最近一期经审计净资产的比例为 844.54%
2019 年 9 月	2019 年三季报显示,当期净利润为 -14.3 亿元
2020 年 5 月	其他违规处罚
2020 年 5 月	新聘代财务总监
2020 年 6 月	存在风险警示
2020 年 6 月	2020 年中报显示当期净利润为 -8.6 亿元
2020 年 8 月	公司新增一条失信被执行人信息,执行法院为淮南市潘集区人民法院
2020 年 9 月	代董事会秘书离任,新聘董事会秘书
2020 年 9 月	2019 年年报披露,审计机构希格玛会计师事务所出具无法表示意见的审计报告
2020 年 9 月	2020 年三季报显示当期净利润为 -11.3 亿元
2020 年 11 月	中国华电集团资本控股有限公司减持 1600 万股凯迪生态股份

● 退市风险分析

第一,基本面薄弱。一是商业模式不佳,基本面情况恶化。公司核心业务为生物质发电,兼有火电、风电、水电以及林场开发和电建 EPC(设计采购施工)工程业务。生物质发电的收入主要来自三块:发电上网费、可再生能源电价补贴、增值税即征即退。前两项主要通过电网企业收回,比如我们通常理解的生物质发电优先上网,上网费普遍高于当地火电标杆上网电价,比如 0.75 元/度的电价里面包括了 0.4 元的标杆电价和 0.35 元的国家可再生能源补贴。0.4 元由当地电网企业按月或者按季跟企业结算,但后面的 0.35 元国家可再生能源补贴则先要由财政部跟电网企业结算,然后电网企业再跟发电企业结算,结算及支付的时间周期比较长(有传结算周期为 18~36 月)。增值税即征即退则由企业跟当地税务部门结算,具体结算周期在各地的差异较大,考虑到基层单位财政税收弹性,企业可能需要花费额外费用才能拿到。从商业模式来说,生物质发电盈利就是赚取上述三项收入扣除原燃料成本、折旧、三费后的利润，其中原燃料成本占到总成本的比重能达到50%～70%。我国尚未实现大规模的农业集成运作，田间地头的秸秆分散在各家农户手里。行业内企业主要采取经纪人业务模式和企业直接收购模式。从收购、压缩、取水、运输、存储到最终进入锅炉燃烧，原燃料付出的成本往往很高，且大部分都是付现成本。电厂发电后最先收到的是电网企业的发电费，而占比更高的可再生能源补贴基金和增值税即征即退存在滞后，这就导致付现和收现存在很大错配。所以单个生物质发电企业如果资金不是很雄厚，那么一开始就会面临较大的资金压力。所以部分企业寄希望于通过融资做大规模，然后利用不同电厂的现金流回流平衡整体的资金压力。但如果摊子一下铺得太大，而后续资金回流低于预期或者融资渠道收窄，再加上管理层胡乱折腾一下（如选址不当、帮股东海外项目垫资施工），企业就可能遭遇流动性危机。继2015年与2016年分别实现净利润2.4亿元和3.3亿元之后，公司就开始连年亏损，2017年净利润为－24亿元，2018年净利润为－51亿元，2019年净利润为－38亿元，2020年前三季度净利润为－11亿元。二是债务负担沉重。公司负债大规模扩张，时间集中在2015年至2017年间，随着资产规模急剧膨胀，负债规模也随之激增。截至2020年10月20日，公司共有28个账户被冻结，申请冻结金额为69.9亿元，被冻结账户余额为467万元。

第二，公司治理存在重大缺陷。业务、负债急剧扩张，以及随之而来的短贷长投，并不是公司坠落的唯一原因。多年来，与大股东反复进行的关联交易、资金占用，可能是导致退市的更深层次原因。长期以来，公司治理问题不断，如总裁因职务侵占被抓、财务总监离职延迟披露、多次被交易所问询、被证监局采取监管措施、关联交易披露不准确、大股东资金占用。在外部无实际控制人、内部治理不断爆出问题，巨额资金流向大股东：从2009年开始，公司就多次收购阳光凯迪（大股东关联企业）资产。后因业绩承诺没有完成，阳光凯迪2013年又将五家电厂回购，回购价格为4.42亿元。2015年，公司总价近70亿元的收购，也是与大股东进行的关联交易。除此之外，大股东还长期占用公司资金。仅在2016年和2017年，阳光凯迪及其关联方占用上市公司资金余额分别达到13亿元与24.7亿元。2015年底的占用余额虽然为负数，但报告期内的发生额却高达107亿元。

第三，其他原因。2017年5月—2018年3月凯迪生态以工程款名义通过子公司向中薪油武汉化工工程技术有限公司支付的5.88亿元预付款，以及2018年9月向武汉凯迪电力工程有限公司支付的2.94亿元，被湖北省证监局认定为资金占用，并责令该公司起诉追讨。2020年5月7日，证监会就此对凯迪生态作出责令整改、警告,并处 50 万元罚款的处罚。

- 经验总结和启示

对于上市公司的经营,长期以来市场只关注基本面,而没有充分重视研究分析上市公司的公司治理问题,从凯迪生态的案例中可以看到,上市公司的退市既是商业模式缺陷所致,也是上市公司股东层面、公司治理层面引发的系列问题所致。凯迪生态也是继神雾环保、盛运环保、天翔环境之后,第四个爆雷后退市的环保上市公司。

二十六、东方金钰:大股东行为异常所致的爆雷

- 公司概况

东方金钰股份有限公司(股票名称为退市金钰)是民营企业。该公司于 1993 年 7 月在鄂州市市场监督管理局登记注册,总部位于湖北省鄂州市。公司已于 1997 年在上海主板上市交易。2004 年,东方金钰原实际控制人赵兴龙通过一系列股权转让和资产转换,借壳 * ST 多佳上市,并于 2006 年更名为东方金钰,号称国内翡翠业首家上市公司,东方金钰的市值曾经高达 280 亿元。2021 年 1 月 13 日,东方金钰股份有限公司(简称东方金钰)发布股票终止上市公告。

公司是国内翡翠行业上市公司,是中国珠宝玉石首饰行业协会副会长单位、上海黄金交易所综合类会员单位、中国黄金协会常务理事单位。公司主要从事珠宝首饰产品的设计、采购和销售,主要经营产品包括翡翠原石、翡翠成品、黄金金条、黄金(镶嵌)饰品等。

- 风险事件演变及时间轴

2020 年 6 月 24 日,因最近两年连续亏损,且被会计师事务所出具无法表示意见的审计报告。2021 年 3 月 17 日,东方金钰股份有限公司连续 20 个交易日的每日收盘价均低于股票面值(一元),因而退市。相关时间轴如表 13-26 所示。

表 13-26 东方金钰风险事件概述

时 间	事件概述
2010—2015 年	东方金钰股价迅速被拉起,走出牛市行情,成为徐翔炒作的概念股,股价从 2.53 元/股的低位冲高至 2015 年 20.45 元/股的高点,市值一度接近 280 亿元
2016 年 11 月	赵兴龙宣布因个人原因辞职,其子赵宁担任新一任董事长
2018 年 7 月	陆续爆出债务到期未能清偿,7 月 25 日发布公告称,截至 2018 年 7 月 25 日,公司及子公司到期未清偿的债务共计 9.16 亿元
2018 年 12 月	2018 年年报显示:东方金钰营收为 29.61 亿元,同比下降 68.08%;净利润亏损 17.18 亿元,同比下降 843.32%
2019 年 3 月	3 月 17 日晚间,东方金钰发布公告称,公司应于 2019 年 3 月 18 日开始支付 2017 年面向合格投资者公开发行公司债券自 2018 年 3 月 18 日至 2019 年 3 月 17 日间的利息,总金额为人民币 5250 万元。债权登记日为 2019 年 3 月 15 日,凡在 2019 年 3 月 15 日(含)前买入并持有本期债券的投资者享有本次派发的利息;2019 年 3 月 15 日后卖出本期债券的投资者不享有本次派发的利息。公司及控股股东云南兴龙实业有限公司虽然积极筹措支付债券利息的资金,但截至公告日,资金暂时未到账,公司无法按期支付"17 金钰债"利息。经公司申请,公司债券"17 金钰债"自 3 月 18 日起开始停牌
2019 年 5 月	在 5 月 31 日举行的年度股东大会上,董事长赵宁表示,日前,公司董事会已经与律师、会计师等开会研究债务重整方案,计划下周将方案交予深圳中院。就中国蓝田接盘重组,证监局已向东方金钰发出监管函。"通过这件事情,公司要吸取教训,对重组方的选择要慎之又慎,不能再让监管方处罚问责。"赵宁强调东方金钰不会退市,"大股东和公司管理层都在竭尽全力救助公司。大股东已经决心要把所有资产拿出来,贴补给上市公司,无论如何也要保住这家公司。"
2019 年 8 月	有着银行从业背景的张文风接手成为东方金钰董事长,赵宁卸任
2019 年 9 月	2019 年三季报显示当期净利润为 −5.1 亿元
2019 年 9 月	天风证券股份有限公司(代天风证券天权 50 号定向资产管理计划)减持 499 万股公司股份
2020 年 1 月	公司新增一条失信被执行人信息
2020 年 3 月	2020 年一季报显示当期净利润为 −2.1 亿元
2020 年 4 月	新增一条被执行人信息
2020 年 4 月	其他违规处罚
2020 年 6 月	19255 万股股份于 6 月 10 日被轮候冻结
2020 年 6 月	公司收到广东省深圳市中级人民法院下发的《民事判决书》
2020 年 6 月	2019 年年报披露,审计机构大华会计师事务所出具无法表示意见的审计报告

续　表

时间	事件概述
2020 年 6 月	最近两年连续亏损,且被会计师事务所出具无法表示意见或否定的审计意见,实施特别处理
2020 年 6 月	2020 年中报显示当期净利润为－4.4 亿元
2020 年 9 月	云南兴龙实业有限公司减持 1310 万股公司股份
2020 年 9 月	2020 年三季报显示当期净利润为－6.6 亿元
2020 年 12 月	证监会对公司涉嫌信息披露违法违规行为立案调查
2021 年 3 月	董事、监事和高级管理人员成员变化:财务总监离任,代董事会秘书离任

- 退市风险分析

第一,商业模式和财务基本面薄弱。自 2016 年起,翡翠市场开始低迷,同年公司业绩下降超 16％,2017 年更是进一步下滑,而 2015 年净利润曾增长超两倍。即便如此,赵宁仍然指望在翡翠市场翻身,于是加倍储备原石,根据公告,公司在 2016—2017 年采购原石 423 块,超过此前十年之和。为了购买原石,2015—2017 年,东方金钰的存货由 55.92 亿元增加到 69.15 亿元再到 96.53 亿元,占流动资产的比例已达 91％,而资产负债率已高达 74％。自 2013 年起,公司的自由现金流就一直处于流出状态,到 2017 年时,现金流已经流出 33 亿元,同时通过借款收到的现金高达 68.99 亿元。但靠着借钱赌石赚钱始终不是长久之计,自 2018 年政策收紧后,东方金钰的资金链就撑不住了。2018 年,东方金钰正式爆雷,其通过陆金所融资的某资管计划产品停止付息,同年 7 月,东方金钰在面对监管问询时,回复公司及子公司债务已高达 82.59 亿元,此外,为子公司、孙公司等关联公司提供的担保额约为 36.75 亿元。体现在财务层面上就是:一是盈利能力下降。2020 年归属上市公司股东的净利润约为－19.5 亿～－24.5 亿元。2018 年至 2020 年间,营收暴跌,2020 年前三季度营收仅为 216.9 万元。2020 年 12 月 22 日,因连续 20 个交易日收盘价均低于股票面值(一元),公司收到上海证券交易所股票终止上市的监管函。二是股份被冻结。2016 年 4 月,创始人赵兴龙之子赵宁继任董事长。2016 年 8 月,作为“徐翔案”首支暗舱股被爆出,持有公司 21.72％股份的瑞丽金泽投资管理有限公司被青岛市公安局认定为徐翔财产,因此股份被司法冻结。三是债务规模大。因多年押注翡翠原石、积压大量存货,公司陷入债务危机,至 2019 年 11 月 18 日,到期未清偿债务合计达到 58 亿元,而 2020 年上半年存货账面价值高达 84.6 亿元,占总资产的 79.1％,公司曾多次动用黄金、翡翠存货抵债。

第二，公司治理层面薄弱。2018 年 9 月，因涉嫌公司财务造假，董事长赵宁被处以十年市场禁入。经上海证券交易所查明，东方金钰存在四大财务造假，分别是：一是虚构销售和采购交易；二是 2016 年年度报告的营业收入、营业成本、利润总额存在虚假记载；三是 2017 年年度报告的营业收入、营业成本、利润总额存在虚假记载；四是 2018 年半年度报告的营业收入、营业成本、利润总额、应收账款存在虚假记载。

第三，股东行为异常。一是股权高质押问题，二是控股股东异常减持行为。这两种异常行为的背后有两种可能：一种可能是由控股股东在体外持有大量现金，以配合交易造假舞弊；另一种可能是由于控股股东非常缺钱所引发的舞弊动机，特别是伴随着股权冻结征兆，因为这可能预示着大股东担心上市公司业绩下滑引发的平仓压力。自东方金钰上市伊始，其实际控制人的股权质押比例一直很高，特别是近年来，赵兴龙、赵宁控制的兴龙实业、瑞丽金泽公司的股权质押或冻结比例基本都达到了 100%。可见，实际控制人股权持续高质押背后蕴藏着较大的舞弊动机。此外，2017 年 6 月，董事长赵宁还提出《关于向公司全体员工发出增持公司股票的倡议书》，但是其控股股东兴龙实业在这一期间减持股票，这种号召员工增持而大股东却减持的行为也十分可疑。

- 经验总结和启示

第一，此番被强制退市是因触及面值退市标准，根本原因是公司主业萎缩且连续亏损。

第二，该公司 2020 年大幅预亏的原因是受金融去杠杆政策及其他因素叠加影响，融资出现困难，资金流动性紧张，到期债务无法按期偿还，导致出现严重的债务违约，并由此引发公司部分账户资产被查封、冻结，债权人申请诉讼或仲裁等一系列问题。

二十七、保千里：资本运作频繁所致的爆雷

- 公司概况

江苏保千里视像科技集团股份有限公司（简称保千里）于 1997 年 6 月 18 日在江苏省南京市工商行政管理局登记成立，是民营企业，法定代表人为丁立红，于

2015 年 6 月在深圳证券交易所挂牌上市。公司股票于 2020 年 4 月 2 日进入退市整理期,2020 年 5 月 26 日被摘牌退市。公司主要经营电子摄像技术、计算机软硬件研发、生产、销售、租赁、项目投资,物业管理服务,房屋租赁,自营和代理各类商品及技术的进出口业务。2013 年,中达股份进行破产重整;2014 年 11 月,中达股份股东大会通过重大资产重组决议;2015 年 2 月,证监会核准中达股份重大资产重组及向庄敏等发行股份购买资产申请;2015 年 3 月,正式完成资产重组;2015 年 4 月 27 日,中达股份更名为保千里。

江苏保千里视像科技集团股份有限公司于 2017 年 7 月被证监会调查出存在欺诈上市情形,公司股票停牌。2017 年 11 月,江苏省证监局发布公告称,保千里存在实际控制人占用公司资金的情形,且构成关联交易,公司内部控制制度存在重大缺陷。2017 年 12 月 29 日,保千里复牌交易,沦为特别处理股票,股价连续 29 个交易日跌停,创造了 A 股资本市场上的连续跌停纪录。保千里自借壳上市至被控股股东掏空仅仅经历了不到三年的时间,且公司上市后的发展势头良好,控股股东庄敏所占的 37.30% 股份从理论上来说也并不高,在这种情形下公司仍旧被侵占大量资产,这在资本市场上较为少见。

- 风险事件演变及时间轴

退市保千公告,公司股票已被交易所决定终止上市,最后交易日期为 2020 年 5 月 26 日。相关时间轴如表 13-27 所示。

表 13-27　保千里风险事件概述

时间	事件概述
2016 年 7 月	公司董事辞职
2016 年 11 月	独立董事辞职
2017 年 8 月	董事长辞职
2017 年 10 月	重大资产重组停牌
2018 年 1 月	收到关于《江苏保千里视像科技集团股份有限公司关于股票交易异常波动原因的问询函》的回复函
2018 年 5 月	董事、高级管理人员、独立董事辞职

- 退市风险分析

第一,财务和基本面不佳。连续三个会计年度,审计师均出具无法表示意见的审计报告。连续三年期末净资产为负,原因是公司把所有投资、预付款和应收款都计提损失。而审计师对这种违反财务规定的计提损失不认可，因此出具无法表示意见的审计报告。

第二，管理层行为不佳，人事聘用制度不完善，公司人事混乱。2016 年 7 月，公司开始通过各类方式收罗国内在互联网、房车、机器人方面的人才，初衷是大力发展业务，实现公司战略转型，但实际上造成了极大的混乱——由于没有完善的业务发展规划，这些人才的想法和提案都没有得到应用，公司更没有重点使用这些人才，而是不断地辞退、招新，一些部门匆匆成立又匆匆撤去。

第三，并购频繁起反作用。不断并购其他企业，并推出打令宝系列机器人、VR 手机、智能汽车。然而，这些投资并没有取得成功，由于技术限制，很多产品都停留在第一代产品：打令宝系列机器人被称为带屏幕的扫地机；VR 手机被称为拼接手机等。其产品经常是一推向市场就面临用户投诉。而在这些背后，则是营收和净利润的飞速上涨：2015—2017 年，公司实现扣非净利润分别为 4.4 亿元、10.2 亿元和 42.8 亿元。但财报显示，从 2015 年开始，保千里的现金流量净额均为负数。

第四，关联交易。时任保千里董事长庄敏以扶持小微企业为名，向共计 20 家关联企业展开"合作"。但这些企业实际是由庄敏控制和经营的，庄敏借投资名义为小微企业注入资金，从而购买保千里的产品，形成自销自买的闭环。

- 经验总结和启示

保千里控股股东庄敏在借壳过程中注入的资产存在造假情形，其谋求上市的目的并不单纯，并且公司的内控机制存在缺陷，因此控股股东得以接连成功修改公司章程，为掏空提供了有利条件，同时监管层对于违法违规行为的处罚力度不足以制止控股股东的掏空行为。在本案例中，保千里的控股股东庄敏主要通过违规担保、巨额对外投资以及大量应收预付款项交易行为来侵占上市公司利益，同时利用不实的信息披露掩盖违法行为。

类似保千里的案例在资本市场比比皆是，例如 2022 年第一只面值退市的股票——*ST 艾格。*ST 艾格原为传统制造型企业，在上市后的几年时间里，通过资本运作一跃跨界为互联网游戏公司，因正好赶上市场热点而使公司声名鹊起，股价屡创新高，市值最高接近 300 亿元。但在此后的短短几年里，公司先后经历商誉爆雷（跨界经营，高溢价并购成隐患）、大额亏损、主业凄惨并且资金被占用，以及经营停滞，最终因积重难返而走向退市。

第14章 恐慌与宣泄:缩量暴跌下的 个股崩盘经典案例

股价暴跌所带来的股价崩盘风险给投资者的财富、金融机构(尤其是证券公司)的融资融券业务、资本市场的平稳运行,以及实体经济的健康发展带来极大的冲击和破坏,因而受到监管者和投资者的广泛关注。尤其是随着上市公司数量的不断增多及科创板、创业板注册制改革的全面铺开,融资融券标的证券和可充抵保证金的证券范围迅速扩大,市场行情的波动,在证券公司对融资融券业务违约客户制约措施有限的背景下,一旦个股冲抵担保品时出现缩量暴跌的崩盘风险,融资融券客户交易纠纷和司法判决就会随之而来,给证券公司的正常经营造成一定的困扰。

个股的崩盘往往是一个迅猛且短期内极具爆发力量和宣泄恐慌的过程,如果说强制退市风险是钝刀子割肉,那么个股的崩盘风险就是快刀子捅人。对于投资者而言,其爆雷的影响不仅恶劣,损失也最为惨重,且基本上没有机会提前离场,往往会导致投资者被迫深陷其中。

一、康美药业:财务造假的"白马股"

• 公司概况

康美药业股份有限公司(简称康美药业,股票名称为 * ST 康美)是民营企业,实际控制人为自然人马兴田,于 1997 年 6 月 18 日在揭阳市市场监督管理局登记注册,总部位于广东省普宁市。公司股票已于 2001 年 3 月 19 日在上海证券交易所挂牌交易。

公司业务体系涵盖上游的道地中药材种植与资源整合;中游的中药材专业市场经营,中药材贸易,中药饮片、中成药制剂、保健食品、化学药品及医疗器械的生产与销售,现代医药物流系统;下游的集医疗机构资源、智慧药房、智慧药柜、OTC零售、连锁药店、直销、医药电商、移动医疗等于一体的全方位、多层次营销网络。公司主要生产和经营中药材、中药饮片、西药、保健食品及食品、中成药、医疗器械等。

- 风险事件演变及时间轴

康美药业自 2018 年 10 月 17 日起,股价连续跌停。2019 年 4 月 30 日,*ST 康美再次连续六天跌停。2018 年底,证监会发现公司涉嫌财务造假,涉案金额巨大,开始立案查办。2019 年 5 月 17 日,证监会发布公告称,公司披露的2016—2018 年财务报告存在重大虚假,一是使用虚假银行单据虚增存款,二是通过伪造业务凭证进行收入造假,三是部分资金转入关联方账户买卖本公司股票,涉嫌违反《证券法》第六十三条等相关规定。2019 年 4 月,公司董事、副总经理、董事会秘书辞职。相关时间轴如表 14-1 所示。

表 14-1　康美药业风险事件概述

时间	事件概述
2018 年 12 月	公司收到证监会下达的《调查通知书》,因公司涉嫌信息披露违法违规,证监会决定对公司立案调查
2019 年 5 月	5 月 17 日下午,证监会通报调查进展:初步查明,公司披露的 2016—2018 年财务报告存在重大虚假,涉嫌违反《证券法》第六十三条等相关规定
2019 年 8 月	8 月 16 日下午,证监会再次通报调查进展:2016—2018 年,公司涉嫌通过伪造、变造增值税发票等方式虚增营业收入,同时涉嫌未在相关年报中披露控股股东及关联方非经营性资金占用情况,使得相关年报存在虚假记载及重大遗漏。公司有预谋、有组织地长期系统实施财务造假行为,恶意欺骗投资者,影响极为恶劣,后果极为严重
2019 年 8 月	公司公告称,公司及相关当事人收到证监会《行政处罚及市场禁入事先告知书》,实际控制人马兴田夫妇被处以终身证券市场禁入的处罚
2020 年 5 月	5 月 14 日晚,证监会宣布,对公司违法违规案作出行政处罚及市场禁入决定,决定对康美药业实施责令改正,给予警告,并处以 60 万元罚款的处罚,对 21 名责任人员处以 90 万元至 100 万元不等的罚款,对六名主要责任人采取十年至终身证券市场禁入措施

- 暴跌风险分析

第一,基本面薄弱。公司因经营不善导致业绩下跌。2018 年年报显示,归属上市公司股东净利润同比下降 47.2%。

第二,公司治理存在重大缺陷。公司 2018 年内控审计机构广东正中珠江会

计师事务所对公司 2018 年内部控制出具了否定的审计意见。经调查,2016 年至
2018 年间,公司存在虚增巨额营业收入,通过伪造、变造大额定期存单等方式虚增
货币资金,将不满足会计确认和计量条件的工程项目纳入报表,虚增固定资产等
情形,同时存在控股股东及其关联方非经营性占用资金情况。上述行为导致公司
披露的相关年度报告存在虚假记载和重大遗漏。

- 经验总结和启示

　　财务造假问题对于公司股价和投资者信心具有重大影响。2016—2018 年,公
司实际控制人、董事长马兴田等人涉嫌组织相关人员虚开和篡改增值税发票、伪
造银行回款凭证、伪造定期存单,累计虚增收入 300 亿元,虚增利润 40 亿元。提前
预警企业存在财务舞弊的可能性能够有效规避股票踩雷。康美药业在财务造假
被发现之前也有种种迹象。

　　第一,警惕大存大贷。2017 年底,康美药业库存现金余额近 300 亿元,在所有
A 股公司中排名第 72 位,在所有 A 股个人实际控制的医药公司中排名第一,并遥
遥领先于第二名的健康元 90 亿元。同时,在坐拥 300 亿元真金白银的前提下,康
美药业连续发行债券、短融券并通过银行借款,2017 年底的有息债务余额高达 290
亿元。

　　第二,持续融资。公司几乎每年都在融资,不管是股票还是债券,都在不遗余
力地向资本市场融钱。一般来说,只要融资能有利于公司的发展,非公发行股票
或债券是可行的,而且伪造的财务数据使得康美药业拥有完美的成长性和较高的
毛利率,属于优质白马上市公司,银行也愿意贷款给这样的企业。

　　第三,警惕高存货。一般情况下,高存货并不是一件好事。有时出于行业原
因,比如房地产行业,存货周期较长,高存货难以避免。但大部分制造业,尤其
像康美药业这样的相对"轻盈"的制造业(非流动资产占比较低),经营者的目标
应集中在低存货、高周转,带动经营,跑出利润。但康美药业的存货周转率很
低,2017 年存货周转天数为 276 天,2017 年底的存货余额为 157 亿元,库存商品
为 75 亿元。

　　第四,警惕低人力成本下的高毛利。在 2017 年审计报告中,应付职工薪酬本
期增加额为 8.68 亿元,销售费用和管理费用中的职工费用合计 6.5 亿元,因此在
成本中的职工费为 2.18 亿元左右。而 2017 年购买商品、支付劳务的现金流为
243 亿元,业务成本金额为 184.5 亿元。这意味着在康美药业的成本构成表中,料
工费中的人力成本仅占 1.18%。这在一般的制造业中是偏低的。如果康美药业

纯粹是贸易企业,附加值较低,那么这个比例尚可理解,但是康美药业拥有较高的毛利率(为30%),这个人力成本比就不太正常了。

二、永清环保:重组终止所致暴跌的典型案例

- **公司概况**

永清环保股份有限公司(简称永清环保)是民营企业,实际控制人为自然人刘正军,于2004年1月19日在湖南省市场监督管理局登记注册,总部位于湖南省长沙市。公司股票已于2011年3月8日在深圳证券交易所挂牌交易。公司是一家环保全产业链的综合服务企业,已形成集研发、咨询、设计、制造、工程总承包、营运、投融资为一体的完整环保产业链,已发展为以土壤修复为工程核心,以固废处置(包含危废)为运营核心,大气污染治理、固废处置、环境咨询、新能源业务协调发展的综合性环保产业平台。公司在钢铁、冶炼行业脱硫技术和设施运营上位列全国前茅。

- **风险事件演变及时间轴**

公司因核心条款无法达成一致且难以获得有效融资支持,宣布重大资产重组终止。2018年10月9日,公司发布公告称,由于公司实际控制人刘正军被要求协助调查的事件至今没有进一步进展,公司难以与刘正军进行持续有效的沟通,由此延长了决策周期,加大了决策难度。同时,实际控制人被要求协助调查一方面增加了本次重大资产重组的谈判难度,公司与交易方未能就某些交易核心条款达成一致;另一方面也使得公司本次重大资产重组难以获得有效的融资支持。停牌期间,国内外市场环境、经济环境、融资环境等客观情况发生了较大变化,对交易各方的发展预期、本次重大资产重组涉及的并购融资及标的公司估值均产生了不利影响,公司认真听取了各方意见并经审慎考虑,认为在现阶段继续推进本次重大资产重组的有关条件尚不成熟,甚至可能会增加公司的经营风险,于是公司管理层决定终止筹划本次重大资产重组。相关时间轴如表14-2所示。

表 14-2　永清环保风险事件概述

时间	事件概述
2018 年 1—2 月	在 2018 年 1 月 3 日到 2 月 9 日的短短 40 天里,六家券商发布研报唱多永清环保,但定价的仅有国泰君安和光大证券。其中,国泰君安给予永清环保目标价为 17.47 元/股,光大证券给予永清环保目标价为 15 元/股。其间,国泰君安连发四份研报,称对永清环保维持目标价 17.47 元/股。1月 3 日,国泰君安发布题为《永清环保重组预案点评:收购优质危废资产,强化全国综合性环保平台》的研报,研究员为徐强、翟堃、韩佳蕊,研报称,永清环保拟收购康博固废进军高景气危废处理领域,不仅增厚每股收益,还有望将业务深度拓展至高景气的长三角区域,推动永清环保加速发展
2018 年 4 月	4 月 11 日,公司发布的《关于董事代行董事长、总经理职务的公告》显示:4 月 10 日,公司董事会接到公司董事长、总经理刘正军家属的通知,刘正军因个人原因被有关机关要求协助调查,暂时无法完全履行相关职责。公司于 4 月 11 日决定由公司董事、副总经理申晓东代行董事长、总经理职务
2018 年 8 月	永清环保公布半年报,上半年净利润减少 67.5%
2018 年 10 月	股票于 10 月 9—11 日连续三个交易日收盘价格跌幅偏离值累计超过20%,属于股票交易异常波动

- 暴跌风险分析

第一,基本面薄弱。2016 年公司中报显示,扣非净利润为 5199 万元,2017 年为 4578 万元,2018 年为 1884 万元,同比连续负增长。2018 年中报中,营业收入和净利润分别同比增长-40.5% 和-67.5%。

第二,公司治理存在重大缺陷。2018 年 4 月 11 日公告称,董事长、总经理刘正军被有关机关要求协助调查,无法履行相关职责。直到 10 月 9 日,公司发布公告称,刘正军被要求协助调查的事件至今没有进一步进展,公司难以与其进行持续有效的沟通。

- 经验总结和启示

第一,卖方分析师行为过度乐观情绪以及卖方研究内在的利益冲突问题在本案例中有非常明显的体现。

第二,重大资产重组终止或失败是导致个股短期内出现缩量暴跌(崩盘)最主要的原因。从实践和经验来看,A 股市场长期以来存在主题投资的策略,投资者偏好于投资重组概念股,而由于信息披露质量不高,内幕交易盛行,A 股上市公司容易在重组停牌之前发生消息泄露而导致股价被投资者暴拉或炒作,使预期打得过高,但重组事件背后的不可控因素较多,尤其是近些年监管和制度层面完善后,一旦一段时间后重大资产重组失败,投资者情绪出现崩溃也是迅速的,股票交易复盘后,极易导致个股出现崩盘事件。从学术研究来看:A股市场并购重组中内幕交易行为加剧了股价崩盘风险;外部良好的信息环境对并购重组内幕交易与股价崩盘风险之间的关系起到抑制作用。相关的研究显示,支付方式、并购溢价、业绩承诺和交易所问询会影响内幕交易与股价崩盘风险之间的关系。进一步分析发现,并购重组内幕交易会增加股价崩盘风险是由于知情人与非知情人之间存在信息不对称。并购重组内幕交易引起股价大幅波动,不利于资本市场功能的发挥,损害了中小投资者利益,故应进一步加强交易所一线监管,严厉打击和惩戒内幕交易行为。

因资产重组失败而导致的个股崩盘(缩量暴跌)现象的典型案例还有如下这些。

2018年9月8日,浔兴股份发布终止重大资产重组暨公司股票复牌的公告称,因近期宏观经济环境变化及国内证券市场波动影响,公司面临的市场环境发生变化,经审慎考虑以及交易双方友好协商,决定终止本次重大资产重组。公司因筹划重大事项自2017年11月13日起停牌,于2018年9月10日复牌。2018年9月10日开始,浔兴股份连续七天暴跌。

深圳飞马国际供应链股份有限公司因筹划重大事项自2018年3月26日起停牌,于2018年8月13日复牌。8月11日,公司发布公告称,由于本次拟发行股份购买资产事项交易标的涉及的尽职调查、审计、评估等工作量较大,同时在停牌筹划期间由于聘请的中介机构受相关规定要求影响,相关准备工作未能及时完成,本次筹划交易方案及相关事项仍需作进一步协商、论证和完善,目前尚不具备召开董事会审议本次发行股份购买资产预案(或报告书)的条件。2018年8月13日起,公司股价连续六天暴跌。

2018年7月23日,中亿丰罗普斯金铝业股份有限公司(股票名称为ST罗普)控股股东罗普斯金控股有限公司与皓月科技有限公司,以及自然人高磊先生、林洪鼎先生签订股份转让协议;同时,罗普斯金与王安详女士签订意向协议,公司有意以现金方式收购王安详女士持有并控制的北京弘润天源生物科技股份有限公司(简称弘天生物)部分股权,交易完成后,弘天生物控制权不会发生变更。然而,最终协议终止。公司对外投资项目和控股股东股权部分转让均被终止,这两笔交易的终止使得某些重仓这次资产购买以及股权转让的投资人被迫进行止损,从而导致了股票的崩盘。2018年9月25日,ST罗普连续八天崩盘。

2018 年 1 月,四川升达林业产业股份有限公司开始停牌,随后发布重大资产重组事项的公告,拟以现金购买方式,收购河南寓泰兴业智能安防集团有限公司(简称寓泰安防)51％以上的股权。6 月 15 日,公司以各方利益诉求不能达成一致,仍未就交易对价、标的对赌业绩承诺等核心条款达成一致为理由,终止了此次重大资产重组事项。实际控制人江昌政为了完成上市公司的剥离重组,违规为升达集团借款提供担保,以解决其向上市公司支付剥离资产的对价。2018 年 6 月 15日复盘开始,股票连续跌停,到 6 月 25 日收盘,连续遭遇六个跌停。上市公司无力解决巨额资金占用问题,叠加重组失败,使升达集团的资金链危机雪上加霜,二级市场的连续跌停反映了投资者的消极情绪。

2018 年 6 月,中信国安葡萄酒业股份有限公司宣布终止收购青海中信国安锂业公司 100％股权,重大资产重组失败。复盘后,6 月 13 日开始,股票连续跌停。中信国安葡萄酒业股份有限公司(简称中葡股份)实施重大资产重组主要是因为主营业务持续低迷导致盈利能力不佳,想要通过跨界重组进行多元化发展,分散风险,增加市场份额。此外,经营业绩不佳使得上市公司必须进行保壳,中葡股份曾多次戴上"ST"特别处理的帽子,所以想要通过此次资产重组快速引入优质资产,进入新行业,实现盈利,从而进行保壳。对于整个行业而言,国内葡萄酒行业又受到国外葡萄酒市场以及国内白酒与啤酒市场的侵袭,此时上市公司需要进行战略改变,实现多元化发展,以期为公司长期发展奠定基础。该公司重组失败的原因主要有:第一,资本市场的突变使得重组期间上市公司股票价格滑坡严重,导致双方交易资产不对等;第二,政府政策原因导致补贴滑坡,使得标的企业的盈利能力无法保证;第三,重组标的的资本划转困难,使得标的公司资产估值不准确;第四,中介机构的失职,对标的公司没有全面的了解就进行资产重组事项;第五,标的公司估价不合理,导致对标的公司的资产估值有偏差。

恒康医疗集团股份有限公司自 2018 年 6 月 29 日开始,连续九个跌停。在此之前,其因筹划以 9 亿元现金收购马鞍山市中心医院 93.52％的股权,已停牌长达八个月,并最终宣告失败。崩盘的因素也包括个股停牌未经历大行情的下挫,复牌后出现补跌。从股东行为视角来看,自 2012 年以来,该上市公司实控人阙文彬对公司的股权质押次数约为 75 次,相当于平均每个月进行一次股权质押。股权质押比例高,随着股价下跌,大股东的流动性危机影响不断扩大。此外,在政策与资本的催化下,充斥着让专业投资者都退却的狂热与泡沫,在狂热的周期里,粗放并购医院炒市值的逻辑不仅被证明是正确的,还被证明其效果是立竿见影的。在2015—2016 年医院并购市场最火热的时期,高调入场的不只有药企,还有房地产商,甚至有卖茶、卖珍珠的上市公司,一掷千金买下这家医院,驶入医疗服务这个快车道。在这个周期里,纯粹的医院并购逻辑也被证明是一种短线逻辑,或者说,仅是一种必要条件,医疗服务内生式增长的本质、医院管理模式还未来得及发芽,一切便轰然倒塌。2012 年,A 股医药生物行业(申万行业分类)的总商誉为 114.34 亿元,到 2018 年 3 月底,这一数字已大幅上升到了 1301.93 亿元,在不到六年的时间,医药生物行业商誉涨幅高达 10.38 倍。国家医保局成立后,在全国各地医保控费的大背景下,综合性医院的盈利想象空间变得有限,以至于无法满足资本市场的期待。到 2018—2019 年,惨淡经营的医院资产最终成了反噬恒康医疗的炸弹,资本快速遇冷。

除此之外,因重组失败而导致的个股崩盘典型案例还有上海莱士血液制品股份有限公司、上海金力泰化工股份有限公司、众应互联科技股份有限公司、当代东方投资股份有限公司、宁夏新日恒力钢丝绳股份有限公司、华仪电气股份有限公司、中珠医疗控股股份有限公司、大唐电信科技股份有限公司、济民健康管理股份有限公司、上海摩恩电气股份有限公司、奥瑞德光电股份有限公司、广东甘化科工股份有限公司、山东新华锦国际股份有限公司、宣亚国际营销科技(北京)股份有限公司、山东益生种畜禽股份有限公司等等。

三、新光园成:"鸡毛飞上天"原型的谢幕

• 公司概况

新光圆成股份有限公司(简称新光园成,股票名称为＊ST 新光)是民营企业,实际控制人为自然人虞云新、周晓光。原上市公司于 2003 年 7 月 25 日在马鞍山市市场监督管理局登记注册,总部位于安徽省马鞍山市。公司股票于 2007 年 8 月 8 日在深圳证券交易所挂牌交易。2016 年,周晓光正式进入资本市场,通过发行股份的方式向新光集团、自然人虞云新购买其合计持有的万厦房产 100％股权和浙江新光建材装饰城开发有限公司(简称新光建材城)100％股权。交易完成后,万厦房产、新光建材城成为上市公司的全资子公司,新光集团成为上市公司的控股股东,周晓光、虞云新夫妇成为上市公司的实控人。在"借壳"上市后,周晓光控制的新光集团在 2018 年达到了顶峰,资产总额高达 811.81 亿元,不过,负债也达到了 468.98 亿元。

公司实控人之一的周晓光,昔日有"浙江女首富"之称,也是电视剧《鸡毛飞上天》女主角的原型。上市公司以房地产开发和商业经营为主,回转支承等精密机械制造为辅。公司房地产开发业务集住宅、商业地产及旅游地产等综合性开发于一体,开发的多个项目兼具了住宅、酒店式公寓、零售、餐饮、娱乐、酒店等多元化业态。公司精密机械制造产品包含多种规格回转支承、汽车涡轮增压器关键零部件、环件、锻件、机械设备、液压设备及机械加工等。公司产品广泛应用于建筑机械、工程机械、港口机械、冶金机械、轻工机械、风力发电、太阳能发电、医疗 CT 和军工等领域。

- 风险事件演变及时间轴

2018 年 11 月,新光园成连续八个跌停,总市值蒸发超过 90%。2018 年 9 月底,公司控股股东新光集团发生债务危机,多只债券违约。根据 2019 年新光集团公告,集团及其下属子公司(含本公司)共有金融机构有息负债总额约 340.8 亿元,其中直接债务融资工具约 121 亿元(已违约)。集团已披露的未能清偿到期债务的总额约 56.6 亿元。债务危机发生后,包括银行、信托、基金、民间借贷者在内的大批债权人将集团告上法庭,涉及金额数十亿元。随着集团的债务违约,旗下上市公司(本公司)被特殊处理,股价暴跌超 80%。2018 年 11 月 1 日,该公司发布公告称,决定中止筹划本次重大资产重组内容事项。新光集团所持公司股份全部被司法轮候冻结。相关时间轴如表 14-3 所示。

表 14-3　新光园成风险事件概述

时间	事件概述
2018 年 9 月	9 月底,控股股东新光集团发生债务危机,多只债券违约
2018 年 10 月	新光集团发布公告,集团及控股股东虞云新所持有的本公司股份被司法冻结及轮候冻结,本次司法冻结约 11 亿股,占集团持有本公司股份的 100%,占本公司股份总数的 62.0%
2018 年 11 月	11 月 1 日,公司发布公告称,自筹划本次重组内容事项以来,因双方未能就本次交易的重要条款达成一致意见,故决定中止筹划本次重大资产重组事项
2019 年 4 月	4 月 25 日,控股股东新光集团被金华市中级人民法院裁定破产重整
2021 年 6 月	4 月 29 日晚间,公司发布公告称,集团涉嫌信息披露违反证券法律法规,安徽省证监局下发《行政处罚事先告知书》:责令新光集团改正,给予警告,并处以 50 万元罚款;对直接负责的主管人员周晓光给予警告,并处以 20 万元罚款

- 暴跌风险分析

第一，基本面薄弱。公司因经营不善业绩下跌。2018年第三季度报告显示，报告期内预计归属上市公司股东净利润亏损2802万元。2019年年报显示，报告期内公司实现营业收入16.9亿元，同比下降21.8%，实现归属上市公司股东的净利润为－50.8亿元。由于公司计提了大额担保损失及资产减值准备，并且有息负债较大，部分到期未偿还形成违约，需要支付违约利息或罚息，本期财务费用、资产减值损失及营业外支出较高，当期经营亏损。

第二，公司治理存在重大缺陷。控股股东新光集团公司共有被执行人信息四条，执行总标的约31.9亿元。2019年12月31日，安徽省证监局发布的市场禁入决定书显示，周晓光、虞云新夫妇担任公司董事、实际控制人期间，指使、安排新光集团非经营性占用上市公司资金的关联交易事项、上市公司违规担保事项、共同借款事项，不履行信息披露义务，情节严重。依据相关规定，二人被安徽省证监局采取十年证券市场禁入措施。

- 经验总结和启示

上市公司违规担保现象是指未经过任何内部决策机构批准，实际控制人、董事长或其他有权人士直接指使相关人员在担保合同上加盖上市公司公章的情况；或是决策机构层级不够，主要表现为应该由股东大会审议的担保，仅由董事会决议通过的现象。新光园成在2018年公司控股股东新光集团因其控制的公司或关联企业自身资金紧张，为了经营资金周转需要，新光集团在向某银行及向其他企业或个人拆借资金的过程中，违规使用上市公司公章签署担保合同。此外，新光集团还违规占用上市公司资金6.75亿元。

四、兴源环境："珍珠理论"资本运作模式下的崩盘

- 公司概况

兴源环境科技股份有限公司（简称兴源环境）是在杭州兴源过滤机有限公司的基础上整体变更设立的股份有限公司，由兴源控股有限公司（简称兴源控股）、浙江省创业投资集团有限公司、浙江美林创业投资有限公司和韩肖芳等七名自然

人股东作为发起人，于 2009 年 6 月 26 日在杭州市工商行政管理局登记注册，实际控制人为自然人刘永好，总部位于浙江省杭州市。公司股票于 2011 年 9 月 27 日在深圳证券交易所挂牌交易。

2018 年 2 月 1—2 日，兴源环境因股价连续下跌，发出控股股东部分质押股票触及平仓线的停牌公告。2 月 14 日，公司公告停牌，称筹划资产重组暨关联交易事项。近五个月后，也就是 7 月 2 日，兴源环境复牌，并宣布"拟收购杭州绿农环境 100% 的股权"的重大资产重组事项，未料，兴源环境迎来的却是断崖式暴跌。

主营业务包括农业农村生态、环保装备及智慧环保、环境综合治理三大板块。主要业务为养殖场建设、养殖废水处理、养殖设备生产及系统集成、畜禽粪污处理资源化利用、智能环保装备制造、水利疏浚、水环境治理、工业废水处理、农村污水治理、园林景观等。

- 风险事件演变及时间轴

自 2018 年 7 月 2 日开始，兴源环境连续七日跌停，股价报 9.56 元，创逾三年新低。相关时间轴如表 14-4 所示。

表 14-4　兴源环境风险事件概述

时间	事件概述
2017 年 5 月	停牌近四个月，复牌后盘中一度逼近跌停，复牌两日机构抛售近 13 亿元
2017 年 10 月	公司发布三季报，前三季度经营活动产生的现金流量净额较上年同期减少 2139.78%
2018 年 2 月	连续两日跌停，市值蒸发近 50 亿元
2018 年 2 月	公司公告称，因近日公司股价跌幅较大，公司控股股东兴源控股所持已质押的股票部分已触及平仓线，存在平仓风险。公司股票自 2 月 5 日起停牌
2018 年 2 月	公司筹划资产重组暨关联交易事项，拟收购杭州绿农环境工程有限公司（简称杭州绿农环境）100% 的股权，公司股票自 2 月 26 日开市起停牌
2018 年 5 月	公司延期复牌，原因是资产重组事项工作量大，信息披露未能及时完成
2018 年 6 月	6 月 29 日，发布重大资产重组限售股份上市流通的提示性公告称：本次申请解除限售股份为 1412 万股，占公司股本总额的 1.35%；本次实际可上市流通数量为 555 万股，占公司股本总额的 0.53%；本次申请解除限售股份的上市流通日为 7 月 4 日
2018 年 7 月	公司股票连续开盘跌停，四个交易日市值蒸发 72 亿元
2018 年 7 月	总经理辞职，一位董事辞职，一位独立董事辞职
2018 年 7 月	公司发布半年度业绩预告，称归属上市公司股东的净利润比上年同期下降 23.8%～53.4%

- 暴跌风险分析

第一,基本面薄弱。2018年半年度业绩报告显示,上半年归母净利润亏损同比下降23.8%～53.4%。2015—2017年,存货年资产占比逐渐提高,各年分别为9%、30%、42%,2017年存货由上年的17.9亿元提高到39.9亿元的水平,同比增长123%。2018年第一季度持续增加到44.7亿元。应收账款各年占资产比重分别是29%、21%、17%。存货周转率从2014年开始急转直下。应收账款周转率也低于2013年和2014年的水平。资产周转率也由2016年的0.53下降到0.39。这说明了公司的资产变现效率减退,销售能力有所下降。

第二,公司治理存在重大缺陷。高溢价并购带来高商誉减值风险。2013年以来,公司共对九家环保类公司实施了并购。

第三,股票质押比率高。截至2018年2月5日,兴源控股持有公司3.6亿股,占公司总股本的34.38%;所持有上市公司股份累计被质押2.5亿股,占兴源控股持有上市公司股份总数的69.76%,占公司总股本的比例为23.98%。

第四,进入2018年,公司发展受阻,业绩不佳,2018年2月2日股价一路下跌至16元/股,控股股东部分质押股票直接触及平仓线,公司也因此停牌。2018年7月2日,兴源环境带着收购杭州绿农环境100%股权的方案复牌。然而,资本市场并未看好其发展前景,股价连续十个跌停,至4元左右,公司总市值蒸发近140亿元。随着股价下跌,公司质押股票平仓风险加大。

- 经验总结和启示

第一,导致兴源环境股票连续"惨"跌的原因是多方面的,比如在控股股东已质押的54%股份当中,有一部分再次触及平仓线,另外,还与背后信托计划持股有关。而在此前,深圳证券交易所对杭州绿农环境并购重组也发出关注问询,加上此前资产重组的限售股解禁,都对兴源环境的股价形成利空因素。

第二,兴源环境的周立武是热衷于股权并购和资产重组的企业掌门人,还提出自己所谓的"珍珠理论",说要把兴源环境搭建成一个环保产业大平台,通过资源整合将每颗小珍珠串成珍珠项链。公司经营效率下滑、现金流情况承压。而将其带入危局的也是一连串的并购行为。所谓的生态圈产业链,很难形成优势互补、资源共享,或者仅是为了把盘子撑大,特别是多元化的各大业务版图中,产业链相互勾连,很难紧密搭接。所谓的平仓危机,事实上就是由"上杠杠"

所导致的,一旦哪个环节出了状况,资金链断裂,高负债下企业"乱烧钱"的并购模式肯定是会出问题的。

五、南京新百:内幕交易和个股崩盘

- 公司概况

南京新街口百货商店股份有限公司(简称南京新百)是民营企业,实际控制人为三胞集团,注册地址为江苏省南京市中山南路 1 号,于 1993 年 10 月 18 日在上海证券交易所主板上市。

公司主要业务涉及现代商业、健康养老与生物医疗领域,覆盖百货零售、物业租赁、健康养老服务、脐带血造血干细胞存储以及细胞免疫治疗等业务范围。其主要涉及的行业包括商业、房地产业、宾馆餐饮业、健康养老行业、健康护理行业、专业技术服务业、科研服务业、医药制造业。

- 风险事件演变及时间轴

自 2018 年 6 月 21 日开始,股票连续跌停,截至 2018 年 7 月 2 日收盘,已经连续遭遇八个跌停。近五日共流出 2061 万元,7 月 2 日主力资金总体呈净流出状态,净流出 303.4 万元。市值蒸发约 200 亿元。相关时间轴如表 14-5 所示。

表 14-5　南京新百风险事件概述

时间	事件概述
2018 年 2 月	南京新百宣布因筹划重大资产重组事项,股票从该日起开始停牌。南京新百此次重大资产重组是指将几年前重金收购而来的 House of Fraser(简称 HOF)出售给千百度。彼时,HOF 经营不佳,南京新百试图将其剥离,从而聚集力量发展医疗和养老。在筹划出售 HOF 的同时,南京新百也在筹划发行股份购买控股股东三胞集团旗下的生物医药资产 Dendreon 公司,Dendreon 公司是一家研究肿瘤细胞免疫治疗的生物医药公司,主要产品 PROVENGE(普列威)被用于治疗前列腺癌。一买一卖之间,南京新百经营战略调整意图明显
2018 年 6 月	股东吕小奇及其一致行动人林雪映通过上海证券交易所交易系统卖出 4841 万股股份,占公司总股本的 4.35%

续　表

时间	事件概述
2018 年 6 月	公司转让商业板块 HOF Group 51％股权。两周前,公司收购美国生物医药公司 Dendreon 并募集配套资金的事项获证监会审核通过,美国 FDA 批准的首个细胞免疫治疗药物普列威将加入公司的健康业务板块
2018 年 6 月	6 月 7 日晚间发布公告称,股东吕小奇及其一致行动人林雪映当日减持公司股份 4841.4 万股,占总股本的 4.35％。减持后,吕小奇、林雪映分别持南京新百 125.61 万股和 726.84 万股股份,合计持股比例约为 0.77％。公告显示,三个信托产品的卖出价格均为 29.95 元/股,而这正是 6 月 7 日当天的跌停价。原计划签署财顾协议的券商机构已取消与吕小奇的合作,吕小奇还因短线交易遭交易所公开谴责
2018 年 6 月	午间公告称,控股股东三胞集团有限公司、实际控制人袁亚非拟通过竞价交易等方式增持,增持价格不高于 35 元/股,累计增持比例不超过公司已发行总股本的 2％。当日开盘跌停,报收 25.07 元/股
2018 年 7 月	公司携手南京新工、三胞集团在大健康等领域展开合作
2018 年 7 月	公司收购美国生物医药公司获批复,公司将拥有 FDA 批准的细胞免疫治疗药物
2018 年 7 月	股东新余创立拟减持不超 1.53％
2018 年 7 月	7 月 30 日晚间发布公告称,公司收到浙江省杭州市中级人民法院出具的《协助执行通知书》及中国证券登记结算有限责任公司出具的《股权司法冻结及司法划转通知》,公司控股股东所持公司近 3.04 亿股股份自 2018 年 7 月 27 日起冻结三年
2018 年 10 月	上海证券交易所对吕小奇作为南京新百 5％以上持股股东严重违反前期承诺且违规减持数量巨大的情况,予以公开谴责。外界猜测,此番吕小奇"割肉"南京新百实际上是遭遇强平,因为同年 2 月 28 日,吕小奇的一致行动人"鸿轩 3 号"被动减持＊ST 欧浦(现称欧浦退)378.56 万股,占总股本的 0.36％,而此前一天,"奇益 7 号""奇益 8 号"分别被动减持欧浦智网 45.46 万股、183.67 万股,分别占总股本的 0.04％、0.17％

- 暴跌风险分析

第一,基本面薄弱。据 2018 年公司年报,归属母公司股东的净利润为－88589 万元,同比下降 193.88％。扣非后归属母公司股东的净利润为－136787 万元,同比下降 301.61％。报告期内,公司现代商业板块实现销售 66.8 亿元,同比下降 49.4％,实现毛利率 27.61％,同比下降 5.6％。公司在 2018 年出现流动性危机,并试图出售旗下英国老牌百货公司 House of Fraser(简称 HOF),HOF 未能完成 CAV 自愿破产协议重组,最终被以 9000 万英镑从破产管理人手中收购。

第二,公司治理存在重大缺陷。截至 2018 年 6 月 25 日,整体质押比例为

57.5％，其中控股股东质押股数占其所持上市公司股份总数的 94.1％，质押比例极高。

第三，减持压力巨大。知名"牛散"吕小奇减持大量公司股份。因其在二级市场的号召力较大，此行为引起了市场的抛售情绪，公司股价大幅承压。

● 经验总结和启示

南京新百崩盘背后除了一系列的基本面因素，也涉及内幕交易。在南京新百筹划重大事项之际，上海的亿舟公司（背后疑似是南京新百控股股东三胞集团）与江西的科特公司签署了一份借款合同，亿舟公司向科特公司借款 2 亿元，约定年化利率为 16％，与此同时亿舟公司也出资 2.3 亿元作为保证金，一共形成了金额总计 4.3 亿元的资金池。这些资金均通过数个个人账户而非公司账户汇入资金池，其中保证金均来自张建立；之后，这笔资金被分拆成了三份，分别注入三位自然人证券账户，而资金主要用来购买南京新百公司股票。此外，上述个人证券账户还开通了两融业务，向券商融资 4.2 亿元，用来买入南京新百的资金升至 8.5 亿元。来自江苏的金涛公司以及公司实控人——知名企业家朱某也在此时加入进来，以个人以及公司名义与资金出借方科特公司签署了一份差额补足协议，约定金涛公司及朱某将无条件履行借款合同项下可能产生的科特公司所获取的固定收益及本金的差额补足义务，并承担连带责任。亿舟公司投入的资金在南京新百发生第五个跌停之时（即触及券商融资的平仓线时），并且在科特公司要求亿舟公司追加资金无果的情况下，自行向证券账户追加资金 1.142 亿元。合计算来，买入南京新百的资金达到 9.642 亿元。2018 年 7 月 5 日，在归还券商融资之后，三个自然人账户资金仅剩余 4155.89 万元。

六、华鼎股份：重组成功后仍出现暴跌的典型案例

● 公司概况

义乌华鼎锦纶股份有限公司（简称华鼎股份，股票名称为 ST 华鼎）是民营企业，实际控制人为丁志民、丁尔民、丁军民，公司控股股东三鼎控股集团有限公司，注册地址为浙江省义乌市。公司股票于 2011 年 5 月 9 日在上海证券交易所挂牌上市。

公司民用锦纶长丝板块专业从事高品质、差别化民用锦纶长丝研发、生产和销售，主要生产具备高织造稳定性与染色均匀性 POY（部分取向丝）、HOY（高取向丝）等六大类民用锦纶长丝产品，主要应用于运动休闲服饰、泳衣、羽绒服、无缝内衣、花边、西服、衬衫、T 恤、高级时装面料、高档袜品等民用纺织品的高端领域。

- 风险事件演变及时间轴

自 2018 年 6 月 19 日开始，股票连续跌停，截至 6 月 27 日收盘，已经连续遭遇七个跌停，截至 2018 年 6 月 26 日，净流出金额为 292.8 万元，主力净流出为 213.9 万元，中单净流出为 11.3 万元，散户净流出为 67.5 万元。相关时间轴如表 14-6 所示。

表 14-6　华鼎股份风险事件概述

时间	事件概述
2017 年 4 月	4 月 17 日晚，公司披露了重大资产重组预案：拟通过发行股份及支付现金的方式，以 29 亿元收购跨境电商企业深圳通拓科技有限公司。同时，公司拟募集配套资金 12.8 亿元用于垂直电商平台和跨境电商产业园建设项目、支付本次交易现金对价及交易相关费用
2017 年 8 月	8 月 30 日晚间发布中期业绩报告称：2017 年上半年归属母公司所有者的净利润为 2318.9 万元，2016 年同期亏损 1713.2 万元；营业收入为 12.3 亿元，较 2016 年同期增加 48.6%；基本每股收益为 0.03 元，2016 年同期亏损 0.02 元
2017 年 9 月	副总封其都辞职
2017 年 9 月	公司重大资产重组申请获证监会受理
2017 年 10 月	10 月 26 日晚间公司发布三季度业绩公告称：前三季度归属母公司所有者的净利润为 5804 万元，较 2016 年同期增加 102.3%；营业收入为 20 亿元，较 2016 年同期增加 43.2%；基本每股收益为 0.07 元，较 2016 年同期增加 133.33%
2017 年 10 月	获得当地政府财政补助资金 1200 万元
2018 年 4 月	一季度净利润同比减少 26.8%
2018 年 6 月	股价跌停，报于 7.06 元/股

- 暴跌风险分析

第一，公司借助 2017 年一宗并购案，促使其股价大幅拉升。2017 年 4 月，停牌三个月的公司披露了重大资产重组预案，拟通过发行股份及支付现金的方式，以 29 亿元收购跨境电商企业深圳通拓科技有限公司（简称深圳通拓科技）。同时,公司拟募集配套资金 12.6 亿元,用于垂直电商平台和跨境电商产业园建设项目、支付本次交易现金对价及交易相关费用。2018 年 4 月 3 日,华鼎股份与交易方完成资产交付及过户,该公司由此持有深圳通拓科技 100% 的股权。公司股价由 2017 年 5 月初的 9 元/股附近,单边上涨至 2018 年 6 月中旬的 15 元/股,涨幅超过 50%。

第二,公司治理存疑。2019 年 1—7 月,公司控股股东三鼎控股集团有限公司(简称三鼎控股)通过供应商及在建工程项目等方面占用公司资金共计 5.96 亿元(不含利息),占公司最近一期经审计净资产的比例为 10.27%。

- **经验总结和启示**

并购案使得公司股价大幅拉升,处于历史高位,获利巨大,同时也增大了闪崩风险。2018 年 6 月,公司股票却突然闪崩式地暴跌。三鼎控股频频进行补充质押,其股权质押比例已经超过 99%。公司股票属于破位重挫股,即股价破位后出现连续下跌,更有加速重挫的趋势。大股东 3 亿股质押自救未见效。

七、全新好:屡次暴跌背后的大股东问题

- **公司概况**

全新好成立于 1983 年 3 月,于 1992 年 4 月 13 日在深圳证券交易所挂牌上市。全新好的原名为深达声、零七股份,成立后公司的控股股东几度变更,公司主业曾涉及家电制造业、房地产、证券投资、物业出租等,经营范围不断变化,近年来又开始向大健康产业转型。

2013 年,公司时任董事长练卫飞通过受让岳母李成碧等人的股权间接成为全新好的实控人。

2015 年底,公司前实控人练卫飞以借款 3 亿元的名义,将所持股权表决权委托给深圳前海全新好金融控股投资有限公司(简称前海全新好)。前海全新好的主要股东为吴日松、陈卓婷夫妇。2016 年 10 月,北京泓钧资产管理有限公司(简称北京泓钧)通过竞拍获得练卫飞及第一大股东广州博融投资有限公司(简称广州博融)因诉讼案被拍卖的 3100 万股,成交价为 8.31 亿元,北京泓钧("海航系"出身的唐小宏实控)成为上市公司第一大股东。不久后,北京泓钧便把其所持股权

的表决权委托给吴日松、陈卓婷夫妇。自此,吴日松、陈卓婷夫妇成为上市公司新的实控人,公司也更名为全新好。

据相关媒体报道,在竞拍股份时,唐小宏资金不够,由吴日松代为出资。竞拍成功后委托表决权算是一种抵押,因而吴日松夫妇是公司实控人,唐小宏也从未进过董事会,但公司实际上是由唐小宏把持的,此外,同是"海航系"出身的赵鹏、周原、袁坚分别担任上市公司副董事长、副总经理和董事长。在成为全新好大股东后的一年多时间里,北京泓钧频繁进行资本运作,推动上市公司进行多项资产并购,涉及保险经纪及大数据资产。

2018年,唐小宏离开全新好。同年5月,北京泓钧和第三大股东深圳前海圆融通达投资企业(有限合伙)(简称圆融通达)将所持有的全新好股份全部转让给汉富控股。其中,北京泓钧转让的股份为4685.85万股,占总股本的13.53%,转让总价为9.59亿元,溢价22.8%,折合约20.47元/股;圆融通达转让股份为2570.83万股,占总股本的7.42%。自此,汉富控股持有上市公司20.95%的股权,成为全新好的控股股东,汉富控股实控人韩学渊成为全新好新的实控人。此后,汉富控股将其所持有的4500万股质押给北京泓钧。

2019年11月,全新好第二大股东深圳市博恒投资有限公司(简称博恒投资)与陈卓婷、陆尔东、李强、林昌珍、陈军、刘红等签署一致行动协议,合计22.08%的持股比例超过汉富控股的21.65%,全新好实控人由韩学渊变更为王玩虹、陈卓婷、李强、陆尔东、林昌珍、陈军、刘红。

- 风险事件演变及时间轴

2018年9月25日,全新好连续七天跌停。2020年12月30日至2021年1月15日间,全新好遭遇八个跌停,累计跌幅超过60%,沦为新年"最惨"股票,蒸发18亿元,1.27万户股民人均亏损14.81万元。相关时间轴如表14-7所示。

表14-7　全新好风险事件概述

时间	事件概述
2017年1月	公司于1月14日收到公司时任第一大股东北京泓钧资产管理有限公司(简称北京泓钧)送达的《关于筹划重大事项的通知》,北京泓钧正在筹划与公司有关的重大对外投资事项,鉴于该事项可能构成重大资产重组,且相关事项尚存在不确定性,需进一步论证,为避免公司股价异常波动,向深圳证券交易所申请股票自2017年1月16日开市起连续停牌

续　表

时间	事件概述
2017 年 3 月	全新好决定与西藏厚元资本管理有限公司(简称厚元资本)合作成立并购基金宁波梅山保税港区佳杉资产管理合伙企业(有限合伙)(简称佳杉资产),以 8 亿元收购明亚保险经纪股份有限公司(简称明亚保险)66.67% 的股权。这部分股权由北京朴和恒丰投资有限公司(简称朴和恒丰)、北京道合顺投资咨询有限公司(简称道合顺)、胡忠兵、杨臣、卢洁共同持有。全新好作为收购方的劣后级 LP(有限合伙人),出资 3500 万元,北京泓钧出资 1.65 亿元,厚元资本作为 GP(普通合伙人)出资 100 万元,方正证券等机构作为优先级 LP 和中间级 LP 出资 6 亿元。北京泓钧作为劣后级 LP 对作为优先级 LP 的金融机构和中间级 LP 的其他机构合伙份额承担回购义务
2018 年 1 月	公司 2017 年业绩预告显示,业绩下降 86.5% ～ 91.0%。主要因为上年度存在原有子公司的其他综合收益转为当期投资收益的事项
2018 年 2 月	公司董事会于 2 月 10 日收到公司董事、副总经理周原及公司董事吴广的辞职申请
2018 年 5 月	汉富控股受让北京泓钧和第三大股东深圳前海圆融通达投资企业(有限合伙)持有的股份,实控上市公司 20.95% 的股权,成为全新好的控股股东,汉富控股实控人韩学渊成为全新好新的实控人
2018 年 6 月	公司董事会于 6 月 15 日收到公司董事、总经理智德宇和公司副董事长、财务总监赵鹏的辞职申请
2018 年 7 月	公司董事会于 7 月 2 日收到公司财务总监赵鹏的辞职申请
2018 年 8 月	公布半年报显示,上半年利润大幅度减少
2018 年 9 月	公司董事会于 9 月 25 日收到公司董事吴向勇、任劲的辞职报告
2019 年 10 月	公司前三季度亏损超 900 万元,实控人或变更
2019 年 11 月	公司实际控制人由韩学渊变更为王玩虹、陈卓婷、李强、陆尔东、林昌珍、陈军、刘红
2020 年 10 月	控股股东一致行动关系到期解除,全新好陷入无控股股东、无实控人的局面
2020 年 10 月	全新好公告称,北京泓钧利用公司控股股东的身份单方操作,以主导上市公司对外投资的方式占用公司资金,存在对上市公司资金违规占用的嫌疑,给上市公司造成了损失,损害了公司股东的利益及广大股民的合法权益
2020 年 12 月	10 点 22 分,第一创业深圳分公司营业部席位出现一笔该上市公司 766.26 万元的卖单

- 暴跌风险分析

第一，基本面薄弱。北京泓钧在实控上市公司期间，全新好的业绩始终未见起色，2016—2018年，全新好的营收不足4500万元，2018年还因1.5亿元的诉讼赔偿亏损近2亿元；而2014年，公司的营业收入尚有1.98亿元。2018年半年报显示：上半年营业收入为2239万元，同比增长3.1％；归属上市公司股东的净利润为－1107万元；经营活动产生的现金流量净额为－575万元。上半年归属母公司净利润为－1107万元，因公司报告期内证券投资亏损，导致业绩大幅下跌。2017年，公司主要持有三只股票，分别为兰州黄河、绿景控股、博通股份。2017年，公司买入兰州黄河5023万元，卖出兰州黄河829万元；买入绿景控股1392万元，卖出绿景控股953万元；买入博通股份6493万元，卖出博通股份7371万元。

第二，公司治理存在重大缺陷。2015年12月23日中午，公司发布《关于收到行政处罚决定书的公告》，称公司因信息披露违法违规，收到证监会下达的《行政处罚决定书》。经查明，零七股份涉嫌违法的事实如下：第一，零七股份未按规定披露向外借款事项。第二，零七股份未按规定披露诉讼事项。第三，零七股份及相关人员多次受到行政处罚、被实施行政监管措施和纪律处分。2015年5月25日，零七股份公司发布《关于我公司被深圳证监局立案调查的公告》。2015年11月18日，零七股份公司发布《关于收到行政处罚及市场禁入事先告知书的公告》。根据《证券法》及最高法院虚假陈述司法解释规定，上市公司因虚假陈述受到证监会行政处罚，权益受损的投资者可以起诉，索赔损失。

- 经验总结和启示

第一，在股东行为视角下，股权结构频繁变更，引发内部动荡，公司长期可持续经营和发展的基础已经不复存在。

第二，经营基本面极差，主营业务多次变更，证券投资连年亏损，货币现金骤降。近年来，多次变更主营业务的全新好先后涉足矿产、旅游餐饮、金融服务业等板块，但一直未见起色。2017年，公司营业收入为3964万元，净利润为1645万元，但扣非净利润为－299万元。公司自2016年开始参与证券投资，耗资1.58亿元购入10只股票，但2016年和2017年证券投资损益分别为－644万元、－1431万元，合计证券投资损益为－2075万元。

八、康盛股份：民营资本族系上市公司崩盘案例

- 公司概况

浙江康盛股份有限公司（简称康盛股份）是民营企业，实际控制人为赫赫有名的"中植系"创始人解直锟（2021 年 12 月去世），该公司是"中植系"民营资本族系持有的众多上市公司之一。公司股票于 2010 年 6 月 1 日在深圳证券交易所中小板上市交易，注册地址为浙江省杭州市淳安县千岛湖镇康盛路。原主营业务为制冷管路及配件，公司从 2014 年开始进军新能源汽车和融资租赁行业。2015 年 6 月，公司借向新能源汽车领域转型之名，以现金向陈汉康控制的润成集团收购三家新能源汽车零部件公司，分别是成都联腾动力控制技术有限公司（简称成都联腾）80％的股权、新动力电机（荆州）有限公司 100％的股权、合肥卡诺汽车空调有限公司 100％的股权。

- 风险事件演变及时间轴

自 2018 年 6 月 19 日开始，股票连续遭遇七个跌停。6 月 26 日，两机构席位卖出康盛股份 1.07 亿元。相关时间轴如表 14-8 所示。

表 14-8　康盛股份风险事件概述

时间	事件概述
2017 年 6 月	公司拟向中植新能源以及于忠国等 46 名自然人非公开发行股份购买其合计持有的烟台舒驰 95.42％的股权和中植一客 100％的股权，初步确定标的资产的交易金额合计为 14.8 亿元
2017 年 7 月	公司拟以每股 8.59 元发行 1.73 亿股，并以 14.8 亿元的对价收购烟台舒驰 95.42％的股权和中植一客 100％的股权。由于停牌期间大盘大幅下挫，复牌后出现普跌
2017 年 7 月	7 月 5 日晚间，公司发布公告称，全资子公司康盛投资拟与坤裕基金、董事长陈汉康共同投资设立产业投资基金，基金规模为不超过 20 亿元人民币。产业基金投资方向包括但不限于充电桩生产、车用独立悬架生产、专用车整车制造、新能源汽车空调压缩机生产、动力电池生产等产业方向
2018 年 3 月	成本压力及政策调整致业绩不达预期，下调盈利预测。受 2017 年公司主要原材料不锈钢板、冷轧板、铝型材等金属原材料价格上涨及新能源汽车行业补贴政策调整影响，公司盈利能力承压。2017 年第四季度实现营收 9.66 亿元，同比增长 19.7％，净利润 0.15 亿元，同比下降 61.54％，单季度每股收益为 0.01 元

续 表

时间	事件概述
2018 年 3 月	陈汉康以 22 亿元押注新能源汽车,积累巨额债务
2018 年 6 月	6 月 19 日股票闪崩跌停,华鑫信托两只产品日浮亏合计超千万
2018 年 6 月	6 月 26 日,两机构席位卖出康盛股份 1.07 亿元
2018 年 6 月	6 月 29 日晚,公司发布公告称,近期公司股价持续下跌,第一期员工持股计划不断触及止损线。补仓义务人、公司董事长陈汉康拟以其持有的房产对该计划提供抵押担保
2018 年 6 月	十余次自救无效,员工持股计划遭强行平仓

- 暴跌风险分析

第一,公司基本面薄弱。上市以来,公司累计融资 37.7 亿元,除了首发募资 7.2 亿元,公司实施了一次定增、一次发债,同时新增银行借款 18.1 亿元。如果以筹资现金流入口径(累计借款收到的现金)来计算,其间接融资达到 149 亿元,再加上直接融资,其累计融资为 168.6 亿元。尽管如此,公司的现金流依然不充裕。2017 年三季报显示,公司的资产负债率达到 73.91%,较年初上升四个百分点。其流动比率为 0.76,速动比率为 0.70。这些数据表明,公司短期资产变现能力不强,存在一定的偿债压力。与此同时,2015 年至 2017 年 9 月底,公司经营现金流量净额均为负数。

第二,质押比例较高,且公司股份被多个信托计划产品持有,止损抛售压力大。公司整体质押比例在 30% 以上,公司大股东浙江润成和公司实际控制人陈汉康(实际控制人为解直锟)累计质押股份占其所持股份的 54%。2018 年 6 月 29 日,近期公司股价持续下跌,第一期员工持股计划"康盛成长共享 1 号专项资管计划"不断触及止损线。截至公告日,该资管计划项下股票 1182.8 万股已全部变现。

- 经验总结和启示

民营资本族系上市公司的股票崩盘现象在 A 股市场也不乏案例,如"德隆系"关联的"湘晖系"(控制人为卢德之、卢建之)控制的华民股份自 2019 年 11 月 20 日开始连续跌停,共遭遇六个跌停板。

民营资本族系上市公司作为一种在全世界范围内都广泛存在的组织形式,越来越受到业内和学术圈的关注。族系上市公司之间因其特殊的组织结构而存在更强的关联关系,基于这种较强的关联关系,成员之间往往存在某种传染效应,这些传染效应包括但不限于绩效传染、债务传染、投资传染、关联交易、资本运作频繁等。不管是实践,还是学术研究,都可以发现族系上市公司内的成员之间存在着较为显著的股价传染效应,容易导致股价波动率的上升。

九、春兴精工:资本运作频繁所致的暴跌

- **公司概况**

苏州春兴金工股份有限公司(简称春兴精工)是民营企业,实际控制人为孙洁晓。注册地址为江苏省苏州市工业园区唯亭镇。2011 年 2 月 18 日,公司股票在深圳证券交易所挂牌交易,证券代码为 002547。2019 年,公司一度成为 5G 明星股。

1996 年,孙洁晓从上海的一家外企辞职,借了 3 万块钱在上海崇明创办了春兴精工的前身春兴电器厂。春兴精工于 2011 年上市,主要从事通信系统设备、汽车等精密铝合金结构件的制造、销售及服务;通信系统设备、汽车等精密铝合金结构件的研究与开发等业务。上市之后,春兴精工在孙洁晓的带领下开启疯狂并购模式,孙洁晓也被外界评论为"从实业'匠人'转变成了一个资本运作的高手"。2016—2017 年,春兴精工的并购动作尤为激进,并购和新设的公司多达十余家。2016 年,春兴精工先后并购和新设了西安兴航航空、惠州春兴精工、惠州启信科技、仙游元生智汇、苏州春兴光伏、美国控股公司与美国 IMF 公司。2017 年,春兴精工又连续取得惠州泽宏科技 100% 的股权、惠州市鸿益进精密五金 100% 的股权和凯茂科技 52% 的股权,以及深圳华信科科技、World Style 及其子公司联合无线(香港)、孙公司科通无线(香港)和科通无线(深圳)80% 的股权,另外还有以 2.8 亿元收购的破产的福昌电子。上市公司在大股东频繁的资本运作下,最终深陷泥潭。

- **风险事件演变及时间轴**

自 2018 年 6 月 19 日开始,股票连续跌停,截至 6 月 26 日收盘,已经连续遭遇六个跌停。超大单和大单资金都在大幅出逃,仅有小单资金在大幅买入。6 月 27 日的股票净流出金额是 9636 万元。相关时间轴如表 14-9 所示。

表 14-9 春兴精工风险事件概述

时间	事件概述
2016 年 1 月	1 月 12 日晚间,公司发布公告称,公司与西安兴航航空制造有限公司(简称西安兴航)的股东翟雅静及刘亚红签署了《股权转让及增资意向性协议》,公司拟以自有资金共计 2.17 亿元,通过受让及增资的方式获得西安兴航 52%的股权
2016 年 1 月	1 月 20 日,深圳证券交易所向公司发出监管关注函;截至 2016 年 1 月 18 日,公司控股股东、实际控制人孙洁晓共持有公司股份 4.43 亿股,累计已质押股份 3.55 亿股,占其持有公司股份总数的 80%,占公司股份总数的 35.1%
2016 年 4 月	公司拟与仙游得润投资有限公司(简称得润投资)共同设立仙游县元生智汇科技有限公司(简称元生智汇)。元生智汇注册资本为 20000 万元,其中,春兴精工出资 10200 万元,占公司总股本的 51%,得润投资出资 9800 万元,占公司总股本的 49%
2016 年 9 月	控股股东、实际控制人的孙洁晓及其一致行动人袁静持有公司股票 49176 万股,计划拟通过竞价交易、大宗交易等方式减持本公司股票不超过 10000 万股,减持比例不超过公司总股本的 9.9%
2017 年 4 月	4 月 5 日晚间,公司发布公告称,董事会收到公司财务总监钱奕兵的书面辞职报告
2017 年 4 月	4 月 23 日晚间,公司发布一季度业绩报告称:报告期内,归属母公司所有者的净利润为 2454.6 万元,较上年同期减少 39.4%;营业收入为 6.62 亿元,较上年同期增加 19.59%;基本每股收益为 0.02 元,较上年同期减少 50%
2017 年 8 月	8 月 11 日晚间,公司发布中期业绩报告称,2017 年上半年归属母公司所有者的净利润为 4810.9 万元,较上年同期减少 47.8%;营业收入为 14.7 亿元,较上年同期增加 22.13%;基本每股收益为 0.05 元,较上年同期减少 44.4%
2017 年 9 月	9 月 26 日,公司发布公告称,董事会会议审议通过了《关于对下属子公司春兴精工(波兰)有限公司增资的议案》。公司拟使用自有资金 25 万欧元对下属子公司春兴精工(波兰)有限公司(简称波兰春兴)进行增资
2017 年 12 月	12 月 6 日晚间,公司发布公告称,为优化公司战略布局,进一步改善资产结构,合理配置资源,公司拟将所持有的控股子公司西安兴航 52%的股权以 10690 万元价格转让给西安兴航的另外两名股东翟雅静、刘亚红
2018 年 1 月	春兴精工发布公告称,公司控股股东、实际控制人孙洁晓于 1 月 4 日收到证监会《调查通知书》,因其涉嫌内幕交易,证监会决定根据《证券法》的有关规定,对其进行立案调查
2018 年 8 月	孙洁晓、郑某某、蒋某璐涉嫌内幕交易春兴精工股票一案调查完毕,证监会对上述几人采取市场禁入措施。其中,对孙洁晓采取十年证券市场禁入措施、对郑某某采取五年证券市场禁入措施,并处以 60 万元的罚款

- 暴跌风险分析

第一，业绩巨亏。受原材料成本上升导致毛利率下滑等因素的影响，2017 年的归属母公司净利润亏损逾 3 亿元。除了电子元器件分销产品 2017 年的毛利率出现增长，其他产品的毛利率均出现不同程度的下滑。具体来看，2017 年精密铝合金结构件的毛利率为 0.53％，同比下降 18.5％，而移动通信射频器件和无线终端业务的毛利率分别为 7.5％和 7.9％，分别下降 13.96％和 2.57％。2016 年业绩就出现疲软迹象——归属母公司净利润约为 1.63 亿元，比 2015 年同比下降 9.78％。此外，2018 年一季度业绩预告显示，预计第一季度实现的净利润为 0～1227 万元，同比下降 50％～100％。

第二，公司治理存在重大缺陷。频换财务总监，高管出现离职潮，董事长涉嫌内幕交易。2017 年 4 月 5 日，财务总监钱奕兵辞职；2017 年 7 月 29 日，董事会秘书徐苏云辞职；2017 年 8 月 2 日，证券事务代表程娇辞职；2018 年 1 月 4 日，董事郑海艳辞职。2017 年 2 月 25 日公司发布公告称，公司拟筹划重大收购事项，涉及收购通信行业 Calient 公司股权。在内幕信息公开之前，董事长兼总经理孙洁晓等人控制使用"蒋某艮""江某云""陶某青"证券账户交易公司股票。因为这场精心筹划的并购方案在 2017 年 8 月终止，随后股价出现了大幅下降。从停牌前的 10.89 元/股到复牌后的最低 7.77 元/股，股价跌幅接近 30％。对于孙晓洁的内幕交易行为，证监会给出的处罚是罚款 25 万元，并处以十年市场禁入措施。

第三，激进并购，草率决策。2011 年，公司登陆 A 股资本市场，自此公司董事长兼总经理、控股股东孙洁晓从实业"匠人"转变成了一个资本运作的高手。2014 年，公司步入激进并购之路，在 2016 年和 2017 年新设或并购超过 15 家公司，甚至出现"不管好与坏，统统收入囊中"的盲目并购，形成大量亏本交易。

- 经验总结和启示

好的公司各有各的好，而差的公司总是雷同，比如公司基本面较差、盈利能力下滑严重、董事长涉嫌内幕交易、高管离职频繁，以及喜欢频繁资本运作的产业资本（上市公司大股东）背后的上市公司，大股东不以做好上市公司业务来盈利，而主要通过玩弄财技、配合各种并购重组或其他资本运作手段，或如港股市场中通过配股、供股与合股等融资方式损害小股东利益，这种类型的公司爆雷的可能性极高。以"主题投资"的逻辑来投资这种类型的股票，无疑是与虎谋皮。

十、大连圣亚:股权结构混乱所致的暴跌

- 公司概况

大连圣亚旅游控股股份有限公司(简称大连圣亚)是国有企业,实际控制人为大连市人民政府国有资产监督管理委员会旗下的大连星海湾开发建设管理中心。公司股票于 2002 年 7 月 11 日在上海证券交易所上市,注册地址为辽宁省大连市工商注册管理局,是中国最早上市的旅游企业,但上市后公司控制权几经变更。公司主营旅游娱乐产业,主要服务为建设和经营水族馆、海洋探险人造景观、游乐园、海洋生物标本陈列馆、船舶模型陈列馆、餐饮、酒吧等。公司拥有国内水族馆行业一流的技术团队,在诸多领域拥有国内领先的优势,并能保持不断创新。其中,企鹅饲养繁育技术始终保持国际领先,是"国家级南极企鹅种源繁育基地",大连圣亚极地世界是国内成功繁育企鹅数量最多的单体场馆。

从 2017 年开始,实际控制人为毛崴的磐京股权投资基金管理(上海)有限公司(简称磐京基金)与大连圣亚开始资本合作,共同成立大连圣亚磐京投资合伙企业,一年后,磐京基金退出合伙人之列,并在二级市场不断增持大连圣亚股份。2019 年 6 月,股东杨子平通过二级市场成为大连圣亚股东董事,在带头罢免了大连圣亚董事长、副董事长后,成为大连圣亚的新任董事长。自此,大连圣亚的内斗显现出苗头。以第一大股东和原管理层及职工代表组成的联合体拒绝"野蛮人"磐京基金的强势介入,而杨子平与磐京基金站在一方。

2020 年,大连圣亚多次因控制权之争引发负面舆情。如新董事长杨子平、副董事长毛崴计划进入公司,被大连圣亚官方微信发文认为是强闯公司因而被"强烈谴责"。2020 年第一次临时股东大会结束后,上市公司内部人员之间发生暴力冲突,大连圣亚副董事长、磐京基金董事长毛崴以及另一名股东受伤。此外,公司还被爆出总经理办公室遭窃听、新任总经理被打伤住院等。

- 风险事件演变及时间轴

自 2020 年 12 月 1 日开始,股票已经连续遭遇五个跌停,从 12 月 1 日开盘时的 37.85 元/股跌至 12 月 7 日收盘时的 24.83 元/股,达到近两年来的最低值,市值蒸发超过 22 亿元。崩盘前,股价基本上就像一条横着的直线,波动幅度较小。

在财务方面,公司 2019 年收入同比下降 8.3％,2020 年前三季度同比下降 82％。利润同比下降幅度更大。相关时间轴如表 14-10 所示。

表 14-10　大连圣亚风险事件概述

时间	事件概述
2017 年 9 月	公司董事长辞职
2017 年 11 月	公司股权变动
2017 年 12 月	公司董事长辞职
2018 年 8 月	上海证券交易所对公司董事会审议事项下发问询函
2018 年 12 月	公司董事辞职,股票交易异常波动
2019 年 2 月	公司股权变动
2019 年 3 月	公司董事、独立董事辞职
2019 年 5 月	股票交易异常波动
2019 年 7 月	公司股权变动,收到上海证券交易所问询函
2019 年 9 月	公司股权变动
2020 年 4 月	大连圣亚发布公告称,杨子平提出罢免原董事长王双宏、副董事长刘德义的提案。理由是王双宏在任职期间未能清晰规划公司战略发展路径,且未能很好地管理公司,不能胜任公司董事长职务,不适合继续担任公司董事长
2020 年 5 月	公司财务总监辞职,收到上海证券交易所信息披露监管问询函
2020 年 6 月	正、副董事长王双宏、刘德义在股东大会上被双双罢免,杨子平、毛崴出任董事长和副董事长。同月,大连圣亚第二大股东磐京基金以公司出现紧急情况为理由,临时召开董事会会议,罢免公司总经理肖峰
2020 年 7 月	大连圣亚第一大股东大连星海湾金融商务区投资管理股份有限公司(简称星海湾投资)向证监会稽查局举报公司股东磐京基金、股东杨子平存在违法违规行为,全体员工在大连圣亚公司官方微信号发表了《大连圣亚全体员工严正声明》,文中称新董事长及副董事长一方恶意罢免原高管,并向监管部门举报。同月,大连圣亚公司工会委员会发布严正谴责,认为新任董事长杨子平两次报假警栽赃诬陷,严重侵害公司利益、声誉,并且严重扰乱公司工作秩序。同月,公司发布公告称,毛崴于 2019 年因涉嫌实施操纵证券市场违法行为,被证监会上海证券监管专员办事处立案调查
2020 年 7 月	公司股权变动,收到上海证券交易所问询函
2020 年 9 月	公司副总经理、独立董事辞职

续　表

时间	事件概述
2020 年 11 月	收到江苏省镇江市中级人民法院《民事裁定书》，公司持有的镇江大白鲸海洋世界有限公司 29.02% 股权与 1.77 亿元被冻结三年。同月，大连圣亚发布公告称，因金融借款合同纠纷，公司第一大股东星海湾投资所持股份被司法轮候冻结；此外，公司又发布公告称，因股权转让纠纷涉诉，公司七个银行账户被大连市中级人民法院冻结，导致"大量员工工资、所欠的员工社保不能及时发放""海洋动物药品、饲料不能按需补充""税金以及水电费、供暖费等不能及时缴纳"
2020 年 12 月	股票交易异常波动
2021 年 2 月	公司副总经理辞职

- 暴跌风险分析

第一，信息披露缺乏真实性。大连圣亚称，公司企鹅数量较多，在日常饲养看护时，无需对编码进行甄别。而对于企鹅区位调拨凭证、展示区和暂养区企鹅投喂数据资料及饲养成本财务核算资料等，公司均表示没有。此外，保密也成为其未提交相关信息的主要理由。就财务部门为何没有留存或记录企业个体档案信息，公司解释称，这种信息是由公司核心技术人员采集的，属于技术秘密，财务部门不参与。而对于上海证券交易所要求提供的 2020 年向重庆融创、山东坤河销售企鹅的生物档案，公司表示，这同样属于商业敏感信息，出于保密的考虑，未向检查组提供。而重庆融创与公司对接的业务人员已离职，故检查期间公司无法安排检查组对重庆融创的现场走访。另外，公司持有三亚鲸世界海洋馆 35% 的股权，并拥有董事会的表决权，能够对其施加重大影响，但年审会计师未被允许接触其财务信息，因此会计师无法就公司确认的投资收益获取充分、适当的审计证据。

第二，公司治理缺乏，内部控制权争夺激烈。"变脸"是从 2020 年 6 月 29 日的股东大会开始的。当天，大连圣亚召开股东大会，原董事长、副董事长被罢免，杨子平提名的三名董事和磐京基金提名的一名董事成功当选。随后，新任董事会作出了罢免原总经理肖峰等高管等一系列决策，但遭到了原高管团队、部分员工及部分减持股东的抵制。新任董事会与原高管团队之间的矛盾就此爆发。就新旧管理层的争执，大连市证监局书面通知杨子平等前往大连圣亚配合检查。但杨子平此行受到了阻挠，双方的矛盾激化。

第三，信息披露不合规。2021 年 7 月 14 日，上海证券交易所发出监管工作函称，截至 7 月 13 日（即最后截止日），大连圣亚未按要求提交相关回复及证据材料。大连圣亚的股票也直接被停牌。这是退市新规施行以来首单被交易所强制认定为"*ST"的案例。被强制退市的大连圣亚似乎并不服气,在官方公众号上发文质疑上海证券交易所。2021 年 7 月 15 日,大连圣亚关联公众号"精彩圣亚"发布一篇名为《大连圣亚"反腐"百问之第二十二问》的文章,这篇署名为"大连圣亚旅游控股股份有限公司全体员工"的文章,将矛头直指上海证券交易所。文章内容指出:上海证券交易所杨某某、吴某某利用手中职权、欺上瞒下、瞒天过海,阻挠上市公司正常的信息披露;阻挠该公司 2021 年 7 月 14 日召开的第八届第二次董事会会议意见的正常信息披露,以及第八届第二次监事会会议意见的信息披露。

- 经验总结和启示

复杂的股东关系、股权结构问题是上市公司爆雷的核心原因。"收购"在资本市场上是一个偏中性的词汇,只要合法合规就可以,上市公司原股东或管理层如果排斥收购也要使用一系列的反制手段,如"毒丸计划"等。大连亚圣原管理团队在上市公司股权已经发生变更后,仍不接受新股东的入驻,并且通过各种方式来阻拦。尤其是因为后来的实控股东是通过二级市场举牌的方式而非协商买壳取得控制权,单方面的举动更加剧了各方的利益冲突。在国内,这样的案例每年都会发生,"抢公章""成立两个董事会"等闹剧时有发生。

十一、济民医疗:妖股闪崩现象

- 公司概况

济民健康管理股份有限公司(简称济民医疗)是民营企业,实际控制人为自然人张雪琴、别涌、李慧慧、李仙玉、田云飞、李丽莎,前身为济民制药,于 2011 年 12 月 28 日在上海证券交易所上市,注册地址为浙江省台州市工商管理局。上市以来,济民制药始终业绩平平,前期的并购扩张让公司迅速做大规模,但留下了严重的后遗症。公司主营业务为大输液及医疗器械的研发、生产和销售,以及医疗服务业务,主要产品为医疗服务、大输液、安全注射器、无菌注射器、输液器和体外诊断试剂等产品。公司长期从事非 PVC 软袋、直立式软袋大输液和塑料瓶大输液的研发、生产及销售。

- 风险事件演变及时间轴

自 2020 年 12 月 16 日开始,股票连续遭遇十个跌停。2020 年 12 月 28 日,济民制药换手率达到 15.6%,12 月 30 日更是达到 25.9%。早在 2017 年 12 月—2018 年 6 月,济民制药便出现过两轮闪崩,2020 年除了年底的十连崩,6 月也曾在拉高出货后遭遇三个跌停。相关时间轴如表 14-11 所示。

表 14-11　济民医疗风险事件概述

时间	事件概述
2015 年 3 月	公司董秘辞职
2015 年 6 月	公司高管辞职
2015 年 9 月	公司董事辞职
2015 年 11 月	公司董事辞职
2017 年 6 月	公司发布公司高管违规减持公司股票的批评公告
2018 年 2 月	公司因筹划重大资产重组发布停牌公告,预计不超过一个月
2018 年 3 月	公司因筹划重大资产重组,申请继续停牌
2018 年 4 月	公司因筹划重大资产重组,申请继续停牌
2018 年 5 月	公司终止本次筹划重大资产重组事项
2019 年 5 月	公司发布股票交易异常波动风险提示的公告
2020 年 6 月	公司发布股票交易异常波动的公告
2020 年 12 月	公司发布股票交易异常波动的公告
2021 年 4 月	公司发布股票交易异常波动的公告

- 暴跌风险分析

第一,基本面薄弱。大输液是济民制药的起家业务,公司主要从事非 PVC 软袋、直立式软袋大输液和塑料瓶大输液的研发、生产及销售。这块业务已经多年停滞不前,甚至出现大幅倒退。2014 年起,大输液应用监管日趋严厉,监管范围不断扩大,大输液行业产量持续下滑。在"限抗令"的推动下,实力较弱的小型企业加速退出市场。根据新思界产业研究中心统计,2012 年,中国拥有 300 多家大输液企业,到 2013 年底,有 115 家大输液企业由于未能通过 GMP 认证而停产,企业数量迅速减少。截至 2018 年底,中国大输液行业经过激烈的竞争,剩余企业数量已经不足 30 家,90% 以上的企业被淘汰,行业集中度大幅提升。随着市场整合的逐步完成,中国大输液市场总容量有所缩减,但行业集中度在不断提高,龙头企业成为洗牌中的受益者,营业收入大幅增长。济民制药在这轮行业大洗牌中虽然没有遭遇关停厄运,但是在龙头企业的挤压之下,公司的市场份额不断遭到蚕食,收入规模一路下滑至 3.1 亿元,成为竞争中的失败者。随着龙头企业进一步挤压市场,中国大输液市场将呈现出强者恒强的寡头垄断格局。因此,济民制药的大输液业务已经没有前途可言。医疗器械作为济民制药第三大业务与大输液业务同病相怜,该业务的主营产品有安全注射器、无菌注射器、输液器和体外诊断试剂等产品。2018 年,该业务仅同比增长 2.5%,增长动力不足。一方面,这块业务并不是上市公司发展的重点;另一方面,在医疗器械行业中,高端产品由国外厂商所垄断,国内厂商主要从事中低端领域,市场竞争激烈,济民制药作为小玩家未来难有大作为。另外,公司收购的医院接连爆雷。公司业务包括大输液、医疗服务、医疗器械,2018 年这三块业务的收入分别为 3.1 亿元、2.0 亿元、1.8 亿元,对应的毛利率分别为 49.2%、35.0%、36.6%。其中,大输液作为公司的发家业务,市场份额受到龙头企业的持续挤压,收入和销量连续多年下滑,前途堪忧;医疗器械业务也存在类似情形;综合医院虽是重点发展业务,但全是收购来的,业绩承诺严重不达标,商誉接连爆雷,存在利益输送之嫌。公司业绩经营没有亮点。另外,在会计处理上,公司的新建医院项目在已经对外开业的情况下,却仍然挂在"在建科目"之下,存在推迟转固定资产之嫌,而少计提的折旧费和资本化利息对当期净利润影响巨大。

第二,资本市场黑嘴、杀猪盘和疑似庄股。济民制药股价异常波动的背后疑是庄家暗中操纵,通过直播荐股等方式忽悠散户高位接盘。济民制药曾于 6 月 16 日晚间发布公告称,近日,公司收到多位投资者反映,市场上存在有人利用微信群、QQ 群及直播间向股民推荐买入我公司股票的情形。公司也已关注到网络上出现了关于该事件的媒体报道。经公司、控股股东、实际控制人、董事、监事及高级管理人自查,各方均未策划、参与该事件,公司亦未授意他人策划、参与该事件,公司与该事件无任何关联。

- 经验总结和启示

第一,A 股妖股闪崩现象频出,总体而言,大部分都有业绩亏损、估值虚高的特征,并且由于自由流通市值不大、股东户数不多,容易受到庄家操纵。缺乏核心竞争力、盈利能力薄弱且债务结构不合理的上市公司在资本市场风险偏好下降、融资收紧、再融资难度增大的环境下易发生风险事件。

第二,加强违法网络荐股行为的处罚力度。随着资本市场回暖,证券违法犯罪逐渐增多,许多上市公司都出现了"网络黑嘴一推荐,股价就跌停"的情况。操纵股价与直播荐股相结合的新型证券违法犯罪已经成为当下需重点打击的证券违法行为。

十二、金盾股份:实控人风险所致的暴跌

- 公司概况

浙江金盾风机股份有限公司(简称金盾股份),由浙江金盾风机风冷设备有限公司整体改制而来,注册地址为上海市浦东新区江山路 2829 号,原控股股东及原董事长均为周建灿,于 2010 年 7 月 20 日在深圳证券交易所挂牌上市。公司主营业务为地铁、隧道、核电、军工等领域的通风系统装备的研发、生产和销售。2017 年 10 月,金盾股份完成对红相科技和中强科技的并购重组,切入军工领域。公司的主要产品有通风与空气处理系统设备、红外成像仪、紫外成像仪、气体成像仪、伪装遮障、伪装涂料及数码迷彩涂装工程服务、机电设备安装工程、公路交通工程、房屋建筑工程、电力设备运维和保养,以及消防设备、通风制冷设备等辅助设备的销售。据悉,周建灿虽是金盾股份的实际控制人,但较少参与上市公司有关的具体经营管理。

2018 年 1 月 30 日,该公司的董事长也是实际控制人周建灿从上虞国际大酒店坠楼身亡,经警方认定,周建灿的坠亡不是失足滑落,而是跳楼自杀。

- 风险事件演变及时间轴

2018 年 2 月 1 日,公司发布公告称,因出现可能对公司股票的交易价格产生较大影响的事项,于本日开市起停牌。自 6 月 1 日复牌起,日跌幅偏离值达 7%,且连续三个交易日的跌幅偏离值累计达 20%,复牌后股票周跌幅为 40.95%。相关时间轴如表 14-12 所示。

表 14-12 金盾股份风险事件概述

时间	事件概述
2016 年 11 月	11 月 7 日,公司遭遇游资操控,开盘即大幅下挫,最终以跌停报收 11 月 8 日,小幅高开,随后更一路高开高走,午盘后便牢牢地站上了涨停板。股东减持,抛售股份超过 700 万股,占上市公司总股本的 4.46%
2017 年 11 月	周建灿及其一致行动人周纯质押股票合计 2700 万股。两人合计持有公司股份 6918.7 万股,占公司总股本的 26.25%。本次办理股权质押登记后,两人合计累计质押公司股份 5160 万股,占其持有公司股份总数的 74.58%,占公司股份总数的 19.58%

续　表

时间	事件概述
2018 年 1 月	董事长周建灿于 1 月 30 日 17 时坠楼身亡
2018 年 2 月	公司股票自 2 月 1 日开市起停牌。在周建灿死亡后,继承人之间尚未确定周建灿持有的公司股票的继承方案,故还不能确定公司实际控制人的变更结果
2018 年 2 月	公司称公章被伪造,犯罪嫌疑人,也即财务投资部负责人被抓获
2018 年 2 月	公司被冻结的银行账号数量增至 11 个,法院向银行送达的法律文书中裁定冻结额度合计为 88483 万元,公司实际被冻结的账号内余额总计约为 3787 万元
2018 年 2 月	金盾股份的代理董事长王森根、副总经理陈根荣、董事黄红友、证券事务代表陈梦洁向媒体介绍了企业的情况,称金盾股份预计 2017 年归属上市公司股东的净利润为 8531 万～9384.1 万元,同比增长 100%～120%。金盾股份及下属子公司的生产经营一切正常,在手订单超 4 亿元,其中,地铁 2 亿元,隧道 4000 万元,核电 6000 万元,军工 5000 万元。就产能而言,订单处满负荷状态
2018 年 3 月	绍兴市公安局上虞区分局已对周建灿控制的浙江金盾消防器材有限公司集资诈骗案立案侦查;已对母公司浙江金盾控股集团有限公司投融资部负责人张汛非法吸收存款案立案侦查
2018 年 5 月	P2P(对等网络)平台信融财富于 2017 年底为周灿建控制的相关企业提供融资服务,涉及金额高达 3000 万元,其中的 1000 万元借款已经在 2018 年 2 月到期,其余的 2000 万元借款于 2018 年 5 月到期
2018 年 5 月	公司有 13 个银行账户被冻结,合计金额 178483 万元(该统计口径包括了法院同一裁定书在不同银行重复冻结累计计算的情况),实际被冻结金额 4131 万元。此外,公司名下的 14 处不动产、三项商标所有权,以及子公司浙江红相科技股份有限公司 99% 股权、江阴市中强科技有限公司 100% 股权、浙江金盾电力设备检修有限公司 51% 股权、浙江金盾风机装备有限公司 100% 股权被查封

- 暴跌风险分析

第一,基本面薄弱。公司净利润的现金含量在 2012 年至 2017 年间均小于 1,且有三年为负,说明公司存在一定程度的资金压力。流动资产结构不合理,应收账款占比较高,且应收账款天数约为应付账款天数的 4 倍。

第二,大股东行为牵连上市公司,且上市公司公司治理存在缺陷。2018 年 1 月 30 日,董事长周建灿坠楼。生前,周建灿债务缠身,周建灿名下除了该上市公司,还有金盾集团,并且旗下还有多个领域的子公司。据悉,周建灿、上市公司及相关企业涉及的债务总额约为 99 亿元,其中,银行等金融机构融资的债务额约为 39.6 亿元,以股份质押形式融资的债务额约为 14.2 亿元,牵涉的上市公司的民间借贷债务及担保金额合计约为 29.1 亿元(涉及 49 位债权人),以及其他供应商欠款等债务。上市公司还涉及三起刑事案件：一是公司印章被伪造；二是周建灿控制的浙江金盾消防器材有限公司涉嫌集资诈骗案；三是浙江金盾控股集团有限公司投融资部负责人张汛涉嫌非法吸收公众存款案。在民事案件方面，自 2018 年 2 月起，公司共收到被起诉及被申请仲裁的民事案件 34 宗，涉及金额 22.7 亿元。2018 年 5 月 2 日，金盾股份发布了一份《关于周建灿去世以来相关情况的说明》的公告：公司继续停牌，周建灿控制的金盾集团及相关企业已经进入破产程序。

第三，股权质押风险。金盾股份的实际控股人周建灿和一致行动人周纯的控股比例分别为 19.72％与 6.53％。周建灿父子合计持有公司股份 6918.7 万股，占公司总股本的 26.25％；合计累计质押公司股份 6913.9 万股，占其持有公司股份总数的 99.93％，占公司股份总数的 26.23％。从 2017 年 1 月开始，周家父子以自己所持的公司股份作为质押，前后进行了十次融资，涉及的融资机构除了公司主要的授信银行，还有个人及小额贷款公司。截至 2018 年 2 月，除去质押部分，周家父子所持的公司股份仅占总股数的 0.02％，他们已累计质押所持的 99.93％的上市公司股票，且上市公司整体质押率已接近 50％。按照质押新规，二人难以再进行新的股权质押。

- 经验总结和启示

第一，对于债务负担大、流动性降低、资金吃紧且债务结构不合理的公司，应合理评估其债务结构及还债能力，企业应加强应收款项管理，关注应收款项的质量；同时应重视公司内部治理问题，警惕大股东借贷问题可能给公司带来的负面影响。此外，还需特别重视分析公司与大股东集团公司之间的资金往来关系。

第二，对于长期没有机构投资者调研和持股，以及缺乏卖方研究所覆盖的标的和深度报告的上市公司需格外谨慎。

第三，股东行为视角下的研究至关重要，好的上市公司背后总有给予未来以好的期望的股东，如伯克希尔哈撒韦背后的巴菲特，腾讯背后的马化腾，比亚迪背后的王传福等。在中国资本市场上，产业资本仍旧占据绝大部分股权，爆雷的上市公司和其背后的创始大股东脱不了关系，无论是违规违法、资本运作、减持、股权质押，还是经营和财务战略性的失误，这样的爆雷案例数不胜数。在国内，公司的管理层也是由大股东决定的，有的甚至是由大股东兼任，执行大股东的意志。大股东不仅能决定公司的经营情况，最重要的是能决定公司的基因、价值观、企业文化和道德成色，同时也是本身资金链、上市公司资金链问题的始作俑者。所以我们在研究股票爆雷时，对于股东的研究和分析不可或缺。合理的股权结构、好的大股东、可持续的产业资本行为才是上市公司高质量发展的保障，会给予公司管理层、员工、股东、客户以美好的希望与强大的动力，也会让投资者有极其强烈的拥有预期与冲动。

十三、顺威股份：牛散介入后所致的暴跌

- **公司概况**

广东顺威精密塑料股份有限公司（简称顺威股份）是民营企业，原实际控制人为文细棠，注册地址为佛山市顺德区高新区（容桂）科苑一路 6 号。2012 年 5 月 15 日，顺威股份登陆中小板，原实际控制人黎东成等四人通过祥顺投资（原祥得投资）和顺威国际实际控制上市公司 71.56% 的股权。公司是国内塑料空调风叶的龙头企业，业务体系中除了塑料空调风叶生产，还包括改性塑料和模具开发的设计生产与加工制造，是行业内少数具备全面配套能力的专业塑料空调风叶生产企业之一。

2015 年起，牛散文细棠一系陆续进入顺威股份股东名单。2015 年 6 月，顺威国际分别向文细棠和其委托成立的"诺安金狮 66 号资管计划"转让 1200 万股、1600 万股，合计占总股本的 17.5%，总价款为 6.58 亿元。

2016 年 4 月，祥顺投资将所持有的 25.06% 的股份转让给"西部利得增盈 1 号资管计划"，并将持有的 21.5% 的股份转让给蒋九明；同时，顺威国际将持有的 7.5% 的股份转让给蒋九明。至此，原实际控制人黎东成等完成减持退出。但其此前通过上市公司发布的定增、高送转等利好公告让文细棠等"牛散团"接盘后的顺威股份股价仍保持上涨。黄国海、文细棠、蒋九明三人通过协议转让和二级市场买卖非法获利超过 51 亿元。

2017 年底，黄国海与文细棠通过直接持有"西部利得增盈 1 号资管计划""诺安金狮 66 号资管计划"合计控制顺威股份 33.55% 的股权，蒋九明则是直接持有 29% 的股权。在顺威股份过往的财报中一直表示，"西部利得增盈 1 号资管计划"与蒋九明不存在关联关系，而文细棠与"西部利得增盈 1 号资管计划"的关联关系不明确。

2017 年 7 月，文细棠、黄国海、何曙华等因涉嫌操纵证券、期货市场罪被上海市公安局刑事拘留。2018 年 1 月，蒋九明在声明未被采取刑事强制措施后不久即被逮捕。

2018 年 5 月,上海检察院以涉嫌操纵证券市场罪向文细棠等五人提起公诉,2018 年 12 月,上海一中院对五名被告人分别判处有期徒刑两年至有期徒刑八年不等,并处罚金 1000 万元至 5 亿元不等。被告人上诉于 2020 年 8 月被上海高院驳回,维持原判。

- 风险事件演变及时间轴

2018 年 1 月 16 日,公司股价突然跌停,并在 1 月 17 日出现 116 万手的巨额卖单,全天封死跌停,报 12.94 元/股,两日市值合计蒸发超 20 亿元。相关时间轴如表 14-13 所示。

表 14-13   顺威股份风险事件概述

时间	事件概述
2015 年 5 月	公司上市届满三年,限售股解禁。加上 2014 下半年开始的牛市行情开启,公司股价大幅上涨,股份减持大规模上演
2015 年 7 月	公司大股东祥顺投资(后更名为新余祥顺投资)在长期亏损的情形下将公司股权部分转让给牛散文细棠,而后者以 3.76 亿元的本金购入公司 2800 万股股份,成为公司当时的第二大股东
2015 年 12 月	公司股价从 21 元/股涨至 49.5 元/股,涨幅达到 136.7%
2016 年 4 月	祥顺投资、顺威国际将全部持股转让给牛散蒋九明、文菁华,交易价格分别为 20.15 亿元、14.94 亿元,分别受让 29%、25% 的股权
2018 年 1 月	2018 年 1 月 15 日,上市公司顺威股份发布公告称:大股东文细棠因涉嫌操纵证券、期货市场罪被上海市公安局刑事拘留;由于该案尚在受理中,公司无法确定涉嫌操纵的证券是否与公司相关,公司将持续关注该案的进展;股票复牌

- 暴跌风险分析

第一,基本面薄弱。回顾公司发展历程,其业绩巅峰出现在上市前两年,即 2010 年和 2011 年,公司实现营业收入分别为 10.9 亿元、14.4 亿元,同期净利润分别为 1.1 亿元、1.0 亿元。上市之后,业绩骤变且持续下滑。2017 年三季报显示,多项指标恶化,净利润大降 63.3%,经营活动现金流净流出 1.18 亿元,财务费用大幅攀升,负债也明显增加。

第二,公司治理存在重大缺陷。公司股东黄国海、文细棠、蒋九明、何曙华等存在操纵证券、期货市场等违法行为。此外,公司大股东文细棠、蒋九明等都是知名牛散,存在多次减持套现的行为。

第三,重大资产重组终止。2017 年 12 月,顺威股份宣布由于跨境重组的特殊性，报价流程及谈判周期较长，收购价格、交易方式等重组关键事项在短期内无法达成一致，相关事项无法按预期完成，故宣布重大资产重组终止。这一重大利空消息也间接引发了暴跌。

● 经验总结和启示

第一，缺乏核心竞争力、盈利能力薄弱且债务结构不合理的上市公司在资本市场风险偏好下降、融资收紧、再融资难度增大的环境下，易发生暴跌风险。

第二，在股东研究视角下，对于大股东为知名牛散的上市公司，应更注重其公司治理，并关注是否出现多次股东减持套现的现象。

第三，对于长期没有机构投资者调研和持股，以及缺乏卖方研究所覆盖的标的和深度报告的上市公司需格外谨慎。顺威股份长期缺乏卖方研究所覆盖的标的和深度报告，更缺乏优秀分析师的跟进。

十四、仁东控股：庄股的崩盘

● 公司概况

仁东控股股份有限公司（简称仁东控股）是民营企业，实际控制人为自然人霍东，前身为宏磊股份，注册地址为浙江省诸暨市大唐镇开元东路，于 2011 年底挂牌中小板。公司是一家以第三方支付、商业保理、供应链管理、融资租赁、互联网小贷五大板块为主营业务的公司。

上市之后，公司经营业绩毫无起色，实际控制人违规不断。2014 年 7 月，因内控缺位、资金被占用，公司收到浙江省证监局的处罚决定书，实际控制人戚建萍是违规占用资金的主要决策人、操纵者，因违反相关规定而不适合继续担任上市公司高管。2016 年初，戚建萍退出管理层，公司迎来首次易主。戚氏家族套现 35 亿元离场，将主要股权转让给了天津柚子资产管理有限公司（简称柚子资管，和柚技术的前身）、深圳健汇投资有限公司（简称健汇投资）、自然人景华以及焱热实业，柚子资管成为新的控股股东，郝江波上位实际控制人（郝江波为山西资本财团"德御系"的核心人物，其丈夫田文军为"德御系"创始人），公司更名为民盛金科。2018 年 2 月 2 日，公司发布公告称，民盛金科发生股权转让及表决权委托，完成后内蒙古正东云驱科技有限公司（现在的仁东信息）将具有控制权，而实际控制人也变更成霍东。与此同时，郝江波方面当时还出具了一份《关于不谋求上市公司控制权的承诺》。2018 年 8 月 3 日，民盛金科更名为仁东控股。

- 风险事件演变及时间轴

2018 年 11 月 25 日开始，公司股票连续跌停，截至 12 月 14 日收盘，连续遭遇 14 个跌停，并且收盘时跌停板上共有 193 万手卖单欲出逃，然而全天成交额仅 1250 万元。

2020 年 11 月 20 日至 12 月 10 日，仁东控股的市值蒸发额度已超 267 亿元，15 个交易日里录得 12 个跌停，其中有 11 个一字跌停。相关时间轴如表 14-14 所示。

表 14-14　仁东控股风险事件概述

时间	事件概述
2015 年 5 月	郝江波辞职下海，成立天津柚子资产管理公司，开始筹划收购濒临退市的宏磊股份（仁东控股的前身），实现借壳上市
2016 年 8 月	民盛金科于 2016 年 8 月复牌，虽然制造了一系列概念，但是复牌当日并没有出现预期中的大涨行情，市场反应平淡。随后柚子资管等一致行动人质押了手中持有的所有民盛金科股票，套现大笔资金。然后民盛金科交易开始变得活跃，在公司宣布送配股的利好消息的助推下，股价出现了连续上涨的行情，股价从 8 月复牌时的 22 元/股上涨至 12 月的 70 元/股
2019 年 4 月	内蒙古仁东及关联公司仁东（天津）合计持有民盛金科 28.95% 的股权，超过"德御系"28% 的持量，柚子资管同时出具了不谋求公司控制权的承诺书，至此，霍东掌握了民盛金科的控制权
2019 年 7 月	仁东控股公布易主消息：北京海淀科技金融资本控股集团股份有限公司（简称海科金集团）将通过"受让表决权＋一致行动人"的方式，取得仁东控股 28.94% 股权的表决权，上市公司实际控制人由霍东变更为北京市海淀区人民政府国有资产监督管理委员会。海科金集团的介入让仁东控股一众中小投资者信心百倍，至此，仁东控股开启慢牛的走势
2019 年 11 月	11 月 15 日，上述协议生效，海科金集团合计控制仁东控股 28.94% 的股份表决权，为其控股股东，海科金集团的实际控制人海淀区人民政府国有资产监督管理委员会为仁东控股实际控制人，初始托管期为一年 11 月 19 日，仁东控股收到深圳证券交易所下发的关注函，关注函显示，海科金集团的一年托管期已于 2020 年 11 月 14 日届满，双方决定不再延长托管期限，海淀区人民政府国有资产监督管理委员会退出仁东控股。因此，深圳证券交易所要求仁东控股说明海淀区人民政府国有资产监督管理委员会托管期到期后未续期的具体原因等相关情况 11 月 24 日，仁东控股对关注函进行了回复。根据回复公告，受疫情及国企相关政策等因素的影响，仁东控股与海科金集团的合作低于预期，双方不再具备进一步合作的基础和条件，因此终止了托管协议且不再续签

续　表

时间	事件概述
2020 年 7 月	山西潞城农村商业银行将公司告上法庭,理由是公司在该银行对晋中市榆粮粮油贸易有限公司的 15 亿元贷款中出具了《担保函》,而借款人逾期未还上述贷款,一起列为被告的担保人还有田文军。公司管理层对此担保事项毫不知情,表示未经过董事会授权和用印程序,担保无效
2020 年 8 月	景华(牛散)及一致行动人减持公司股票 1887 万股,权益变动方式为通过证券交易所的集中交易
2020 年 11 月	控股股东北京仁东信息技术有限公司(简称仁东信息)与北京海淀科技金融资本控股集团股份有限公司、仁东(天津)科技有限公司(简称天津仁东)、仁东(天津)科技发展集团有限公司(简称仁东科技)、霍东签署《终止股份委托管理关系和一致行动关系的协议》。海科金集团不再拥有仁东信息持有的仁东控股 1.19 亿股(占上市公司总股本的 21.27%)对应的表决权等股东权利。同时,仁东信息及其一致行动人天津仁东与海科金的一致行动关系终止。此后,海科金集团不再持有公司任何股份,仁东控股的控股股东正式变更为仁东信息,实际控制人变更为霍东
2020 年 12 月	证监会公布了田文军操纵仁东控股的处罚决定书。田文军操纵仁东控股的时间段是 2016 年 8 月至 2018 年 9 月,其操纵的结果是亏损 1.4 亿元
2021 年 5 月	《行政处罚事先告知书送达公告》显示,景华因涉嫌操纵公司股票,将被证监会处以 500 万元罚款的行政处罚
2021 年 10 月	证监会的《行政处罚决定书》显示,操纵期间,景华控制账户组,通过"集中资金优势、持股优势连续买卖""在自己实际控制的证券账户之间进行证券交易""不以成交为目的,频繁或者大量申报并撤销申报"的方式,操纵仁东控股

- 暴跌风险分析

第一,基本面乏善可陈,估值虚高。公司成立于 1998 年,并于 2011 年登陆深圳证券交易所中小板,原主营业务为漆包线、高精度铜管材和其他铜材的研发、生产与销售。由于铜加工行业竞争激烈,而市场需求低迷,公司于 2016 年通过重大资产重组,将主营业务转为第三方支付业务。从 2016 年到 2019 年,公司营业收入由 26.4 亿元降至 18.3 亿元,净利润由 1.1 亿元下降至 0.3 亿元。同期,资产负债率攀升,由 49.0% 增加至 71.4%。

第二,公司治理存在重大缺陷。公司长期存在庄家噱头炒作、主力坐庄、抬升股价、减持套现,以及各种资本操作的现象,且和民营资本族系关系密切。上市以来,公司数次更换实际控制人,大股东也是"常换常新",这些实际控制人和大股东很多都是资本市场的"老玩家"。

第三，财务造假。根据证监会 2022 年 3 月对公司下发的《行政处罚事先告知书》，仁东控股 2019 年年度、2020 年半年度报告中虚增了近 8000 万元的利润，主要为虚构二级子公司合利保理对华讯方舟等四家公司的保理业务，以及虚构合利保理等三家公司的应收保理业务。此外，公司还有一笔 1.8 亿元的重大债务违约也没有及时披露。

- 经验总结和启示

第一，从仁东控股资本运作及基本面情况来看，庄股的痕迹非常明显，崩盘是早已注定的，卷入其中的相关人物所关联的上市公司也频频出现崩盘现象。2022 年初，警方披露"配资大佬"李跃宗案情，涉嫌参与仁东控股"坐庄"并获利 2 亿元，此外，还参与了大连圣亚、朗博科技、金力泰等上市公司的资本运作。

第二，A 股庄股闪崩现象频出，如冀凯股份、中昌数据、派生科技、派思股份、金宇车城、商赢环球、退市大控、长生退、ST 金贵、印纪退、科力尔、新日股份、大连圣亚、朗博科技、金力泰、实丰文化、今飞凯达、苏州龙杰等。总结来看，大部分都有业绩亏损、估值虚高、前期股价涨幅夸张、管理层和股东存疑的特征，并且由于上市公司自由流通市值不大、股东户数不多，容易受到庄家操纵，易发生风险事件。此外，闪崩股还有如下特征：一是半年乃至全年的涨幅往往在一倍以上；二是平时少有研报覆盖，无典型机构（公募基金、社保基金、外资）重仓，私募重仓概率高；三是市值普遍为小盘，即使翻倍也低于 100 亿元；四是 K 线扭曲、不流畅，长期横盘以及控盘式慢牛，如仁东控股，从股价上涨的斜率来看，沿着五日线稳健上涨，几乎没有涨停，也没有明显放量，换手率长期维持在 1%～2%，但最后崩盘时出现连续的一字"断魂刀"闪崩趋势，龙虎榜席位经常有游资常用席位出没。

第三，券商融资业务应防范市场操纵风险，对担保品进行精细化管理，及时调整入池名单，并指定合理、科学的个性化质押折算率。在交易所确定的两融标的中，对于泡沫股，券商要自主将其挪出融资标的名单，不接受投资者融资买入，因为即便目前投资者担保物看似充足，但架不住其中巨大的泡沫以及杠杆效应，一旦股价出现连续跌停，金融担保品价值萎缩，券商也将被卷入其中。另外，深圳证券交易所虽然规定静态市盈率在 300 以上或为负数的 A 股股票的折算率为零，券商仍旧可以自主计算个性化折算率，缓释担保品风险。尤其是针对投资者将某只股票作为担保物买入同一只股票的行为，券商更要高度警惕，将其标记为重点关注两融账户，因为这既可能让庄股泡沫形成正反馈，同时也可能使券商承担的风险更高。

第四,证券风险管控的关键在于担保证券的评估和风险前置,因为这是保证本金安全和风险防范化解的前提。若担保物流动性情况良好,不出现连续多日的一字跌停板,则按合约强行平仓可以保证本金收回。若流动性锁死,没有足够的对手盘,则将触发被动穿仓,错失风险处置的最佳窗口期。若强行平仓后仍然资不抵债,则将出现证券公司与两融投资者双输的局面,如仁东控股、济民制药等。此外,强行平仓存在潜在的踩踏风险,如全市场担保券占总市值比重过高,其他证券公司低维保客户的强平会被动产生大量卖单砸盘,进一步诱发较高维保客户的强平,如仁东控股暴跌前,其在中国证券金融股份有限公司公布的担保物占总市值的比例排行中排名第一,接近 50% 的上限。事前预警能力是融资融券风险前置最重要的环节,若成功预警大额风险证券,则能避免上亿元的潜在坏账损失。存在丧失流动性风险的股票通常是经过炒作或市场非理性因素导致估值远远高于其内在价值的庄股,以及通过财务造假长期粉饰公司真实状况的雷股,还有一部分是在无法预测的黑天鹅事件中受牵连的股票。证券事前预警主要围绕前两类股票的识别。

十五、中兴通讯:事件驱动的暴跌

- **公司概况**

中兴通讯股份有限公司(简称中兴通讯)是国有企业,于 1985 年成立,总部位于深圳。公司于 1997 年 11 月在深圳证券交易所 A 股上市。

公司致力于为客户提供满意的 ICT(信息与通信技术)产品及解决方案,集设计、开发、生产、销售、服务等于一体,聚焦于运营商网络、政企业务、消费者业务,主要投资兴办实业,从事电子及通信设备零部件的销售。

- **风险事件演变及时间轴**

2018 年 4 月 16 日晚间,美国商务部突然宣布对中兴施加出口权限禁止令,禁止中兴通讯向美国企业购买敏感技术,为期七年。此消息一出,引起了市场的高度关注。中兴通讯停牌核查影响,而相关板块及上市公司跌幅较大。市场主要指数也均出现不同幅度的下跌。相关时间轴如表 14-15 所示。

表 14-15   中兴通讯风险事件概述

时间	事件概述
2017 年 2 月	公司与美国商务部、司法部、财政部就和解事宜进行磋商,相关事宜预期会涉及相关美国政府部门对公司的处罚
2017 年 2 月	非执行董事史立荣辞职
2017 年 2 月	美国商务部工业与安全局已作出裁定,对公司及深圳市中兴康讯电子有限公司的出口限制将不会在 2017 年 2 月 27 日前实施
2017 年 3 月	公司公布的 2016 年年报显示:期末股东权益为 264 亿元,实现净利润为一23.6亿元,净资产收益率为一8.9%
2017 年 4 月	执行副总裁曾学忠辞职
2017 年 12 月	中兴软创科技股份公司终止挂牌的公告发布
2018 年 3 月	财务部主管周会东离职
2018 年 3 月	2018 年一季报显示当期净利润为一53.1 亿元

- 暴跌风险分析

第一,业务模式缺乏核心竞争力,基本面薄弱。2016 年年报显示,在中美贸易摩擦持续升温的背景下,公司核心竞争力缺乏,受制于人,因违反美国出口管制法案,使其两次遭美国封杀,业绩大幅下跌。公司 2016 年期末股东权益约为 264 亿元,实现净利润一23.6 亿元,净资产收益率为一8.9%。2018 年第一季度报告显示,当期净利润为一53.1 亿元。

第二,公司治理存在缺陷。中兴通讯存在违约、欺骗和规避监管等行为,多次在美国失信。2016 年 3 月 21 日,美国和公司达成了一份临时协议,其内容包括辞去公司参与违规行为的 39 名高管的职务。随后,美国又给予公司七年观察期,若七年内无任何违约行为,美国便解除对公司的禁令。然而,2018 年 2 月,美国发现公司只开除了四名涉案高管,而其他高管不仅没有受到惩戒,而且还拿到了 2016 年的全额奖金。公司因未按照协议履行承诺、整改措施不到位、与报告要求不符,严重刺激了美国商务部,降低了美国对其的信任程度。

第三,其他原因。公司缺乏核心技术,对美芯片依赖严重。近年来,其营收水平虽已超过 155.8 亿美元,但营业收入几乎全部源于通信设备制造领域,其光通信、智能手机与核心网产品等主要业务板块的核心芯片,就有超过 90% 的部分依赖美国进口,RRU(远端射频模块)基站零部件 100% 来自美国公司,这种依赖性使其对外贸易发展面临较大风险。

- 经验总结和启示

第一，我国上市公司需要加强自主创新投入，加大核心技术的研发投入，不断提升自主创新实力，降低企业对外依存度，形成自身的核心竞争力，使得商业模式和业务模式的自主可控性更强。

第二，在国际大环境下，上市公司应该尽早组建跨专业制裁应对团队，快速进行应对部署。在首次遭遇美国制裁后，中兴通讯涉事部门、管理层及律师之间缺乏有效沟通，使得公司未能充分认识到事件的严重性，且企业内部也没有专门团队跟进协议内容，确保协议执行，导致协议规定的实施一拖再拖，最终给了美国重启制裁的理由。

十六、江特电机：基本面驱动的暴跌

- 公司概况

江西特种电机股份有限公司（简称江特电机）是民营相对控股企业，位于有"亚洲锂都"之称的江西宜春，实际控制人为自然人朱军和卢顺民，于 1995 年 5 月 11 日在宜春市市场监督管理局登记注册，总部位于江西省宜春市。公司股票已于 2007 年 10 月 12 日在深圳证券交易所挂牌交易。公司的主要业务有：特种电机研发、生产和销售业务，主要产品包括建机电机、起重冶金电机、风电配套电机、伺服电机、军工电机和新能源电机等；锂矿采选与深加工业务，利用锂瓷石提炼主要产品锂云母，经深加工制备为碳酸锂对外销售，同时提取并销售长石粉、钽、铌等副产品；公司于 2011 年成立的全资子公司宜春银锂新能源有限责任公司致力于利用锂云母、锂辉石制备高纯度碳酸锂和氢氧化钾；新能源汽车制造、销售业务（现已逐渐退出该板块）。

江特电机于上市初期专注于其传统主营业务特种电机研发、生产与销售，自 2008 年起，电机业务呈现下行趋势，公司依靠其地域优势，转战拓展锂矿采选及加工领域，并积极布局锂矿资源的下游产业——新能源汽车。自 2014 年起，公司筹资并逐步入股澳大利亚锂辉石矿，在 2015 年至 2016 年间，曾先后三次进行股权收购，以超过 29 亿元的价格获得九龙汽车 100％股权，规划打造"锂矿—碳酸锂—正极材料—新能源电机—新能源汽车"的完整锂电新能源产业链，在九龙汽车并表后,江特电机连续两年业绩大幅上涨,2016年营收达到29.8亿元,较上年同期增长234.29%,2017年的营收及归母净利润分别达到33.7亿元和2.81亿元。但事实上,受竞争加剧、新能源汽车补贴政策退坡及新能源汽车销量增速放缓等影响,除了2015年超额完成承诺业绩,九龙汽车盈利状况持续下降,并在2018年出现亏损,江特电机为此计提10.98亿元的商誉减值,导致江特电机当年产生巨额亏损16.6亿元。2019年,亏损状况持续恶化,公司于2019年12月先后公告宣布将大幅折价出售九龙汽车、投资企业Alita因过度亏损进入破产重组等消息。

2016—2018年,多家券商研究员看好江特电机的布局规划及发展前景;2019年10月8日至2019年12月30日间,江特电机市盈率均高于600,市场对其股价估值过高;2019年12月31日,公司市盈率变为负值;2020年1月23日,在公司公告2019年大幅预亏后,江特电机当日跌停,随后更是出现连续三日的跌停。

- 风险事件演变及时间轴

因自2018年起新能源汽车补贴政策持续退坡,江特电机全资子公司九龙汽车经营恶化,亏损1.2亿元,当期江特电机对收购九龙汽车产生的10.98亿元商誉全额计提减值,2018年后江特电机出现巨额亏损。同时,在九龙汽车业绩下降,经营环境持续恶化,主营产品碳酸锂价格下滑的背景下,各证券公司研究员仍多次发布看好公司新能源赛道发展的研究报告,致使江特电机市盈率维持高位。因2020年1月23日公告预估大幅亏损,引发江特电机市值暴跌,自当日起连续四日跌停。相关时间轴如表14-16所示。

表14-16　江特电机风险事件概述

时间	事件概述
2018年10月	江特电机发布三季报,预估2018年归属上市公司股东的净利润为正值,变动幅度为20%~70%,净利润变动区间为3.38亿~4.78亿元
2018年1月	由于公司的全资子公司九龙汽车亏损,需对商誉计提减值准备,公司于1月31日发布《2018年度业绩预告修正公告》,预估归属上市公司股东的净利润亏损为15亿~16.4亿元,宣告上市以来的首次亏损
2019年12月	12月4日,公司发布公告称,拟以5.13亿元的价格将九龙汽车100%股权出售给扬州仙女建设,相较于其评估价值11.5亿元而言,折价约55%,导致巨额处置损失

续　表

时间	事件概述
2019 年 12 月	12 月 23 日，公司公告其投资的澳大利亚 Alita 公司因锂辉石精矿选矿成本过高，经营亏损，进入破产重组程序，江特电机通过其全资子公司持有 Alita 共计 9.06% 的股权，投资金额约为 1.87 亿元，江特电机预计亏损 1.52 亿元，该亏损记入 2019 年年度损益
2020 年 1 月	1 月 23 日，公司发布《2019 年年度业绩预告》，预计当期归属上市公司股东的净利润亏损为 17.5 亿～21.5 亿元，此外，还收到监管层的关注函，要求披露亏损依据及合理性，并对公司是否存在利用资产减值进行利润调节等问题展开问询，当日公司市值暴跌，此后更是连续三日跌停

- 暴跌风险分析

第一，基本面薄弱。公司拓展锂矿采选事业之初募集了大量资金用于推进碳酸锂生产项目的开发，但由于技术、资金等因素的限制，多个项目落地时间被严重拖延，致使公司错失发展良机。伴随碳酸锂价格的下跌，相关业务利润空间持续缩减，因此未对公司业绩提升做出预期贡献。此外，公司以高溢价收购子公司布局新能源汽车产业，但受政策环境及竞争环境的消极影响，新能源汽车业务业绩逐年下滑，业绩表现不及预期，再结合大幅商誉减值，业务全线爆雷，出现两年巨额亏损。

第二，公司治理存在重大缺陷。江特电机时任财务总监龙良萍在获得 2018 年年度预估业绩由盈转亏的内幕消息后，提前抛售手中的公司股票，在 2019 年 1 月 28 日后的连续五个交易日内，江特电机股价累计下跌 20.61%，并于 2 月 1 日触及 4.50 元/股的个股低点。

第三，卖方研究机构情绪过于乐观。在江特电机大肆募资收购及规划锂电新能源产业链之际，多家机构的研究员在公司爆出持续两年巨额亏损之前，发布大量深度研究及点评报告力荐江特电机，其中包括多名新财富最佳分析师上榜研究员，导致市场对其预期过足，在资金的追逐下造成估值过高，出现缺乏实际业绩支撑的股价。

- 经验总结和启示

市场预期过高导致股价出现泡沫后，预期一旦反转或没有兑现，就极易造成没有支撑点的股价瞬间崩盘。

十七、金龙机电：产业资本驱动的暴跌

- 公司概况

金龙机电股份有限公司（简称金龙机电）是民营企业，法人代表为黄磊，实际控制人为金绍平，于 2009 年 5 月 4 日在温州市工商行政管理局登记注册，注册地址为浙江省温州市乐清市北白象镇进港大道边金龙科技园。公司股票于 2009 年 12 月 25 日在深圳证券交易所挂牌交易。

公司主要从事马达、硅胶塑胶结构件及触控显示产品的研发、生产及销售，在东莞、淮北、杭州、温州和深圳均拥有生产基地。公司产品主要包括微特驱动电机、震动马达、硅胶塑胶结构件、玻璃盖板、触摸屏、显示模组等，产品被广泛应用于可穿戴设备、智能手机、智能家居、汽车等领域。

- 风险事件演变及时间轴

2018 年 5 月 22 日，公司股价再次跌停，这已经是股票复牌后的连续第六个跌停，在连续三个交易日内，跌幅偏离值累计达 20%，上榜日跌幅偏离值达 7% 的证券，卖出总计 5030 万元，买卖净差为 -4055 万元。相关时间轴如表 14-17 所示。

表 14-17　金龙机电风险事件概述

时间	事件概述
2016 年 12 月	公司与东北证券进行了一笔公司股票质押式回购初始交易，质押股数为 520 万股
2017 年 2 月	公司与长城证券进行了一笔公司股票质押式回购初始交易，质押股数为 1290 万股
2017 年 3 月	公司与华创证券进行了一笔公司股票质押式回购初始交易，质押股数为 339 万股
2017 年 11 月	公司发布公告称，公司正在筹划发行股份购买资产的重大事项，鉴于该筹划事项尚存在不确定性，因此申请停牌
2018 年 2 月	公司变更其停牌理由为控股股东金龙集团正在筹划公司股权转让事项，该事项可能涉及公司控制权变更，其股权拟受让方的实际控制人为地方国有资产监督管理委员会，相关方就具体方案进行商谈

续　表

时间	事件概述
2018 年 3 月	公司披露发行股份购买资产事项:拟通过发行股份的方式购买福建中科光芯光电科技有限公司不低于 51% 的股权,但因相关条件尚不成熟而终止
2018 年 4 月	公司发布关于公司控制权拟发生变更的停牌进展公告
2018 年 5 月	公司发布关于重大事项的停牌公告
2018 年 5 月	5 月 15 日,公司股票复牌
2018 年 5 月	5 月 15 日复牌首日,公司发布公告称,控股股东金龙集团发生了股权变更事项。金龙机电实际控制人金绍平将其持有的金龙集团 26% 的股权转让给新任董事长黄磊,25% 的股权转让给了李雰。转让完成后,金绍平还将持有金龙集团 39.55% 的股权,仍为公司实际控制人
2018 年 5 月	公司发布公告称,因近日公司股价大幅下跌,控股股东金龙集团质押的部分股份触及平仓线,存在平仓风险。目前,金龙集团已触及平仓线的质押股份总数约为 13980 万股,占其持有公司股份总数的 43.99%,占公司总股本的 17.41%

- 暴跌风险分析

第一,基本面薄弱,公司盈利能力逐年下降。2015 年,净利润为 2.9 亿元;2016 年,净利润为 0.9 亿元;2017 年,营业收入为 37.0 亿元,较上年同期增长 9.7%;实现归属母公司净利润为 -4.2 亿元,较上年同期减少 406.99%。而公司在 2017 年前三季度的营业收入为 24.4 亿元,同比增加 4.1%,净利润高达 3.0 亿元,同比增长 116.97%。仅仅在第四季度,公司的净利润就减少了 7.25 亿元,导致 2017 年全年亏损,其主要原因是当期管理费用陡增和投资收益骤降。2018 年,净利润为 -25.5 亿元。此外,应收账款过大。自 2014 年开始,应收账款增加,2014 年是 2013 年的 4.5 倍,2017 年的应收账款高达 10 亿元。公司从 2014 年到 2017 年的在建工程资金支出逐年递增,2017 年在建工程支出较大,达 2.6 亿元,约为 2016 年在建工程资金支出的 2.5 倍。

第二,公司治理存在重大缺陷。实际控制人金绍平一身两职,既担任公司董事长,又担任总经理,没有做到两职分离。在股权分布上,金绍平一股独大。金绍平退出董事会后,由 85 后青年黄磊"空降"担任董事长。公司一直深陷债务危机,不具备偿还到期债务的能力。集团拟采取向金融机构融资、出售资产、转让股权或转让公司控制权等方式偿还债务。此外,公司还进行了涉及金额巨大的商誉减值。公司全资子公司博一光电、甲艾马达 2017 年实现的净利润未达预期,公司在

2017年对并购上述两家子公司形成的商誉计提减值准备22197万元;公司参股公司业绩未达预期,公司2017年对长期股权投资计提减值准备1645万元;公司对2017年期末存货计提了跌价准备8980.61万元。

第三,其他原因,如机构调研频次下降。2015年,机构调研频次较高,将近40家机构投资者对公司进行了调研,召开调研会议8次;2016年,将近60家机构投资者对公司进行了调研,召开调研会议11次;2017年,共两家机构投资者对公司进行了调研,召开调研会议两次;2018年,没有任何机构调研和卖方研究覆盖。

第四,高溢价并购成大股东掏空上市公司的新方式。2018年前三季度,金龙机电出现15亿元以上的巨额亏损,主要是受到资产及商誉减值的影响。财报显示,公司对商誉及应收账款等的巨额减值计提是其亏损的主要原因,这意味着金龙机电突然出现的危机在很大程度上是因并购引发的。2013年金龙机电并购时,博一光电的净资产为5466.26万元,收购价为4.97亿元,溢价率高达8.09倍;收购甲艾马达时,甲艾马达的净资产为1.12亿元,收购价为4.75亿元,溢价超3倍。博一光电和甲艾马达都进行了业绩承诺,到2016年底业绩承诺期结束时,甲艾马达贴线完成了业绩承诺,博一光电的业绩承诺则只完成了82%。其实,业绩承诺的含金量可能远低于其账面数字,这可从公司的应收账款中窥见一斑。2013年,金龙机电应收账款仅为1.52亿元,到2016年底,这一数字已高达7.12亿元。2018年,公司对应收账款、存款等相关资产计提了7.3亿元的减值准备。

- 经验总结和启示

第一,缺乏核心竞争力、盈利能力薄弱且深陷债务危机的公司,在净利润连续下降、资金周转风险加大的环境下,易发生风险事件。

第二,对于一股独大的家族式企业而言,上市后极易发生大股东挪用上市公司资金的现象,因此要对实际持股人的投资行为予以关注,关注大股东质押率及大股东资金流状况。

十八、华仁药业:配股暴跌现象

- 公司概况

华仁药业股份有限公司(简称华仁药业),前身青岛华仁药业有限公司于1998

年 5 月 20 日设立，在青岛市市场监督管理局登记注册，注册地址为山东省青岛市崂山区高科技工业园株洲路。2001 年 8 月，公司整体变更为股份有限公司。2010 年 8 月 25 日，公司股票在深圳证券交易所上市交易。华仁药业上市时的大股东兼实际控制人是华仁世纪集团，当时占有 53% 的股份。2016 年 7 月，华仁世纪集团将其持有的华仁药业 26.46% 的股权转让给广东永裕和永裕恒丰，前实际控制人套现 16.58 亿元。老东家华仁世纪集团退居二线之后，华仁药业开始进入周希俭掌舵的新时代。2016 年，通过旗下广东永裕和永裕恒丰受让股份成为华仁药业实际控制人之后，周希俭于 2016 年 9 月开始担任公司董事长。

公司主营业务是非 PVC 软袋、直立式软袋、塑瓶和玻瓶大输液、腹膜透析液及原料药、配套医药包材、医疗器械等产品的研发、生产与销售。

- 风险事件演变及时间轴

自 2018 年 2 月 9 日起的七个交易日内，公司延续了跌停走势。在连续三个交易日内，跌幅偏离值累计达 20%，上榜日跌幅偏离值达 7% 的证券，买卖净差为 −231 万元。相关时间轴如表 14-18 所示。

表 14-18　华仁药业风险事件概述

时间	事件概述
2017 年 2 月	公司发布公告称，股东红塔创新投拟减持不超过 1314 万股的公司股份，减持比重不超过公司总股本的 2%
2017 年 2 月	公司发布公告称，股东华仁世纪集团向海通证券抵押 1788 万股公司股份，占公司总股本的 2.72%
2017 年 4 月	4 月 19 日，因拟披露重大事项，华仁药业自下午开市起停牌
2017 年 5 月	5 月 3 日，公司发布公告称，公司与山东诺安诺泰信息系统有限公司签署了《战略合作框架协议》，双方决定在肾病诊疗领域搭建以"腹膜透析产品＋医疗服务＋医联体"为基础的肾病分级诊疗管理服务平台，打造华仁血液净化领域的全产业链生态圈。公司股票于 2017 年 5 月 4 日开市起复牌
2017 年 9 月	公司发布公告称，股东华仁世纪集团拟减持不超过 1972 万股的公司股份，减持比重不超过公司总股本的 2%
2017 年 10 月	公司发布公告称，股东永裕恒丰投资管理有限公司向国泰君安股份有限公司质押 2688 万股，占总股本的 2.73%
2018 年 1 月	公司计划配股融资 7.03 亿元，改善资本结构

续　表

时间	事件概述
2018年2月	公司配股申购启动。2月1日,华仁药业因实施配股发布停牌公告:公司拟向截至股权登记日(即2018年1月31日)收市后的全体股东,按照每十股配两股的比例配售A股股份。2月9日,华仁药业公告配股发行结果并复牌,截至认购缴款结束日,有效认购数量为1.96亿股,占可配股份额的99.44%,认购金额为6.98亿元,发行价格为3.56元/股,较停牌前的股价折价77%

- 暴跌风险分析

第一,业绩高增但无机构吸引力。2016年7月,公司实际控制人变更为直销达人周希俭。2014—2015年,业绩滑落超50%,2016年业绩颓势中止。公司在2017年开始了新一轮增长,当年盈利近4000万元,同比增长60%。驱动业绩的主要因素依然为普通输液、治疗性输液、血液净化产品及医疗器械四大产品线的销售规模的增长,整体毛利率有所提升。事实上,近年来不少医药分析师关注输液细分行业,但主要还是看好龙头股科伦药业、华润双鹤等,而对于业绩增速较快的华仁药业均比较谨慎。关于华仁药业的最新研报还是2017年初的,可以看出,一年多的时间里华仁药业都没有被关注。同时,华仁药业前十大股东中鲜有机构青睐。2017年初,鹏华医疗保健基金、南方产业活力基金、社保基金107组合等机构仍在前十之列,但几个月后纷纷撤退。

第二,公司股票质押存在风险。实际控制人周希俭通过广东永裕恒丰投资有限公司(简称广东永裕)和永裕恒丰投资管理有限公司(简称永裕恒丰)间接持有公司股票260897100股(配股股份上市后间接持有本公司股票313076520股),占公司总股本的26.46%,其中,累计被质押的股票有235530000股,占其所持公司股份总数的90.28%,占公司总股本的23.88%,实际控制人所持股份的90%以上已质押。

第三,其他原因,如资本市场低迷和估值高企。公司配股复牌后股价大跌,这既有大环境的原因,也有公司自身的原因。停牌时,A股受外围资本市场的影响,在2月9日复牌当天,上证综指收跌4.05%,近百股跌停,该股不得不在复牌后消化强烈的补跌需求。完成配股后,又适逢春节长假休市,短期内股价若不高走,则新增股份将对股价走势形成压制。从公司自身来看,2017年年中复牌以来,在二级市场上的表现完全和大市走势相反,庄股走出几无回调的独立行情,股价翻番。而同时,公司股价每日振幅基本控制在1%左右,很少大于3%,即使是11月13日盘中瞬间跌停,仍被平盘报收,最终在2018年1月17日盘中创出阶段新高,短短半年中，最大涨幅达 125％，配股停牌前股价还很正常。与同业相比，公司当时的估值已经不低。

- **经验总结和启示**

配股暴跌现象。本身估值高企、无机构吸引力的公司在资本市场低迷的环境下宣布配股，且存在高比例质押的个股，是极易发生风险事件的。以远低于二级市场的价格进行配股，很有可能伤害中小股东利益，因此监管层不可不慎之又慎，此外，还要预防庄家将超低价配股与其他损害投资者利益的套路结合形成割韭菜的"组合拳"。类似案例还有：恒通科技在 2017 年 4 月 11 日公布配股预案后，次日该股跳空低开跌停，随后几日股价持续下跌，总跌幅近 30％；新奥股份在 2017 年 4 月 18 日公布配股预案，按照每 10 股配 2.5 股的比例配售 A 股，配股价为 9.33 元/股，预案公布后该股下跌 17.32％；阳谷华泰在 2017 年 5 月 6 日发布配股预案后，股价次日下跌 9.58％；久其软件在 2017 年 11 月 17 日公布配股预案后，当日股价下跌 9％并且一度触及跌停；2021 年 3 月 30 日，东方证券首次披露配股预案，次日收盘时东方证券 A 股大跌 8.38％；2022 年 9 月 13 日晚间，中金公司披露配股公开发行证券预案，拟采用配股方式募集资金不超过 270 亿元，次日股价暴跌 9.20％。

第 15 章　股质爆雷事件的经典案例

　　2018—2019 年,A 股民营上市公司出现过一次股票质押危机,由于前几年上市公司股权质押的数量不断增多,全市场出现"无股不押"的现象。但随着 2018 年质押新规、减持新规、资管新规等监管措施的陆续实施,压缩了市场的融资腾挪空间,造成股票质押融资风险加速暴露,市场的持续走低使得股权质押风险俨然成了市场的一个"堰塞湖"。由于质押比例较大,个股的质押规模也相对较大,在平仓抛售的风险下,可能形成较强的负反馈效应,促使股价急剧下行,进一步影响资本市场的高质量稳健发展。受此影响,金融机构受牵连于上市公司股票质押危机,也被卷入其中,频现出险事件,2018 年上市券商合计计提股票质押减值高达 76.4 亿元,损失惨重。

　　股质风险事件的表征是上市公司价值的萎缩,是阶段性的问题,但主要是民营上市公司公司治理的各种问题导致的,相比强制退市风险、个股崩盘风险,股质风险会带来更多的影响资本市场宏观和市场机制层面的问题,其带来的损失不仅会影响投资者,还会影响金融机构各种类型的金融业务及其背后的金融体系的稳健性。

一、中南文化:娱乐股的"商誉"危机

- **公司概况**

　　中南红文化集团股份有限公司(简称中南文化)是国有企业,实际控制人为江阴高新技术产业开发区管委会,于 2003 年 5 月 28 日在无锡市行政审批局登记注册,总部位于江苏省无锡市。公司股票已于 2010 年 7 月 13 日在深圳证券交易所挂牌交易。主要业务为文化传媒业务和金属制造业务。文化板块的主要业务为:电视剧、电影项目的投资、策划、制作、发行、营销及其衍生品的开发业务;版权开

发、运营;游戏制作、发行;文化产业的股权投资。金属制造业板块的主要业务为金属管件、法兰、管系、压力容器的生产和销售,应用于石油、化工、海洋工程、船舶、建筑、燃气、核电等行业。中南文化的前身是中南重工,位于江苏南通,之前是一家传统制造业企业,于 2010 年登陆 A 股。从 2015 年开始,公司通过不断收购切入文化领域,旗下拥有中南影业(电影)、大唐辉煌(电视剧)、千易志诚(艺人经纪)、新华先锋(IP 源头)、中南音乐(音乐)、值尚互动和极光网络(游戏)等泛娱乐产业链实体,并向明星培养、艺术教育等上游空间不断拓展。

2018 年,中南文化的实际控制人陈少忠被爆出丑闻,不仅将上市公司的借款转入其个人账户,还占用公司资金 3.4 亿元一直未归还,加上开具商业承兑汇票、违规对外担保,合计金额超过 14 亿元。而对于这一切,中南文化竟然毫无察觉,更没有任何披露。

- 风险事件演变及时间轴

2018 年 2 月 6 日,公司发布公告称,控股股东中南重工集团质押的部分股份触及警戒线,股票停牌。4 月 4 日,股价在二级市场上连续下跌。6 月 12 日,公司股价再次闪崩,开盘不到十分钟就快速下探至跌停,全天下跌 10.0%,报收于 8.44元/股,创下近两年来的历史新低。2018 年 1 月 2 日至 6 月 12 日,公司市值缩水约 37 亿元。6 月 12 日,公司收到控股股东中南重工集团的告知函:其质押的部分公司股票触及平仓线,占其总质押比例的 86.9%。公司股票自 6 月 13 日开市起停牌。触及平仓线的股票共计 198919000 股,占公司总股本的 27.6%。相关时间轴如表 15-1 所示。

表 15-1　中南文化风险事件概述

时　间	事件概述
2015 年 2 月	刘春被中南文化聘为首席文化官,一年后兼任中南文化董事、中南影业 CEO 等。在出任中南文化高管之前,刘春曾先后担任凤凰卫视执行台长、搜狐公司副总裁、搜狐视频总裁兼搜狐网总编辑
2017 年 2 月	2 月 21 日,公司发布公告称,公司制造业务的生产经营将全部由全资子公司江阴中南重工有限公司开展,此举意在理顺公司业务构架,从而向投资控股型企业转变,未来公司将专注于资本运作和文化传媒产业
2017 年 3 月	3 月 29 日,公司以 18.58 元/股增发,折价 35.57%
2018 年 2 月	2 月 1 日,公司报收 12.31 元/股,跌幅为 10.0%

续　表

时间	事件概述
2018 年 3 月	3 月 12 日,公司发布公告称,控股股东中南重工集团拟在未来六个月内通过大宗交易或协议转让,减持其持有的公司部分股份,用于筹措资金购买中南文化制造业的资产,减持比例预计有可能达到或超过公司总股本的 5%,价格区间为 11～20 元
2018 年 4 月	公司收到深圳证券交易所监管函。控股股东中南重工集团违规减持,在公司的持股比例减少达到 5% 时,未及时履行报告和信息披露义务,违反了《证券法》第八十六条和《上市公司收购管理办法》第十四条的规定
2018 年 6 月	6 月 9 日,公司发布《关于重大资产重组标的资产减值测试专项报告》
2018 年 6 月	6 月 12 日,公司发布公告称,控股股东中南重工集团质押股票触及平仓线,占公司总股本的 23.97%,股票停牌
2018 年 8 月	中南文化发布公告称,对于以下三大事项,公司均未履行内部审批决策程序及信息披露义务:包括以公司的名义对外开具且仍由第三方持有的商业承兑汇票,金额为 1.15 亿元;在主债务人为控股股东及实际控制人的担保函、保证合同等法律文件上加盖公章,对外担保金额为 9.81 亿元;被控股股东及实际控制人占用的资金结余总额为 3.15 亿元。三项相加,累计金额达 14.11 亿元
2018 年 8 月	中南文化发布重大诉讼公告,多家公司以追讨欠款、要求履行担保责任等为由,状告中南文化及控股股东中南重工集团或关联公司、实际控制人陈少忠等,其中,尚未开庭的案件 6 起,合计金额达 5.6 亿元;正在审理或结案的案件 11 起,合计金额 3.22 亿元。其中,诉讼金额最大的案件的原告是芒果传媒,索赔金额达 3.25 亿元
2018 年 8 月	公司副总经理、董秘陈光,董事及首席文化官刘春先后离职
2018 年 8 月	半年报显示,公司上半年营业收入为 58859 万元,同比减少 7.5%,扣非归属母公司净利润为 1723 万元,同比大幅下降 86.8%
2018 年 9 月	中南文化发布公告称,近日核查到公司及子公司部分银行账户存在被冻结的情形,涉及银行账户 23 个,冻结金额 6587.42 万元,占中南文化最近一期经审计净资产的 1.52%,可能会对公司及子公司日常经营管理活动产生一定的影响

- 爆雷风险分析

第一,基本面薄弱。公司资产结构中流动性资产占绝大部分。2017 年,公司流动资产占总资产的比例为 47%,资产负债率为 14.0%。2019 年,公司应收账款前五大欠款人占比高达 88.2%,集中度高。公司盈利能力较弱,2018 年和 2019 年归属母公司净利润均为亏损。

第二,公司治理存在重大缺陷。2019 年 4 月 25 日,深圳证券交易所发布《关于对中南红文化集团股份有限公司及相关当事人给予公开谴责处分的公告》。公告显示,经查明,公司及相关当事人存在控股股东非经营性占用上市公司资金;未履行审批程序向控股股东、实际控制人提供担保;重大诉讼披露不及时;控股股东股份冻结信息披露不及时等违规行为。此外,公司还未及时披露控股股东股权质押情况。2018 年 8 月,公司副总经理、董秘陈光,董事及首席文化官刘春先后离职。上述问题表明公司治理存在严重问题。

第三,其他原因。公司涉及的影视和游戏行业在监管的重拳整治下,业绩增速放缓、行业洗牌加速。另外,2018 年中报披露,自 2018 年 6 月 30 日起至 8 月 29 日,公司共计涉及六份诉讼,其中有五份为借款合同纠纷,累计涉及金额 23725 万元。

- 经验总结和启示

并购活动频繁,在推动公司业绩上升的同时,也隐藏着巨大的商誉减值风险。公司从 2015 年转型文化娱乐行业,伴随着频繁的并购活动,多起资产重组都是高溢价、高业绩对赌。截至 2017 年 12 月 31 日,公司商誉账面价值为 23.9 亿元,占公司总资产的 31%,占公司净资产的 54.9%。上市公司完善的现代化公司治理是企业高质量发展的前提,需要实际控制人及其关联方的约束,以及推动机构投资者参与公司治理。未来提升民营上市公司治理绩效的核心工作是构建对实际控制人的制度制约。

二、泰禾集团:地产股的行业性劫难

- 公司概况

泰禾集团股份有限公司(简称泰禾集团)是民营企业,实际控制人为自然人黄其森,于 1992 年 12 月 29 日在福建省市场监督管理局登记注册,总部位于福建省三明市。公司股票于 1997 年 7 月 4 日在深圳证券交易所挂牌交易。公司实行以房地产为核心,金融和投资为两翼的发展战略。公司主要从事住宅地产和商业地产的开发,其经营范围主要包括房地产综合开发经营、公司商标特许经营、酒店管理、物业管理、绿化工程等。

- 风险事件演变及时间线

2020 年 12 月 4 日,深圳证券交易所发布公告称,因控股股东泰禾投资向申万宏源质押股票融资违约，福州市中级人民法院于 2020 年 9 月 15 日向申万宏源出具《协助执行通知书》，要求申万宏源协助将泰禾投资持有的 6800 万股泰禾集团股票通过集中竞价交易或大宗交易等方式变现。相关时间轴如表 15-2 所示。

表 15-2 泰禾集团风险事件概述

时间	事件概述
2020 年 6 月	公司发布 2019 年年报：归属母公司净利润同比下降 67.6％；扣非净利润同比下降 111.14％；基本每股收益同比下降 67.61％
2020 年 5 月	控股股东泰禾投资所持 71071 万股被冻结
2020 年 6 月	控股股东泰禾投资所持 42866 万股被冻结
2020 年 7 月	公司发布 2020 年半年报，归属母公司净利润亏损 146000 万～186000 万元，同比下降 193.54％～219.16％
2020 年 8 月	控股股东泰禾投资 24 亿股被轮候冻结
2020 年 12 月	深圳证券交易所发布公告称，公司控股股东泰禾投资向申万宏源质押股票融资违约

• 爆雷风险分析

第一，商业模式和基本面薄弱。1996 年，黄其森等人在福建创建泰禾集团，主要从事住宅地产和商业地产的开发。早期的泰禾集团主要在福建省内发展，并逐步向一线城市及二线核心城市扩张。2010 年 9 月，泰禾集团成功借壳福建三农登陆 A 股。上市后的泰禾集团开始步入快车道，2012 年营业收入仅为 26 亿元，到 2018 年时，营业收入已经达到 310 亿元，增幅超过 10 倍。但不可忽视的是，与营收同步增长的还有净负债。天风证券数据显示，泰禾集团的净负债率远高于同行，2017 年净负债率达到 473.38％，随后经过出售资产、减少拿地等措施降低杠杆，2019 年净负债率降低到 248.28％，但仍然处于非常高的水平。

第二，公司治理存在缺陷。公司及其子公司曾发生过多起诉讼。2014 年，公司全资子公司福州泰禾房地产因项目工程施工合同纠纷遭到福建六建集团有限公司起诉。2018 年，公司控股子公司南京恒祥置业因股权转让协议纠纷遭到江阴惠泽投资公司起诉。2020 年，董事长黄其森因有履行能力而拒不履行生效法律文书确定的义务，被列入失信被执行人名单。可见公司治理存在重大缺陷。

第三，融资成本高、对外担保风险大。2018 年公司的融资成本为 8.52％，2019 年上升到 9.94％。尤其是 2019 年境内发债失败后，公司通过发行三只票息超 11％的美元债来缓解债务压力。

● 经验总结和启示

房地产行业本身属于高杠杆行业,而且受宏观政策调控影响较大,但高杠杆是一把双刃剑,在带来营收和利润快速增长的同时,一旦踏错节奏,就将给企业带来致命的伤害。在泰禾集团违约之前,债券市场已经有五家房企出现债券违约,但均为资产规模不足 500 亿元的小型房企,分别为华业资本、中弘控股、国购投资、颐和地产和银亿股份。与其他违约房企不同,泰禾集团聚焦高端住宅和商业地产,坚持"文化筑居中国"的品牌理念,开创新中式院落别墅,"院子"系其旗下产品,曾获"亚洲十大超级豪宅"等殊荣,而其商业地产主要为高端商业综合体,以"泰禾广场"品牌为主。高端住宅和商业地产一向是众多房企谨慎开发的领域,高端住宅是去库存慢,而商业地产则是回款慢,且两者对于资金的占用均有规模大、期限长的特点。泰禾集团的核心产品"院子"建设周期较长以及目标客户群体有限,导致销售进度相对较慢,公司存货年平均预收账款维持在较高水平,是周转慢、去化压力较大的表现。一方面,一、二线城市的高端住宅面临严格的限购、限售等房地产调控措施;另一方面,一般高端住宅去化较慢,对公司现金流要求较高。商业地产占比较高会进一步拖累公司现金流。泰禾集团的发展战略出现了很大的问题,泰禾集团住宅产品偏高端,商业地产占比高,同时还要追求快速的规模扩张,必然会对现金流产生极大的压力,极易造成公司资金链断裂。此外,公司近年来还在频繁地进行多元化扩张,这也是造成公司现金流承压、债务违约的原因。

三、辅仁药业:实际控制股东品行不端

● 公司概况

辅仁药业集团制药股份有限公司(简称辅仁药业)成立于 1993 年,曾用名为辅仁药业集团实业股份有限公司、上海民丰实业股份有限公司等,是民营企业,注册地址为河南省周口市。公司的第一大股东为辅仁药业集团,法定代表人为姜之华,实际控制人为朱文臣,于 1996 年在上海证券交易所主板发行股票上市。公司是一家以药业、酒业为主导,集研发、生产、经营、投资、管理于一体的综合性集团公司。公司产品涵盖了中西药制剂、生化制药、生物制药、原料药等多个门类,"辅仁"商标被认定为中国驰名商标。2017 年,公司通过资产重组持有开封制药（集团）100％股权。主营业务从较为单一的中成药业务拓展到综合性医药业务。2015 年至 2018 年间,辅仁药业营收从 4.62 亿元飙升至 63.17 亿元,净利润从 2777.46 万元上升至 8.89 亿元,堪称"业绩黑马""成长神话"。

- 风险事件演变及时间轴

2019 年 6 月 1 日,公司收到中国证券登记结算有限公司上海分公司通知,根据河南省郑州市金水区人民法院执行裁定书、河南省开封市金明区人民法院民事裁定书等,公司控股股东辅仁药业集团持有的该公司 7700 万股股份被冻结。相关时间轴如表 15-3 所示。

表 15-3　辅仁药业风险事件概述

时间	事件概述
2013 年 2 月	公司控股股东辅仁药业集团在工商银行周口分行所辖属的鹿邑支行申请项目贷款 3.8 亿元,用于制剂国际化发展能力提升项目建设,双方签订了《固定资产借款合同》,约定借款期限为 71 个月,并由开封制药（集团）有限公司及河南省宋河酒业提供连带责任保证担保,签订了《最高额保证合同》。此贷款到期前,被申请人（公司控股股东辅仁药业集团）偿还 28100 万元,其余 9900 万元尚未归还
2016 年 9 月	因未及时披露公司重大事项,以及未依法履行其他职责,公司高管张海杰被证监会处以警示函处分决定
2017 年 6 月	财务总监离职
2018 年 3 月	控股股东辅仁药业集团减持公司股份 282 万股,目前尚持有 5092 万股流通股份,占流通股份总数的比例为 28.7％
2018 年 4 月	公布 2017 年年报,营业总收入为 58 亿元,同比增长 15.7％;净利润为 3.9 亿元,同比增长 12.23％;基本每股收益为 0.94 元,平均净资产收益率为 15.8％
2018 年 12 月	公司再融资异常,此次增发方案停止实施
2019 年 1 月	公司收到公司 5％以上非控股股东深圳市平嘉鑫元股权投资合伙企业（有限合伙）和天津市津诚豫药医药科技合伙企业（有限合伙）及其一致行动人深圳市东土大唐投资管理合伙企业（有限合伙）,以及南京东土泰耀股权投资合伙企业（有限合伙）的《减持计划告知函》
2019 年 2 月	2018 年 2 月 27 日至 2019 年 2 月 27 日间共发生十笔大宗交易
2019 年 4 月	公司多次进行股份减持

时间	事件概述
2019 年 5 月	公司新增一条被执行人信息,执行法院为郑州市管城回族区人民法院,执行标的为 1527 万元
2019 年 5 月	公司新增一条被执行人信息,执行法院为上海市浦东新区人民法院,执行标的为 2778 万元
2019 年 5 月	控股股东辅仁药业集团 7700 万股公司股份被冻结
2019 年 7 月	公司因资金安排发生变动,未按有关规定完成现金分红款项划转,无法按照原定计划发放现金红利

- 爆雷风险分析

第一,基本面薄弱。公司在 2019 年第一季度收到上海证券交易所问询函:公司货币资金期末(3 月 31 日)余额为 18.16 亿元,根据公司财务提供的资料显示,截至 2019 年 7 月 19 日,公司及子公司拥有现金总额 1.27 亿元,其中,受限金额为 1.23 亿元,未受限金额为 378 万元。根据公司披露,2019 年第三季度报告显示:实现营收 38.3 亿元,较上年同期下降 19.6%;实现归属上市公司股东的净利润 5.4 亿元,较上年同期下降 26.1%。

第二,公司治理存在重大缺陷。2019 年 7 月,虽公司账目拥有现金 18 亿元,但公司连 6000 万元的现金分红都拿不出来,这引起了证监会的立案调查和媒体的追踪报道,公司的许多严重问题也被逐一曝光——财务造假、违规占用资金、违规担保、工厂欠薪停工、公司欠钱不还、大股东被执行、未按规定实施 2018 年年度权益分派、未及时披露多宗诉讼等。受此影响,公司股票于 2018 年 6 月 29 日实施退市风险警示,股价开始直线下降。

第三,其他原因。公司多次被列为被执行人,深陷巨额担保偿还问题。在 2017 年底,公司市值超过 144 亿元,但一段时间后已不足 20 亿元。公司共有六则被执行人信息,被执行总标的约为 4.7 亿元,公司还有多条失信被执行及限制高消费信息。

第四,2016 年 6 月,在辅仁药业 78 亿元并购开药集团的交易中,辅仁药业面临 3.91 亿元尾款拿不出的窘境,引起市场的一片质疑。2016 年,辅仁集团下属企业河南辅仁控股有限公司曾斥资 3.9 亿元参股久亿恒远(北京)科技有限公司(简称久亿科技),获得其 40% 的股权,成为最大股东,而久亿科技则是 P2P 平台短融网的运营者。随后,在 2018 年 8 月,辅仁集团控股的 P2P 平台短融资频爆雷。2018 年 8 月 9 日,久亿科技发生股权变更,河南辅仁控股有限公司的名下股权变更为上海民峰实业有限公司,辅仁药业董事长朱文臣也退出高管名单。2018年8月10日,短融网官网发布《优化还款规则的相关公告》,公告中正式宣布不再向出借人提供担保或者承诺保本保息。此后平台开始出现大量逾期,上述逾期资金至今仍未解决。多位业内人士对记者表示,除了财务上存在造假的问题,辅仁集团资金链危机在短时间内的爆发或许也与此次P2P爆雷潮有关。而从2019年开始,关于辅仁药业的更多不利的公开信息在不断被披露。2019年6月以来,辅仁药业已连续12次发布公告披露控股股东股权被冻结的情况。辅仁集团持有的辅仁药业股份,被河南省郑州市高新技术产业开发区人民法院、河南省周口市中级人民法院、广东省珠海横琴新区人民法院等部分或全部冻结(轮候冻结)。此外,辅仁集团还在2019年内9次被列为被执行人,2次被列为失信被执行人。

- 经验总结和启示

对于辅仁药业被爆出的财务造假问题,早在2015年就已有人实名举报。2015年9月,原辅仁药业董事总经理邱云樵的妻子武娇娇在网上发布了针对辅仁药业实际控制人、董事长朱文臣的实名举报信。举报信中列举了朱文臣的七项问题,包括严重超生、长期包养情妇、贷款诈骗、非法转移资金等问题,其中有两条涉及辅仁药业财务造假的内容。武娇娇在举报信中称,2010年来,辅仁药业一直存在财务造假的问题,并以此骗贷80多亿元且将部分贷款据为己有,向海外非法转移资金5亿元。资本再繁荣,也要实业做支撑。业绩不够、造假来凑,在短利、短视的裹挟中铤而走险,让辅仁集团实际控制人朱文臣面临法律追责风险。

四、金字火腿:股权更迭频繁

- 公司概况

金字火腿股份有限公司(简称金字火腿)是民营企业,实际控制人为自然人施延军,于2008年2月25日在金华市工商行政管理局登记注册,总部位于浙江省金华市。公司股票于2010年12月3日在深圳证券交易所挂牌交易。2016年,金字火腿通过大力调整股权引入了中钰资本,并顺势进入大健康领域。但受累于中钰资本的连续亏损,金字火腿也出现了亏损,导致2018年双方分道扬镳,中钰资本以超7亿元的价格回购股份。金字火腿的业绩也逐步回升。但金字火腿的大股东巴玛投资实际控制人施延军却在不停地寻找接盘人。2019 年 3 月,具有国资背景的广东恒健投资控股有限公司(简称恒健控股)拟收购巴玛投资拥有的股份,但在同年 5 月,恒健控股终止了上述股权转让交易。

公司坚持大力发展中式火腿、欧式发酵火腿、火锅火腿、烤肉火腿、淡火腿等火腿产品,重点发展大肉香肠、香肠、腊肉、酱肉、淡咸肉等特色肉制品,快速发展满足生鲜电商、社区电商、中央厨房、食品加工企业、连锁餐饮等新渠道和新用户个性化需求的定制品牌肉业务,拓展网络营销,强化线下市场,努力提升金字品牌价值,打造肉类品牌消费品。

- 风险事件演变及时间轴

公司股东娄底中钰资产管理公司(简称娄底中钰)与东吴证券签约,将其持有的公司 1.34 亿股无限售条件流通股通过质押式回购方式质押给东吴证券。由于公司股价连续下跌,娄底中钰所质押的股份已触及平仓线,2018 年 6 月 22 日娄底中钰进行了 1000 万股的补充质押。截至 2018 年 6 月 26 日,娄底中钰因未按协议约定完成追保,已构成违约。相关时间轴如表 15-4 所示。

表 15-4　金字火腿风险事件概述

时间	事件概述
2017 年 9 月	公告:股东股权协议转让已完成登记过户
2017 年 11 月	公告:股东股权质押
2018 年 3 月	公告:重大资产重组停牌
2018 年 4 月	公告:2017 年计提商誉减值准备
2018 年 4 月	公告:总裁辞职及聘任新总裁
2018 年 6 月	股价阴跌时间累计长达一个月
2018 年 6 月	公告:持股 5% 以上股东股份补充质押
2018 年 6 月	公告:持股 5% 以上股东股票质押式回购交易违约处置的预披露

- 爆雷风险分析

第一,股权变更频繁。2017—2019 年连续三年的自由现金流为负值。2017 年前三季度经营活动产生的现金流净额为 -5583.1 万元,同比下滑了 172.07%。2018 年的净利润为负值,亏损了 9.7 亿元。2017 年应收账款激增至 6082 万元,是 2016 年的 6 倍。从 2016 年底开始,公司创始人施延军与一致行动人持续减持套现,向中钰团队转让了14.72%的股权。2017年1月5日,施延军通过大宗交易减持了其所持有的公司无限售条件股份共计910万股,减持股份数量占公司总股本的1.49%。2017年1月10日,薛长煌通过大宗交易减持了其所持有的公司无限售条件股份共计480万股,减持股份数量占公司总股本的0.79%。2017年1月13日,施延军通过大宗交易减持了其所持有的公司无限售条件股份共计1420万股,减持股份数量占公司总股本的2.32%。

第二,重大资产重组终止。公司拟以现金方式购买晨牌药业81.23%的股权,但因当时市场环境不佳,为维护上市公司及全体股东利益,决定终止此次重组,随后复牌。

第三,其他原因。火腿业务很难突破业务发展瓶颈。火腿的消费有明显的淡旺季,过年前后最忙,其他时间则相对空闲,大量的原料和产品积压在库房中,导致资产周转率较低。

- 经验总结和启示

在2016年底,金字火腿与中钰资本的联姻之初,双方都是踌躇满志。金字火腿的食品主业已经增长乏力,急需开拓第二增长点。而中钰资本渴望通过控制一个上市平台,打通新的PE业务模式。一方面,金字火腿并购了中钰资本,让中钰资本实现了证券化;另一方面,中钰资本的管理团队成为金字火腿的第二大股东,且与第一大股东的持股比例相当接近,并且金字火腿的第一大股东、实际控制人施延军让贤,由禹勃入主金字火腿担任董事长兼总裁。2018年3月,中钰资本以1674万美元收购纽交所上市公司NBY的计划,但因未能完成境外直接投资的核准备案手续而终止。中钰资本的原计划是以NBY为上市平台开展创新新药的投资和并购,与金字火腿形成"中美双上市平台"格局。2018年5月,金字火腿以10.5亿元收购晨牌药业的交易也宣告终止。这是中钰资本为金字火腿带来的规模最大且最为关键的一笔交易。晨牌药业2017年营业收入为4亿元,净利润为9800万元,分别是金字火腿的2倍和4倍。若这一交易完成,那么金字火腿的"食品＋医药"双主业将正式成型。晨牌药业的并购失败成了转折点,引爆了金字火腿股价跳水、股票质押爆仓、对赌失败等一系列暗雷。自此之后,禹勃不得不带领中钰资本进行艰难的撤退,全面退出金字火腿。

五、乐视：夸夸其谈的实际控制股东

- 公司概况

乐视网信息技术（北京）股份有限公司（简称乐视）总部位于北京市，2004 年 11 月成立，并于 2010 年 8 月 12 日在深圳证券交易所创业板上市。2017 年以来，因受大股东及其关联方造成的严重资金紧张影响，公司业务遭遇重挫。2020 年 5 月 14 日，公司被深圳证券交易所勒令退市。

公司主要从事基于整个网络视频行业的付费会员及发行业务（包括付费业务、短视频运营业务、版权业务及电视剧发行收入）、广告业务（视频平台广告发布业务）和其他业务等。

- 风险事件演变及时间轴

2016 年 6 月 23 日，公司控股股东及实际控制人贾跃亭在国泰君安进行股票质押式回购业务融资，质押公司股份数量合计 3954 万股，质押到期日为 2017 年 6 月 23 日。公司于 2018 年 9 月 17 日收到国泰君安发送的《关于贾跃亭名下"乐视网"质押股份处置通知函》。相关时间轴如表 15-5 所示。

表 15-5　乐视风险事件概述

时间	事件概述
2016 年 6 月	乐视通过西藏乐视网信息技术有限公司（以下简称西藏乐视）使用募集资金购买版权时，西藏乐视将募集资金陆续转入乐视一般账户，用于支付员工工资、税费结算等非募投项目支出，涉及的募集资金累计 88102 万元，于 2016 年底全部归还
2017 年 3 月	副董事长辞职
2017 年 6 月	25 家供应商联合向公司发出催款函（共 4654 万元未结款）
2017 年 6 月	公司独立董事辞职，同时辞去董事会提名委员会主任委员、审计委员会委员、战略委员会委员、薪酬与考核委员会委员相关职务
2017 年 6 月	招商银行上海北川支行申请财产保全，请求冻结三家公司及贾跃亭夫妇名下的 12.27 亿元资产
2017 年 7 月	多家基金下调乐视估值
2017 年 7 月	700 万股乐视股份被冻结，涉及股东为乐视控股（北京）有限公司；28331.2015 万股乐视股份于同日被轮候冻结

续　表

时间	事件概述
2017 年 7 月	51213.3 万股乐视股份被冻结,涉及股东为贾跃亭;313950.6 万股乐视股份于同日被轮候冻结
2017 年 7 月	平安银行请求判令偿还贷款本息共 8000 万元
2017 年 7 月	贾跃亭辞去乐视董事长一职,并退出董事会
2017 年 8 月	建设银行北京光华支行就乐视全部贷款(2.5 亿元)申请财产保全
2017 年 9 月	乐视控股和乐视移动分别列入失信被执行人名单
2018 年 9 月	收到国泰君安发送的《关于贾跃亭名下"乐视网"质押股份处置通知函》

- 爆雷风险分析

第一,财务失控。2016 年,公司业务范围增加,新业务超级电视以高配置、高性能、极致体验、颠覆价格快速获得用户青睐,但尚处于成长期;同时,新业务快速发展带来管理费用、销售费用等的上升,使得公司盈利水平同比降低。2016 年营业利润同比下降 35.5%,利润总额同比下降 45.8%。2017 年 7 月,多名乐视股东的乐视股份被冻结。2018 年 1 月,股票增发方案的停止实施引起了再融资较为困难的利益相关者的调整。

第二,公司治理存在问题。乐视 2016 年年度业绩预告、业绩快报披露的净利润与年度报告相比,存在重大差异且未及时修正。挪用或占用各关联公司的资金导致资金链断裂,公司出现资金困局。

第三,公司高管频繁高位出售股票,多次套现。自 2015 年起,在一年多时间里,高管通过减持,套现了百亿元人民币。

- 经验总结和启示

第一,乐视核心资产——乐视网作为视频网站,相对来说,其技术门槛低,没有"护城河",缺乏核心技术及竞争力。需注意公司核心资产的可被替代性。

第二,乐视发展了多项业务,包括手机、电视、汽车、视频等业务,前期投入大,尚在成长期,未能产生利润和现金流,并且频繁出现资金问题。因此,公司发展需重视每项业务的盈亏。

第三,需注意公司治理结构,规范实际控制人、董事会和股东会的权限。警惕伪君子类型的管理层,这种上市公司擅长造势,管理层具有表演型人格,喜欢炒作个人影响力,上市公司管理层往往都是一时的明星,因此垮掉时的动静也不一般,如"为梦想窒息"的乐视管理层贾跃亭。

六、中新科技:民营传统制造业的无奈

- 公司概况

中新科技集团股份有限公司(简称中新科技)是民营企业,实际控制人为自然人陈德松、江珍慧(夫妇),于 2007 年 5 月 23 日在台州市工商行政管理局登记注册,总部位于浙江省台州市。公司股票于 2015 年 12 月 22 日在上海证券交易所挂牌交易。

1997 年,41 岁的陈德松创立了浙江新世纪进出口公司,凭着一身胆魄和敢为人先的企业家精神,与日本人做起了河豚出口的生意,当年就净赚 1500 万元。2007 年,电子行业遭遇寒冬,一大批电子企业倒闭,陈德松却逆势而为,接手两条二手电视总装生产线,在东阳创立了新纪元机电公司。同时,他又在华南地区租赁厂房,建起平板电脑、笔记本电脑生产基地。2008 年,他把企业更名为新世纪光电公司,并将其迁回台州,陈德松在他 52 岁这一年重新上路创业,踏上了完全不熟悉的电子行业,在毫无电子行业基础的台州办起了电子厂,只用了七年时间,他就把公司做到了在沪深股市挂牌上市并长期保持台州出口企业第一名的成绩,2017 年中新科技 TV 出货量更是位列全球第五。

公司实行以代工制造模式服务于全球品牌商及零售商的经营策略。在平板电视产品方面,公司产品线已覆盖 LCD、LED、3D 智能、超高清和云屏系列产品,产品销往北美、欧洲、大洋洲等近 40 个国家和地区,主要合作客户包括 Sceptre(美国)、Curtis(加拿大)、Tempo(澳大利亚)等品牌商和零售商。

- 风险事件演变及时间轴

2019 年 6 月 10 日,浙商证券发布公告称,因与公司控股股东中新产业集团的股票质押式回购交易纠纷向法院提起诉讼,并收到法院送达的案件受理通知书,涉案金额为 1.8 亿元。相关时间轴如表 15-6 所示。

表 15-6　中新科技风险事件概述

时间	事件概述
2017 年 1 月	公司财务总监辞职
2018 年 9 月	公司新任财务总监离职
2018 年 10 月	公司副总经理辞职
2019 年 1 月	公司非公开发行 A 股股票方案到期失效
2019 年 4 月	公司 2018 年度业绩预亏，5 月收到上海证券交易所问询函
2019 年 5 月	公告：关于公司股票实施其他风险警示暨停牌
2020 年 5 月	公告：上海证券交易所《关于请求支持中新科技集团股份有限公司进行债务重组的报告》

• 爆雷风险分析

第一，基本面薄弱。公司资产结构中流动性资产占绝大部分，2018 年公司流动资产占总资产的比例高达 86.0%，其中，应收票据、应收账款、其他应收款这三项的比例逐年上升，这反映出公司在产业链中的弱势地位。公司应收账款前五大欠款人占比高达 67%，集中度较高，整体来看，公司应收账款的坏账准备高达 5.85%。从公司购买的出口信用保险赔付情况来看，公司 2017 年就有五家国外客户、一家国内客户的 3225 万元应收账款由于客户破产而无法收回。

第二，公司治理存在重大缺陷。公司长期存在着关联交易、大股东占用上市公司资源、内部两个派系斗争等现象。2019 年 5 月底，公司发布公告称，发现关联方中新产业集团、中新国贸集团、新世纪物流累计间接占用公司资金 6.72 亿元，股票亦因此被实施风险警示。

• 经验总结和启示

第一，缺乏核心竞争力、盈利能力薄弱且债务结构不合理的上市公司在资本市场风险偏好下降、融资收紧、再融资难度增大的环境下易发生风险事件。电子代工业本身是毛利极低的行业，中新科技长期以来盈利能力一直不佳。中新科技的商业模式很简单，就是代工制造，从上游供应商那边拿到关键原材料（主要是面板）后，依托自身的成本优势为下游的品牌商和零售商代工制造，主要产品是电视、笔记本电脑和其他消费类电子产品。公司本身在产业链中就处于劣势地位，一方面，上游的成本不可控；另一方面，公司客户结构相对简单，经营状况易受大客户订单波动的影响，且下游大客户如 Sceptre（美国）、Curtis（加拿大）、Tempo（澳大利亚),以及国内的海尔、四川长虹、三洋电子、TCL 海外电子、17TV 等均比较强势,收款账期比较长。由于两头受挤压,公司毛利率不高且逐年走低,截至 2018 年底,公司毛利率仅为 8.47%。

第二,对于和集团公司有股权关系及业务关联的民营企业,需特别重视分析两者之间的关系。中新科技前期过于激进,为了塑造公司核心竞争力,突破技术壁垒,公司在研发和构建生态圈上投入颇多,导致母公司层面和上市公司层面因投资项目过多积累了巨额债务,且债务结构不合理,短期债务占比过高。软资产、硬负债,加之公司资产本身质量不高、变现能力差,影响了债务清偿。

第三,对于长期没有机构投资者调研和持股,以及缺乏卖方研究所覆盖的标的的上市公司需格外谨慎。

第16章　上市公司债务违约的典型案例

　　上市公司作为资本市场中相对优质的企业,会因宏观形势、行业政策环境、公司治理等问题产生财务风险,最后引发信用风险或债券估值波动风险。我国债券市场作为资本市场的重要一环,信用债发行主体以非上市公司为主,上市公司债券发行规模与信用债增长情况基本一致,其规模占比自 2015 年以来呈现出下降趋势,尤其是 2019 年以后,占比明显下降。上市公司发行主体数量在 2019 年也出现明显减少,此外,2021 年占比继续下降。

　　债务违约事件的表征是上市公司基本面崩溃的问题,虽然内在的原因各有不同,但其带来的损失不仅会影响投资者,带崩上市公司股价,还会影响金融机构的各种金融业务及其背后的金融体系的稳健性,相比股票质押业务爆雷,上市公司信用违约后所波及的金融机构类型和金融机构业务类型则更为多样化。

一、天神娱乐:商誉危机导致的信用违约

- 公司概况

　　大连天神娱乐股份有限公司(简称天神娱乐)是民营企业,疑似实际控制人和法人代表为徐德伟,于 2003 年 8 月 29 日在辽宁省大连市注册登记。公司于 2010 年 2 月 9 日在深圳证券交易所挂牌上市。

　　大连天神娱乐股份有限公司的主营业务为网页网游和移动网游这两类网络游戏的研发与发行。公司的主要产品为电竞游戏、数字效果流量、品牌内容流量。成立以来,在自主研发方面,天神互动出品了傲剑、飞升、苍穹变、梦幻 Q 仙、傲剑 2、全民破坏神和苍穹变手游等多款热门产品,深受玩家好评。在发行方面,凭借多年来在自研网页游戏的发行和运作方面积累的丰富经验,对各运营平台特点的深刻理解,以及对玩家消费习惯的准确把握,与腾讯、百度、趣游、360 游戏、37wan

等网络游戏运营平台保持了紧密的合作关系,并在越南、印尼、马来西亚等海外地区发行游戏。

- **风险事件演变及时间轴**

2018 年 5 月 10 日,天神娱乐董事长兼总经理朱晔因涉嫌违反债券法律法规被证监会立案调查。2018 年 9 月,董事长朱晔离职,之后,其他高管也陆续离职,股东开始相应减持股票。2018 年 10 月,公司披露的 2018 年三季报中提示公司存在商誉大额减值风险。2019 年 8 月 13 日,公司收到大连市证监局的警示函和证监会的立案调查通知书。2020 年 1 月 20 日,公司未能如期偿付"17 天神 01"回售款和未回售部分利息,构成实质性违约。相关时间轴如表 16-1 所示。

表 16-1　天神娱乐风险事件概述

时间	事件概述
2018 年 5 月	5 月 10 日,天神娱乐董事长兼总经理朱晔因涉嫌违反债券法律法规被证监会立案调查
2018 年 7 月	公司发布业绩修正预告,预计 2018 年全年亏损 73 亿~78 亿元
2018 年 9 月	董事长兼总经理朱晔离职
2018 年 10 月	10 月 9 日,"17 天神 01"市场隐含评级下调至 BB,初始位为 A+
2019 年 1 月	1 月 31 日,"17 天神 01"市场隐含评级下调至 BBB
2019 年 2 月	中证鹏元将公司主体和"17 天神 01"列入信用评级观察名单
2019 年 4 月	三分之一以上董事发生变动
2019 年 5 月	未能清偿到期信托贷款和银行贷款
2019 年 6 月	中证鹏元将公司主体和"17 天神 01"评级下调至 BB,此前评级均为 A
2019 年 7 月	中证鹏元将公司主体和"17 天神 01"列入关注
2019 年 8 月	8 月 13 日,公司收到大连市证监局的警示函和证监会的立案调查通知书;8 月 22 日,公司董事长兼总经理杨锴辞职
2019 年 9 月	9 月 30 日,三分之一以上董事、三分之二以上监事发生变动
2020 年 1 月	1 月 20 日,"17 天神 01"未能如期偿付回售款和未回售部分利息,构成实质性违约

- **违约风险分析**

第一,公司基本面薄弱。2018 年以来,行业监管政策逐渐趋向严格,公司的游戏、移动数字营销、品牌内容营销等主营业务都受到了国家出台的各项监管政策不同程度的影响,导致公司的业绩下滑,净利润由正转负,经营性现金流大幅减少。

第二，公司存在商誉减值风险。公司自上市以来，持续以高溢价的方式收购了幻想悦游等十余家游戏公司，使得公司资产大幅上升，2017年累计商誉达65.41亿元。2017年之后，公司商誉连续大幅减值，为之后的业绩风险事件埋下伏笔。

第三，公司治理结构存在重大问题。2018年10月以前，两名自然人朱晔、石波涛签署一致行动协议，由协议形成的一致行动人作为公司的控股股东及实际控制人。2018年10月17日，协议到期终止且未续签，之后公司无控股股东及实际控制人。2018年5月10日，法定代表人、董事长和总经理朱晔因涉嫌占用公司资金偿还自身外债被证监会立案调查，并于2018年9月19日提出辞职。随后，八位高管离职，管理层的不稳定对公司经营产生了重大负面影响。

第四，公司涉及多起诉讼事件。截至2020年2月20日，公司涉及诉讼或仲裁共18起，累计金额达32.83亿元，其中包含与金融机构的诉讼金额28.76亿元。同时，公司被冻结资产占公司账面资产的比重约为5.8%，其中被冻结的银行资金达125.63万元。

- 经验总结和启示

第一，管理层的稳定在公司持续经营的过程中起着至关重要的作用。2015年之后，公司缺乏控股股东和实际控制人，再加上2018年和2019年两位董事长的连续离职与高管的频繁变动，导致公司经营存在较大的不稳定性。

第二，商誉对公司资产的促进作用具有一定的不可控性。溢价收购所带来的商誉在促进公司资产上涨的同时，也使公司面临更多的不可控因素，导致经营风险增大。

第三，高管的诚信记录对公司形象存在着重大影响。公司董事长兼总经理朱晔多次收到关注函和监管函，并于2018年5月因涉嫌占用公司资金偿还自身外债被证监会立案调查，这在一定程度上导致了公司主体及"17天神01"的评级下跌。

二、力帆科技：摩的龙头难抗债务压力

- 公司概况

力帆科技（集团）股份有限公司（简称力帆科技）是民营企业，实际控制人为重庆满江红企业管理有限公司，法人代表为徐志豪，于1997年12月1日在重庆市工商行政管理局登记注册,总部位于重庆市。公司股票于 2010 年 11 月 25 日在上海证券交易所挂牌上市。

力帆科技(集团)股份有限公司主要从事乘用车(含新能源汽车)、摩托车、发动机、通用汽油机的研发、生产及销售(含出口)。主要产品是乘用车及配件、摩托车及配件、内燃机及配件。公司自主掌握 V 缸发动机核心技术,在行业内具有领先地位。

- 风险事件演变及时间轴

2020 年 3 月 5 日,公司发布公告称,因公司现金流较为紧张,为做好本期债券兑付工作,公司已成立了专项工作小组,目前正通过多种渠道和方式筹措兑付资金,但受行业、疫情、诉讼等综合因素的影响,资金筹措面临多重困难,到期兑付存在不确定性。2020 年 3 月 13 日,公司再次发布公告提示"16 力帆 02"的兑付不确定性。2020 年 3 月 16 日,力帆科技发布公告称,由于公司资金流动性紧张,公司未能按期兑付"16 力帆 02"债券本息,"16 力帆 02"公司债券自 2020 年 3 月 16 日起将在上海证券交易所固定收益证券综合电子平台停牌,公司未能按时兑付本息,构成实质性违约。相关时间轴如表 16-2 所示。

表 16-2　力帆科技风险事件概述

时间	事件概述
2019 年 4 月	变更会计师事务所为天衡会计师事务所
2019 年 6 月	6 月 14 日,公司所持有的力帆实业(集团)股份有限公司股份被冻结;6 月 21 日,联合评级下调公司主体评级至 AA-,此前为 AA
2019 年 7 月	7 月 22 日,公司所持有的力帆实业(集团)股份有限公司股份被轮候冻结;7 月 29 日,公司及其子公司涉及重大诉讼(仲裁)
2019 年 9 月	9 月 12 日,公司所持有的力帆实业(集团)股份有限公司股份被轮候冻结
2020 年 1 月	"18 力控 01"未能偿付本期债券回售本金及上年度利息,构成实质性违约
2020 年 3 月	3 月 5 日,公司披露目前到期全额兑付债券存在风险;联合评级下调力帆科技与力帆控股的主体信用等级至 BBB,二者此前均为 AA-
2020 年 3 月	3 月 16 日,联合评级下调"16 力帆 02"评级至 C;公司未能按时兑付本息,构成实质性违约

- 违约风险分析

第一,行业景气度低迷,公司经营业绩下滑。公司主营业务为汽车和摩托车的生产与销售,受国内汽车和摩托车行业景气下滑的影响,公司的主营业务收入大幅下降。2018 年底，公司营业收入同比下降 12.60％，2019 年底同比下降 32.35％。2020 年受疫情影响，公司一季度营业收入同比下降 74.88％。大幅下滑的营业收入再加上自 2014 年以来一直为负的经营性现金流，公司偿债能力和流动性持续恶化。

第二，再融资渠道受限，公司偿债能力下降。公司除了 2016 年发债成功，其余年度的发债均以失败告终。银行的授信额度自 2017 年以来也在逐年下降，未使用额度仅余 3 亿元。为了保障"16 力帆"的回售和兑付，2017 年，公司通过向子公司融资租赁 51％的股权，获得资金 4.65 亿元；2018 年，通过出售力帆汽车有限公司 100％的股权，获得资金 6.6 亿元；2019 年，向两江新区土地储备整治中心出售乘用车基地，获得资金 33.15 亿元。但通过以上方式获得的资金并不足以保障公司对后续到期债务的偿还。

- 经验总结和启示

第一，行业景气度是公司盈利能力的关键影响因素。由于行业的景气度低迷，以汽车和摩托车为主营业务的力帆科技的营业收入受到了极大的负面影响，公司业绩连续大幅下滑，为后续的债务违约埋下了伏笔。

第二，流动性是公司偿债能力的直观体现。对流动性的判断不仅要依赖于对货币资金的分析，还要结合公司的现金流、外部融资渠道、存量资产变现能力来做出具体判断。尽管力帆科技的账面反映出公司具有一定的流动性，但其经营性现金流连续六年为负、银行授信额度较小、优质资产受限比例高等不利情形也暗示着公司出现了流动性不足的状况。

三、青海盐湖：过度投资导致信用违约

- 公司概况

青海盐湖工业股份有限公司（简称青海盐湖）是地方国有企业，实际控制人为青海省人民政府国有资产监督管理委员会，法人代表为贠红卫，于 1997 年 8 月 25 日在青海省格尔木市注册登记。公司股票于 2000 年 7 月 6 日在深圳证券交易所挂牌上市。

青海盐湖工业股份有限公司 2011 年通过发行新股换股吸收合并盐湖集团，

并实施盐湖综合利用项目后,从单一的钾肥企业变成了集天然气化工、煤化工和盐化工为一体的综合性化工企业。公司主要从事化学原料及化学制品的制造,其中氯化钾的生产和销售仍是公司收入与利润的主要来源。

- 风险事件演变及时间轴

2019 年 9 月 30 日,公司应兑付提前到期的"15 盐湖 MTN001""16 青海盐湖 MTN001""盐湖 01"回售款和利息。然而,由于公司对"镁"项目投入巨大,但效益不高,再加上原材料价格上升,公司优质板块所带来的净利润无法弥补高额的投资成本和原料成本,使公司陷入巨大的财务危机,截至本息兑付日,仍未能按照约定筹措到足额的兑付资金,构成实质性违约。相关时间轴如表 16-3 所示。

表 16-3　青海盐湖风险事件概述

时间	事件概述
2019 年 1 月	1 月 25 日,大公国际关注公司 2018 年年度业绩预亏
2019 年 5 月	5 月 11 日,"12 盐湖 01"持续停牌至 5 月 16 日并暂停上市;5 月 28 日,对于深圳证券交易所关于 2018 年年报的问询函,公司延期回复
2019 年 6 月	6 月 19 日,董事闫自军因病去世;6 月 27 日,中诚信下调公司主体评级至 AA+,此前为 AAA
2019 年 7 月	7 月 18 日,大公国际下调"15 盐湖 MTN001""16 青海盐湖 MTN001"及公司主体评级至 AA+,列入信用观察名单
2019 年 8 月	8 月 29 日,大公国际下调"15 盐湖 MTN001"的债项评级至 AA-
2019 年 9 月	9 月 3 日,因涉及股权转让诉讼纠纷,部分银行账户被冻结;9 月 10 日,盐湖镁业等七家股东因股权纠纷向海西中院提起诉讼;9 月 30 日,法院裁定受理债权人对公司的重整申请,"15 盐湖 MTN001"提前到期未兑付,构成实质性违约
2019 年 11 月	11 月 23 日,管理人在拍卖平台对资产进行第一次公开拍卖并流拍;11 月 30 日,澄清破产重整重大事宜
2019 年 12 月	12 月 5 日,大公国际下调"15 盐湖 MTN001""16 青海盐湖 MTN001"及公司主体评级至 BB

- 违约风险分析

第一,项目减值导致公司利润下滑。公司在金属镁一体化项目中投入 386.45 亿元资金,与预计投资额相比超出 93.2%,再加上技改等原因,导致迟迟无法满产,公司财务费用和资产减值计提急剧增加,引起利润的大幅下降。此外,子公司盐湖镁业由于 2017 年和 2018 年的巨额亏损,于 2018 年 9 月申请破产重整。子公司盐湖能源自 2014 年 6 月起,受当地政策影响,一直处于停产状态。孙公司沿湖硝酸盐由于原料供应不足,生产成本长期偏高。上述原因导致公司在 2017 年至 2019 年上半年的累计亏损达 80.3 亿元,几乎等于 2011 年至 2016 年的利润总和。

第二,投资性活动现金流持续为负。截至 2019 年 3 月底,公司主要在建项目七个,计划总投资 672.99 亿元,预计未来仍需投入 127.34 亿元,资本性支出压力巨大。此外,公司在 2017 年至 2019 年间由投资活动产生的现金流净额连续为负,严重拖累其偿债能力。

第三,有息负债规模大。2019 年,公司的资产负债率上升至 74.95%。2018 年,公司的有息负债为 417.46 亿元,导致公司的财务费用逐年上涨,2018 年公司的财务费用高达 20.42 亿元,同比上升 54.81%。此外,2018 年公司筹资性活动产生的净现金流为 −94.51 亿元,这给其带来了巨大的偿债压力。

- 经验总结和启示

第一,公司应制定合理的投资策略。公司对项目的不合理巨额投资将使其财务承担巨大的压力,一旦投资失败,就会使公司的资金链出现巨大的缺口,并最终引发债务违约。

第二,地方政府对国企的救助意愿取决于救助成本的大小。公司是青海省最大的国有企业之一,但随着公司债务的不断扩大、投资亏损金额的持续增加,已经超过了地方政府的救助能力,降低了地方政府的救助意愿,加速了公司债务违约的发生。

四、贵人鸟:行业竞争加剧导致信用违约

- 公司概况

贵人鸟股份有限公司(简称贵人鸟,股票名称为 ST 贵人)是民营企业,实际控制人为林天福,法人代表为林思萍,于 2011 年 3 月 31 日在福建省工商行政管理局登记注册,总部位于福建省晋江市。公司股票于 2014 年 1 月 24 日在上海证券交易所挂牌交易。

贵人鸟股份有限公司的经营范围包括:鞋和服装的生产、研发及批发与零售;体育用品、体育器材、运动防护用具、皮箱、包、袜子、帽的生产、研发及批发与零售;货物及技术的进出口业务;贸易中介代理;产品销售代理;贸易经纪与代理服务。

- 风险事件演变及时间轴

2019 年 11 月 11 日,公司发布公告称,由于融资渠道严重受限,公司偿债能力持续下滑,流动性趋紧,公司难以在短时间内通过处置资产筹措到足额的兑付资金,"16 贵人鸟 PPN001"未能按期足额偿付本息,构成实质性违约。2019 年 12 月 3 日,因流动性紧张,公司未能按期兑付"14 贵人鸟"债券本息,构成实质性违约。相关时间轴如表 16-4 所示。

表 16-4　贵人鸟风险事件概述

时间	事件概述
2018 年 6 月	6 月 19 日,公司股价自 2018 年 6 月 1 日的 28.15 元/股跌至 10.52 元/股,股票被质押部分存在平仓风险
2018 年 9 月	9 月 20 日,公司发布公告称,控股股东贵人鸟集团(香港)质押给厦门国际信托有限公司的 10169.50 万股无限售流通股及孳息被厦门市中级人民法院司法冻结
2019 年 2 月	2 月 11 日,公司业绩亏损,可能下调信用等级
2019 年 5 月	5 月 18 日,上海证券交易所就门店数量突然减少等事项发出问询函;5 月 31 日,公司澄清关于五年来首次亏损及财务报表数据矛盾等传言
2019 年 6 月	6 月 21 日,联合评级下调公司主体评级至 AA−,此前为 AA
2019 年 8 月	8 月 21 日,公司涉及股权转让诉讼纠纷;8 月 27 日,联合评级下调公司主体评级至 A
2019 年 9 月	9 月 16 日,联合评级下调"14 贵人鸟"评级至 A,此前为 AA
2019 年 10 月	10 月 10 日,因未及时披露公司重大事项,未依法履行其他职责,公司高管洪再春、李志平被上海证券交易所依据相关法规给予监管关注处分决定;10 月 30 日,为关联方杰之行公司提供的对外担保贷款逾期
2019 年 11 月	11 月 5 日,联合评级下调主体及"14 贵人鸟"评级为 BBB;11 月 11 日,由于流动性资金紧张,公司未能按照约定筹措到足额的兑付资金,"16 贵人鸟 PPN001"未能按期足额偿付本息,已构成实质性违约;11 月 12 日,联合评级下调公司主体及"14 贵人鸟"评级为 CC
2019 年 12 月	12 月 3 日,未能按期兑付"14 贵人鸟"债券本息,构成实质性违约

- 违约风险分析

第一,行业竞争加剧。近年来,运动服饰行业市场竞争逐年加剧,为保持竞争优势,行业龙头企业研发投入逐年增多。2014 年至 2019 年间,公司对体育产业的投入增加,但其研发支出与国内龙头企业之间存在较大差异,其竞争力也随之不断下降。

第二，公司盲目扩张。2014 年，国家发布相关文件，强调体育产业对经济的带动作用，公司应高涨的行业发展背景开始扩张，全面布局体育产业，提出由"批发模式"向"以零售为导向"转型。通过持续的收购、并购，公司业务范围扩展至互联网运动社区、电竞、保险等。然而，快速扩大的业务范围并没有带来公司所预期的收入增长，反而使其主营业务与龙头企业逐渐拉开差距，再加上债务规模的扩大，导致公司流动性风险增加，给之后的债务违约留下了隐患。

- 经验总结和启示

第一，公司应加强主营业务。主营业务是支撑公司偿还债务的重要资金来源，企业在进行其他业务扩张时，不能忽视对主营业务竞争力的提升，保持对主营业务研发的投入，使其与时俱进和不断创新，才能在同业竞争中脱颖而出。

第二，公司应合理投资。多元化的策略能够为企业带来持续经营的新动力，但其前期的业务开发离不开资金的支持，因此对公司的现金流提出了更高的要求。公司在考虑自身现金流的实际情况后，也可以采用股权融资等多种方式获得资金，分散风险。

五、富贵鸟：行业竞争加剧导致信用违约

- 公司概况

富贵鸟股份有限公司（简称富贵鸟）是民营企业，实际控制人和法定代表人为林和平，于 1995 年 11 月 20 日在福建省石狮市注册登记。公司股票于 2013 年 12 月 20 日在香港联交所主板挂牌上市，于 2019 年 8 月 23 日终止上市。

富贵鸟股份有限公司的经营范围包括：皮鞋、皮带、皮包及其他皮制品的生产；服装、服饰品、针纺制品的生产；自产产品的销售；鞋服技术的研发。

- 风险事件演变及时间轴

2018 年 4 月 23 日，国泰君安证券股份有限公司（简称国泰君安）发布公告称，公司可动用的活期存款及流动资金不足 1 亿元，回售兑付存在较大危机。2019 年 4 月 24 日，公司发布公告称，由于公司大额对外担保及资金拆借的相关款项无法按时收回，"14 富贵鸟"债券到期应付的回售本金及利息无法按时偿付，构成实质

性违约。相关时间轴如表 16-5 所示。

表 16-5　富贵鸟风险事件概述

时间	事件概述
2018 年 2 月	2 月 9 日,东方金诚下调"14 富贵鸟"的债项信用等级至 CC
2018 年 3 月	3 月 1 日,"14 富贵鸟"交易价格出现异常波动;3 月 23 日,"14 富贵鸟"停牌
2018 年 4 月	4 月 20 日,东方金诚下调主体信用等级和"14 富贵鸟"的债项信用等级至 C;4 月 24 日,公司无法按期偿付"14 富贵鸟"到期应付的回售本金及利息
2018 年 5 月	5 月 8 日,公司前期存在大额对外担保及资金拆借,相关款项无法按时收回,无法按期偿付"16 富贵 01"加速清偿应付的本金及利息

- 违约风险分析

第一,业务板块盲目扩张。2013 年,公司在香港联交所挂牌上市后,为寻求跨界发展,将业务向矿业、P2P、小额贷款等领域拓展。作为鞋服行业的实体企业,公司将业务向军矿业和金融界拓展,超出了其本身的经营范围,由于没有专业人才的支撑,公司所拓展的矿业企业、P2P、小额贷款公司等均以失败告终,给公司财务带来了巨大的压力,在一定程度上加大了其按期兑付债券的难度。

第二,主营业务创新不足。公司近几年集中于对其他业务板块的拓展,其主营业务的创新远落后于同行业的其他龙头企业,不符合线下的流行趋势,使其净利润持续下降、存货大量积压、营业收入大幅下滑,最终造成支撑公司债务偿还能力的资金链出现严重问题。

第三,大额违规担保及资金拆借。公司以存款进行质押对外提供担保金额高达 19.59 亿元,并且存在未及时进行披露的违规行为。2017 年,为履行代偿责任,公司货币资金共计减少 18 亿元。2018 年,债券承销商国泰君安调查发现,富贵鸟存在大额违规对外担保和资金拆借事项,多数质押存款已被银行划扣履约,回收资金的兑付存在极大的不确定性。

第四,电子商务缺乏。公司没有及时开展线上销售平台以在电子商务领域占据竞争优势。直至 2015 年,公司才开始发展其线上销售平台,无法与已经形成一定规模的同行进行竞争,其销售门店在电商的挤压下业绩出现大幅下降,导致公司盈利能力急剧下滑。

- 经验总结和启示

第一，公司应着重于主营业务的创新。公司以鞋服销售为主，为保持其竞争力，公司应积极顺应电子商务发展的潮流，积极拓展公司主营业务的线上销售渠道。多元化的策略在一定程度上可以为公司发展注入新的动力，但盲目涉足陌生领域不仅会降低公司的盈利能力，还会影响公司主营业务的发展，进而影响其经营的持续性。

第二，公司应合理控制对外担保及资金拆借。公司的对外担保和资金拆借占用了公司生产所需要的大量资金，给公司的资金链带来巨大的压力，使公司原本因利润不断亏损而导致的流动性紧张问题更加严重。因此，公司应合理控制其对外担保和资金拆借的规模，并及时进行信息披露，以维护公司的持续发展。

六、中安科：消防第一股的信用违约

- 公司概况

中安科股份有限公司（简称中安科，股票名称为 ST 中安）是民营企业，实际控制人为涂国身，法人代表为吴博文，于 1991 年 12 月 31 日在上海市普陀区注册登记。公司股票于 1990 年 12 月 19 日在上海证券交易所挂牌交易。

中安科股份有限公司的经营范围包括：计算机系统集成，计算机软件领域的技术开发、技术转让、技术咨询、技术服务，数据处理，企业管理咨询，物业管理，机电安装建设工程施工，建筑智能化建设工程专业施工，机械设备、五金交电、电子产品销售。

- 风险事件演变及时间轴

2017 年 11 月 25 日，公司管理层发生重大变更，三季度净利润亏损，公司想要以处置资产的方式获取资金但未取得较大进展，联合评级将其主体信用等级下调至 A。2018 年 5 月 7 日，公司发布公告称，于 2018 年 4 月 30 日到期的"15 中安消"由于公司应收账款未能及时收回，且公司现金流紧张，可能无法按期偿付债券的本金及利息，构成实质性违约。相关时间轴如表 16-6 所示。

表 16-6　中安科风险事件概述

时间	事件概述
2017 年 8 月	8 月 3 日,公司股东所持股份大部分质押,公司信用等级列入信用等级观察名单
2018 年 2 月	2 月 5 日,公司股票交易出现异常波动
2018 年 4 月	4 月 4 日,公司延期披露 2017 年年度报告;4 月 28 日,联合评级将主体信用等级由 A 下调至 C,将"16 中安消"的债券信用等级下调至 A
2018 年 5 月	5 月 7 日,公司多项应收账款未能按期回笼,因此未能按期偿付"15 中安消"的本金及利息,构成实质性违约

- 违约风险分析

第一,公司盈利能力下滑。自 2015 年起,公司的净利润呈下滑趋势。为缓解公司的财务压力,相继发行了"15 中安消"和"16 中安消",其规模分别为 5 亿元和 11 亿元,然而公司的财务状况并没有得到改善,2017 年公司净利润由 2015 年的 2.80 亿元下降至 -7.35 亿元,盈利能力大幅下降。此外,2016 年公司大规模开展并购,拓展业务包括城市交通、楼宇智能设备、建筑智能化等。通过一系列并购,公司的营业收入较 2015 年有所增长,然而营业成本、销售费用和管理费用的增加幅度更大,分别较上年同期增长 77.92%、23.71% 和 102.14%,导致公司的盈利状况进一步恶化,2017 年公司的销售净利率下降至 -24.76%。综上所述,公司大幅下降的盈利能力已无法支撑公司对债务的按期偿还。

第二,公司偿债能力下降。在资产负债率方面,2017 年,公司的资产负债率上涨至 76.5%,与行业均值相比高出 43%,说明公司的资产负债结构存在较大问题。在流动比率和速动比率方面,公司相关数据分别为 0.92 和 0.57,短期偿债能力远低于行业其他公司,仅为万兴科技的一半。在经营性现金流方面,公司经营性现金净流量持续为负,2014 年至 2016 年间分别为 -7.8 亿元、-11.4 亿元和 -12.7 亿元,公司经营活动产生的现金流已不足以支撑其对债务的偿还。再加上短期债务的不断增加,2017 年公司短期债务规模已达 50.06 亿元,债务违约风险不断加大。

第三,内部治理不完善。一方面,公司存在频繁的关联交易。母子公司之间频繁的关联交易导致公司资金被非经营性交易侵占规模巨大,2016 年公司被占用资金达 20.8 亿元,严重降低了公司资金的流动性,为公司偿还债务带来了巨大压力;另一方面,公司实际控制人存在大量的股权质押,且在 2015 年至 2017 年间,其所质押的股份占总股本的比重在不断上升,累计质押股份数量占总股本的比例达 37.34%。

第四,融资政策收紧。2017 年,金融市场开始去杠杆化,非标等融资渠道受到国家机关的严格监督。根据上述分析,公司自身产生的现金流已不足以覆盖其债务规模,再加上外部融资渠道受限,公司资金流动压力大幅上升,为债务违约埋下了伏笔。

- 经验总结和启示

第一,公司应设置合理的扩张策略。2016 年,公司通过大肆并购进行业务领域的拓展,且股权购买均以现金进行支付,导致公司现金流趋紧。然而,大规模的收购并没有使公司实现盈利能力的提高,反而使其债务规模不断扩大,给公司债务的偿还带来了巨大压力。

第二,公司应完善其内部治理结构。中安科的董事长和实际控制人同为涂国身,其通过母子公司之间非经营性的关联交易占用大量公司资金,导致公司资金流动性大幅下降。因此,公司应建立严格的内部治理结构,一方面能够有效抑制高管因权力过大给公司带来的不利影响;另一方面能够增加公司决策与战略安排的合理性和科学性。

七、永泰能源:冲击国企信仰的信用违约事件

- 公司概况

永泰能源股份有限公司(简称永泰能源)是民营企业,疑似实际控制人和法定代表人为自然人王广西,于 1992 年 7 月 30 日在山西省晋中市注册登记。公司股票于 1996 年 5 月 13 日在上海证券交易所挂牌上市。

永泰能源股份有限公司的经营范围包括:综合能源开发;大宗商品物流;新兴产业投资(自有资金);煤矿机械设备、电气设备、工矿配件的制造、修理、销售、租赁、安装及技术咨询服务;矿山支护产品的生产、销售;煤炭销售。

- 风险事件演变及时间轴

2018 年 7 月 5 日,上海清算所(简称上清所)发布公告称,未收到"17 永泰CP004"应偿付本金及利息,构成实质性违约。同时,公司发布公告称,由于市场近

期波动较大,取消发行 7 亿元短期融资券"18 永泰 CP004"。相关时间轴如表 16-7 所示。

表 16-7　永泰能源风险事件概述

时间	事件概述
2018 年 5 月	5 月 9 日,"13 永泰债"下跌 2.24%,随后连续 11 个交易日收跌;5 月 24 日,当日跌幅达 18.86%;5 月 25 日,"16 永泰 01"和"16 永泰 02"发生价格异动
2018 年 7 月	7 月 3 日,公司发布公告称,将开展"18 永泰 CP004"短期融资券的募集工作;7 月 5 日,公司宣布取消上述发行;7 月 5 日,上清所发布公告称,未按时收到"17 永泰 CP004"应偿付的本息,构成实质性违约;同时,公司发布公告称,因银行贷款到期未结清以及短期融资券违约而触发多只存续债券的交叉保护条款。之后,公司多只债券因触发债券交叉保护条款而接连出现实质性违约
2018 年 7 月	7 月 6 日,公司发布公告称,因"17 永泰 CP004"未能按期进行兑付,构成实质性违约,且公司股票和债券价格均出现大幅度波动,经公司申请,其各期债券和股票自 2018 年 7 月 6 日起停牌

- 违约风险分析

第一,盲目扩张。2017 年,公司总资产达 1072 亿元,其中,无形资产 430 亿元,因扩张形成的商誉资产达 46.7 亿元。此外,为支持扩张所需要的资金投入,公司大肆借债。2017 年,公司的名义负债率高达 72.01%,以短期负债和一年内到期的非流动负债为主,总金额达 310 亿元,对公司的偿债能力提出了极高的要求。

第二,股权质押比例高。一方面,公司的控股股东质押比例高,到 2018 年 7 月 5 日,永泰集团作为控股股东,其所持有的股份占公司总资本的 32.41%,质押股份数占其所持有股份的 99.92%,公司的控制权面临极大的转移风险;另一方面,公司整体的股权质押比例较高,质押比例占总资本的比重高达 60.96%,暗示公司资金链存在巨大问题。

第三,融资环境收紧。从宏观融资环境来说,2018 年金融趋紧,更加注重去杠杆化、脱虚向实、强监管,公司的外部融资渠道受限。从市场行情来看,此前债券违约事件频发导致投资者对债券的投资偏好降低,进一步使公司的融资方式和渠道收窄,再加上债务规模的扩大,致使公司出现资金链断链问题。

第四,交叉违约频发。永泰能源包含交叉违约条款的债券共九只,合计金额达 83 亿元。"17 永泰 CP004"的违约再加上交叉条款的存在,导致公司债券违约的影响面逐渐扩大，对公司的资金链提出了更高的要求。

- 经验总结和启示

第一，制定合理的多元化策略。公司业务从单一的煤炭拓展为煤炭、石化、电力，同时还包含物流、金融投资、辅助医疗业务，为了支撑其多元化策略的开展，公司借入了大量外债以满足其资金需求，使得公司的偿债压力不断增加，再加上公司自身的盈利能力不断下降，企业债务违约的可能性不断提高。

第二，设置科学的交叉违约条款。一方面，交叉违约条款具有一定程度的风险预警作用，有利于债权人保护自身的权益；另一方面，对于流动性较差的债务人来说，交叉违约条款会使其债务违约的影响面不断扩大，增加其偿债压力。

八、银亿股份：产业转型投入过大导致信用违约

- 公司概况

银亿股份有限公司（简称银亿股份，股票名称为＊ST银亿）原名为甘肃兰光科技股份有限公司，是民营企业，实际控制人为自然人熊续强，于1998年8月31日在甘肃省工商行政管理局登记注册，总部位于浙江省宁波市。公司股票于2000年6月22日在深圳证券交易所挂牌上市。

银亿股份有限公司的主营业务为高端制造业和房地产业，其中，高端制造业主要从事汽车自动变速箱、汽车安全气囊气体发生器及电气化动力总成系统等产品的研发、生产和销售，公司房地产业务涉及房地产开发、销售代理、物业管理、星级酒店等。

- 风险事件演变及时间轴

2018年12月24日，公司发布公告称，因短期资金周转困难，公司未能按期足额兑付"15银亿01"本金，构成实质性违约。相关时间轴如表16-8所示。

表 16-8　银亿股份风险事件概述

时间	事件概述
2017 年 4 月	4 月 21 日,公司第二大股东、第三大股东累计质押其各自持有股份数的 80.5％、90.1％,分别占公司总股本的 19.75％、14.30％
2018 年 1 月	1 月 19 日,中证指数有限公司(简称中证)将公司列入观察名单,并对其信用品质保持关注
2018 年 9 月	9 月 12 日,公司发布公告称,因控股股东宁波银亿控股及一致行动人熊基凯部分股票质押式回购业务未按协议履行到期购回或补仓义务,构成实质性违约;9 月 14 日,中证下调公司主体评级至 BBB＋,并将其继续列入观察名单
2018 年 11 月	2018 年 11 月 14 日,中证下调公司主体评级至 BBB
2018 年 12 月	12 月 4 日,公司发布公告称,收到杭州蔚城置业有限公司关于公司及子公司借款合同纠纷起诉状。银亿股份子公司宁波保税区凯启精密制造有限公司未按期偿还于 2018 年 11 月 16 日到期的 1.8 亿元委托贷款,公司及子公司象山银亿房地产开发有限公司亦未履行保证责任,构成实质性违约;12 月 24 日,公司未能按期足额偿付"15 银亿 01"本金,构成实质性违约

- 违约风险分析

第一,短期债务规模大。自 2015 年起至 2018 年第三季度,公司有息债务规模均维持在较高水平,分别为 111.09 亿元、121.74 亿元、149.20 亿元和 122.51 亿元。同时,公司的短期债务规模也在不断上升,短期借款和一年内到期的非流动负债由 2015 年的 38.69 亿元上升至 2018 年三季度的 67.65 亿元,公司的短期偿债压力巨大。

第二,盈利能力下降。2017 年以前,公司以房地产为主营业务,受政策影响,该业务带来的收入不断下降。2017 年,公司决定采取多元化的策略,将其业务板块拓展至汽车行业。然而,自 2018 年起,市场对汽车的需求量下降,导致营业成本大幅增加,同时对因收购产生的商誉进行了 6 亿～8 亿元的减值准备计提,2018 年公司净利润为 2 亿～4 亿元,同比下降 75.02％～87.51％。

第三,资金占用比例高。截至 2018 年第三季度末,公司总资产为 408.06 亿元,由 53.58％的流动资产和 46.42％的非流动资产构成。流动资产中,存货、预付账款、其他应收款占比分别为 55.27％、13.75％和 12.14％。非流动资产中,商誉、固定资产和无形资产分别占总资产的比重为 17.61％、9.20％与 6.57％,资产质量不高。此外,2017 年公司受限资产规模达 71.40 亿元。综上所述,公司实际可用资产规模较小,导致其资金流动性较差。

- 经验总结和启示

第一,合理设置负债规模。自 2015 年至 2018 年 3 月底,公司的短期负债规模持续上升,致使其短期偿债压力巨大,再加上公司盈亏能力受行业景气度影响有所下降,公司的偿债压力巨大,这也为日后的债务违约埋下了伏笔。

第二,科学管理资产结构。公司的流动资产中,存货、预付账款和其他应收款占比较高;非流动资产中,因收购产生的商誉占比较高,随着汽车行业景气度的下滑,公司商誉资产面临巨大的减值风险。因此,公司应设置合理的资产结构,提高存货等资产的周转率,以获得资金流动性的提高,从而达到缓解公司偿债压力的目的。

九、康得新:财务造假经典案例

- 公司概况

康得新复合材料集团股份有限公司(简称康得新)是民营企业,实际控制人为钟玉,法人代表为钟玉,于 2001 年 8 月 21 日在江苏省工商行政管理局注册登记。公司股票于 2010 年 7 月 16 日在深圳证券交易所挂牌上市,于 2021 年 4 月 6 日终止上市。

康得新复合材料集团股份有限公司的经营范围包括先进高分子材料的研发、生产和销售,主要聚焦于印刷包装类产品和光学膜两大核心业务板块。

- 风险事件演变及时间轴

2019 年 2 月 15 日,上清所发布公告称,未收到"17 康得新 MTN001"付息资金,暂无法代理债券的付息工作。随后,康得新发布公告称,因流动资金紧张,公司未能按照约定筹措到足额的兑付资金,"17 康得新 MTN001"未能按期足额偿付利息,已构成实质性违约。相关时间轴如表 16-9 所示。

表 16-9　康得新风险事件概述

时间	事件概述
2018 年 8 月	8 月 3 日,康得集团持有的 0.33% 康得新股权被冻结
2019 年 1 月	1 月 2 日,上海新世纪下调主体评级至 AA,此前为 AAA;1 月 10 日,上海新世纪下调主体评级至 BBB,并列入负面观察列表;1 月 14 日,上海新世纪下调主体评级至 BBB,此前为 AA
2019 年 1 月	1 月 15 日,"18 康得新 SCP001"未按时兑付本金和利息,构成实质性违约;1 月 15 日,上海新世纪下调主体评级至 CC,此前为 BBB;1 月 17 日,上海新世纪下调主体评级至 C;1 月 21 日,"18 康得新 SCP002"未能按时兑付回售本金和利息,构成实质性违约
2019 年 2 月	2 月 13 日,原董事长钟玉辞职,公司高管层面临重大变动;2 月 14 日,因银行账号被冻结或查封,造成公司流动性紧张;2 月 15 日,"17 康得新 MTN001"未按时兑付利息,构成实质性违约
2019 年 3 月	3 月 11 日,公司新增涉诉和资产查封、冻结
2019 年 7 月	7 月 5 日,公司收到证监会的行政处罚事先告知书;7 月 8 日,公司发布公告称,"17 康得新 MTN002"到期付息存在不确定性;7 月 15 日,"17 康得新 MTN002"未按时兑付利息,构成实质性违约

- 违约风险分析

第一,公司经营风险较高。在融资方面,公司在 2015 年之前的盈利能力较强,其从 2015 年开始对公司主营业务规模进行持续扩张,需要大量的资金投入,而公司选择以债务融资的方式获得资金,导致其债务规模不断扩大。

第二,公司财务风险较高。2015 年以来,公司新扩张的下游光学膜业务回款状况一直不佳。2018 年有较大规模的应收账款未能及时结款,公司应收账款规模较上年增加 27.36 亿元。另外,由于自身议价能力较低,公司一直存在对上游企业的一定规模的预付账款。大规模的应收和预付账款对公司资金形成了一定占用,影响了公司的偿债能力。

第三,公司内部控制失效。2019 年 1 月 16 日,在"18 康得新 SCP001"违约后,康得新收到深圳证券交易所问询函,要求公司就货币资金受限情形以及存在大额货币资金但未能按时兑付的原因等事项做出说明。在《关于公司及控股股东、实际控制人、持股 5% 以上股东被中国证监会立案调查进展暨风险提示公告》中,公司披露,在证券监管部门调查过程中,经公司自查,发现公司存在大股东占用资金的情况。大股东对于公司资金的占用,导致公司需要不断借助外部融资来满足资金需求。

• 经验总结和启示

第一，存贷双高现象导致公司资金浪费。康得新的货币资金、短期借款、应付债券、长期借款规模较大，严重影响了公司资产的流动性，造成资金浪费。

第二，受限资产比例较高影响公司的偿债能力。通过股权质押公司可以获得一定规模的融资，但当其比例过高时，就需要引起重视。一方面，高比例的受限资产可能反映出公司存在大股东占用资金等现象；另一方面，高比例的受限资产如股权质押等也会影响公司筹集资金来偿还债务的能力，给公司债券的偿付留下隐患。

十、东方园林：环保行业业务模式的桎梏

• 公司概况

东方园林环境股份有限公司（简称东方园林）是民营企业，实际控制人为北京市朝阳区人民政府国有资产监督管理委员会，法人代表为刘伟杰，于 1992 年 7 月 2 日在北京市朝阳区注册登记。公司股票于 2009 年 11 月 27 日在深圳证券交易所挂牌上市。

东方园林环境股份有限公司的经营范围包括园林、环保、地产、文旅等，水环境综合治理、工业危废处置和全域旅游是其三大业务板块。水环境综合治理及全域旅游业务主要通过与地方政府合作（PPP 模式）开展。

从"骤雨初歇，一轮红日彩霞满天"这句话可以看出东方园林创始人何巧女的乐观和期盼，但赤手空拳打出的企业最终卖给国资。作为此前最富有的女企业家之一，何巧女曾豪捐 15 亿元拯救濒危野生动物，却在 2018 年沦为"女负豪"，富负转换的背后是环保行业 PPP 商业模式的困局。在 PPP 模式下，环保企业承接的政府项目需上市公司先垫付 20％以上的资本金，而项目的净利润仅在 15％。同时，项目净利润的一半以上又会转化成存货（周转天数约为 372 天）和应收（周转天数约为 150 天），从资本到收回现金需要一年半左右的时间。尽管这种新的模式能带来资产规模的快速提升，但由于前期投资太大，战线和周期过长，一旦融资遇阻，危机便会很快浮现。出现类似问题的上市公司还包括碧水源、神雾环保、盛运环保、天翔环境、*ST 凯迪。环保行业曾经普遍存在账面盈利能力和实际获得

的现金流不匹配的财务问题。

- 风险事件演变及时间轴

2019 年 2 月 12 日,上清所发布公告称,当日是东方园林 2018 年第二期短期融资券"18 东方园林 CP002"的付息兑付日,但截至当日下午 5 点,其未足额收到东方园林支付的付息兑付资金。随后,东方园林发布公告称,该债券违约主要是财务人员操作失误所致,公司于 2019 年 2 月 13 日完成该债券本息合计 5.3 亿元的兑付。相关时间轴如表 16-10 所示。

表 16-10　东方园林风险事件概述

时间	事件概述
2018 年 4 月	4 月 12 日,因未及时披露公司重大事项,深圳证券交易所于 2018 年 4 月 12 日依据相关法规给予其监管关注处分决定
2018 年 5 月	5 月 28 日,"18 东方园林 CP002"中债隐含评级下调至 AA－,前日评级为 AA
2018 年 7 月	7 月 9 日,"18 东方园林 CP002"中债隐含评级下调至 A＋,前日评级为 AA－
2018 年 8 月	8 月 15 日,"18 东方园林 CP002"中债隐含评级下调至 A,前日评级为 A＋
2018 年 10 月	10 月 19 日,公司财务负责人辞职,实际控制人拟转让部分股权
2019 年 2 月	2 月 12 日,公司已于 2019 年 2 月 1 日将本金 5 亿元支付到上海清算所应收固定收益产品付息兑付资金户,但由于财务人员操作失误,截至 2019 年 2 月 12 日下午 5 点,未能及时将 3000 万元利息支付到上海清算所。财务人员已于 2019 年 2 月 12 日下午 5 点 37 分完成 3000 万元利息支付到上海清算所的操作,当时预计将于 2 月 13 日完成兑付

- 违约风险分析

第一,公司受限资金比例高。截至 2018 年底,公司货币资金共计 20.09 亿元,其中的 12.39 亿元为各类受限保证金,占货币资金的比例高达 61.67％,同时,公司大量资产已进行抵质押,仅有可用现金和银行存款 7.7 亿元,存在较高的再融资风险。

第二,公司债务融资规模大。园林建设工程企业长期存在着运营资金需求量大且短期负债比例高的行业特征。因此,尽管公司维持着持续盈利的水平,但东方园林仍需要通过大量发债来进行融资。然而,在债券发行规模不断扩大的情形下,投资者对其债券认购的积极性在不断下降。此外,公司还存在着较大的即期偿付压力。截至 2018 年 9 月底,公司的短期刚性债务规模为 93.08 亿元,占总刚性债务的比例达 76.06%,公司面临巨大的短期偿债压力。

第三,地方政府欠债规模大。公司的主要收入来自工程建设,而其中的大部分是基于 PPP 模式开展的政府投资项目。房地产市场是政府重要的收入来源,随着房地产行业景气度的下滑,地方政府的收支受到了较大影响,导致公司应收账款比例大幅上涨,影响了公司的资金周转率和偿债能力。

- 经验总结和启示

第一,针对发生技术性违约的公司,应从两方面对其进行深入分析。一方面,若技术性违约是由纯粹的技术原因或管理失误导致的,则投资者不需要给予过度关注;另一方面,若技术性违约是由债务人的偿债能力和经营状况引起的,则需要根据公司所披露的财务信息、管理层团队信息、违法违规信息等进行分析,深入研究其违约的实际原因。

第二,受限资产比例高会影响公司的偿债能力。通过抵质押,公司可以获得一定规模的融资,但高比例的受限资产会带来较大的再融资风险,并会严重影响公司的偿债能力。

十一、庞大汽贸:业务模式薄弱导致的信用违约

- 公司概况

庞大汽贸集团股份有限公司(简称庞大汽贸)是民营企业,实际控制人及法人代表为自然人黄继宏,于 2007 年 12 月 29 日在河北省唐山市注册登记。公司股票于 2011 年 4 月 28 日在上海证券交易所挂牌上市,公司总部位于北京市朝阳区五环外王四营乡黄厂路甲 3 号庞大双龙培训中心四楼。

庞大汽贸集团股份有限公司的经营范围包括:汽车销售;农用机动运输车、电器机械、建材(不含木材、石灰)、汽车配件的批发与零售;汽车展览、展示;汽车装饰;汽车租赁;建筑工程机械及设备销售租赁;二手车买卖代理;市场管理咨询服务;保险兼业代理(代理险种有货物运输保险、机动车辆保险)等。

- 风险事件演变及时间轴

2019 年 2 月 20 日,公司发布公告称,将延期支付本应于该日兑付的"16 庞大

03"本息,构成实质性违约。2019 年 3 月 20 日,因交叉违约和加速清偿条款,上述违约债券未回售部分加速到期。相关时间轴如表 16-11 所示。

表 16-11　庞大汽贸风险事件概述

时间	事件概述
2018 年 11 月	11 月 9 日,大公国际关注公司控股股东股份被轮候冻结;大公国际下调主体评级至 AA−,主体评级展望至负面
2019 年 2 月	2 月 12 日,大公国际对公司 2018 年年度业绩预亏保持关注;大公国际下调主体评级至 BB+,"16 庞大 03"债项评级至 BB+;2 月 20 日,公司延期支付"16 庞大 03"公司债券回售本息
2019 年 3 月	3 月 4 日,大公国际下调主体评级至 CC,"16 庞大 03"债项评级至 CC;3 月 20 日,"16 庞大 03"公司债券加速到期本息未按时兑付,构成实质性违约

- 违约风险分析

第一,公司战略制定偏离。公司整体上采取较为激进的战略制定风格,在 2011 年 4 月公司上市前,其资产负债率已高达 90.55%。此后,公司将资金大规模投入与主营业务偏离的方向,使其现金流周转难度加大,再加上互联网综合服务平台、萨博汽车、叮叮约车等项目的投资失败,公司利润严重受损,难以获得满足公司日常周转所需要的资金流,给之后的债务偿还留下了极大的隐患。

第二,公司内部管理问题大。公司的控制权高度集中,导致高管中参与关联交易的比例极高,进一步影响了公司的日常管理、业务经营、内部审计的有序性和独立性。2015 年,公司由于在与横山钢机构有限公司互换收益的过程中未及时对外披露,受到了证监会的处罚。此外,2015 年至 2018 年间,公司对其他关联方提供了高额的担保。上述公司内部管理问题不仅严重影响了公司的正常经营,还造成了公司资金链断链的局面。

第三,行业景气度下降。自 2017 年起,由于逐渐严格的国家监管政策、新能源汽车问题频出、汽车厂商和经销商长期存在矛盾等,我国汽车行业的销售量开始下滑,整体环境变差,也给以汽车销售等为主要业务的庞大汽贸造成了较大冲击,导致公司的利润出现大幅下降。

- 经验总结和启示

第一,公司应制定合理的发展战略。公司通过举债的方式来进行规模扩张具有一定的合理性,但具体债务规模的设置应建立在公司资产规模和盈利能力的基础之上,盲目借债进行投资不仅会使公司资金流面临巨大压力,还会使公司的新业务开展面临更大的风险敞口。

第二,公司应设置科学的内部管理体系。庞大汽贸的违约部分原因在于其控制权过于集中,公司内部缺乏对管理层的有效监督,由此导致公司对外担保规模巨大、信息披露不到位等违法违规问题频发,使公司资金周转出现问题,偿债能力大幅下降,最终引发债务违约行为。

十二、沈阳机床:突破技术壁垒的代价

- **公司概况**

沈阳机床(集团)有限责任公司(简称沈阳机床,股票名称为 ST 沈机)是中央国有企业,实际控制人为国务院国有资产监督管理委员会,法人代表为唐毅,于 1995 年 12 月 18 日在辽宁省沈阳市注册登记。公司股票于 1996 年 7 月 18 日在深圳证券交易所挂牌上市。

沈阳机床属于装备制造行业,装备制造行业是国家重要的基础工业和战略性产业。公司的主营业务包括产品研发、机床制造、销售服务、行业解决方案、机床零部件配套等,可面向机械制造核心领域提供量大面广的通用型机床,面向行业客户提供个性化的解决方案,面向行业内企业提供铸件和主轴等关键功能部件。

沈阳机床作为中国最早获批的机床公司,为重工业发展做出了极其重要的贡献。年利润不过上亿的国有企业持续投入上百亿元的资金用于研发,试图突破技术壁垒。然而,中国经济进入转型升级、产业结构调整期后,国内部分大中型机械工业企业的发展境况急转直下,沈阳机床的产品结构以量大面广的通用类机床为主,因此受到的冲击最大,再加上沈阳机床的负债率原本就偏高,在经营出现风险时的持续投入使得负债率持续上升,同时,地方在企业经营过程中的不当指挥和不成熟的机制使得企业每况愈下,最终出现公开市场债务违约。

- **风险事件演变及时间轴**

2019 年 7 月 17 日,因流动性紧张,公司未能按时足额支付"15 沈机床 MTN001"的本金和利息共计 10.54 亿元,构成实质性违约。2019 年 9 月 24 日,

公司发布公告称,由于公司目前处于司法重整期,"15 沈机床 MTN001"不能按期足额支付,构成实质性违约。相关时间轴如表 16-12 所示。

表 16-12　沈阳机床风险事件概述

时间	事件概述
2019 年 1 月	1 月 11 日,中诚信将公司资产和股权抵质押事件纳入关注;1 月 14 日,公司与沈阳市人民政府签订公司战略重组框架协议;1 月 16 日,中诚信对公司 i5 相关资产注入上市公司进度保持关注
2019 年 2 月	2 月 13 日,中诚信将子公司沈机股份 2018 年业绩预亏纳入关注
2019 年 4 月	4 月 3 日,公司协议转让子公司沈机股份;4 月 24 日,公司发布公告称,截至 2019 年 4 月 19 日,公司累计资产抵质押估值约为 69.75 亿元,占 2017 年未经审计净资产的比重为 180%
2019 年 5 月	5 月 8 日,公司延迟披露 2018 年年度审计报告及 2019 年第一季度财务报表
2019 年 7 月	7 月 17 日,法院裁定受理债权人对公司的重整申请,"15 沈机床 MTN001"提前到期未兑付,构成实质性违约;7 月 23 日,中诚信下调"15 沈机床 MTN001"债项及公司主体评级至 BBB+,此前评级为 A+,并将主体与债项列入可能降级观察名单;7 月 26 日,公司发布公告确认违约,中诚信下调"15 沈机床 MTN001"债项及公司主体评级至 CC,并继续将债项列入可能降级观察名单
2019 年 8 月	8 月 21 日,中诚信下调"15 沈机床 MTN001"债项评级至 C;8 月 30 日,中国通用集团拟作为意向战略投资者参与沈阳机床重整
2019 年 9 月	9 月 24 日,"15 沈机床 MTN001"10 亿元中期票据利息不能按期足额支付,已构成实质性违约
2019 年 10 月	10 月 31 日,2019 年前三季度业绩预亏
2019 年 11 月	11 月 13 日,债权人会议审议表决重整计划及出资人权益调整方案;沈阳中院批准重整计划,中止重整程序;公司挂牌拟处置资产;11 月 24 日,第一次公开拍卖流拍

- 违约风险分析

第一,公司基本面薄弱。2016 年至 2018 年间,公司经营性业务利润连续亏损,分别为 −16.76 亿元、−5.88 亿元和 −22.99 亿元,进而导致其所有者权益出现大幅下滑,当期末为 2.04 亿元,较 2017 年底下降 94.72%。由于中美贸易摩擦升级等宏观因素影响,2019 年前三季度公司大量机床订单交付延期,多数客户的签订意愿下降,数控机床的下游需求急剧下滑引起公司收入及利润出现大幅下降,当期营业总收入为 8.25 亿元,同比下降 59.71%,营业毛利率下降为负,为 −8.25%。

第二,行业景气度下降。由于国际贸易形势不明朗、汽车制造业投资增速下降等不利因素的影响,再加上国内机床下游需求持续不足,其市场规模大幅缩小,公司的流动性大幅下降,并使其偿债能力进一步降低。2018 年,公司机床产品产量为 72 万台,同比下降 23.89%,经营性活动利润为－20.51 亿元。

第三,负债规模大且负债结构不合理。2019 年 3 月底,公司的债务总额达210.06 亿元,而且短期债务的占比在不断上升,截至 2019 年 3 月底,短期债务占总债务的比例高达 93.20%,对公司的短期偿债能力提出了巨大的挑战。

第四,受限资金规模大。2018 年底,公司的应收账款余额为 102.93 亿元,占流动性资产的 33.91%,导致公司的流动性资金大幅受限。此外,2018 年底公司的存货规模为 140.60 亿元,受行业景气度下滑等因素的影响,公司面临巨大的由存货减值损失引发的总资产减少的风险。同时,公司受限货币资金达 37.72 亿元,占全部货币资金的 93.34%。公司应收账款、存货和货币资金占流动资产总额的比例达 93.53%,公司可用的流动性资产较少,流动性压力巨大。

- 经验总结和启示

第一,公司应动态调整发展战略。受汽车制造业不景气、国际贸易量下降等宏观因素的影响,沈阳机床的盈利能力大幅下降,最终导致发生实质性违约。因此,公司应根据政策和行业发展不断调整其战略安排,以此来增强其持续经营的能力。

第二,公司应合理设置负债规模和负债结构。公司以债务融资为主,并且其中的短期债款占有极高的比重,对公司的短期偿债能力提出了巨大的挑战,一旦公司出现资金链断链的情况,就极有可能发生债务违约的问题。

十三、刚泰控股:战略混乱导致的信用违约

- 公司概况

甘肃刚泰控股(集团)股份有限公司(简称刚泰控股)是民营企业,疑似实际控制人和法人代表为邓庆生,于 1992 年 5 月 26 日在甘肃省兰州市注册登记。公司股票于 1993 年 11 月 8 日在上海证券交易所挂牌上市,于 2020 年 12 月 29 日终止上市。

刚泰控股的经营范围包括:金银饰品、珠宝饰品、翡翠玉器的设计、加工、销售

与维修;利用自有媒体发布广告;品牌策划推广、会展服务;从事货物、技术进出口业务;互联网技术、技术咨询与服务;商务信息咨询服务(除经纪);电信业务;网络技术;新材料技术;多媒体信息技术;计算机科技领域内的技术开发、技术咨询与技术服务;电脑图文设计;电子商务(不得从事金融业务);国际国内贸易(国家禁止及需取得专项许可的除外);物业管理;实业投资、矿业投资;贵金属制品的设计和销售;贵金属投资;货运代理;设备、自有房屋租赁;矿产品的销售。

- 风险事件演变及时间轴

2018 年,宏观融资环境收紧,再加上媒体发布的《刚泰控股或涉财务造假经营现金流 6 年净流出 58 亿元》,引发金融机构对公司及其母公司的信任危机,公司获取外部融资的能力大幅下滑。此外,之前持续进行高溢价重组并购使得公司的盈利能力大幅下滑。2019 年 11 月 8 日,公司暂时无法按期兑付"17 刚股 01"利息,构成实质性违约。相关时间轴如表 16-13 所示。

表 16-13　刚泰控股风险事件概述

时间	事件概述
2019 年 2 月	2 月 12 日,联合评级下调"17 刚股 01"及公司主体评级至 BBB
2019 年 4 月	4 月 5 日,公司收到杭州市西湖区人民法院的《民事判决书》;4 月 11 日,上海证券交易所就未经上市决策程序的对外担保 42 亿元等事项致问询函;4 月 12 日,上海证券交易所就股权被法院裁定拍卖及公司实际控制权或有变更等事项致问询函;4 月 19 日,东方金诚持续关注公司违规担保、股份拍卖与涉及诉讼等情况;4 月 27 日,公司 2018 年年报延期披露,2018 年业绩预亏更正并扩大;4 月 30 日,"17 刚股 01"拟召开持有人会议审议增加增信措施等议案,计提商誉减值准备 7.3 亿元,公司股票交易实施退市风险警示暨停牌,众华对公司 2018 年内部控制审计报告出具否定意见
2019 年 5 月	5 月 9 日,因未及时披露公司重大事项,甘肃省证监局给予公司出具警示函、监管关注处分决定;5 月 11 日,上海证券交易所就公司担保披露义务及财务数据调整等事项致问询函,公司持有的刚泰集团股份被司法轮候冻结;5 月 21 日,因未及时披露公司重大事项,证监会给予其他处分决定
2019 年 6 月	6 月 11 日,联合评级下调"17 刚股 01"及公司主体评级至 C
2019 年 8 月	8 月 20 日,公司涉及借款合同诉讼纠纷;8 月 26 日,公司涉及追偿权诉讼纠纷;8 月 27 日,上海证券交易所就股票流拍抵债与债务规模等事项致问询函

续 表

时间	事件概述
2019 年 9 月	9 月 10 日,公司未披露累计涉案金额约 5.0 亿元
2019 年 10 月	10 月 9 日,上海证券交易所就公司剩余违约担保等事项致问询函;10 月 26 日,因未及时披露公司重大事项,甘肃省证监局给予其公开处罚处分决定
2019 年 11 月	11 月 6 日,因资金面尚未明显好转以及多家银行账户被冻结等,到 2019 年 11 月 8 日暂时无法兑付"17 刚股 01"利息,构成实质性违约

- 违约风险分析

第一,公司战略不清晰。2009—2012 年,公司的营业收入主要来源于钢材和纸品贸易,但其利润率较低。自 2012 年下半年起,公司逐渐向矿业和贵金属加工制造转型。但由于公司黄金资源有限,下游加工销售又缺乏竞争力,公司的黄金业务盈利能力较弱,规模增长较慢。2013—2015 年,公司针对其产业链进行了一系列重组并购。由于公司高管与被并购企业之间存在关联关系等,公司持续以高溢价进行并购,给其财务带来了巨大压力,再加上被并购企业的品牌价值低、行业优势不明显等,并购并没有为公司带来所预期的业务增长,反而给之后的债务违约留下了隐患。2015 年,由于文化传媒热度不断上升,公司以高溢价并购了在行业影响力不大、业绩没有明显优势的北京瑞格嘉尚文化传播公司。持续以高溢价并购在相关领域不具竞争力的公司使刚泰控股的经营状况日渐下滑,为了掩饰下跌情况,公司出现了财务造假等违规情形,给日后的债务违约埋下了伏笔。

第二,公司发展过度依赖外部融资。公司的扩张主要依赖于大规模举债,并没有实现真正的资金流入。2012 年至 2018 年第三季度,公司的经营活动净现金流持续为负,不足以为公司债务的偿还提供资金支撑。公司的外部融资主要通过母公司及实际控制人的担保和增信获得,受舆情影响较大。此外,公司的债务构成主要为短期债务,对公司资金的流动性和资产周转率提出了较高的要求。综上所述,公司对外部融资的依赖度较高,对融资环境波动的抵御能力较差。

第三,公司内部治理不完善。公司自 2012 年以来的重大资产重组几乎都是面向关联公司进行的,由高溢价收购关联公司带来的大规模商誉使得公司最终并未实现预期的业务规模增长,甚至还使财务造假问题进一步恶化。2018 年,《刚泰控股或涉财务造假经营现金流 6 年净流出 58 亿元》的发布引发了合作金融机构对其与母公司的严重信任危机,多个合作金融机构采取抽贷避险的措施,导致公司流动性进一步下滑。之后,其母公司向上海市人民政府的求助信流出,母公司获取外部融资的能力进一步下降,给之后的债券违约留下了极大的隐患。

- 经验总结和启示

第一,公司应合理设置内部治理结构。公司的内部治理结构在其战略顶层设计、资产配置能力、信用风险水平等方面起着至关重要的作用。以刚泰控股为例,公司实际控制人面向关联公司采取的高溢价并购影响了公司的业绩增长,导致信用风险进一步恶化。

第二,公司应科学管理流动性。流动性反映了公司即期债务偿还的能力,当公司的内生流动性和外生流动性都紧张时,公司就会面临巨大的违约或破产风险。

十四、巴安水务:债务驱动模式不可持续

- 公司概况

上海巴安水务股份有限公司(简称巴安水务)是民营企业,实际控制人和法人代表为张春霖,于 1999 年 3 月 22 日在上海市注册登记。公司股票于 2011 年 9 月 16 日在深圳证券交易所挂牌交易。

巴安水务的主营业务涵盖市政水处理、工业水处理、固体废弃物处理、天然气调压站与分布式能源,以及施工建设五大板块,致力于构建一家专业从事市政、环保、海水淡化、智慧海绵城市、零排放以及能源等多领域的智能化、全方位技术解决方案的综合环保服务商。公司的主要产品有水处理设备集成系统、天然气高压站及分布式能源、市政工程、海绵城市建设、技术服务和供水、污水处理气浮。

- 风险事件演变及时间轴

巴安水务上市 11 年来,经历过扩张、大股东和管理层掏空、股票爆雷、卖身、公司内斗等,致使风险事件频发,屡遭问询,社会信任度直线下降。相关时间轴如表 16-14 所示。

表 16-14   巴安水务风险事件概述

时间	事件概述
2020 年 3 月	3 月 4 日,公司完成对北京龙源环保工程有限公司 49% 股权的收购
2020 年 6 月	维持公司的主体信用等级为 AA,维持"17 巴安债"的信用等级为 AA,并将主体和债项列入可能降级的观察名单
2020 年 9 月	9 月 28 日,实际控制人暨公司控股股东签订《合作框架协议》及《股份转让协议》,实际控制人拟发生变更;9 月 29 日,公司收到创业板关注函
2020 年 10 月	10 月 17 日,公司控股股东取消股份转让并终止向特定对象发行股票;10 月 19 日,公司未能完成"17 巴安债"回售款的按时兑付,构成实质性违约

• 违约风险分析

第一,公司固定增资未获准。2020 年,公司拟收购珠海水务,同时,珠海水务拟认购"17 巴安债"的持有人申请回售的 3 亿元债券,巴安水务将其持有的北京龙源环保工程有限公司 49% 的股权和上海市青浦区练塘镇章练塘路 666 号房产土地及地上建筑物为珠海水务提供担保,并且巴安水务法定代表人、董事长张春霖还会为本次认购转售的债券提供连带责任保证担保。然而,此次定增最终没有获得国有资产监督管理委员会的批准,收购的失败直接导致了此次债务违约的发生。

第二,公司基本面薄弱。自 2017 年起,公司的盈利能力呈明显的下滑趋势,再加上各业务板块的协同性较弱,导致公司收入波动性较大。2017—2019 年,市政工程收入占比由 6.03% 下降至 51.90%,海绵城市收入占比由 41.99% 下降至 12.88%;2017—2018 年,天然气项目收入占比由 13.53% 上升至 29.04%,然而由于存量天然气调压站建设项目调试,2019 年天然气项目没有产生任何收入。

第三,公司债务规模持续扩张。2015—2017 年,由于环保 PPP 项目的高涨,环保企业不断扩张其规模。巴安水务的规模扩张和海外资产的收购使公司的总资产由 2016 年的 35.64 亿元上涨至 2020 年的 65.29 亿元。然而,公司总资产的增加主要依赖负债规模的扩大,88.82% 的资产是由债务驱动的。2016 年至 2020 年 9 月底,资产负债率由 43.37% 上升至 64.01%。由于公司盈利能力的下降,债务偿还主要依赖融资,这给之后的债务违约埋下了伏笔。

第四,公司现金流趋紧。大规模扩张使得公司在多地建有子公司,公司经营实体分散导致母公司对公司现金的掌控度偏弱。当需要偿付大规模的债务时,母公司对子公司资金的归集能力较弱,再加上公司本身货币资金和偿债能力有限,导致公司实际资金缺口很大。

- 经验总结和启示

第一,债务驱动的扩张模式不可持续。持续扩大债务规模会增大公司的信用风险敞口,当公司的资金投入无法有效转换为经营活动现金流时,公司只能依赖外部融资,然而这种方式也具有极大的不确定性。

第二,母公司现金流在合并报表中占比较低的情形不可忽视。当子公司众多且较为分散时,母公司难以在短期内快速集中子公司资金,这对公司的短期偿债能力提出了极大的挑战。

参考文献

[1]Corsi F, Pirino D, Reno R. Threshold bipower variation and the impact of jumps on volatility forecasting[J]. Journal of Econometrics,2010(2):276-288.

[2]Knudsen J S. Company delistings from the UN Global Compact: Limited business demand or domestic governance failure[J]. Journal of Business Ethics,2011(3): 331-349.

[3]鲍晓晔.我国场外衍生品市场监管模式的困境与改革[J].求索,2015(11): 104-108.

[4]陈洁.科创板注册制的实施机制与风险防范[J].法学,2019(1):148-161.

[5]初可佳,张昊宇.中国IPO发行制度演变对新股定价效率的影响——基于定价管制视角[J].金融经济学研究,2019(1):83-93.

[6]代春霞,吕新军,田怡."放手一搏"还是"稳中求进":退市监管与企业风险承担[J].金融监管研究,2021(6):84-99.

[7]丁春霞,王唯先,于瑾,等.风险溢价、非流动性风险预警与基金净值暴跌风险——基于开放式股票型基金的研究[J].金融论坛,2018(8):55-67.

[8]东北证券-复旦大学课题组,董晨,张宗新.注册制新股发行市场化改革成效及其优化研究[J].证券市场导报,2022(2):2-13.

[9]董秀良,刘佳宁,徐世莹.中国科创板IPO定价效率及影响因素研究[J].数理统计与管理,2021(3):526-543.

[10]付代红,王鹏继."新股不败"视角的IPO制度改革[J].重庆社会科学,2018(2):75-83.

[11]高伟生,许培源.证券公司股票质押式回购业务的现状、问题及对策[J].证券市场导报,2014(7):48-52.

[12]郭琳.新股发行制度的历史变迁——兼评科创板新股发行规则[J].公共财政研究,2019(4):89-96,88.

[13]何君光.场外衍生品的监管改革[J].中国金融,2014(9):81-82.

[14]侯伟相,于瑾.基金资产网络、投资能力与基金净值暴跌风险——基于股票型基金的研究[J].国际金融研究,2018(4):86-96.

[15]黄大玉.谈在我国开展规范化的证券回购交易[J].经济问题,1996(1):57-60.

[16]靳璐畅,陈子熙,朱琳婧.我国资本市场退市制度的潜在问题及政策建议[J].金融理论与实践,2022(4):90-98.

[17]李骋.证券借贷业务中担保品风险管理研究[D].北京:对外经济贸易大学,2017.

[18]李小荣,刘行.CEO vs CFO:性别与股价崩盘风险[J].世界经济,2012(12):102-129.

[19]梁青龙.浙商银行 IPO 破发的原因及影响研究[D].南昌:江西师范大学,2021.

[20]梁权熙,曾海舰.独立董事制度改革、独立董事的独立性与股价崩盘风险[J].管理世界,2016(3):144-159.

[21]林乐,郑登津.退市监管与股价崩盘风险[J].中国工业经济,2016(12):58-74.

[22]凌花,王玮.我国回购交易的风险监控与防范[J].上海金融,2004(12):34-35.

[23]刘勇,白小滢.投资者情绪、期权隐含信息与股市波动率预测——基于上证50ETF 期权的经验研究[J].证券市场导报,2020(1):54-61.

[24]卢佳友,曾晋,周志方.股票质押式回购交易视角下关联证券分析师行为研究[J].财会通讯,2021(12):63-66,92.

[25]罗进辉,蔡地.媒体报道能够提高股价的信息含量吗?[J].投资研究,2013(5):38-53.

[26]迈克尔·西蒙斯.金融担保品实务操作手册[M].北京:中国金融出版社,2021.

[27]史永,李思昊.披露关键审计事项对公司股价崩盘风险的影响研究[J].中国软科学,2020(6):136-144.

[28]谭松涛,崔小勇,孙艳梅.媒体报道、机构交易与股价的波动性[J].金融研究,2014(3):180-193.

[29]唐亚湖.证券公司股票质押业务风险控制措施研究[J].北方经贸,2020(12):118-121.

[30]王宏宇.论注册制改革背景下股票质押式回购的监管[J].清华金融评论,2021(9):75-80.

[31]王森,王贺.融资融券对中国股价暴跌风险的影响[J].社会科学战线,2019(9):89-99.

[32]王澍雨,杨洋.中国创业板 IPO 定价效率研究——基于 IPO 破发的视角[J].宏观经济研究,2017(7):95-103.

[33]王瑶.融资融券投资的风险管理问题研究[D].成都:西南财经大学,2019.

[34]吴晓晖,郭晓冬,乔政.机构投资者抱团与股价崩盘风险[J].中国工业经济,2019(2):117-135.

[35]吴战篪,曾易楠,周晔雍,等.控股股东股权质押对债券信用利差的作用机理——基于断点回归的证据[J].财务研究,2021(5):78-88.

[36]向立力,王鑫.证券借贷交易制度的法律分析、制度构建和风险防控[J].金融与经济,2011(11):83-88.

[37]肖土盛,宋顺林,李路.信息披露质量与股价崩盘风险:分析师预测的中介作用[J].财经研究,2017(2):110-121.

[38]谢朝华,刘玲杉.中国科创板 IPO 定价效率及其比较研究[J].价格理论与实践,2020(11):98-101,183.

[39]徐学军,陈凯.注册制、投资者情绪与 IPO 抑价[J].公共财政研究,2021(3):76-89.

[40]许林,邱梦圆,吴栩.基于 TGARCH-M 模型的股票型基金投资风格漂移动态识别及原因分析[J].金融评论,2016(1):99-115,126.

[41]许年行,江轩宇,伊志宏,等.分析师利益冲突、乐观偏差与股价崩盘风险[J].经济研究,2012(7):127-140.

[42]杨伟.股票信息风险测度研究[D].厦门:厦门大学,2009.

[43]杨旸,林辉,段文,等.隐含流动性:从期权市场测算股市流动性[J].证券市场导报,2019(2):8-13.

[44]杨宇.养元饮品 IPO 破发案例研究[D].郑州:河南财经政法大学,2019.

[45]叶康涛,曹丰,王化成.内部控制信息披露能够降低股价崩盘风险吗?[J].金融研究,2015(2):192-206.

[46]易志高,李心丹,潘子成,等.公司高管减持同伴效应与股价崩盘风险研究[J].经济研究,2019(11):54-70.

[47]于鹏,宋瑶,樊益中.退市制度与审计延迟[J].审计研究,2019(6):96-104.

[48]张贡生.当前证券回购市场发展中的几个问题[J].经济问题,1996(6):33-36.

[49]张卫东,苏鑫,陈辉,等.涨幅限制影响 IPO 抑价了吗?[J].管理评论,2018

(1):36-45,135.

[50]张文锋.论我国商业银行担保品管理及其完善[J].上海金融,2006(8):76-79.

[51]张玉婷.上市公司 IPO 破发的影响因素研究[D].徐州:中国矿业大学,2014.

[52]张跃文.上市公司"退市难"的利益动机[J].金融评论,2020(3):53-64,
124-125.

[53]赵浩.庞大集团新股破发案例分析[D].沈阳:辽宁大学,2014.

[54]郑振龙,黄珊珊,史若燃.通胀预期:金融市场隐含信息的视角[J].经济学(季刊),2019(1):51-70.

[55]郑振龙.资产价格隐含信息分析框架:目标、方法与应用[J].经济学动态,2012
(3):33-40.

[56]郑志刚,牟天琦,黄继承.存在退市风险公司的救助困境与资本市场的"预算软约束"[J].世界经济,2020(3):142-166.

[57]中央结算公司担保品中心课题组.宏观审慎框架下担保品管理的国际探索及对我国防控金融风险的启示[J].上海金融,2021(10):24-32.

[58]朱特红.中国熊市新股破发影响因素研究[D].重庆:重庆大学,2015.

附录一　如何有效识别和跟踪大盘风险的体系

指标分类	指标名称	指标业务的释义（或计算公式）
宏观经济指标	工业类指标，如工业增加值同比、工业增加值高于预测值预期幅度	宏观经济基本面是影响股票价格变动的基础，股票价格是宏观基本面信息的综合反映。因此，宏观经济的周期性波动。比如从银行间三个月期 SHIBOR 定了股票市场价格的周期性波动，2015 年以来，市场利率下降约走势和七天质押回购利率走势看，2015 年以来，市场利率下降约 42%，流动性泛滥，全市场总量上的杠杆资金廉价日充裕，股票市场具备受到杠杆资金投资的总量条件。2015 年 5 月底至 6 月初，资金价格开始从最低点反弹并走出上升趋势。在 2015 年 6 月股票市场出现巨大波动之前，杠杆资金价格与股市价格走势已经形成了小幅背离。从货币及流动性层面看，A 股的剪刀差同 M2－M1 的拟合成很好的拟合时间内能够同 M2－M1 的剪刀差形成在历史上很长一段监测来自流动性层面的风险冲击对于该指标对于有很大的帮助
	价格类指标，如 CPI、PPI、CPI 非预期幅度、PPI 非预期幅度、大宗商品价格	
	对外贸易类指标，如进出口总额同比、贸易顺差、外贸依存度、外汇储备水平	
	货币供应类指标，如 M0、M1、M2、外汇占款、居民存款增速、信贷规模	
	利率类指标，如十年期国债收益率、跨期利差、信用基差等	
	景气度类指标，如宏观经济先行指数、消费者信心指数、企业家信心指标、波罗的海干货指数等	
	国际资本流动类指标，如外商直接投资水平、国际国内利率差	
	国际收支类指标，如短期外债比率（短期外债/外债总额）、外债偿债率（外债余额/商品和劳动出口收入）、外债投向（组合投资/直接投资）、我国经常项目变动（经常项目逆额占 GDP 的比重）	

续　表

指标分类	指标名称	指标业务的释义（或计算公式）
宏观经济指标	国内财政环境类指标，如财政债务依存度（债务人/国家财政支出）、国债累计损率（国债累计余额（GDP）、财政赤字率（财政赤字率占 GDP 的比重）	
	房地产风险，如房地产开发综合景气指数	
	PMI 指标，如 PMI 非制造业、汇丰 PMI、汇丰 PMI 非制造业等	
	政策类风险，如短期政策冲击	
	样本时间中指数（非金融股票）的波动率	—
	样本时间中指数（非金融股票）的 CMAX：两年中的累计最大跌幅	—
股票市场指标	估值类指标。金融资产被高估且其持有人将其出售或出售时其价格低于预期的风险。造成估值风险的因素可能包括数据不完整，市场不稳定，市场不确定资产价值的人员的非理性评估等。如 A 股估值水平（市盈率、市净率、公司盈利平均增长率、证券化率（股票市值/GDP）、市场指数成本线偏离度	以市盈率和市净率为例。随着市场指数价格的上行，股票市场的整体估值水平上升，及市盈率、市净率指标与 A 股市场指数点位呈同向变化趋势。如 A 股市场估值水平（市盈率、市净率）与上证综指几平同时于 2007 年到达峰值然后后开始快速下降。但是在 2009 年的反弹中，剔除金融的 A 股整体市盈率比上证综指出现了更快、更大幅度的增长。这表明 A 股市场已经可能出现了结构性估值风险。随着国际经济环境压力的增大。A 股市场开始了长达五年的震荡之路。在 2015 年，上证 A 股综指点位峰值与 2007 年 10 月相比仍存在较大的差距，但市盈率与上证综指的趋同性。相对于市盈率的变化，市净率与上证估值市盈率指标表现出更加典型的均值回复特性

续表

指标分类	指标名称	指标业务的释义（或计算公式）
股票市场指标	股票需求类指标，如 A 股换手率、两融业务余额、A 股账户新增开户数、A 股账户活跃度、两融账户杠杆比例、基金持仓比例、基金持仓占比 A 股总市值、个股涨跌幅偏离度、IPO 规模、IPO 上市表现、A 股市场融资规模、分级（封闭式）基金折溢价率、ETF 申购赎回资金流向、储蓄通资金净流入（流出）、大股东增持（减持）、企业并购规模、沪深港通资金净流量、上证综合指数、流通市值、平均市值、流通市值比例、沪深股通资金净流入、市场交易总量、沪深 A 股流通总市值／沪深 A 股总流通盘）	市场成交额或换手率是最直接的量能指标，其中，成交额代表了绝对水平，换手率是相对指标。当市场价格上涨时，投资者情绪乐观，交易意愿强烈，市场成交量之放大；当市场价格处于阶段性质部时，不同的投资者对未来市场价格的预期出现分歧，交易量进一步放大。因此，在一般情况下，市场涨跌与换手率呈正相关关系。即当天价对天量、地价对地量，地价对天价率呈正相关关系，地价对地量。经过数据回测，合适的阈值可以设置在日均换手率大于 5% 时出现预警
	流动性风险类指标，流动性是证券市场微观结构理论研究的重要因素，也是影响资产定价的领域之一	北上资金（陆股通）累计买入净额是指从中国香港股市中流入内地股市的资金。陆股通累计买入净额则是指外国人对于中国股市中的股票，陆股通通过上海股所互联互通买卖上海股票，深股通通过深交所互联互通买卖深圳股票。基金份额增长率指基金份额所得的价值。基金份额净值，又称基金单位净值，是指当日基金每一基金份额的成交价格。净值增长率指的是基金申请当日的基金份额净值增长率，可以用它来评估基金在某一段时期内（如一年内）资产净值增长率，可以用它来评估基金在某一期间内的业绩表现
	结构风险类指标，结构分化本身也是股票市场的风险之一，反映了某种市场风险偏好和风险规避在估值与板块之间的分化，以及不同类型资产之间的分化。由估值（高或低）、行业相对涨幅构成	行业相对偏离趋势衡量的是两个行业之间的差异度，通过多个指标在行业间进行指标权重分配处理

续　表

指标分类	指标名称	指标业务的释义（或计算公式）
股票市场指标	市场情绪类或行为类指标。市场情绪是链接基本趋势和资产价格的媒介，它由市场里的随机外生消息决定变化驱动，从而对市场价格的投资者的投资买入占比造成影响。由杠杆水平（融资买入占比），炸板率，市场赚钱效应，升贴水率，日均成交换手率，股价强度（创新高个股数量占比），融资买入额占比，市场赚钱效应，升贴水，融资买入额，新增股票开户数指标，投资者超买指标，市场情绪活跃量指标，交易账户活跃度指标心指指数	杠杆水平（融资买入占比）是指投资者融资买入证券时交付的保证金与融资交易金额的比例。炸板率是股票涨停开后的概率。市场赚钱效应指的是短线交易者的平均赚钱情况。长期投资者，特别是公司大股东、国有股东，他们虽然持有大量股票，但是他们几乎不参与股票交易，对股价的涨跌影响有限。相反，短线交易的频繁交易反而会对市场走势构成较大的影响。而短线交易者赚钱与否会影响他们的投资信心等心理因素，从而影响他们的后期股票的交易行为。衡量市场赚钱效应的股票加权平均涨幅是以股票近期的成交额为权重计算的股票加权平均涨幅（沪深300股指期货升贴水）是指在确定远期汇率时，通过对即期汇率走势以升水、分析确定其走势是上升还是下跌。如果远期汇率比近期汇率贵则为升水，反之则为贴水，相应的涨跌价格就是升贴水金额和贴水金额
	券商内部的客户行为数据，如客户净入金，客户资产日均换手率，客户活跃度，小客户超买入指标等	—
债券市场指标	风险收益类指标，股票市场和债券市场之间存在关联度，两个市场之间如果出现风险收益比偏差过大的情况，也就预示着某种均值回归效应的出现，其主要由股债配置力量构成	股债性价比通常指股票市场盈率的倒数与十年期国债收益率之间的差额，代表了两类生息资产内生现金流回报的差额。该指标可以用于衡量股票相对债券的风险溢价。且具有均值回归的特点，因此可以应用于中期择时。2014年4月至2021年4月间的股债性价比对未来一年内的股债相对收益的预测精度高达79%
	从微观结构看，债券市场风险指标的观察维度，如十年国债利率的波动率，30年国债换手率，长期国债成交占比，成金国债换手率，基金长久期仓位，等级利差，老券—新券利差，期现背离，机构杠杆，估值分位数	—

续　表

指标分类	指标名称	指标业务的释义(或计算公式)
债券市场指标	十年期 AA 级非金融公司债和国债的周平均收益差	该利差是信用利差,利差扩大说明市场定价的信用风险水平上升
	六个月企业债(AAA)与央票的信用利差	反映企业债利率与无风险利率(央票)之间的利差。危机越严重,投资者越倾向于风险低的资产。企业债与央票的利差也就越大
	五年国债到期收益率利差	反映长期资产和短期资产之间的利差。危机越严重,投资者越倾向于持有短期资产,而不愿意持有长期资产
	中债综合(总值)财富指数同比	反映综合债券收益。危机严重时,投资者倾向于卖出权益类资产并买入债权类资产
	十年利率互换的利率和十年国债的收益率差	—
境外市场指标	某地金融市场的波动会受到其他金融市场波动的影响,即所谓市场的波动溢出现象,如境外主要股票市场指数、中国波动指数、美国 S&P 500 波动率指数、看跌与看涨期权比率、股指期货基差、美国 EuroStoxx 波动率指数(VSTOXX)、香港恒指波动率指数(VHS)、黄金波动率指数(OVX)、新兴市场(TYVIX)、波动率指数(VXEEM)、美国十年国债利率波动率指数(TYVIX)、欧洲货币波动率指数(EVZ)、离岸在岸人民币价差	一般通过 DCC-GARCH 模型(动态条件相关系数模型)观察跨市场联动的风险。通过拟合金融资产价格波动的相关性,用动态相关系数直观地展示金融市场间的风险联动程度及传播速度,这一系数可以直观地展示金融市场(金融资产)的关联程度。一般而言,相关系数越高,市场同向关联的关联程度也就越高。也就是说,当一个市场发生风险时,另一市场与之关联程度较高的市场受到风险影响的程度会越大,其风险传染强度也就越大
衍生品市场指标	50ETF 期权隐含波动率、股指期货折溢价率、VIX 指数	以上证 50ETF 期权隐含波动率对上证 50 指数的未来走势有显著的预测能力,而且对其成分股而言也有显著的定价能力
金融市场间关联关系指标	股票和债券关联系数	股票与债券市场之间的联动特征在不同环境下具有非常大的差异,长期相关性不高意味着市场可能同向运行(股债共振),也可能反向运行(股债分化)。在 2015 年股市异常波动期间,国债的避险功能十分显著,且国债在异常市场中也起到了一定程度的"资金避险池"的作用

续 表

指标分类	指标名称	指标业务的释义（或计算公式）
外汇市场指标	人民币/美元、人民币/日元、人民币/英镑汇率的实际波动率及预期波动率（隐含）	隐含波动率上升意味着风险补偿上升，市场风险偏好回落。当风险补偿提高时，隐含波动率的差值同实际波动率之间的差值就会扩张，也就意味着风险溢价在正在上行，这种对汇率波动率的预期以及风险补偿包含了期权市场对未来影响汇率市场信息的增量信息的定价
	银行间市场七天回购定盘利率（当月平均值）	反映了短期资金供求关系。回购利率高代表资金紧张，危机程度高
	一周和一年期 SHIBOR（上海银行间同业拆借利率）利差	反映了长短期资金拆借利差。危机越严重，持有短期资产的愿望就越强烈，利差也就越大
	SHIBOR-LIBOR（上海银行间同业拆放利率-伦敦同业拆放利率）利差——一周利率差	反映了国内和国外利率差值。利差越大表示为吸引外资所要支付的利息越多
	同业拆借利率的实际波动率（实际波动率计算为每周绝对日变化率的平均值）	银行间同业拆借资金在货币市场上价格的变化，它是联系实体经济与市场经济的枢纽。其波动的会影响整个金融市场的发展
货币市场指标	实际有效汇率指数	人民币综合汇率指数。大多数危机的表现之一就是本币贬值
	外汇储备同比增速	外汇储备越高，抵御风险的能力就越强
	进出口总值同比增速	对外贸易额越高，经济繁荣程度越高
金融中介机构风险程度	银行指数股的非系统收益率除以总市场的非系统收益的波动率	良好运作的金融中介可以克服现实世界中的金融摩擦，促进资源的有效配置，保障经济在更高的潜在水平上运行。但是金融中介在实现这些功能时，实际上把经济运行中的大量风险转移到了自身，在有限程度内利用杠杆实现基本职能。金融杠杆增长也会给短期给放大金融波动埋下隐患。当外生冲击来到一定程度时，金融中介会反而成为放大金融波动的罪魁祸首。信息不对称，金融合约不完全，流动性错配伴随着金融中介资产负债表的恶化，市场内生不稳定的条件，资产价格持续性下跌的影响，特别是当金融中介自身受而大幅下跌。对经济造成持续性的影响，特别是金融稳定和全局宏观调控变得复杂繁杂而困难
	十年期 AA 级金融公司和其他公司债券的周平均收益率	
	商业银行体系，如不良贷款率（国内商业银行不良贷款/总贷款余额）、存贷款比率（贷款利率/存款利率）、资本充足率（资本/总资产）、中长期贷款比例（余期一年以上中长期贷款/总贷款余额/余期一年以上中长期存款期末余额）	

续 表

指标分类	指标名称	指标业务的释义（或计算公式）
金融中介机构风险程度	根据股票市场中的 CMAX 价格与账面比值的倒数的相互作用,计算出股票市场的指数	—

附录二 如何有效识别和跟踪行业及个股风险的体系

指标分类	指标名称	指标业务的释义（或计算公式、案例）
行业类风险指标（业务逻辑类）	不同行业的风险关注点各有不同，因此在进行基本面风险研究时也各有特色。部分前置性业务风险指标可以定向分析行业特色业务风险，如风电行业的装机容量指标和招标指标，白酒行业的飞天价格指标（包括"飞天茅台终端价/城镇居民月收入"和"飞天茅台终端价/M2供应量"）	以白酒行业为例，"飞天茅台终端价/城镇居民月收入"的指标在2006年至2008年间稳步上行，从0.37上行到0.54，从历史情况来看，该比值处于中低水平。"飞天茅台终端价/M2供应量"的指标从2007年开始有快速上行趋势，显示出白酒市场对于飞天茅台的热捧；白酒周期呈现短期见顶的苗头
行业类风险指标（财务指标类）	不同行业所关注的财务风险点的共性大于个性，比如偿债风险、投资风险、营运风险。此外，我们也需要基于业务逻辑来关注财务风险指标，比如：经营性净现金流连续三年小于0，公司的利润质量较低；销售费用增长与目预收款占营收比重增加，公司处于扩张期；对下游话语权强势；公司净资产增速连续三年上涨、公司品牌在市场中处于强势；公司净资产收益率连续三年大于12%，说明公司质量高	以环保行业为例，曾经出现过行业内大量上市公司爆雷的浪潮，这和后和环保行业性的财务风险密切相关。在PPP模式下，环保企业承接的政府项目需占先垫付20%以上的资本金，而项目的净利润仅为15%。同时，项目净利润的一半以上又会转化成存货（周转天数约为372天）和应收（周转天数约为150天），从资本到收回现金要近一年半的时间。尽管这种新的模式能带来资产规模的快速提升，但由于前期投资大、并且战线和周期过长，一旦融资遇阻、危机爆发，很快浮现。出现类似风险的上市公司还包括：碧水源、神雾环保、盛运环保、天翔环境、ST凯迪。环保行业普遍存在着现金流与实际获得利能力和实际经营资产端不匹配的财务问题

续　表

指标分类	指标名称	指标业务的释义（或计算公式、案例）
行业类风险指标（行为和交易类）	通过板块和行业指数指标观察不同行业在目前市场环境下的交易拥挤度情况,从动量指标、估值指标、配对相关性、波动率指标以及资产集中度、流动性指标、无风率指标、量价相关性,波动率指标和分布特征指标等多个角度观察交易拥挤度情况	在市场情绪与基金配置比例均升至高位后,拥挤板块大概率将迎来阶段性调整。比如 2019 年第三季度至电子,2020 年第一季度的TMT 与医药生物,2020 年第四季度至 2021 年第一季度以食品饮料为代表的消费行业,2021 年第三季度的同期板块与新能源及相关上游行业,以及 2021 年第四季度的新能源与食品饮料,在交易拥挤度达到一定程度后,会出现调整和回撤
个股质地类指标,主要是衡量上市公司的基本面情况,可以从财务情况和财务粉饰情况两个维度来观察	财务指标又可以细分为常见的偿债能力情况、公司成长性、盈利能力情况、安全性、现金流、资产规模、资产质量和减值风险几个维度,以及非常见的财务安全性、财务完全性等维度	盈利能力可以通过净资产率率位于行业尾部的指标未衡量。具体案例有天翔环境。2019 年 4 月 29 日,天翔环境的净资产产收益率跌停,随后四日连续跌停。2016 年至 2018 年,天翔环境的净资产收益率分别为一21.8%、0.36%、一56%,连续三年均低于 3%。截至 2019 年 3 月 31 日,公司净资产为一2205 万元,公司将存在暂停在上市的风险。此外,市政水务业变冷资产为负数的情况,公司将规划选址市政国债参道剥造成资金流动性困难。公司因 PPP 项目长时间停工,设备安装不能到位,且情况有持续恶化的趋势
财务粉饰可以通过一些规则来观察。比如大存大贷或者债务利率远高于实际市场利率、经营性现金流连续低于净利润、频繁用股权质押等		以退市的康美药业为例,康美药业存在明显的不符合逻辑的大存大贷现象,2018 年半年报显示,康美药业的货币资金为 399 亿元,占净资产的比例为 119%。同时,带息负债高达 347 亿元,占总资产的比例为 104%,达到最高值。此外,康美药业 2016 年的借款成本达6.59%,而货币资金收益仅为 0.66%,也就是说,康美药业手上有大量现金不用,却依然要以 6%以上的借款成本向银行或其他机构借款,支出大笔的利息费用

续　表

指标分类	指标名称	指标业务的释义（或计算公式、案例）
个股行为相关类指标,个股行为分析基于分析框架,可分为分为五个行为主维度,不同行为主维度观测风险指标会有区别	股东行为（大股东减持情况,第一大股东持股比例,控制权与现金权的分离程度,控股股东股权质押情况,关联交易情况,以及其他股权风险）	主要股东减持频繁比例过大,如近一年股东持股份数量占总股本比例过高（或合计持股5%以上股东股份减持比例过高）,具体案例仁东控股。2020年11月25日,仁东控股一字跌停,随后连续14日多次跌停。此前,仁东控股多位股东曾分别于2020年3月20日,4月7日,5月9日,7月29日,8月13日发布关于持股5%以上股东股份减持比例超过1%的公告
		股权质押行为频繁或比例过大,如近一年股东多次进行补充质押,具体案例有兴源环境。2018年7月2日,兴源环境一字跌停,随后分别于2017年8月23日,9月28日,10月13日,12月27日,以及2018年1月3日,1月18日,3月29日,4月25日,6月7日多次进行股票补充质押,累计质押股份占公司总股本的20.52%
		公司治理缺陷可以体现在管理层多职上,具体案例如金龙机电。2018年5月15日,金龙机电突然跌停,随后连续六日跌停。此前,公司治理存在重大缺陷。金绍平一身两职,既担任公司董事长,又担任总经理,没有做到两职分离
	管理层行为（管理层特征,管理层薪酬激励,企业社会责任,过度投资,财报披露时间变更,审计水平,公司治理缺陷,重大资产重组存在不确定性,股利政策不合理,信息披露质量,信息透明度,内控失效,实体企业金融化程度等）	重大资产重组存在不确定性,如近三年进行多次并购重组,具体案例有春兴精工。2018年6月19日,春兴精工闪崩,随后连续六天跌停。春兴精工自2014年开始并购之路,2016年间新设或并购不下15家公司。2016年1月13日,春兴精工拟以5000万元的价格收购西安航空制造有限公司20%的股份。然而,截至2017年10月31日,兴航航空的净资产为1.07亿元。2017年初至2017年10月31日,兴航航空的营业利润亏损34.38万元,净利润亏损75.07万元;2017年3月23日,春兴精工拟向管理不善和资金链断

续表

指标分类	指标名称	指标业务的释义（或计算公式、案例）
个股行为相关类指标。个股行为分析框架，可以分为五个行为主体维度，不同行为主体维度的风险观测指标会有区别	管理层行为（管理层特征、管理层薪酬激励、企业社会责任、过度投资、分红比例、财报披露时间变更、审计变更、人事变动、对外担保额度、股利政策不合理、公司治理不合理、重大资产重组存在不确定性、信息披露质量、内控失效、实体企业金融化程度等）	裂的福昌电子投入自有资金人民币不超过2.8亿元，用于支付和清偿《深圳市福昌电子技术有限公司重整计划草案》涉及的相关费用以及福昌电子的债务。春兴精工将取得福昌电子名下清偿完现有债务的福昌电子100%股权，从而取得福昌电子名下的土地、房屋建筑物及机器设备 股利政策不合理，如公司分红率处于行业中下游这个指标。具体案例，浪莎股份。2017年12月5日，证监会将浪莎股份一字跌停，随后连续三日跌停。2017年12月1日，证监会表示将继续对上市公司"高送转"行为保持高压监管态势。浪莎股份作为上市公司从未进行分红，属于A股历史分红时间最长的"铁公鸡"。市场分析认为，浪莎股份的暴跌与证监会严管"铁公鸡"的表态有关
	监管及中介机构行为（审计事务所变动频率、重大违规事件、媒体负面舆情、违规处罚）	以爆雷的央企航天通信为例，在爆雷之前，公司频繁更换会计师事务所
	买方行为（机构持仓变动率、季度机构持仓占比、机构投资者的抱团行为、交易拥挤程度）	机构仓位比例偏低，体现在指标"公募基金+QFII+保险公司+社保基金"合计持有该股比例位于市场尾部上。具体案例如仁东控股。2020年仁东控股多位股东曾分别于2020年3月20日、4月7日、5月9日、7月29日、8月13日发布关于上股东合计持股5%以上上股东股份减持比例超过1%的公告 机构持仓大幅下降，相关指标如存在5%及以上的折价大宗交易，具体案例有天银机电。2018年11月7日，天银机电暴跌。11月6日，天银机电出现两笔大宗交易，合计金额3900万元，折价率为7.7%。10月29日、10月30日发生的大宗交易同样折价7%

后 记

    资本市场有一个缺陷:它天生不稳定而且永远在变化。由于反身性和市场环形反馈(参与者看法和事件之间的相互影响会自我强化或弱化,且永远达不到一个稳定的均衡点)的存在,让所有能作用于其他领域(如信贷)的量化模型、方法论在此处毫无所用,甚至会成为我们适应市场的认知桎梏和意识重担。资本市场的严格定义是非科学的,而非科学的本质不在于它正确与否,而是在于它的不可证伪性。然而,正是由于资本市场的全局不可预测性和变动性的存在,才孕育出无限的生机和可能性,这是市场最底层的理念架构和第一性原理。自古以来,事物总是瞬息万变的。如何变化? 如何有规律地变化? 面对不同的变化和结构特征,"人"才是核心。虽然人的认知是不完美的,而且很多人的认知功能不能提供足够的知识来作为参与者决策的基础,但人以什么心态、气节去面对不同类型的变化和结构状态是可控的,是中华民族自古以来一直传承的内在文化气质。

    "霜之履兮白商应,冰之坚兮元律分。其履也结之寒露,其坚也蠹若长云。"一如我们面对不可知的问题和变化的市场时应该秉持的心态。曾几何时,笔者对于资本市场不仅有着迷恋,也有着无限的好奇和躁动,热衷于阅读各种各样的投资类书籍,每日复盘,学习各种类型的方法论和量化模型。2019 年,笔者在"智慧股票"这个项目中最早提出成体系的券商两融业务担保品风险分类解决方案,将信用债防雷的理念应用于股票市场,用基于行为数据和模因分析的五级分层模型去预判股票的崩盘(缩量暴跌),用多因子模型衡量股票作为担保品时的价值,用主成分分析法来预警大盘指数风险,用联合分布确定专家业务经验规则引擎来对个股进行预警。

    "君子之道,暗然而日章"。这套方法论体系运行后,可取之处有,但仍存在大量的问题,经过多年的沉淀和对市场的反思,抛开所谓的模型,升华后提炼出的能有助于资本市场参与人员分析市场的精华有两大亮点。

    一是行为隐含信息理论,以及基于专家经验的高业务价值数据指标和规则决策引擎。各个层面行为主体表现出的资本市场行为隐含规则能够帮助我们洞察市场,其中蕴含着的丰富的交易市场和个体行为隐含信息能帮助我们提升对市场的认知。资本市场是人的市场,而不是模型的市场。资本市场是复杂利益网络的交汇点,涉及大量的利益相关方,故从各个行为主体的角度出发,再辅以经营情况、市场表征和估值特征,能帮助我们更好地研究市场。

二是"绩效—结构—行为"的分析框架。用特征工程对投资品种进行深度挖掘和贴标签,为人工智能时代提供更多的信息。例如,在区域研究中,可以借助债务管控意愿、城投债结构化发行、机构季度调仓、人口和主城首位度差等指标来替代绩效这种慢变量,从"数"到"智",深入地刻画某个区域的特征。

随着 Chat GPT 带来的人工智能冲击,面对未知的金融世界,金融领域可以适配的可信人工智能也会取代老的模型以及方法论体系,在这一过程中,我们将如何与人工智能在资本市场实现共舞和互利是值得期待的。

包煜楠

2022 年 12 月 31 日